대체불가 AI 영상제작 완전정복

대체불가
AI 영상제작 완전정복

초판 인쇄 : 2025년 12월 12일
초판 발행 : 2025년 12월 12일
재판(일부 수정) 인쇄 : 2026년 1월 5일

출판등록 번호 : 제 2015-000001 호
ISBN : 979-11-94000-12-9 (03800)

주소 : 강원도 횡성군 공근면 창봉옛길 115 (상창봉리 15)
도서문의(신한서적) 전화 : 031) 942 9851 팩스 : 031) 942 9852
펴낸곳 : 책바세
펴낸이 : 이용태

지은이 : 이용태(미래기술 크리에이터)
기획 : 책바세
진행 책임 : 책바세
편집 디자인 : 책바세
표지 디자인 : 책바세

인쇄 및 제본 : (주)신우인쇄 / 031) 923 7333

본 도서의 저작권은 [책바세]에게 있으며, 내용 중 디자인 및 저자의 창작성이 인정되는 내용을 무단으로 복제 및 복사하는 것은 저작권법에 의해 처리될 수 있습니다.

Published by chackbase Co. Ltd Printed in Korea

- 컴피UI E-BOOK 제공
- 캡컷 AI E-BOOK 제공
- 비주얼 아트 프롬프트 제공

대체불가
AI 영상제작 완전정복

••• 프롤로그

생성형 AI의 등장은 영상 제작의 패러다임을 근본적으로 바꾸어 놓았다. 카메라, 조명, 편집 장비 없이도 단 하나의 프롬프트(텍스트/이미지)만으로 광고, 영화, 애니메이션, 뮤직비디오, 유튜브, 교육 콘텐츠까지 제작할 수 있는 시대, 이는 단순한 기술의 진보가 아니라, 창작의 방식 자체가 변화한 시대적 전환점이 된 것이다.

필자의 경험으로도 그동안 영상 제작은 오랜 시간과 비용, 그리고 전문 장비를 요구하는 영역이었다. 하지만 생성형 AI의 등장은 그 벽을 완전히 무너뜨리고 있다. 이제 창작을 시작하는 모든 사람들은 기술의 한계를 두려워하지 않는다. 텍스트로 상상을 표현하고, 이미지로 스토리를 시각화하며, AI를 통해 그 상상을 움직이는 현실로 구현할 수 있게 되었기 때문이다.

이 책 [대체불가 AI 영상 제작 완전 정복]은 이 거대한 변화의 흐름 속에서 "AI 시대의 창작자는 무엇을 준비해야 하는가"라는 질문으로부터 출발하여 700페이지(지면이 많아서 일부 E-BOOK으로 분리 배포)가 넘는 이 방대한 여정에는, 필자의 수많은 실험과 실패, 그리고 시행착오 끝에 얻은 통찰이 고스란히 담겨 있다.

이 책에는 챗GPT를 활용하여 기획을 잡고, 대본을 쓰며, 그밖에 장면에 대한 아이디어를 얻는 방법을 통해 미드저니(Midjourney), 프리픽(Freepik), 제너레이티드 포토스(Generated Photos), 아트브리더(Artbreeder)로 참조 이미지를 생성하고, 소라(Sora), 런웨이(Runway), 피카(Pika), 컴피유아이(ComfyUI), 구글 베오(Google Veo), 클링AI(KlingAI)로 영상을 표현하며, 수노(Suno), 일레븐랩스(ElevenLabs)로 사운드 제작을 하는 등 AI 영상 생태계를 구성하는 주요 AI 도구들을 실제 프로젝트 중심으로 AI 영상 제작의 전 과정을 체계적으로 정리했다.

AI 영상 제작은 이제 단순히 도구를 배우는 일을 넘어, 기획자, 예술가, 기술자, 교육자로서의 시야를 확장하는 여정이며, 더 나아가 인간의 상상력과 기계의 계산이 만나는 새로운 창작의 언어를 배우는 일이다. 이 책은 바로 그 언어를 익히기 위한 안내서이자, 미래의 영상 창작자가 반드시 거쳐야 할 실전 교본이다.

이 책에서 필자는 본문 곳곳에서 "기술보다 메시지", "영상보다 스토리"의 중요성을 강조한다. AI는 이미지를 만들고, 영상을 합성할 수 있지만, 의미를 부여하는 것은 인간의 역할이기 때문이다. 따라서 이 책은 단순히 AI 툴의 사용법을 넘어, "어떻게 하면 자신만의 세계관과 감정, 브랜드를 영상으로 표현할 수 있는가"에 초점을 맞춘다.

[대체불가 AI 영상 제작 완전 정복]은 단순한 매뉴얼이 아닌, AI 시대의 영상 언어를 해독하는 교과서이자, 창작자가 자신의 세계를 구축하기 위한 하나의 "지도(Map)"가 되길 바라며, 이 책을 통해 독자들이 AI 영상 제작의 전 과정을 경험하며, 자신만의 대체불가한 영상 세계를 완성해 나가길 진심으로 기원한다.

이제, 상상의 한계를 넘어서는 새로운 시대가 열렸다. 그리고 그 첫걸음은 바로 여러분 자신의 손끝에서 시작된다. 미래를 자신의 것으로 만들어 보자!

2025년 11월 11일 "미래기술 크리에이터"

프롤로그 006
학습자료 019

▶ PART 01 들어가기

01 지금은 AI 영상 콘텐츠 시대　021

생성형 AI 영상의 등장 배경과 흐름　021
- 오픈AI가 공개한 소라(Sora)　021
- 런웨이 젠(Runway Gen)의 진화　022
- 할리우드 작가/배우 파업 사태　023
- "Pepperoni Hug Spot" 패러디 광고　024
- 영화와 애니메이션도 AI로 재구성되는 시대　024

AI, 인간 크리에이터와 협업하다　026
- 프롬프트 설계는 인간의 기획력에서 시작한다　026
- AI는 빠른 시각화 파트너이며, 인간은 최종 결정자이다　026
- 공동 제작 실험 사례: AI와 사람이 함께 만든 영상들　026
팁: 프롬프트란?　026
- 감정과 맥락은 인간만이 설계 가능한 영역이다　027
- 제작 현장이 AI 도입으로 큰 변화가 일고 있다　027
- 협업을 위한 역할 분담: AI가 잘하는 것 vs 인간이 잘하는 것　027
- 협업을 위한 역할 분담: AI가 잘하는 것 vs 인간이 잘하는 것　027

숏폼부터 롱폼까지 확장하는 AI 영상　028
- 숏폼(Short form): 15초~1분 이내　028
- 미드폼(Mid form): 약 1~5분　030
- 롱폼(Long form): 5분 이상　031

콘텐츠 소비 방식의 변화　033
- 스크롤형 소비와 숏폼 알고리즘의 정교화　033

팁: 인터랙티브(interactive)란? 034

02 생성 AI 툴 알아보기   037

생성형 AI 영상 제작 툴 알아보기   037
- 챗GPT의 오픈AI가 개발한 소라(Sora)   037
- 디자이너와 영상 크리에이터를 위한 올인원 AI, 런웨이(Runway)   039
- 감정과 움직임을 만드는 AI 숏폼, 피카(Pika)   042
- 노드 기반의 커스텀 AI 영상 제작 툴, 컴피유아이(ComfyUI)   044

팁: 노드 방식(Node-based)이란?   044
- 감성적 고품질 시네마틱 영상 생성에 특화된 구글 베오(Veo)   046
- 창작의 한계에 도전하는 차세대 모델, 클링AI(KlingAI)   048

생성형 AI 이미지 생성 툴 알아보기   051
- 창의적인 AI 아트워크를 생성하는 미드저니(Midjourney)   051
- 창의적 조합과 진화로 캐릭터를 생성하는 아트브리더(Artbreeder)   053
- 사실적인 AI 인물 생성을 위한 제너레이티 포토스(Generated Photos)   054
- 초고속/고정밀 이미지 생성을 구현한 나노 바나나(2.5 Flash)   057
- 디자인 자원을 통합 제공하는 AI 플랫폼, 프리픽(Freepik)   059

PART 02 시작하기

03 챗GPT의 활용(기획부터 대본까지)   063

영상 제작을 위한 챗GPT 워크플로우   063

챗GPT로 독창적인 아이디어 발굴하기   075
- 제작 목적에 맞는 아이디어 생성하기   075
- AI와 협업하는 브레인스토밍 기법   077
- 무드보드/스타일 키워드 추출하기   080

챗GPT로 콘셉트 기획하기   082
- 핵심 메시지 정의하기   082
- 타깃 시청자 분석 및 페르소나 설정하기   084
- AI가 제안하는 콘셉트 아트/비주얼 방향 설정하기   085

시놉시스 구성하기 087
- 한 줄 요약(Logline) 만들기 087
- 기승전결 구조 설계 만들기 088
- 숏츠 vs 장편 시놉시스 차별화 만들기 089

시나리오 작성하기 091
- 장면별 흐름 구성하기 091
- 대사/내레이션/자막 스크립트 작성하기 092
- AI 쇼핑 호스트/강사 캐릭터의 스크립트 예시 094

대본 정리 및 영상 톤 설정하기 096
- 광고 대본/강의 대본/유튜브 대본 유형 비교하기 096
- 톤 앤 매너(Tone & Manner) 설계하기 097
- 콘텐츠 목적별 대본 최적화하기 098

장면별 이미지 프롬프트 생성하기 100
- 미드저니/런웨이/피카/클링AI 등 영상 툴과 연계하기 100
- 장면별 프롬프트 작성법(장소/인물/분위기/카메라 앵글 포함) 101
- 네거티브 프롬프트 활용법 103

오디오(사운드) 프롬프트 생성하기 105
- 보이스오버(Voice-over) 스크립트 제작하기 105
- 감정/톤/속도 지정하기 106
- 배경음악/효과음 프롬프트 작성하기 107

통합 기획서 완성하기 110
- 챗GPT가 작성한 자료들을 하나로 묶는 방법 110
- 팀/클라이언트와 공유할 수 있는 기획서 포맷 111
- 실제 프로젝트 적용 사례 115
- 활용법 1: JSON 코드로 8초 광고 영상 만들기(에어팟 광고 제작) 115
- 활용법 2: JSON 코드로 30초 광고 영상 만들기(수제 피자 가게 광고 제작) 117
  팁: 생성형 AI에서 JSON(제이슨)을 사용하는 이유 118

04 참조 소스 만들기: 캐릭터 생성하기 119

영상 제작을 위한 참조 소스(이미지) 생성 AI 툴   119

아트브리더로 나만의 캐릭터 만들기: 미드저니와 협업   121
- 아트브리더로 기본 캐릭터(아바타) 만들기   121
- 캐릭터(얼굴) 초안 만들기   121
- 캐릭터(얼굴) 초안 세련되게 가공하기   130

제너레이티드 포토스로 모델 만들기: 영상 생성 AI와 협업   133
- 제너레이티드 포토스로 피자 가게 모델 만들기   133
- 모델(여성) 얼굴 만들기   133
- 모델(여성) 신체(스타일/포즈) 만들기   139
팁: 사용자가 원하는 포즈로 이미지 생성하기   143

05 참조 소스 만들기: 이미지 생성하기   144

미드저니(MidJourney) 기본 사용법   144
- 이미지를 생성하는 가장 기본적인 방법들   147
- 텍스트(프롬프트)로 이미지 생성하기   147
- 세로(9:16) 숏폼 이미지로 수정(생성)하기   152
팁: Edit(편집) 창에서 할 수 있는 요소(객체) 대체 작업들   153
팁: 프롬프트 작성 시 중요한 것   158

프레이밍 워드(Framing words)   161
- 참조 이미지(스타일)를 활용한 이미지 생성   163

미드저니 고급 사용법: 일관된 이미지 생성법   170
- 스타일 튜너로 맞춤형 이미지 생성하기   170
팁: 다양한 스타일 튜너 활용법   172
- 개인화(퍼스널라이즈) 스타일 코드(P)로 이미지 생성하기   173
- 무드보드(Moodboard)로 개인화 스타일 이미지 관리하기   176
팁: 챗GPT 확장 도구로 미드저니 프롬프트 생성하기   178
팁: 무드보드 이름 변경하기   179

캐릭터/모델 스타일 업그레이드하기   180

- 아트브리더에서 만든 캐릭터 스타일 변경하기 180
- 애니메이션 장면 연결을 위한 참조 이미지 만들기 180
- 장면(이미지)의 특정 부분 수정하기 183
- 제너레이티드 포토스에서 만든 모델 스타일 변경하기 184

미드저니에서 동영상 만들기 186
- 한 장의 이미지로 동영상 만들기 186
- 시네마틱 의류 광고 영상 만들기 186
- 컬러라이저로 흑백사진을 컬러 영상으로 만들기 189

프리픽으로 목업 이미지 및 캐릭터 시트 만들기 194
- 배경 투명하게 하기: 불필요한 요소(워터마크/글자 등) 지우기 199
- 목업 이미지 생성하기 202
- 유튜브 채널용 아이콘 만들기 210
- 스케치로 실사 이미지 만들기 211
- 캐릭터 시트 생성하기: 시드림 4 모델의 활용 213
- 애니메이션 장면을 만들기: 시드림 4 모델의 활용 218
- K팝 뮤직 비디오 만들기: 시드림 4 모델의 활용 221

나노 바나나(2.5 Flash)로 무한대 이미지 생성하기 224
- 배경 스타일 바꾸기: 패션 보그지 스타일 생성하기 228
- 모델(캐릭터) 스타일 바꾸기: 의상/신발/액세서리 착용하기 229
- 모델(캐릭터) 스타일 바꾸기: 두 모델의 스타일 맞바꾸기 230
  팁: 프롬프트 수정하여 재생성하기 230
- 특정 오브젝트 색상 바꾸기: 흑백 사진을 컬러로 바꾸기 231
- 이미지 속 요소(객체) 제거하기/채워넣기 233
- 이미지 속 캐릭터 포즈 설정하기 234
- 이미지 속 텍스트 변경하기 235
- 제품 라벨 바꾸기/붙이기 236
- 인테리어 바꾸기: 액자 속 그림/벽지/소파 색상 변경하기 237
- 모델이 들고 있는 제품 바꾸기 238
- 3D 건축 도면 만들기: 아이소메트릭 이미지 생성하기 239
  팁: 제품과 인물의 배치를 정확하게 전달하기 239
- 나만의 캐릭터를 피규어로 만들기 240

- 기업 로고 만들기: 피자 가게 로고 생성 및 라벨 붙이기 241
- 이미지 비율(크기) 변형하기: 여백에 장면 채우기 243

팁: 하얀색 배경(여백)이 있는 이미지 만들기 244

- 유튜브 썸네일 만들기 245
- 배너 광고 이미지 만들기 246

팁: 나노 바나나 무료로 사용하기 247

06 AI 배경음악/효과음/음성 만들기 248

수노(Suno) AI로 K팝 & 배경음악 만들기 048

- 수노로 초간단 작곡하기: 곡 자동 생성하기 250
- 수노로 초간단 작곡하기: 사용자(수제 피자 가게) 장르 생성하기 252
- 수노로 초간단 작곡하기: 심플 모드로 곡 연장하기 253
- 수노로 초간단 작곡하기: 심플 모드로 커버 곡 만들기 255

팁: 보컬/반주(악기) 추가 및 스타일 설정하기 257

- 수노로 K-팝 아이돌 노래 만들기 258
- 스타일 탐색기로 작곡하기: Explore(익스플로러) 활용 259

팁: 수노 유료 구독 해지하기 260

일레븐랩스(ElevenLabs)로 보이스/효과음 만들기 261

- 일레븐랩스로 효과음(Sound Effects) 만들기 261
- 일레븐랩스로 음성 디자인하기: 프롬프트로 음성 생성하기 266
- 일레븐랩스로 사용자(또는 타인의) 음성 등록하기 270
- 사용자(배우 한석규) 음성으로 영상(오디오)북 만들기 272
- 캡션(자막) 만들기 278
- 일레븐랩스로 음성 변형하기: 사용자 음성 가공하기 279

팁: 일레븐랩스로 사용자 음성 복제하기 281

- 텍스트로 음성 만들기: Text to Speech 활용 284

팁: 믹스보드(Mixboard)로 다중 요소를 하나로 합성하기 287

≫ PART 03 동영상 생성

07 소라 2(Sora 2) 활용하기 289

- 소라 2 시작하기: 초대 코드 받기 289

- 소라 2에서 동영상 생성하기: 텍스트로 동영상 생성　292
- 소라 2에서 동영상 생성하기: 카메오가 등장하는 동영상 생성　296
- 소라 2에서 동영상 생성하기: 참조 이미지로 동영상 생성　297
- 소라 2에서 동영상 생성하기: 타인의 작품 리믹스하기　298

예제: 아이스크림 광고 영상 만들기　300

예제: 썬크림 광고 영상 만들기　301

팁: 영상에 삽입된 워터마크 제거하기　302

08 런웨이의 젠(Gen) 활용하기

런웨이(Runway) 기본 사용법　303
- 런웨이 메뉴 살펴보기　311

팁: 런웨이 작업 화면 밝기 설정하기　314

런웨이(Runway) 고급 사용법　315
- 나만의 이미지 스타일 만들기: 참조 이미지와 스타일 활용　315
- 참조(References) 이미지로 스타일 만들기　316
- 스타일(Styles) 에셋으로 이미지 생성하기　321
- 스케치 씬(Sketch a scene)으로 이미지 생성하기　324
- 모델 일관성 유지하기: 시드(Seed) 활용법　328
- 외형(얼굴)이 같은 이미지 반복 생성하기　329
- 동작(춤/표정/말)하는 캐릭터 만들기: Act-Two의 활용　332
- 시작 효과(VFX) 장면 만들기: 알레프(Aleph)의 활용　335
- 밤하늘에 별똥이 떨어지는 장면 만들기　336
- 할로윈 호러 장면 만들기　339

팁: 첨부 동영상 길이 편집하기　340
- 폭우가 내리는 익스트림 스포츠 장면 만들기　341
- 달리는 KTX 설국 열차 장면 만들기　342

그밖에 유용한 런웨이 AI 도구 활용법　343
- 런웨이 액션 도구 사용하기: 미디어 고급화하기　343
- 캐릭터(인물) 립싱크하기　345

팁: 무료 립싱크(더빙) 파일 생성 도구　351
- 동영상(장면) 길이 늘리기: Edit Video의 활용　354

- 장면의 속도/떨림/역재생 설정하기: Retime video의 활용 355
- 영상의 가로/세로 비율 확장하기: 숏폼 영상 제작 357
- 특정 장면을 새로운 참조 이미지로 만들기 358
- 영상 해상도 높이기: 업스케일의 활용 359
- 런웨이 독립 도구 사용하기: 고급 편집 도구의 활용 360
- Remove Background로 배경 제거 및 합성하기 361
- 장면과 장면 사이에 새로운 장면 만들기: 몰핑 기법 371
- 영상 속 빌런(불필요한 요소) 제거하기: Inpainting의 활용 375
- 초고속 카메라 효과 표현하기: Super Slow Motion의 활용 377
- 영상 속 음성을 텍스트로 만들기: Transcript의 활용 379
- 장면 속 특정 요소(캐릭터) 따라가기: Motion Tracking의 활용 381
- 모션(애니메이션) 자막 만들기: 키프레임의 이해 386

팁: 키프레임(Keyframe)이란? 389
- 이미지 해상도 끌어 올리기: 업스케일링 이미지의 활용 392

팁: 편집 트랙 추가/삭제 392

09 피카(Pika) AI 활용하기   395

피카(Pika) 기본 사용법 395

팁: 유료 계정 해지하기 397
- 텍스트로 동영상 생성하기: Text to Image의 활용 399

팁: 부정 프롬프트(Negative Prompt)란? 399
- 피카 이펙트로 원클릭 영상 만들기: SF 영화 속 여전사로 변신 403
- 연속되는 장면 만들기: Pikaframes의 활용 405
- 즐겨 사용되는 부정 프롬프트 407

팁: 반복되는 루프(Loop) 장면 만들기 408
- 장면 전환에 사용되는 용어(키워드) 411
- 여러 장면(이미지)을 시퀀스로 연결하기: Pikascenes의 활용 413
- 이미지 프롬프트(Image to Prompt)로 장면 시퀀스 연결하기 413

팁: 피카에서 동영상 시드 값 확인하는 방법 415
- 영상에 새로운 요소(객체) 등장시키기: Pikadditions의 활용 416
- 도심 한복판에 나타난 하늘을 나는 드래곤: 가상현실 효과 416
- 미래 도시의 횡단보도를 걷는 만화 캐릭터: 일상에 끼어든 AI 만화 캐릭터 417
- Pikaswaps로 영상 속 요소(캐릭터/얼굴) 교체하기: 딥페이크 기법 419
- 오토바이를 타고 달리는 동물 캐릭터 장면 만들기 419

- 액션 무비 속 여주 얼굴 바꾸기: 딥페이크 기법 420
- 영상 속 요소(객체) 변형하기: Pikatwists의 활용 422

10 플로우의 베오(Veo) 활용하기   426

제미나이(제미니)를 활용한 베오(Veo) 모델 사용법   426

팁: 제미나이 정기 결제 해지하기   428

- 한국어 립싱크하기 432

플로우를 활용한 베오(Veo) 모델 고급 사용법   434

- 텍스트로 동영상 생성하기: 간단한 밀크 음료 광고 장면 만들기   436
- 사진으로 동영상 생성하기: 세상에 하나뿐인 패션쇼 장면 만들기   440
- 에셋으로 동영상 생성하기 443
- 3개의 에셋으로 연속되는 장면 만들기: 람보르기니 우라칸의 질주   444
- 장면 빌더로 장면 편집하기 445

11 클링AI(KlingAI) 활용하기   450

클링AI 사용법: 다양한 이미지 생성하기   450

- 클링AI로 이미지 생성하기: 텍스트 생성 이미지의 활용   450
- 클링AI의 "텍스트 생성 이미지"로 이미지 생성하기   451

팁: 클링AI 유료 멤버십 해지하기   454

- 클링AI로 이미지 생성하기: 원 이미지 참고의 활용   460
- 단일 이미지 참고로 일관된 이미지(캐릭터) 생성하기   460

팁: 딥싱크로 외부 이미지 프롬프트 윤색하기   463

- 다수 이미지 참고로 합성된 이미지 생성하기   465
- 클링AI로 이미지 생성하기: 스타일 리스케일의 활용   468

클링AI 사용법: 고품질 동영상 생성하기   470

- 클링AI로 동영상 생성하기: 텍스트 생성 비디오의 활용   470
- 클링AI로 동영상 생성하기: 이미지로 비디오 생성하기의 활용   472
- 프레임으로 자연스럽게 이어지는 장면 만들기   473
- 프레임으로 타이틀 애니메이션 만들기   475
- 다수 이미지 참고로 영상 합성하기   478
- 클링AI로 동영상 생성하기: 멀티모달 편집하기의 활용   482

- 동영상 속 엘리먼트(객체) 교체하기 482
- 동영상에 새로운 엘리먼트(객체) 추가하기 485
- 동영상 속 특정 엘리먼트(객체) 제거하기 486
- 클링AI로 동영상 생성하기: 특수 효과의 활용 487
- 클링AI로 동영상 생성하기: 립싱크 영상 만들기 489
- 나만의 캐릭터 만들기: 이미지 캐릭터의 활용 489

클링AI 사용법: 그밖에 유용한 도구 살펴보기 494
- 이미지 재생성/확장/지우기: 이미지 편집 기능의 활용 494
- 사운드 효과 생성 및 적용하기 496
- 텍스트로 효과음 생성하기 496
- 장면에 맞는 사운드 생성하기 497
팁: 커스텀 모형으로 사용자 모델 만들기 498
- 모델 의상 교체하기 499
- 액티브 캔버스로 이미지(동영상) 생성하기 500
팁: 비디오 장면 연장하기 501
예제: 나만의 "케데헌" 애니메이션 만들기 504
예제: "K-POP" 뮤직비디오 만들기 509

≫ 부록(PDF)

12 컴피UI(ComfyUI) 설치와 활용 512
설치 및 기본 사용법 익히기 512
팁: 파이썬(Python)이란? 513
팁: 깃(Git)이란? 515
- 컴피UI 필수 파일 설치 및 실행하기 516
팁: 컴피UI가 설치된 주소 정확하게 아는 법 517
팁: cmd(명령 프롬프트)를 특정 폴더 위치로 한번에 여는 법 518
팁: 명령 프롬프트에서 파일 설치 시 에러 해결법 520
- 체크포인트 모델 설치하기 527
- 컴피UI에서 이미지 생성하기: 기본 모델 활용 530
- 프롬프트 작성 및 노드 연결하기 535
- 컴피UI에서 이미지 생성하기: 고품질 모델 활용 544

- 이미지 품질 향상시키기　550
- 샘플러(Sampler)와 스텝(Steps) 설정으로 이미지 품질 향상시키기　560
- 기형적으로 표현된 인체(눈, 코, 입, 손발가락 등) 개선하기　564
- 로라(LoRA)와 VAE로 이미지 품질 향상기키기　567

고급 사용법: 컨트롤넷과 동영상 제작　577
- 컨트롤넷(ControlNet) 활용하기　577
- 오픈포즈(OpenPose)로 완벽한 포즈 표현하기　579
- 컴피UI 매니저를 활용한 노드 및 모델 설치하기　584
- OpenPose Pose로 포즈 시각화하기: 포즈 스켈레톤 추출하기　587
- 라인아트(lineart)로 3D 건축물 표현하기　590

동영상 생성하기: 비디오 모델 사용법　594
- LTXV 모델로 동영상 만들기: 텍스트 투 비디오　595
- LTXV 모델로 동영상 만들기: 이미지 투 비디오　599
- 팁: 동영상 속 사람의 신체가 왜곡될 때　602
- LTXV 모델로 동영상 만들기: 다중 프레임 제어　603
- 그밖에 주요 비디오 생성 모델　607
- Wan2.2 / Wan2.1 / Wan Video 시리즈　608
- Hunyuan Video (혼위안 비디오)　610
- SVD (Stable Video Diffusion)　612
- Cosmos　614
- AnimateDiff　616

PART 04 영상 편집(부록)

13 캡컷 AI를 활용한 영상 편집　618~724

학습자료

이 책에서 다루는 예제들을 원활하게 학습하기 위해 [책바세.com] 웹사이트에 접속하여 해당 도서의 학습자료 파일을 다운로드하여 활용하길 적극 권장한다.

학습자료 받기

학습자료 활용하기 위해 [❶책바세.com] 웹사이트에 접속하여 [❷도서목록] 메뉴에서 "**해당 도서**"를 찾은 다음, 표지 이미지 하단의 [❸학습자료받기] 버튼을 클릭한 후, 열리는 구글 드라이브에서 [❹다운로드] ➡ [❺무시하고 다운로드]받아 학습에 사용하면 된다.

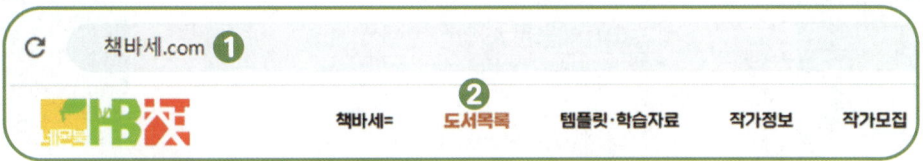

PART 01

들어가기

01. 지금은 AI 영상 콘텐츠 시대
생성형 AI 영상의 등장 배경과 흐름
AI, 인간 크리에이터와 협업하다
숏폼부터 롱폼까지 확장하는 AI 영상
콘텐츠 소비 방식의 변화

02. 생성 AI 툴 알아보기
생성형 AI 영상 제작 툴 알아보기
생성형 AI 이미지 생성 툴 알아보기

01 | 지금은 AI 영상 콘텐츠 시대

카메라 없이 영상이 만들어지는 시대

복잡한 장비나 촬영 없이도 누구나 영상을 제작할 수 있는 시대가 열렸다. AI는 우리가 상상한 것을 영상으로 만들어준다. AI는 이제 촬영과 편집을 넘어, 영상 제작의 전 과정을 바꾸고 있다. 누구나 텍스트만으로 영상을 만들 수 있고, 툴에 따라 스타일과 결과물도 달라진다. '만드는 법'보다 '무엇을 만들지'가 더 중요한 시대, "들어가기"에서는 생성형 AI 영상의 흐름, 주요 도구들의 특성과 차이 그리고 AI 영상 기술과 더불어 AI를 활용한 콘텐츠 소개 및 AI 영상에 대한 전망 등에 대해 알아보기로 한다.

생성형 AI 영상의 등장 배경과 흐름

AI가 텍스트와 이미지를 넘어 '움직임(Motion)'을 만들기 시작했다. 지금까지 영상은 기술적으로 가장 복잡한 작업이였지만, 생성형 AI는 그 진입 장벽을 빠르게 허물어, 몇 줄의 설명과 한 장의 이미지만으로도 현실감 있는 장면을 구성하고, 카메라 무빙까지 만들어 준다. 이러한 변화는 단순한 기술 발전이 아니라, 영상 제작의 방식 자체를 바꾸는 거대한 흐름이다.

오픈AI가 공개한 소라(Sora)

생성형 AI의 서막을 알린 챗GPT를 개발한 오픈AI는 2024년, 텍스트 한 줄로 최대 1분 길이의 고해상도 영상을 생성할 수 있는 '소라(Sora)'를 출시하여, 영상 업계와 기술계 모두에 충격을 주었다. 이는 기존 촬영 및 CG 기반의 영상 제작이 압축될 수 있다는 가능성을 제시한 것이었다.

▶ 소라2에서 생성한 영상들

런웨이 젠(Runway Gen)의 진화

1세대 AI 동영상 도구인 런웨이(Runway)의 젠(Gen)은 단순 배경 생성에서 벗어나 감정 표현, 카메라워크 제어, 립싱크 기능까지 진화하여, 광고, 뮤직비디오, 개인 콘텐츠 제작자들이 직접 활용이 가능할 정도로 진화하였다.

▶ 런웨이 젠 Gen-4에서 생성한 영상들

할리우드 작가/배우 파업 사태

할리우드에서 발생한 작가/배우 파업은 생성형 AI의 등장으로 기존 영상 제작자들의 일자리가 위협받을 수 있다는 현실적 문제를 드러낸 사례이다. 또한, 이 사태는 'AI와 인간의 협업 가능성'과 더불어 '노동권 보호를 위한 제도적 장치'가 필요함을 분명히 보여준다.

챗GPT에서 생성한 영상들

2023년 할리우드 파업은 생성형 AI가 작가와 배우의 역할을 대체할 수 있다는 우려에서 시작됐지만, 갈등의 본질은 기술 자체가 아니라 동의 없이 사용되는 방식과 창작자의 권리가 무시되는 구조에 있었다. 결국 AI는 전면 금지가 아닌, 인간의 동의와 통제를 전제로 한 '보조 도구'로 인정받았고, 이는 AI가 '경쟁이 아닌 협업 관계'로 나아가는 전환점이 되었다.

"Pepperoni Hug Spot" 패러디 광고

생성형 AI의 등장은 영상 제작의 모든 요소(시나리오/음성/ 이미지/영상)를 Ai로 구현할 수 있는 시대를 열었다. 그 대표적인 사례가 바로 AI가 전 과정을 생성한 패러디 피자 광고 "Pepperoni Hug Spot"이다. 이 패러디 광고는 시나리오 및 대사는 GPT-4, 영상 클립은 런웨이 젠-2, 이미지는 미드저니, 내레이션은 일레븐랩스가 사용됐으며, 시각적으로 '언캐니 밸리(Uncanny Valley)' 효과가 강한 장면들로 소셜 미디어(SNS)에서 큰 화제가 되었다.

▶ 챗GPT/미드저니/런웨이/일레븐랩스로 만든 광고 영상

영화와 애니메이션도 AI로 재구성되는 시대

AI는 단순한 짧은 영상이나 실험적 콘텐츠를 넘어, 영화와 애니메이션의 제작 방식까지 변화시키고 있다. 지금까지의 방식은 많은 인력과 시간, 자본이 들어가던 영화 산업에서도 이제는 AI를 통해 콘셉트 기획부터 시각화, 장면 구성까지 빠르게 실행할 수 있는 환경이 만들어지고 있다.

▶ AI 영화 "The Frost"

▶ AI 애니메이션 "The Dog & the Boy"

AI, 인간 크리에이터와 협업하다

AI 시대, 하지만 완성도 높은 콘텐츠를 제작하기 위해서는 여전히 사람의 창의적 기획과 해석이 필요하다. *프롬프트 하나에도 방향성과 메시지, 감정의 설계가 들어가기 때문이다. 물론 AI가 영상의 아이디어를 빠르게 시각화하고, 반복적으로 실험할 수 있는 능력이 있지만, 어떤 이야기를 전달할지, 어떤 감정을 담을지 등은 영원히 인간의 영역으로 남을 것이다.

프롬프트 설계는 인간의 기획력에서 시작한다

AI는 결과물을 생성할 뿐, 방향을 결정하지 않는다. 주제, 메시지, 감정(슬픔, 분노 등) 톤 등을 설계하는 것은 사람 크리에이터의 역할이다.

AI는 빠른 시각화 파트너이며, 인간은 최종 결정자이다

AI는 콘셉트 스케치/스토리보드/무드보드에 적합하며, 제작자는 다양한 AI 결과물을 비교/선택하고 수정한다. 실제 영상 제작 현장에선 AI를 '1차 편집 도우미'로 활용하는 사례가 증가하고 있다.

공동 제작 실험 사례: AI와 사람이 함께 만든 영상들

"Pepperoni Hug Spot", "The Frost" 등의 작품에서 챗GPT가 대사를 쓰고, 미드저니가 그림을 그리며, 사람은 이를 구성한다. 결과적으로 "기획 → AI 생성 → 인간 편집"이라는 새로운 워크플로우로 가

> 💡 **프롬프트란?**
>
> 프롬프트(Prompt)는 AI에게 원하는 답을 얻기 위한 지시문을 말한다. 즉, 사용자가 AI에게 무엇을 원하는지 알려주는 텍스트 형태의 요청 글(문장)이다. 예를 들어, "파리의 날씨를 알려줘", "이 코드를 설명해 줘", "창의적인 이야기를 써줘" 이런 것들이 모두 프롬프트이다. 프롬프트는 단순한 질문부터 복잡한 작업 지시까지 다양한 형태를 가질 수 있다. AI 모델은 이 프롬프트를 분석해서 적절한 응답을 생성하게 되며, 프롬프트를 어떻게 작성하느냐에 따라 AI의 답변 품질이 크게 달라질 수 있기 때문에, 효과적인 프롬프트 작성법(프롬프트 엔지니어링)이 중요한 기술로 여겨지고 있다.

고 있다. 물론 진화된 AI 기술은 기획 영역에서도 큰 영향을 미치고 있다.

감정과 맥락은 인간만이 설계 가능한 영역이다

AI는 감정을 '흉내' 낼 수는 있지만, '의도'하지는 못하며, 캐릭터 간 긴장감, 서사의 리듬, 화면의 여운 등은 창작자의 해석이 필요한 부분이다. 특히 인터뷰, 다큐멘터리, 사회 메시지 중심 콘텐츠에서 인간의 판단은 필수 요소이다.

제작 현장이 AI 도입으로 큰 변화가 일고 있다

AI 시대에서의 영상 제작자는 '연출자'에서 '설계자'로 변신하고 있다. 특히 중기업/광고/교육 콘텐츠 분야에서 빠르게 AI 편집/프롬프트 협업 방식이 확산되고 있으며, 앞으로의 제작자는 기술자보다 '감정 설계자'가 될 가능성이 높다.

협업을 위한 역할 분담: AI가 잘하는 것 vs 인간이 잘하는 것

AI 시대의 영상 제작은 이제 '혼자 만드는 과정'이 아니라 '협업의 과정'으로 변화하고 있다. 즉, AI는 '속도와 효율성', 인간은 '의미와 감성'을 담당하여 두 영역이 조화를 이룰 때 비로소 완성도 높은 결과가 만들어진다.

영역	AI가 잘하는 일	인간이 잘하는 일
기획	다양한 아이디어 확장	핵심 메시지 선택
제작	빠른 영상화, 반복 생성	정서적 흐름 설계
편집	컷 정렬, 자막 자동화	리듬과 몰입도 조정

숏폼부터 롱폼까지 확장하는 AI 영상

AI 영상은 처음엔 짧고 재미있는 숏폼 콘텐츠 중심으로 주목받았지만, 이제는 광고, 교육, 다큐, 영화까지 다양한 포맷으로 확장되고 있다. 짧은 정보 전달 영상부터 감정을 담은 스토리텔링 영상까지, AI는 시간의 길이에 상관없이 영상 기획과 제작을 돕는 도구로 자리 잡고 있다.

숏폼(Short form): 15초~1분 이내

숏폼은 일반적으로 15초에서 1분 이내의 짧은 영상 콘텐츠를 의미한다. 틱톡(TikTok), 유튜브 숏츠(YouTube Shorts) 등을 중심으로 성장했으며, 빠른 정보 전달과 즉각적인 몰입이 핵심이다. 생성형 AI는 짧은 시간 안에 시각적 임팩트를 주는 장면을 빠르게 만들 수 있고, 반복적인 제작과 실험도 용이하기에 특히 숏폼 제작에 강하다. 숏폼이 짧다고 가벼운 건 아니다. 오히려 기획력과 연출력이 더 중요하며, 핵심 메시지를 정확하게 전달하는 압축된 스토리텔링이 요구된다.

예시 1: 10초 안에 웃기는 밈 영상

- 챗GPT로 각본 → 소라로 영상 → 영상 편집 툴로 편집 및 자막 삽입

예시 2: 섬뜩한 공포 영상: 지하철에서 귀신을 만난 날

- 프리픽으로 이미지 → 피카에서 영상 → 카메라 무빙 연출

▶

예시 3: 쇼핑 영상: AI 쇼호스트가 전하는 오늘의 상품

- 아트브리더로 모델 → 챗GPT로 대본 → 일레븐랩스로 음성 → 클링AI로 영상

▶

숏폼부터 롱폼까지 확장하는 AI 영상 •••• 029

미드폼(Mid form): 약 1~5분

미드폼은 보통 1분에서 5분 사이의 영상 콘텐츠를 말하며, 숏폼보다 더 많은 정보를 담을 수 있고, 롱폼보다 짧아 집중도가 높은 것이 특징이다. 강의 요약, 제품 리뷰, 미니 다큐멘터리, 감정 중심 캠페인 영상 등에서 많이 활용되며, 스토리와 메시지를 간결하게 전달하면서도 몰입감을 유지할 수 있는 이상적인 형식이다.

예시 1: 캠페인 영상: 1분 환경 스패셜

- 챗GPT로 기획 및 프롬프트 → 소라 또는 런웨이로 영상 → BGM 삽입 + 자막 디자인

▶

예시 2: 교육 영상: 한국사 인물 소개(다국어 버전)

- 제너레이티드 포토스로 진행자 → 소라로 영상 자료 → 챗GPT로 대본 및 다국어 번역

▶

예시 3: 상품 홍보 영상: 브랜드 제품 비교 리뷰 영상

- 챗GPT 대본 → 나노 바나나로 상품 및 리뷰어(캐릭터) → 클링AI 또는 소라로 영상/음성

예시 4: 광고 영상: 탈모인을 위한 샴푸 광고 영상

- 챗GPT 대본 → 나노 바나나로 상품 및 모델 → 클링AI/소라/베오로 영상/음성

롱폼(Long form): 5분 이상

롱폼은 5분 이상 길이의 영상 콘텐츠를 의미하며, 스토리텔링, 감정 전달, 정보 설득력이 핵심이다. 영화, 다큐멘터리, 인터뷰, 브랜드 콘텐츠, 교육 영상 등 복합적인 메시지와 구조를 담는 데 적합하다.

예시 1: AI 다큐멘터리: 봄짱 소방관의 하루

- 챗GPT로 인터뷰 각본 → 베오로 영상 → 일레븐랩스로 내레이션 → 수노로 배경음악 → 영상 편집

예시 2: AI 애니메이션 단편 영화

- 작화 또는 미드저니로 캐릭터 → 프리픽(시드림)으로 캐릭터 시트 → 챗GPT로 스토리 → 런웨이/소라/피카로 애니메이션화 → 음악 합성으로 구성된 풀 시퀀스형 영상

— 작화_이얀 작가 —

살펴본 것처럼 AI는 숏폼부터 롱폼까지 모두 표현할 수 있다. 이렇듯 AI는 이러한 모든 형식을 넘어, 표현의 자유를 확장하고 있다. 여기서 중요한 것은 영상의 길이가 아니라, 어떤 메시지를 어떻게 설계하느냐이다.

콘텐츠 소비 방식의 변화

콘텐츠는 이제 단순히 '보는 것'을 넘어, 반응하고 공유하며 재창작하는 흐름 속에서 끊임없이 진화하고 있다. AI는 콘텐츠 제작 방식을 바꾸었고, 소비자(관객)들은 그에 맞춰 더 짧고, 더 빠르며, 더 개인화된 콘텐츠를 원하게 되었다. 이렇듯 AI 영상 시대의 소비 방식 변화는, 곧 창작 방식의 재구성을 요구하는 신호가 되었다.

스크롤형 소비와 숏폼 알고리즘의 정교화

더 이상 사용자는 콘텐츠를 찾지 않는다. 그저 스크롤할 뿐이다. 3초 안에 시선을 사로잡지 못하면 바로 다음 콘텐츠로 넘어간다. AI 시대의 숏폼은 감정 설계와 몰입 구조가 핵심 전략이 되었다.

반복 추천 메커니즘: 취향을 감지하고 강화하다

틱톡, 유튜브 숏츠, 인스타그램과 페이스북의 릴스(Reels) 등은 사용자의 시청 시간, 반응 속도, 스크롤 패턴 등을 실시간 분석해 알고리즘에 반영한다. 한 번 본 영상과 유사한 콘텐츠가 반복적으로 추천되며, 사용자의 관심은 특정 패턴 안에 머물게 된다. 이러한 반복 추천은 개인의 취향을 빠르게 파악하고 강화하는 구조로, 제작자 입장에서는 '첫 반응'을 유도할 수 있는 요소(시작 컷/자막/음악/표정 등)를 전략적으로 설계하는 것이 중요해졌다. 결국, AI는 '무엇을 보여줄지'를 넘어, '언제 어떻게 보여줄지'를 판단하는 콘텐츠 큐레이터로 진화하고 있다.

'3초 안에 잡아야 하는' 시대

스크롤 기반 플랫폼에서는 영상의 첫 3초가 전부라 해도 과언이 아니다. 시청자(고객)는 판단을 미루지 않고, 관심 없으면 즉시 넘긴다. 이 짧은 순간에 시선과 감정을 동시에 사로잡아야 알고리즘 추천 루프에 들어설 수 있다. 강렬한 오프닝 이미지, 흥미로운 질문, 감정에 호소하는 음악 한 줄 모두 3초 전략을 위한 설계가 필요하다. 지금은 콘텐츠의 내용보다 '시작의 힘'이 승부를 가르는 시대다.

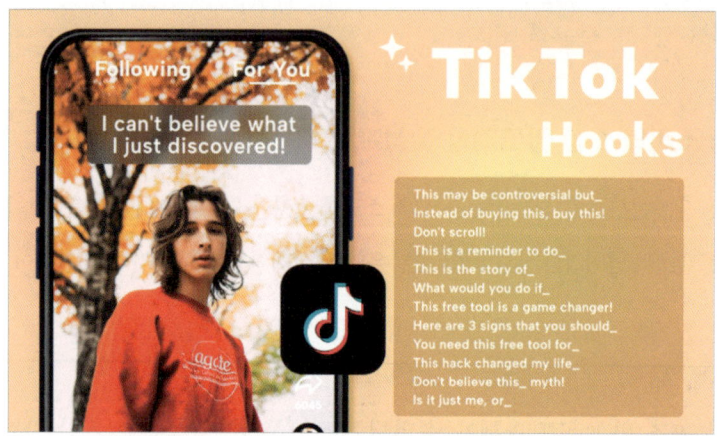

— I can't believe what I just discovered!와 같은 자막. 초반 훅 전략의 대표적 사례 —

영상 콘텐츠의 인터랙티브화

이제 영상은 일방적으로 '보는 것'을 넘어, '선택하고 반응하는' 콘텐츠로 진화하고 있다. 이는 수동적 시청자에서 능동적 참여자로의 전환이 핵심이며, AI 기술은 이 상호작용을 보다 자연스럽고 실시간으로 만들어주는 역할을 하고 있다. 넷플릭스의 분기형 영화부터, AI 챗봇과 연결된 몰입형 쇼츠까지, 시청자가 이야기를 조작하고, 결말을 바꾸는 경험이 영상 소비의 새로운 트렌드가 되고 있다.

💡 인터랙티브(interactive)란?

사용자와 콘텐츠 사이에 상호작용이 일어나는 방식이다. 영상 콘텐츠에서 인터랙티브는 시청하는 것을 넘어, 사용자의 선택이나 행동에 따라 영상의 전개, 결말, 정보 흐름이 달라지는 형식을 의미한다. 시청자가 직접 결말을 선택하거나, 영상 중간에 등장인물과 대화를 나누는 구조가 대표적이다.

밈/리믹스 중심의 재창작 문화

디지털 영상 시대의 콘텐츠는 '완성'이 아니라 '시작'에 가깝다. 밈(Meme), 챌린지, 리믹스는 하나의 원본을 수많은 버전으로 확장시키며, 팬과 대중이 직접 콘텐츠를 변주하고 재해석하는 문화를 만든다. AI 영상은 이러한 흐름에 박차를 가하며, 누구나 손쉽게 기존 영상을 패러디하고, 새로운 의미를 입히는 시대를 열고 있다.

- 오징어 게임을 패러디한 밈(meme) 예시 -

글로벌(다국어) 소비 환경의 확대

이제 콘텐츠는 자동 번역 자막, 다국어 음성 합성, 아바타 내레이션 덕분에 한 편의 영상이 전 세계 시청자에게 동시에 전달될 수 있다. AI는 단순한 번역을 넘어, 문화와 뉘앙스를 고려한 맞춤형 전달을 가능하게 하며, 창작자(제작자)에게는 국경 없는 콘텐츠 수출의 기회를 제공한다.

- 한국 드라마를 다국어 음성/자막으로 보여주는 예시 -

개인화 맞춤형 소비의 강화

AI는 이제 '모두에게 똑같이 보여주는 영상'이 아니라, 사용자의 취향/시간대/시청 패턴을 실시간으로 분석하여 '맞춤형 영상'을 자동으로 추천하고 있다. 이른바 '하이퍼 퍼스널라이제이션(Hyper Personalization)' 시대다. 예를 들어, 같은 광고 영상이라도 10대에게는 유머 중심으로, 30대에게는 정보 중심으로, 50대에게는 감성 중심으로 편집된 다른 버전이 노출된다. 이처럼 개인의 감정 상태와 관심사에 따라 실시간으로 영상을 조정 및 추천하는 기능은 AI 콘텐츠 소비를 '정적'에서 '상호적'으로 변화시키고 있다.

멀티모달(Multimodal) 소비 경험의 확장

과거에는 '시각 중심'의 소비가 주를 이루었지만, 이제는 영상/음성/텍스트/자막/이모티콘 등이 동시에 작동하는 멀티모달 경험이 핵심이다. 특히 Z세대는 영상 한 편 안에서도 텍스트 밈, 내레이션, 음악, 그래픽 자막이 동시에 나타나는 복합 감각적 콘텐츠를 선호한다. AI 영상 도구는 이러한 멀티모달 구조를 손쉽게 구현하며, 하나의 영상 안에서도 감정/정보/유머가 동시에 전달되는 '입체적 소비 경험'을 만들어낸다.

참여형 커뮤니티 소비로의 이동

콘텐츠는 이제 더 이상 '일방향 감상'의 대상이 아니다. 시청자는 댓글, 리믹스, 듀엣, 밈 제작을 통해 콘텐츠의 공동 제작자(Co-creator)로 참여한다. 특히 틱톡, 숏츠, 릴스 등은 영상 소비와 동시에 창작을 유도하는 구조를 가지고 있다. '조회수'보다 '참여율'이 더 중요한 지표로 자리 잡으면서, AI 시대의 콘텐츠는 "나도 이 영상의 일부가 된다"는 공감적 경험을 중심으로 진화하고 있다.

02 | 생성 AI 툴 알아보기

도구의 선택이 AI 영상 제작의 성패를 가르며, 더 중요한 건 적절한 활용이다

AI 영상 제작은 도구 선택에서부터 시작된다. 같은 프롬프트도 어떤 툴을 쓰느냐에 따라 결과가 달라지기 때문이다. 자고 나면 새로운 AI 툴이 출시되고, 새로운 기능이 업데이트되는 게 요즘의 AI 분야이다. 이번 학습에서는 소라(Sora), 런웨이(Runway), 피카(Pika), 클링 AI(Kling AI), 컴피유아이(ComfyUI)와 같은 AI 영상 툴부터, 미드저니(Midjourney), 제너레이티드 포토스(Generated Photos), 아트브리더(Artbreeder), 나노 바나나(2.5 Flash), 프리픽(Freepik) 등의 이미지 생성 AI, 그 밖에 AI 작곡을 위한 수노(Suno), 일레븐랩스(ElevenLabs) 그리고 새롭게 부상하는 구글 베오(Google Veo)처럼 기술까지, 주요 생성형 AI 툴의 방식과 특징을 비교하고, 어떤 목적에 어떤 조합이 효과적인지 실무 관점에서 알아보기로 한다.

생성형 AI 영상 제작 툴 알아보기

영상 제작을 위해 카메라보다 프롬프트를 먼저 꺼내는 시대이다. 소라, 런웨이, 피카, 클링AI, 컴피UI, 최근 동영상 제작까지 가능해진 미드저니, 그리고 디자인 템플릿 플랫폼에서 AI 이미지, 영상, 편집까지 가능해진 프리픽 등의 생성형 AI 툴들은 각기 다른 방식으로 상상력을 시각화한다. 누군가는 현실 같은 시뮬레이션을 원하고, 또 다른 누군가는 감각적인 모션 그래픽이나 아트워크를 추구한다.

챗GPT의 오픈AI가 개발한 소라(Sora)

소라는 오픈AI가 개발한 차세대 텍스트-투-비디오(Text-to-Video) 이미지/동영상 생성 모델로,

단 한 줄의 문장 및 이미지만으로 고해상도 영상(16:9, 9:16, 15초)을 생성할 수 있다.

◆ 특징

- **입력 방식** 텍스트 및 이미지 프롬프트(자연어 기반)
- **출력 결과** 16:9, 9:16 비율의 고화질 비디오(소라 2 기준, 15초분 길이까지 가능)
- **기술적 기반** Diffusion(디퓨전) 기반의 비디오 생성 모델
- **추론 속도** 수십 초~수 분 내 영상 렌더링 타깃
- **사용자** 영화 및 광고 제작자, 마케터, 크리에이터, 실험적 예술가 등

◆ 주요 기능과 장점

- **사실감 높은 시뮬레이션** 인물 표정, 물리적 동작, 배경 변화까지 현실과 유사한 움직임 표현 가능
- **장면의 시간 흐름 묘사 가능** 카메라 줌인, 슬로우 모션, 패닝, 주인공의 시선 전환 등의 영화적 연출 이해
- **탁월한 문맥 이해력** 단순한 오브젝트 생성이 아닌, 서사와 감정을 반영한 장면 구성 가능
- **영상 흐름 유지** 등장 인물이나 사물의 형태가 장면 내에서 일관되게 유지되며, 기존 버전 대비 '프레임 간 일관성'이 뛰어남
- **무료 사용자 혜택** 무료 사용자도 1일 30회, 15초 동영상 생성 가능

◆ 실무 활용 예시

- 기획 시각화용 프리비즈 영상 제작
- SNS용 숏츠 및 콘셉트 영상 생성(브랜드 티저, 광고 시안 등)
- 스토리보드 대체용 영상 초안 제작
- 교육/공익 캠페인용 고감도 이미지 영상 생성

◆ 한계점(2025년 기준)

- **일반 사용자 공개 미완료** 접근 방식이 초대 코드를 통해야 하는 불편함(영상에 워터마크 처리)
- **정교한 편집 기능 없음** 출력된 영상에 대해 편집이나 사운드 삽입은 별도 편집 툴 필요
- **복잡한 프롬프트 구조 필요** 감정/움직임/연출 요소를 명확히 기술해야 원하는 영상 가능

💬 예시 프롬프트(학습자료 → 프롬프트 참고)

a futuristic city skyline at night, flying cars zipping through the air, neon lights reflecting off skyscrapers, cinematic camera motion

\# 미래 도시 배경에 화려한 네온과 움직임이 있는 영상

▶ 예시 프롬프트 결과 영상

디자이너와 영상 크리에이터를 위한 올인원 AI, 런웨이(Runway)

런웨이는 생성형 AI 기술을 활용해 텍스트, 이미지, 영상 클립을 바탕으로 새로운 영상을 제작할 수 있는 클라우드 기반의 AI 영상 제작 플랫폼이다. 특히 'Gen-4' 모델은 텍스트 기반 영상 생성 기

능으로 주목받았으며, 현재(2025년 11월 기준)는 Gen-4 대비 크게 향상된 품질, 인물 일관성, 움직임 자연스러움, 시간 흐름 유지 등을 제공하는 고성능 'Gen-4' 모델을 제공하며, 특히 최근 가장 관심을 받고 있는 구글 베오 3와 2.5Flash 모델을 사용할 수 있다.

◆ 특징

- **입력 방식** 텍스트 프롬프트(Text-to-Video), 이미지 프롬프트(Image-to-Video), 기존 영상 클립(Video-to-Video 변형) 방식
- **출력 결과** 해상도는 최대 4K(업스케일링), 기본 출력은 720p와 1080p, 길이는 기본 5~15초, 반복 연장 가능 포맷은 MP4
- **기술적 기반** Runway Gen-2, 3, 4 모델(Diffusion 기반), Veo 3/Flash 2.5 탑재)
- **추론 속도** Gen-4 기준, 5~15초 내에 미리보기 또는 클립 생성이 시작
- **사용자** 콘텐츠 마케터, 크리에이터 및 유튜버, 디자이너/모션 그래픽 아티스트, 광고 영상 제작, 교육 콘텐츠 제작자 등

◆ 주요 기능과 장점

- **텍스트 영상 생성(Text-to-Video)** 단순한 문장을 입력하여 짧은 영상 자동 생성
- **이미지 영상 변환(Image-to-Video)** 사진과 같은 정적 이미지를 바탕으로 카메라 워크와 움직임이 포함된 영상으로 확장
- **영상 → 스타일 변형(Video Style Transfer)** 만화 스타일로 바꾸기, 옛날 필름 효과 등 기존 영상 클립에 스타일/톤/필터 등 시각 효과 덧입히기 가능
- **AI 컷 편집 및 트래킹 기능** 인물/배경 자동 추출, 그린스크린 제거, 모션 트래킹 등 영상 편집 가능
- **웹 기반 협업** 팀 기반 실시간 편집 가능, 별도 설치 필요 없음

◆ 실무 활용 예시

- 브랜드용 텍스트 프롬프트로 SNS 숏츠(숏폼) 광고 티저 제작

- 일러스트 자료 및 이미지를 애니메이션화 한 교육용 영상 소재 생성
- 스토리보드용 비주얼 시퀀스 구성
- 기존 영상 클립을 스타일리시하게 리디자인

◆ **한계점(2025년 기준)**

- **시간 흐름 표현은 제한적** 장면 간 연결성 부족, 지속적인 이야기 전개에 한계
- **영상 길이 제한** 일반 계정 기준 영상당 5~15초, 반복 루프로 확장 필요
- **상세 제어 어려움** 인물(캐릭터) 일관성, 배경 구체성 등은 아직 불완전

💬 **예시 프롬프트(학습자료 → 프롬프트 참고)**

cyberpunk woman in shiny dark suit, neon city street at night, rain, cinematic lighting

비오는 밤의 네온사인 도시의 사이버펑크 여전사

▶ **예시 프롬프트 결과 영상**

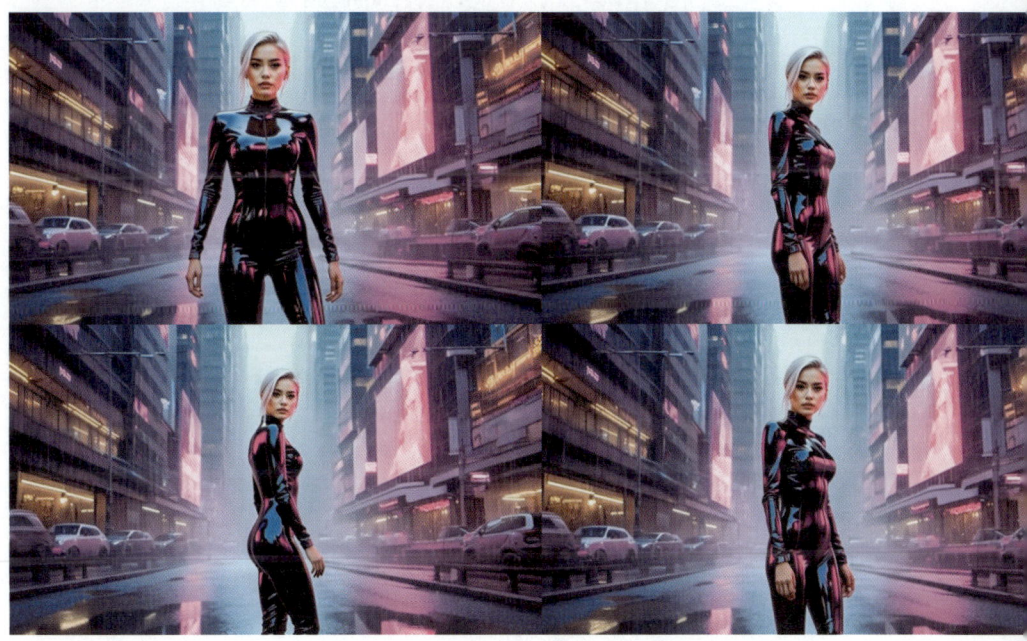

감정과 움직임을 만드는 AI 숏폼, 피카(Pika)

피카(Pika)는 감정 표현과 모션 제어에 특화된 텍스트 기반 AI 영상 생성 도구로, 숏폼 콘텐츠 제작에 최적화된 인터페이스와 기능을 제공한다. 사용자는 텍스트 프롬프트 또는 이미지를 활용해 5~10초 길이의 짧지만 임팩트 있는 클립을 만들 수 있으며, 인물 중심의 감정 묘사, 카메라 워크, 배경 전환 등이 자연스럽게 구현된다. 2025년 버전 2.2에서는 영상 길이와 해상도가 대폭 향상되어 최대 10초, 풀 HD(1080p) 출력이 가능해졌다.

◆ 특징

- **입력 방식** 텍스트 프롬프트(자연어 기반) 및 참조 이미지 또는 영상
- **출력 결과** 기본 720p, 최대 1080p 해상도와 5~10초의 짧은 비디오
- **기술적 기반** Diffusion(디퓨전) 기반의 동영상 생성 모델 + AI 스타일 전환 엔진
- **추론 속도** 수 초~수십 초 내 렌더링(PC 환경/서버 상황에 따라 상이)
- **사용자** 숏폼 크리에이터, 브랜드 디자이너, SNS 마케터, AI 캐릭터 제작자 등

◆ 주요 기능과 장점

- **감정 표현 중심 영상 생성** 인물의 표정과 몸짓을 감정 키워드로 제어 가능
- **스타일 있는 카메라 연출** 텍스트 프롬프트로 줌인, 패닝, 드론샷, 회전 등 다양한 시점과 모션 제어 가능하며, 강렬한 시각적 효과 연출 가능
- **스타일 전환 및 시각 필터** 실사, 픽사, 3D 애니메이션, 드림워크 스타일 등 적용 및 장르별 분위기를 쉽게 전환할 수 있어 다채로운 실험 가능
- **배경/인물 분리 및 변화 효과** 고정된 인물을 기준으로 배경 또는 인물만 자연스럽게 변형 가능(트랜지션과 숏 전환에 유리)
- **모션 변환 기능** 기존 영상을 업로드하여, 프롬프트를 기반으로 스타일이나 분위기, 장르를 변경한 새로운 영상으로 변환 가능

◆ 실무 활용 예시

- SNS 밈, 챌린지, 광고 티저 숏폼 영상
- 브랜드 캐릭터 모션 테스트 및 광고용 시퀀스
- 교육용 5~10초 컷 설명 영상
- 챗GPT + Pika 연동 숏폼 시나리오 실험

◆ 한계점(2025년 기준)

- **영상 길이 제약** 기본 5초 단위, 연장하려면 반복 또는 후편집 필요
- **고급 편집 기능 없음** 배경음악과 효과음 삽입, 자막 편집 등은 별도의 도구 필요
- **정확한 감정/연출 반영의 어려움** 프롬프트를 반복 수정/실험해야 원하는 표현 가능
- **업데이트 속도 느림** 모델 업그레이드 주기가 타 AI 툴보다 다소 늦는 편

💬 **예시 프롬프트(학습자료 → 프롬프트 참고)**

a 3d animated scene of a pure, lonely boy, reminiscent of the little prince, sitting alone on a school playground swing, his head bowed. the background is slightly out of focus, showing blurred figures of other children laughing. the mood is melancholic and cinematic

3D 애니메이션, 감성, 외로운 소년, 놀이터, 그네, 가을, 낙엽, 시네마틱, 부드러운 조명, 어린 왕자 분위기

▶ **예시 프롬프트 결과 영상**

노드 기반의 커스텀 AI 영상 제작 툴, 컴피유아이(ComfyUI)

컴피UI는 생성형 AI의 내부를 직접 설계하듯, 영상 제작의 모든 과정을 *노드 기반으로 구성할 수 있는 고급 AI 툴로, 텍스트 프롬프트뿐 아니라 업스케일러, 노이즈 컨트롤, 프레임 시퀀스 설정까지 사용자가 직접 조립하듯 연결하며 정밀한 결과물을 얻을 수 있다. 미드저니처럼 멋진 이미지를 만들고 싶고, 소라처럼 움직이는 영상을 만들고 싶다면, 컴피UI는 최고의 결과물을 생성해 줄 것이다. 특히 컴피UI는 완전한 오픈(무료) 소스로 사용할 수 있다는 것이 가장 매력적인 요소이다.

◆ 특징

- **입력 방식** 텍스트 프롬프트, 이미지, 노드 그래프 조합
- **출력 결과** 고해상도 이미지 또는 프레임 시퀀스
- **기술적 기반** 스테이블 디퓨전(Stable Diffusion) 기반 + 사용자 정의 노드 프로세싱 파이프라인
- **추론 속도** 로컬 GPU(그래픽 처리 장치) 성능에 따라 다름(RTX 3090 기준 수 초~수 분 소요)
- **사용자** AI 비주얼 아티스트, 개발자, 영상 프로토타입 제작자, 스타일 실험가 등

◆ 주요 기능과 장점

- **고도화된 커스터마이징** 텍스트 프롬프트 외에도 노드 방식으로 모델, 업스케일러, 컨트롤러 등을 조합할 수 있어 결과물의 품질, 스타일, 구조까지 세밀하게 제어 가능
- **모듈형 워크플로우** 워크플로우는 블록(노드) 단위로 구성되며, 이들을 연결해 자유롭게 시각화 파이프라인 구성(예: 텍스트 → 러프(참조) 이미지 → 디테일 보정 → 색상 조정 → 업스케일 → 영상화)
- **정교한 영상 시퀀스 구성 가능** 애니메이션 툴과 연동해 프레임 시퀀스(예: 24fps, 3초) 생성이 가능하며, 런웨이, 클링AI, 피카보다 정밀한 '프레임 단위 영상'이 필요할 때 유리

> 💡 **노드 방식(Node-based)이란?**
> 노드 방식은 작업의 각 단계를 블록(노드) 단위로 나누고, 이를 시각적으로 선(Line)으로 연결해 하나의 결과물을 만들어가는 구조로, 각 노드는 특정한 기능(예: 텍스트 처리, 스타일 적용, 해상도 업스케일 등)을 수행하며, 사용자는 원하는 기능을 직접 조합하고 흐름을 설계할 수 있다.

- **이미지 기반 영상 생성의 유연성** 미드저니, 프리픽 등에서 만든 이미지를 영상 시퀀스로 확장하는 데 자주 활용되며, Stable Video Diffusion, AnimateDiff, T2I-Adapter 등과 결합하여 고급 연출 가능

◆ 실무 활용 예시

- 브랜드 비주얼 테스트용 장면 생성
- 애니메이션용 콘셉트 시퀀스 제작
- 실험적 예술 영상, 영상 필터 시뮬레이션
- 영상 제작 전 스토리보드 시퀀스용 이미지 생성
- 미드저니/프리픽 이미지 → 영상화용 프레임 시퀀스 변환
- CF/바이럴 영상의 콘셉트 시안 제작
- 앱 UI/UX 시연 시각자료

◆ 한계점(2025년 기준)

- **초보자 진입 장벽 높음** 노드 기반 UI와 AI 모델 구조에 대한 이해 필요
- **리소스(메모리) 의존도 높음** GPU 사양에 따라 생성 속도와 해상도에 큰 차이 발생
- **타임라인 제어 미지원** 각 프레임의 연속성과 타이밍 조절이 어려워 '정확한 컷 편집'에는 비적합
- **스타일 일관성 어려움** 일정한 스타일을 유지하려면 텍스트 + 이미지 조합 등 추가 세팅 필요

💬 예시 쓰롬프트(학습자료 → 프롬프트 참고)

the white dragon warrior stands still, eyes full of determination and strength. the camera slowly moves closer or circles around the warrior, highlighting the powerful presence and heroic spirit of the character

백룡 전사, 정지된 자세, 결의에 찬 눈빛, 강인한 인상, 카메라 줌인 또는 회전 이동, 압도적인 존재감 강조, 영웅적인 분위기 연출

▶ **예시 프롬프트 결과 영상**

감성적 고품질 시네마틱 영상 생성에 특화된 구글 베오(Veo)

베오(Veo)는 구글 딥마인드가 개발한 고화질 AI 동영상 생성 툴로, 시네마틱한 연출과 감성적 장면 구현에 특화되어 있다. 텍스트 프롬프트 하나만으로 자연스럽고 몰입도 높은 영상을 생성할 수 있으며, 색감, 구도, 움직임이 뛰어난 장면 묘사가 강점이다. 최대 8초, 업스케일 시 1080p 고화질 영상까지 가능하며, 영화 및 광고 콘텐츠와 같은 스토리텔링 기반 영상 제작에 적합하다.

◆ **특징**

- **입력 방식** 텍스트/이미지 프롬프트 기반(스토리 기반 설명, 카메라 앵글, 장면 전개 등 표현 가능)
- **출력 결과** 기본 720p, 최대 1080p 해상도의 고화질 비디오 8초 길이 생성
- **기술적 기반** Transformer + Diffusion 혼합 구조 기반의 최신 비디오 생성 모델
- **추론 속도** 빠른 생성을 위한 'Veo 3 Fast'와 고품질 생성을 위한 'Veo 3' 모델로 구분
- **사용자** 영상 크리에이터, 시네마틱 광고, 마케터, 예술가, 단편 애니/영화 제작자 등

◆ **주요 기능과 장점**

- **사실감 있는 시뮬레이션** 인물, 동작, 배경 변화까지 현실과 유사한 움직임으로 표현 가능

- **강력한 문맥 이해** 단순한 사물 생성이 아닌, 서사와 감정을 반영한 장면 구성 가능
- **프레임 간 일관성** 영상 흐름을 유지하며 인물이나 사물의 형태가 장면 내에서 일관되게 유지(일명 '프레임 간 일관성'이 뛰어남)
- **네이티브 오디오 생성** 영상에 맞춰 음성, 효과음, 배경음악, 대화 등을 자동으로 생성
- **한국어 음성 생성** 생성된 캐릭터에 한국어 음성 립싱크(더빙) 가능(제미나이에서 탁월)

◆ 실무 활용 예시

- 기획 시각화용 프리뷰 영상 제작
- SNS용 콘텐츠 생성(브랜드 티저, 광고 시안 등)
- 스토리보드를 대체하는 영상 초안 제작
- 교육/공익 캠페인용 이미지 영상 생성
- 제품 시연 및 튜토리얼 영상 제작

◆ 한계점(2025년 기준)

- **영상 길이 제한** 기본 8초 내외로 제한되어 장편 영상 제작에 어려움
- **세부 제어** 특정 장면이나 요소(객체)의 위치, 움직임 등을 완벽하게 제어하기 어려움
- **유료화** 고해상도, 고품질 기능은 Gemini Advanced 등 유료 구독 시에만 이용 가능
- **반복 작업** 의도한 결과물을 얻기 위해 프롬프트 수정 및 실험 작업 필요

📨 예시 프롬프트(학습자료 → 프롬프트 참고)

a cinematic wide shot of a futuristic motorcycle with a glowing neon engine racing through a dense cybercity at night, with rain-slicked asphalt reflecting neon signs. the camera is slightly elevated, following the motorcycle from behind, motion blur effect on the background to emphasize speed

미래형 오토바이를 타고 긴 현수교를 가로지르는 밤의 사이버 도시

▶ 예시 프롬프트 결과 영상

창작의 한계에 도전하는 차세대 모델, 클링AI(KlingAI)

클링AI(KlingAI)는 텍스트 설명만으로 현실적인 장면과 영화 수준의 시각적 품질의 영상을 생성할 수 있는 AI 영상 생성 툴이다. 바이트댄스(Bytedance)가 개발한 이 모델은 인간의 자연스러운 움직임, 사실적인 조명, 정확한 물리 시뮬레이션을 구현할 수 있으며, 긴 시퀀스(최대 2분 영상)를 생성할 수 있으며, 간단한 프롬프트만으로도 카메라 워킹, 피사체의 동작, 조명 변화까지 포함된 시네마틱 영상을 만들 수 있어 영화, 광고, 교육, 숏츠 등 다양한 분야에서 활용되고 있다.

◆ 특징

- **입력 방식** 텍스트 프롬프트와 이미지/비디오 레퍼런스 업로드를 지원하며, 자연어로 카메라 각도, 조명, 피사체 움직임 등을 세밀하게 제어 가능

- **출력 결과** 장면 연장 시 최대 2분 길이와 1080p 해상도 영상 생성(16:9, 9:16, 1:1 지원)

- **기술적 기반** 자체 개발한 AI 비디오 생성 모델로, 모션 예측/공간 인식/물리 기반 시뮬레이션 결합
- **추론 속도** Fast Mode(빠른 샘플 생성), Quality Mode(고품질 영화 스타일), Real Mode(사실적 카메라 연출 중심)
- **사용자** 영상 제작자, 광고 기획자, 크리에이터, 브랜드 디자이너, SNS 마케터 등

◆ 주요 기능과 장점

- **강력한 립싱크/사운드 기능** 입 모양과 감정을 정밀하게 일치시키는 립싱크와 사운드 효과 제공
- **참조 이미지/비디오 업로드** 기존 영상 스타일을 반영하거나, 특정 피사체/배경을 유지하며 확장
- **물리 기반 렌더링** 빛, 그림자, 반사 등 현실적인 물리 표현 가능
- **캐릭터 동작의 자연스러움** 걷기, 달리기, 손동작 등 세밀한 인체 움직임을 실시간으로 예측 생성
- **장면 전환 및 카메라 워킹 제어** 줌, 패닝, 트래킹, 항공 촬영 등 복잡한 시네마틱 연출 가능

◆ 실무 활용 예시

- 광고/브랜드 영상 제작(제품 홍보, 브랜드 필름 등)
- SNS/캠페인용 단편 영상 콘텐츠 제작
- 영화/드라마 콘티 및 프리비즈(Pre-Visualization) 제작
- 교육용 시뮬레이션 및 가상 강의 영상 생성

◆ 한계점(2025년 기준)

- 인물 얼굴 재현 시 동일 인물 유지가 완벽하지 않음
- 다중 인물, 빠른 모션, 세밀한 배경 요소 동시 포함 시 복잡한 배경 처리 한계
- 세밀한 모션 제어나 대사 동기화는 아직 불완전
- 상업용 공개 버전은 중국 내 베타 서비스 중

▶ 클링AI 학습 예제 영상

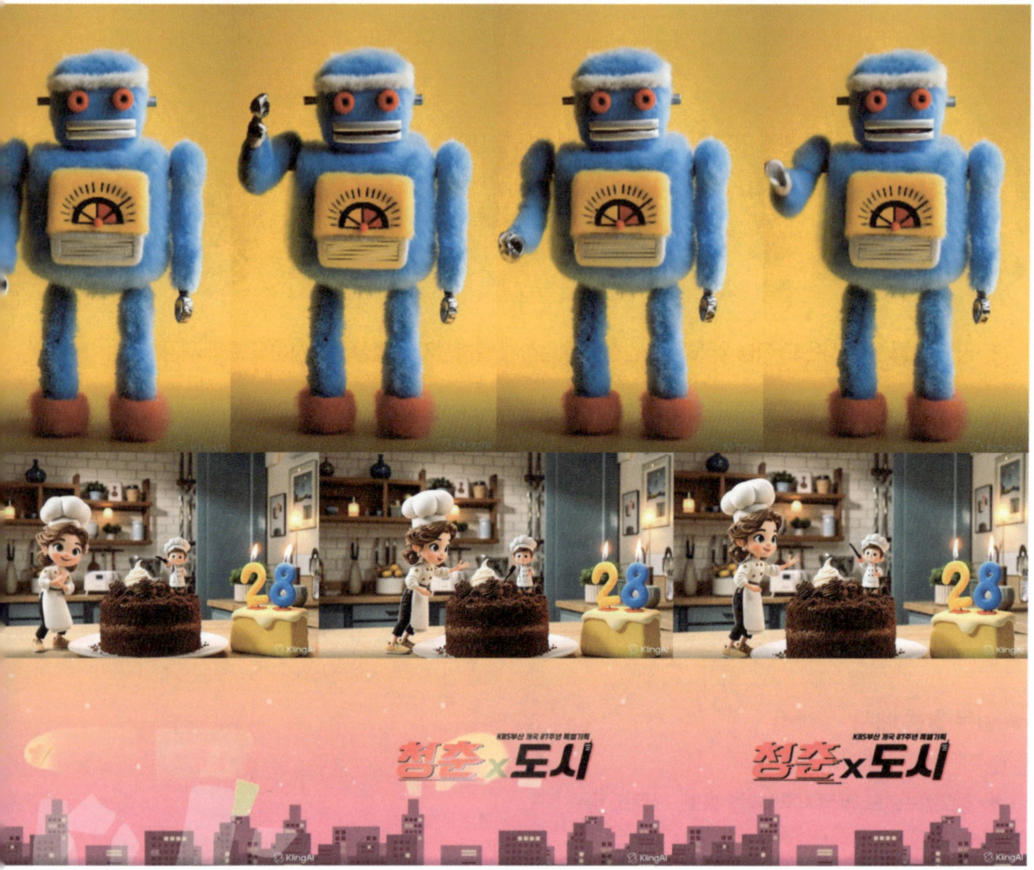

🖼️ 클링AI 학습 예제 이미지

생성형 AI 이미지 생성 툴 알아보기

영상 제작의 출발점은 움직임을 생성하기 위한 원천 이미지, 즉 참조 소스(Reference Source)이다. 아트브리더는 얼굴과 풍경을 조합해 진화시키고, 제너레이티드 포토스는 사실적인 인물 이미지를 생성한다. 또한, 미드저니는 예술적 감성의 콘셉트 아트에 강점을 지니며, 나노 바나나(2.5 Flash)는 빠르고 정교한 신규 모델로 주목받고 있다. 그리고 프리픽은 AI 이미지/동영상뿐만 아니라 벡터와 템플릿까지 제공하는 실무형 플랫폼으로 유용하게 활용된다.

창의적인 AI 아트워크를 생성하는 미드저니(Midjourney)

미드저니는 사진, 일러스트, 콘셉트 아트, 3D 렌더링 등 다양한 스타일의 고품질 이미지(동영상)을 생성할 수 있는 AI 아트워크 생성 툴이다. 최근엔 웹 기반 인터페이스에서도 텍스트 프롬프트에 원하는 장면, 스타일, 조명, 색감 등을 입력하여 이미지뿐만 아니라 동영상까지 생성할 수 있게 되어, 디자이너, 마케터, 콘텐츠 크리에이터 등 다양한 분야에서 폭넓게 활용되고 있다.

◆ **특징**

- **입력 방식** 텍스트 프롬프트(한글 지원)와 이미지 참조 URL 입력 가능
- **출력 결과** 다양한 비율(16:9, 9:16, 1:1)을 지정하여 이미지 생성
- **기술적 기반** 자체 개발한 AI 이미지 생성 모델(Stable Diffusion과 유사하지만 독자적으로 학습)
- **추론 속도** Fast 모드(빠른 생성), Relax 모드(대기열 기반 생성) 선택 가능
- **사용자** 일러스트레이터, 콘셉트 아티스트, 브랜드 디자이너, 콘텐츠 제작자, SNS 크리에이터 등

◆ **주요 기능과 장점**

- **다양한 아트 스타일 생성** 사진, 디지털 페인팅, 3D 렌더, 애니메이션 등의 스타일 폭넓게 지원
- **세부 묘사 능력 우수** 조명, 질감, 색채, 구도 등 디테일 표현에 강점

- 참조 이미지 기반 생성 업로드한 이미지를 기반으로 스타일/구도를 반영한 새로운 이미지 생성

- 변형/리믹스 기능 기존 이미지를 바탕으로 일부 요소 변주(새로운 버전 생성 가능)

- 비율 설정 가능 1:1, 16:9, 9:16 등 다양한 화면 비율 지원

◆ 실무 활용 예시

- 브랜드/제품 콘셉트 아트 제작

- SNS 콘텐츠/캠페인 및 영화/게임 콘셉트 시각 자료 제작

- 웹/앱 UI 요소 시각화 및 책 표지, 포스터, 앨범 아트 등의 대부분의 디자인 가능

◆ 한계점(2025년 기준)

- 인물 재현 일관성 동일 인물/포즈를 여러 장 생성 시 캐릭터의 얼굴이나 디테일 변화 존재

- 디스코드 기반의 불편함 웹 UI(사용자 인터페이스) 제작 환경에서는 기능 보완이 필요

- 이미지 기반의 동영상 생성 생성된 이미지를 통해서만 동영상 생성 가능

🖼 미드저니에서 생성한 이미지

창의적 조합과 진화로 캐릭터를 생성하는 아트브리더(Artbreeder)

아트브리더는 유전자 알고리즘(Genetic Algorithm)을 기반으로 이미지(캐릭터)를 '섞고 진화시키는' AI 크리에이티브 툴로 얼굴, 풍경, 요소 등 다양한 이미지를 조합해 새로운 형태를 만들어낼 수 있으며, 각 속성(나이, 감정, 조명, 배경 등)을 설정하여 원하는 비주얼을 정교하게 컨트롤할 수 있다. 단 한 장의 이미지를 수백 가지 변형으로 발전시킬 수 있어 콘셉트 아트, 캐릭터 디자인, 게임 그래픽 및 일반적인 영상 제작을 위한 참조 캐릭터 제작에 활용되고 있다.

◆ 특징

- 입력 방식 기존 이미지 선택 후 여러 이미지를 조합하여 새로운 이미지 생성
- 출력 결과 인물, 배경, 캐릭터, 풍경 등 고해상도 이미지(최대 2048px) 생성
- 기술적 기반 GAN(Generative Adversarial Network)을 응용한 유전적 진화 구조의 이미지 학습 모델
- 조작 인터페이스 각 속성별 슬라이더로 세부 조정 가능(나이, 표정, 색상, 조명, 스타일 등)
- 사용자 캐릭터 디자이너, 일러스트레이터, 게임/영화 기획자, 연구자, 영상 제작자 등

◆ 주요 기능과 장점

- 유전적 진화 기반 이미지 생성 기존 이미지를 '부모'로 하여 새로운 '자식 이미지'를 생성하는 방식
- 직관적인 조작 UI 복잡한 프롬프트 없이 슬라이더만으로 얼굴/풍경 등 주요 요소 조정 가능
- 얼굴/캐릭터 디자인 특화 감정 표현, 시선 방향, 피부톤 등 미세한 얼굴 변형
- 웹 기반 자동 저장 별도 설치 없이 브라우저에서 실시간 작업 및 자동 저장

◆ 실무 활용 예시

- 콘셉트 아트 제작 캐릭터 설정 및 배경 이미지 초안 제작
- 영상용 참조 소스(이미지) 생성 인물/풍경 원본 이미지를 기반으로 후속 영상 생성에 활용

- 게임 및 애니메이션 기획 초기 시각 자료 제작 및 세계관 설정용 이미지 구성
- 디자인 교육/리서치 활용 시각적 변화와 진화 과정을 학습용 자료로 활용

◆ 한계점(2025년 기준)

- 상업적 사용 제한 일부 생성 이미지는 라이선스 확인 필요
- 해상도 제약 초고해상도(4K 이상) 이미지 출력 불가
- 표정/포즈 다양성 한계 정적인 얼굴 중심, 복잡한 신체 포즈 생성 어려움
- 실사적인 변형 한계 완전한 포토리얼리즘 수준에는 도달하지 못함

아트브리더에서 생성한 AI 애니메이션 캐릭터

사실적인 AI 인물 생성을 위한 제너레이티드 포토스(Generated Photos)

제너레이티드 포토스는 가상의 인물을 실제 인물처럼 생성하는 AI 툴이다. 딥러닝 기반의 생성형 적대 신경망(GAN)을 활용하여, 얼굴의 표정/조명/나이/인종 등 세부 속성을 정밀하게 제어할 수 있으며, 수십만 장의 샘플 AI 인물로 완벽한 사실감을 표현한다. 여기서 얻은 모델(인물)은 프로필

사진이나 광고/강의/브랜드 캠페인, 그리고 UX 디자인 등 다양한 분야에서 활용된다.

◆ 특징

- **입력 방식** 검색 또는 속성 필터(성별, 나이, 인종, 표정, 조명, 각도 등)를 선택하여 인물 이미지 생성
- **출력 결과** 고해상도(최대 2048px) 인물 이미지 제공, 배경 제거 및 투명 PNG 다운로드 가능
- **기술적 기반** GAN 기반 얼굴 합성 모델 + 고품질 데이터셋 학습으로 구성된 생성 파이프라인
- **API 연동 지원** 개발자용 API를 통해 웹사이트, 앱, 콘텐츠 제작 툴과 자동 연결 가능
- **사용자** 영상 제작자, 디자이너, 브랜드 마케터, 개발자, UI/UX 디자이너 등

◆ 주요 기능과 장점

- **실존하지 않는 인물 생성** 초상권/저작권 문제 없이 자유롭게 사용 가능한 AI 인물 이미지 제공
- **세밀한 속성 제어** 나이, 성별, 인종, 조명, 표정 등 다양한 변수 조합으로 맞춤형 얼굴 생성
- **배경 제거 및 투명 이미지 출력** 출력 시 옵션에서 배경 제거 후 바로 디자인 작업에 적용 가능
- **API/플러그인 통합** Figma, Photoshop, Canva 등 주요 툴과 연동 가능

◆ 실무 활용 예시

- **영상/광고용 참조 소스 제작** 제품/서비스 홍보 영상의 등장인물 생성
- **웹/앱 프로필 디자인** 사용자 인터페이스 테스트용 프로필 이미지 사용 가능
- **SNS/브랜드 콘텐츠 제작** 캠페인용 가상 모델 생성
- **교육/리서치 분야 활용** 윤리적 딥페이크 연구 및 인공지능 데이터셋 개발

◆ 한계점(2025년 기준)

- **표정/자세 다양성 한계** 기본적인 얼굴 정면 중심, 극단적인 감정 표현은 제한적

- **몸 전체 이미지 부재** 대부분 상반신 중심의 포트레이트 형태
- **상업용 라이선스 확인 필요** 일부 이미지는 상업적 사용 시 별도 라이선스 구매 필요
- **영상 변환 미지원** 정적 이미지 기반으로, 동영상 생성은 별도 툴과 연동 필요

🖼 제너레이티드 포토스로 생성한 AI 광고 모델

초고속/고정밀 이미지 생성을 구현한 나노 바나나(2.5 Flash)

나노 바나나(Nano Banana: 2.5 Flash)는 구글 랩에서 개발한 초고속 처리와 디테일을 동시에 구현한 차세대 AI 이미지 생성 모델이다. 텍스트 프롬프트 한 줄만으로도 실사에 가까운 장면을 단 몇 초 만에 생성할 수 있으며, 빛의 반사, 질감, 심도까지 표현하는 물리 기반 렌더링 수준의 사실감이 강점이다. '2.5 Flash' 버전은 최신 Transformer-Diffusion(지능형 확산 모델) 하이브리드 구조를 채택하여 기존 모델보다 3배 빠른 생성 속도와 더 정교한 스타일 복원 능력을 제공한다.

◆ 특징

- **입력 방식** 텍스트 프롬프트 기반 이미지 생성 + 레퍼런스(참조) 이미지 업로드 지원
- **출력 결과** 1:1, 16:9, 9:16 등 다양한 비율의 고해상도(최대 4K) 이미지 생성 가능
- **기술적 기반** Transformer + Diffusion Hybrid 모델(GPU 최적화 Flash Engine 탑재)
- **렌더링 모드** Fast Mode(실시간 프리뷰), Quality Mode(고해상도 세밀묘사), Photo Mode(실사풍) 선택 가능
- **사용자** 영상 크리에이터, 콘셉트 아티스트, 광고 기획자, 3D 디자이너, 게임 그래픽 제작자 등

◆ 주요 기능과 장점

- **초고속 생성 속도** 평균 1~2초 내에 시각적 샘플 출력 가능(프롬프트 응답 지연 최소화)
- **세밀한 조명/질감 표현** 반사광, 입체 그림자, 하이라이트 등을 물리 엔진으로 사실적으로 재현
- **이미지 업스케일링 내장** 별도의 툴 없이 즉시 4K 확장 및 노이즈 제거 지원
- **실시간 스타일 조정** 생성 후 색상 톤, 필터, 브러시 강도 조정 가능

◆ 실무 활용 예시

- **영상 콘셉트 디자인** AI 영상 도입부용 시각 소스 제작

- 광고/브랜딩 이미지 제품 및 배경 시각화 소재 생성
- 게임/애니메이션 원화 캐릭터 디자인 및 배경 콘셉트 초안 제작
- SNS/웹 콘텐츠 시선을 끌 썸네일 및 비주얼 요소 제작

◆ 한계점(2025년 기준)

- 복잡한 인물 동작 표현 제한 다중 인물(캐릭터)의 자세 변형 또는 움직임 연속성은 제한적
- 일부 고해상도 환경 GPU 요구 로컬 버전은 고성능 GPU 필수
- 프롬프트 민감도 높음 단어 순서/문맥에 따라 결과 편차 발생

나노 바나나(2.5 Flash)로 생성한 이미지

디자인 자원을 통합 제공하는 AI 플랫폼, 프리픽(Freepik)

프리픽은 방대한 디자인 리소스를 결합한 통합형 플랫폼으로 시작하여 현재는 AI 기반의 이미지/동영상 생성이 가능하며, 일러스트/아이콘/벡터/템플릿을 한곳에서 제공하여 사용자는 텍스트 프롬프트로 이미지를 직접 생성하거나 기존 자원을 편집해 즉시 활용할 수 있다. 그래픽 디자이너, 마케터, 영상 제작자 등 비전문가도 손쉽게 고품질 디자인을 완성할 수 있는 AI로 생성된 이미지와 수백만 개의 라이선스 리소스를 결합하여, 다양한 분야의 콘텐츠 제작 속도와 완성도를 동시에 높일 수 있다. 대부분의 AI 생성 모델을 선택(사용)할 수 있다는 것이 프리픽의 특징이다.

◆ 특징

- **입력 방식** 텍스트 프롬프트 입력 또는 기존 템플릿/이미지 선택 후 AI 보정 및 확장
- **출력 결과** 사진, 일러스트, 벡터, 아이콘, 포스터, 프레젠테이션 등 다목적 그래픽 생성(일부 무료)
- **기술적 기반** AI 이미지 생성 + 벡터 편집 엔진 + 클라우드 기반 디자인 라이브러리 통합 구조
- **작업 환경** 웹 브라우저 기반으로 설치 없이 사용 가능(Canva와 Photoshop 연동 지원)
- **사용자** 모든 디자이너, 마케터, 브랜드 기획자, 콘텐츠 크리에이터, 교사 등

◆ 주요 기능과 장점

- **AI 이미지 생성** Veo/Flash 2.5/Seedream 등의 모델로 원하는 스타일의 이미지 생성 가능
- **템플릿 편집 기능** PPT, 포스터, SNS 디자인, 배너 등 템플릿 기반 실무 디자인 즉시 수정 가능
- **벡터 및 아이콘 라이브러리 제공** 무료/유료 구분된 수백만 개의 그래픽 리소스 지원
- **팀 협업 및 클라우드 저장** 작업물 실시간 공유 및 프로젝트 관리 기능
- **자동 배경 제거 기능** 다운로드 시 이미지의 배경을 자동으로 투명 처리(PNG)하여, 즉시 영상 편집 및 디자인 편집에 활용 가능
- **다국어 프롬프트 지원** 영어뿐 아니라 한국어, 일본어, 스페인어 등 다양한 언어로 프롬프트를 입력해도 자연스럽게 인식

◆ 실무 활용 예시

- **영상 썸네일 제작** 프롬프트로 배경 이미지 생성 후 텍스트 디자인 추가
- **광고 캠페인 시각물 제작** 포스터, 배너, 인스타 카드뉴스 제작
- **다양한 목업(Mockup) 이미지 활용** 제품 패키지, 포스터, 디바이스(스마트폰/노트북 등) 목업 템플릿을 활용해 브랜드 시각물 완성
- **무료 아이콘 생성 및 다운로드** 필요한 주제의 아이콘을 AI로 생성하여 수정 및 활용 가능
- **출판/교육 콘텐츠 디자인** 교재, 프레젠테이션, 표지 이미지 제작
- **브랜드 리소스 구성** 로고, 색상 팔레트, 시각 가이드 통합 관리

◆ 한계점(2025년 기준)

- **AI 생성 결과물 품질 편차** 복잡한 프롬프트의 해석 정확도 제한(AI 모델에 따라 편차가 있음)
- **무료 버전 리소스 제한** 상업용 라이브러리 사용은 유료 플랜만 사용 가능
- **벡터 기반 이미지 중심** 사실적인 사진 생성력은 전문 모델보다 낮음(AI 모델에 따라 편차가 있음)
- **고급 편집 기능 일부 유료화** 팀 단위 사용 시 유료 구독 필요

🖼 프리픽으로 생성한 이미지

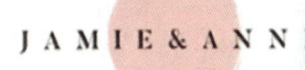

생성형 AI 영상 제작 툴 알아보기

PART 02

시작하기

03. GPT의 활용(기획부터 대본까지)
영상 제작을 위한 챗GPT 워크플로우
챗GPT로 독창적인 아이디어 발굴하기
챗GPT로 콘셉트 기획하기

04. 참조 소스 만들기: 캐릭터 생성하기
영상 제작을 위한 참조 소스(이미지) 생성 AI 툴
아트브리더로 나만의 캐릭터 만들기: 미드저니와 협업
제너레이티드 포토스로 모델 만들기: 영상 생성 AI와 협업

05. 참조 소스 만들기: 이미지 생성하기
미드저니(MidJourney) 기본 사용법
미드저니 고급 사용법: 일관된 이미지 생성법
캐릭터/모델 스타일 업그레이드하기
미드저니에서 동영상 만들기
프리픽으로 목업 이미지 및 캐릭터 시트 만들기
나노 바나나(2.5 Flash)로 무한대 이미지 생성하기

05. AI 배경음악/효과음/음성 만들기
수노(Suno) AI로 K팝 & 배경음악 만들기
일레븐랩스(ElevenLabs)로 보이스/효과음 만들기

03 | 챗GPT의 활용(기획부터 대본까지)

영상 제작의 출발점은 아이디어이자 기획이다. 기획은 단순한 발상에서 한 걸음 더 나아가, 메시지의 방향을 설정하고 전달 방식을 설계하며 전체 흐름을 구성하는 과정이다. 이 과정에는 챗GPT, 제미나이와 같은 LLM(대규모 언어 모델) 기반의 멀티모달(Multi-Modal) AI가 함께한다. 특히 챗GPT는 단순한 글쓰기 도구를 넘어, 광고/애니메이션/홍보/강의/유튜브/숏츠/교육 영상 등 다양한 콘텐츠 제작의 기반을 마련해 주는 창의적 조력자로, 하나의 아이디어가 상상 이상의 결과물로 확장될 수 있도록 해준다. 다음은 AI 시대의 영상 제작을 위한 8가지 핵심 워크플로우이다.

영상 제작을 위한 챗GPT 워크플로우

1단계 아이디어 발굴
- 광고, 홍보 영상, 교육 영상 등 제작 목적에 맞는 아이디어 생성
- AI와 협업하는 브레인스토밍 기법
- 무드보드/스타일 키워드 추출하기

2단계 콘셉트 기획
- 핵심 메시지 정의하기
- 타깃 관객 분석 및 페르소나(주관객) 설정
- AI가 제안하는 콘셉트 아트/비주얼 방향

3단계 시놉시스 구성
- 한 줄 요약(Logline) 만들기
- 기승전결 구조 설계
- 숏츠 vs 장편 시놉시스 차별화

4단계 시나리오 작성
- 장면별 흐름 구성(Scene Breakdown)

- 대사/내레이션/자막 스크립트 작성
- AI 쇼핑 호스트/강사 캐릭터(아바타)의 스크립트 예시

5단계 대본 정리 및 영상 톤 설정
- 광고 대본/강의 대본/유튜브 영상 대본 유형 비교
- 톤 앤 매너(Tone & Manner: 감정과 스타일) 설계
- 콘텐츠 목적별 대본 최적화

6단계 장면별 이미지 프롬프트 생성
- 미드저니, 런웨이, 피카, 클링AI 등 영상 툴과 연계하기
- 장면별 프롬프트 작성법(장소/인물/분위기/카메라 앵글)
- 네거티브 프롬프트 활용법

7단계 오디오 프롬프트 생성
- 보이스오버 스크립트 제작
- 감정/톤/속도 지정하기
- 배경음악/효과음 프롬프트 작성

8단계 통합 기획서 완성하기
- 챗GPT가 작성한 자료들을 하나로 묶는 방법
- 클라이언트/팀과 공유할 수 있는 기획서 포맷
- 실제 프로젝트 적용 사례

위 8가지 과정을 통해 아이디어 발굴에서부터 최종 기획서 완성까지, 영상 제작의 전 과정에서 챗GPT를 실무적으로 활용할 수 있는 구체적인 방법을 찾을 수 있다. 이제부터 다양한 분야의 영상 제작을 위한 아이디어 발굴부터 시놉시스, 시나리오, 대본, 이미지/오디오 프롬프트 생성까지 모든 과정에서 챗GPT를 어떻게 활용할 수 있는지에 대해 자세히 살펴보기로 한다.

모든 걸 알려주는 챗GPT는 무엇인가?

챗GPT는 오픈AI가 개발한 LLM(대규모 언어 모델) 기반의 인공지능으로, 사람의 언어를 이해하고 맥락에 맞는 답변을 생성할 수 있는 능력을 가지고 있다. 챗GPT는 단순히 텍스트 대화에 그치지 않고, 기획 아이디어 도출, 문서 작성, 코드 생성, 데이터 분석, 이미지/오디오 프롬프트 제작 등

다양한 작업에 활용된다. 최근에는 멀티모달(Multi Modal) 기능으로 글, 이미지, 음성, 영상까지 아우르는 창작 도구로 발전하여, 전 직업군에서 활용할 수 있는 보편적 업무 도구로 진화하였다.

초보자를 위한 챗GPT 10분 완성

챗GPT를 사용한 적이 없더라도 각종 미디어를 통해 "챗지피티"라는 말은 한 번쯤은 들어보았을 것이다. 여기에서는 처음으로 챗GPT를 시작하는 초보 사용자를 위해 기본 사용법부터 자세히 살펴보기로 한다. (챗GPT 사용자라면 이번 학습 과정은 패스해도 됨)

01 챗GPT 웹사이트로 들어가기 위해 구글 검색기에서 ❶[챗지피티]를 입력한다. 그러면 ChatGPT가 검색되는데, 유사품 사이트도 많이 검색되기 때문에 반드시 ❷[chatgpt.com]이라고 된 곳을 클릭해서 들어가야 한다.

02 **시작하기** 챗GPT 메인 페이지가 열리면 다음과 같이 챗GPT에 명령(대화)을 할 수 있는 "프롬프트" 입력 창이 보일 것이다. 일단 첫 경험을 하기 위해 프롬프트에 다음과 같이 ❶[입력]한 후 ❷[보내기: Submit] 버튼을 클릭해 보자.

> 업무에서 챗GPT로 할 수 있는 것 100가지만 소개해 줘.

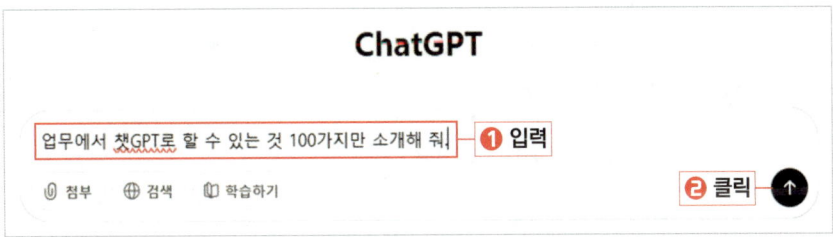

✓ 멀티모달(Multi Modal) 기능을 갖춘 챗GPT는 다양한 형태의 정보를 처리할 수 있다. 사용자가 입력한 한글 프롬프트는 내부적으로 영문화되는 과정을 거치므로, 언어의 제약 없이 사용자의 의도(지시)가 정확하게 전달된다.

03 그러면 다음과 같이 프롬프트를 통해 지시(요청)한 것에 부합하는 100가지 활용 사례를 제시해 주는 것을 알 수 있다. 참고로 챗GPT는 같은 질문이라도 답변은 랜덤하기 때문에 필자와 다르게 표현될 수 있다.

물론입니다! 업무에서 ChatGPT를 활용할 수 있는 방법은 매우 다양하며, 아래에 **100가지 활용 사례**를 업무 유형별로 정리해 드리겠습니다.

☑ **1. 문서 작성 및 편집**
1. 보고서 초안 작성
2. 이메일 작성 보조
3. 공문 초안 생성
4. 블로그 포스트 작성
5. 회의록 요약 및 정리
6. 뉴스레터 작성
7. 매뉴얼 초안 작성
8. 계약서 문구 점검
9. 자기소개서 작성 보조
10. 경과 보고서 정리

☑ **2. 기획 및 아이디어 도출**
11. 브레인스토밍 파트너
12. 마케팅 아이디어 제안
13. 서비스 개선 아이디어 생성
14. 캠페인 슬로건 제안
15. 제품 이름 추천
16. 프로젝트 기획서 작성
17. 비즈니스 모델 아이디어
18. 콘텐츠 캘린더 기획
19. 고객 페르소나 정의
20. SWOT 분석 지원

☑ **3. 데이터 분석 및 시각화**
21. 엑셀 수식 설명
22. 데이터 정제 코드 작성 (Python, Excel 등)
23. 그래프 유형 추천
24. 피벗 테이블 만드는 법 설명
25. KPI 정리 및 해석
26. 간단한 통계 분석
27. 설문 데이터 요약
28. CSV 데이터 해석
29. SQL 쿼리 생성
30. 데이터 시각화 코드 생성 (예: matplotlib, seaborn)

✅ 4. 번역 및 언어지원
31. 다국어 번역 (초안 수준)
32. 외국어 이메일 작성
33. 현지화 표현 수정
34. 비즈니스 영어 표현 교정
35. 외국 문서 요약
36. 회화 스크립트 작성
37. 언어별 인사말 정리
38. 이중언어 발표자료 작성
39. 통역 연습 파트너
40. 외국 고객 대응 문장 추천

✅ 5. 프로그래밍 및 개발
41. 코드 리뷰
42. 코드 설명
43. 버그 디버깅 조언
44. API 문서 해석
45. 프로그램 흐름도 작성
46. 정규표현식 작성
47. 자동화 스크립트 작성
48. 기술 문서 작성
49. 프론트엔드/백엔드 예제 코드 생성
50. Git 명령어 설명

✅ 6. 프레젠테이션 준비
51. 발표자료 요약
52. 슬라이드 제목 추천
53. 발표용 스크립트 작성
54. 청중 맞춤형 설명 조정
55. 디자인 추천 (레이아웃/컬러톤)
56. Q&A 예상 질문 생성
57. PT 논리 흐름 검토
58. 발표 연습 피드백
59. 키 메시지 도출
60. 발표 시간 분배 조언

✅ 7. 마케팅 및 SNS 운영
61. 인스타그램/블로그 콘텐츠 작성
62. 광고 문구 생성
63. 캠페인 계획서 작성
64. 고객 응대 문구 추천
65. 해시태그 추천
66. SNS 트렌드 조사 보조
67. 경쟁사 분석 요약
68. 랜딩페이지 문구 최적화
69. 이메일 마케팅 카피 작성
70. 고객 리뷰 응답 문구 작성

✅ 8. 교육 및 학습
71. 사내 교육 콘텐츠 제작
72. 직원 퀴즈 만들기
73. 교육 자료 요약
74. 개념 설명 (쉬운 버전/전문가 버전)
75. 모의 시험 문제 생성
76. 학습 커리큘럼 기획
77. 개념 비교표 작성
78. 자기개발 독서 추천
79. 외부 강의 요약
80. 업무 관련 자격증 요약 정보 제공

✅ 9. 일정 및 업무 관리
81. 업무 우선순위 정리
82. 프로젝트 일정표 초안 작성
83. 업무 위임 가이드 작성
84. 회의 아젠다 생성
85. 데일리 리포트 초안
86. 업무 진행 상황 정리
87. 월간 목표 설정 주업
88. 할 일 목록 자동 생성
89. 회의 참석자별 역할 정리
90. 일정 리마인드 문구 작성

*************** 이하생략 ***************

04 사용자는 챗GPT의 솔루션에 대해 더 세분화된 정보를 얻을 수 있다. 가령, "8. 교육 및 학습의 71. 사내 교육 콘텐츠 제작"에 대한 구체적인 설명을 요청하면, 해당 주제에 대한 세부 사항을 정리해 준다. 다음과 같은 프롬프트를 ❶[입력]한 후 ❷[보내기] 버튼을 클릭해 본다.

"8. 교육 및 학습에서 71. 사내 교육 콘텐츠 제작"에 대한 세부적인 내용 작성해 줘. 아이디어 포함해서.

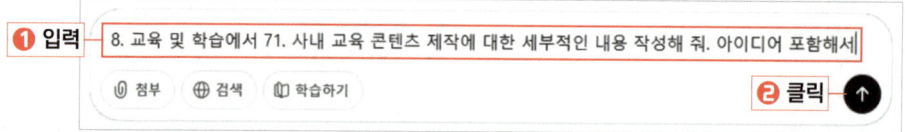

05 그러면 챗GPT는 해당 주제에 대한 세부 설명 및 아이디어를 솔루션으로 제공한다. 여기서 끝나는 것이 아니다. 가령, 제시한 솔루션 중 "1. 교육 목적 정의"의 각 항목(예: 관리자 리더십 역량 강화)에 대한 구체적인 설명을 요청하면, 해당 항목에 대한 더 구체화된 솔루션을 제시한다. 이렇듯 챗GPT는 하나의 주제에 대해 "꼬리에 꼬리"를 무는 질문과 답변을 끝없이 이어가며, 사용자가 원하는 깊이와 방향에 맞게 지식을 확장해 나가는 무한한 창의적 솔루션을 제공한다.

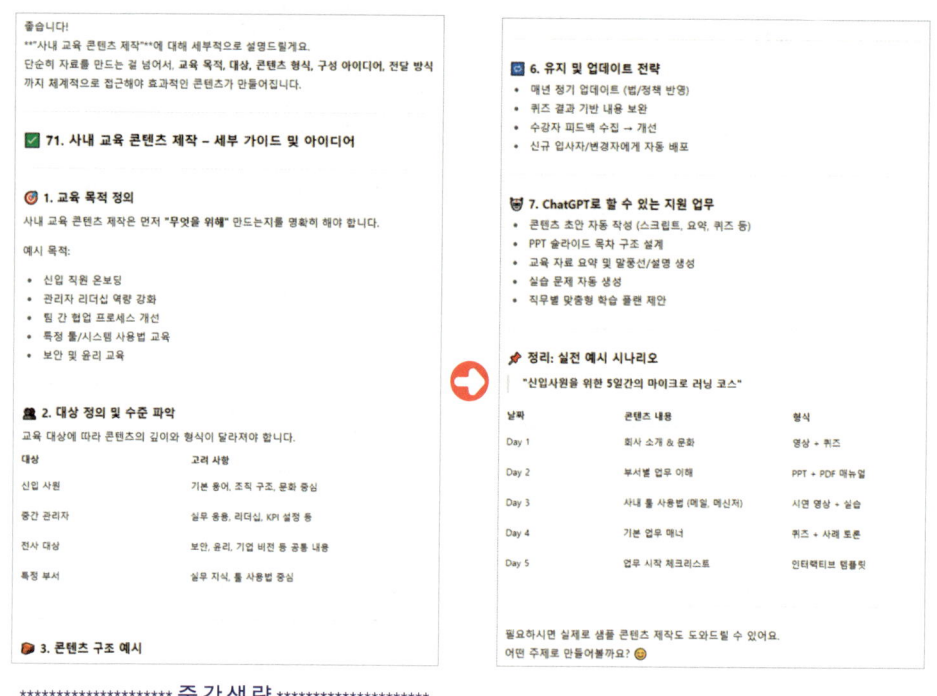

*********************** 중간 생략 ***********************

06 유료 구독하기 살펴본 것처럼 챗GPT는 무료로도 기본적인 질문과 답변을 얻을 수 있다. 하지만 무료는 유료 구독에 비해 전문적고 깊이 있는 솔루션을 기대하기 어려우며, 사용 범위(질문 개수 및 사용 시간) 또한 한계가 있기 때문에 영상 제작과 같은 전문화된 작업을 위해서라

면 유료 구독을 권장한다. 유료 구독을 하기 위해 화면 우측 상단에 있는 ❶[로그인 또는 무료로 회원 가입] 버튼을 클릭한다. 회원 가입 창이 열리면 ❷[Google로 계속하기] 버튼을 클릭하고, ❸[사용자 계정]을 선택한다.

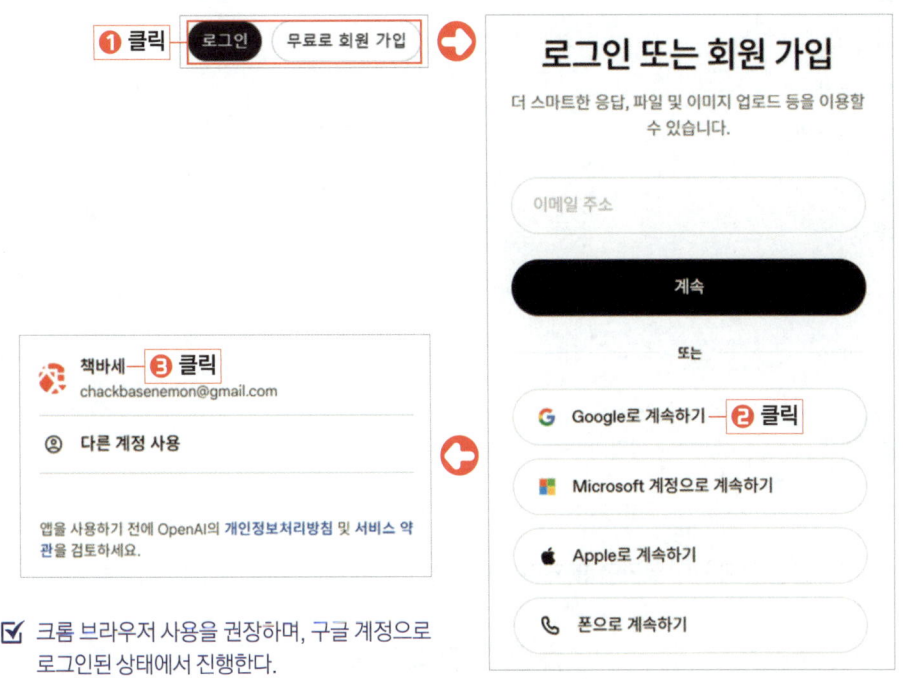

- 크롬 브라우저 사용을 권장하며, 구글 계정으로 로그인된 상태에서 진행한다.

07 선택한 계정을 ❶[계속] 사용하기로 하고, ❷[사용자 이름과 생일]을 입력한 후 ❸[계속] 버튼을 누른다.

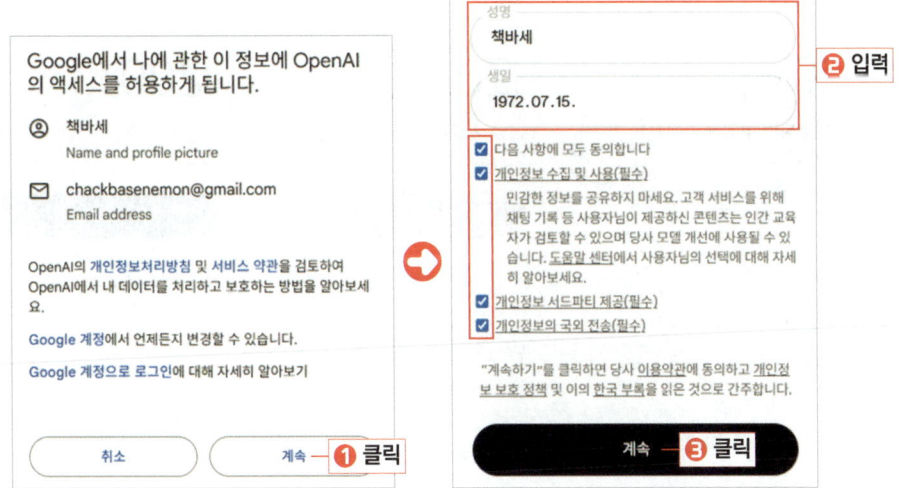

08 회원 가입이 완료되면 유료 구독을 하기 위해 화면 상단의 [Plus 이용하기] 또는 좌측 사이드바 하단의 [업그레이드] 버튼을 누른다.

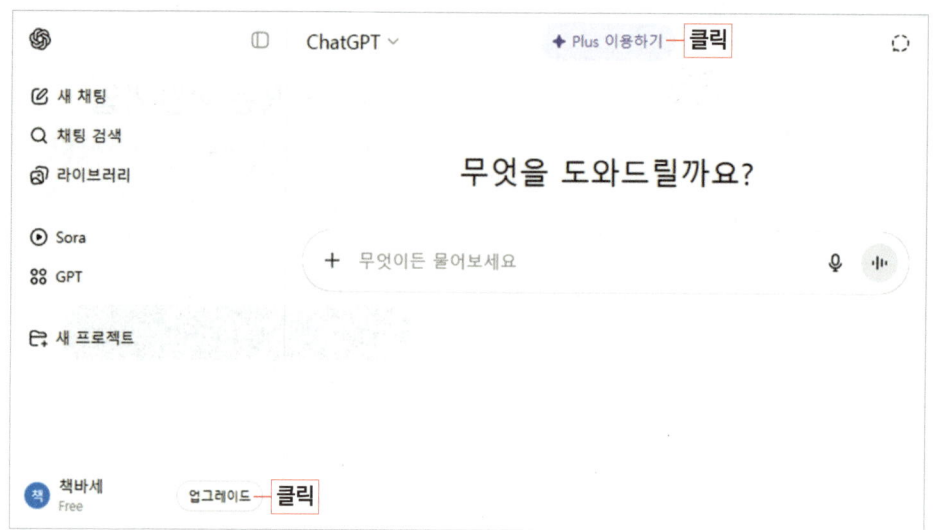

09 구독 플랜 선택 창이 열리면 ❶[개인] 사용자를 위한 ❷[Plus 이용하기] 버튼을 클릭한다.

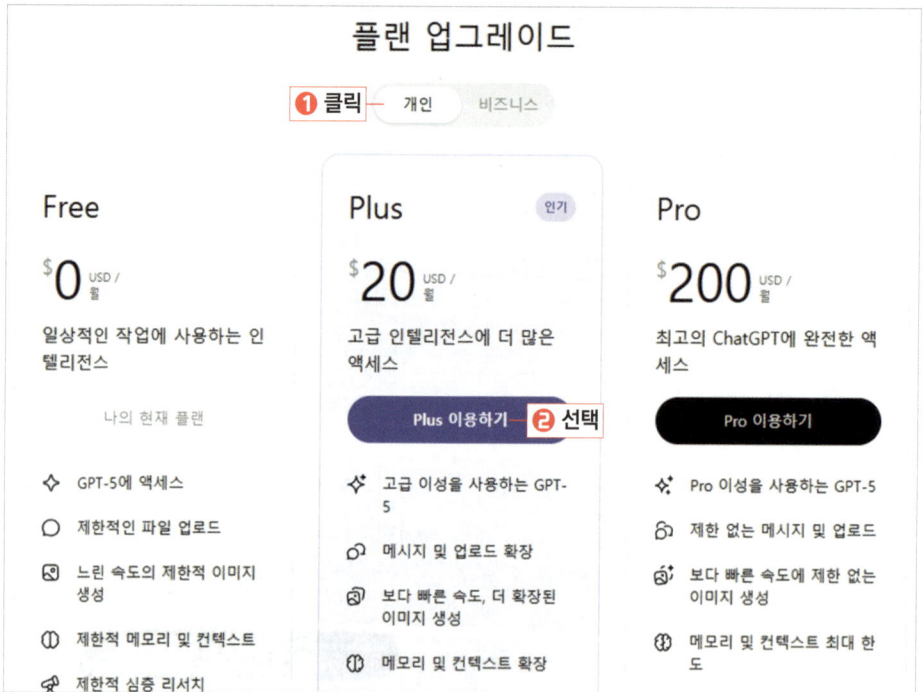

10 결제하기 창이 열리면 ❶[사용자 결제 정보]를 입력한 후 ❷[구독하기] 버튼을 클릭한다. 결제가 완료되면 더욱 전문화된 정보와 사용 제한이 없이 챗GPT를 이용할 수 있다.

영상 제작을 위한 챗GPT 워크플로우

11 유료 구독을 하면 유료 사용자를 위한 챗GPT 화면으로 전환되며, 무료보다 훨씬 전문적이고 깊이 있는 솔루션을 제공받을 수 있다. 챗GPT의 주요 메뉴(기능)은 다음과 같다.

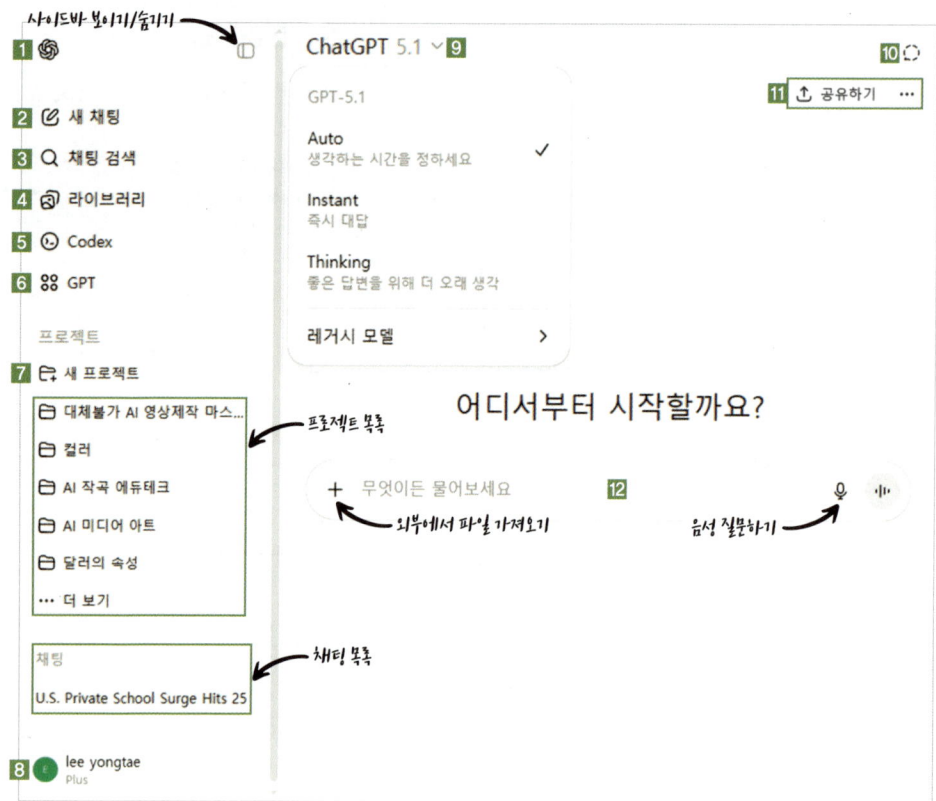

1 **홈 화면** 챗GPT 홈 화면으로 이동하는 버튼으로 새로운 채팅을 하기 위해서도 사용

2 **새 채팅** 챗GPT와 맥락을 유지하면서 대화하다가 대화를 마무리하고, 새로운 내용으로 대화를 시작하려고 할 때 선택

3 **채팅 검색** 검색어를 입력하여 검색하면 챗GPT와 주고 받은 대화 목록에서 해당 검색어가 포함된 본문이나 제목의 대화 목록을 찾을 때 사용

4 **라이브러리** 챗GPT로 생성한 이미지를 확인할 수 있는 메뉴

5 **GPT 탐색** GPT 모델을 바탕으로 생성한 맞춤형 챗봇을 사용할 수 있는 메뉴로, 무료 사용자는 다른 사용자가 제작한 GPT 챗봇을 제한적으로 사용할 수 있으며, 유료 사용자는 직접 자신만의 맞춤형 챗봇을 제작할 수도 있고, 이미 만들어진 맞춤형 챗봇도 사용 가능

6 **Codex** 코드 관련 작업을 도와주는 메뉴로, 프로그래밍 언어별 코드 작성, 디버깅, 코드 설명 등을 빠르게 실행할 수 있도록 연결된 공간 제공

7 **새 프로젝트** 유료 사용자에게 제공되는 서비스로, 사용자의 작업에 대한 맞춤 설정을 통해 챗GPT에게 특정 지침을 설정하거나 관련 파일을 첨부할 수 있으며, 각각의 프로젝트별로 챗GPT와의 대화를 관리할 수 있는 기능

8 **사용자 계정 메뉴** 계정 관리와 설정을 담당하는 메뉴로, 구독 플랜 관리, 맞춤형 설정, 일반 환경설정, 도움말 접근, 로그아웃까지 모두 할 수 있으며, 고객센터 챗봇 상담 가능

9 **챗GPT 사용 모델 선택** 아래 표처럼 챗GPT 모델을 선택할 수 있는 기능으로, 챗GPT 업그레이드 상황에 따라 모델이 추가되거나 삭제될 수도 있음

10 **임시 채팅 켜기** 채팅이 시작되기 전에 사용이 가능하며, 기록이 남지 않고 일회성으로 질문과 답변을 주고받을 수 있음. 저장하고 싶지 않은 빠른 테스트, 민감한 질문, 임시 아이디어 검토용으로 사용

11 **공유/프로필 메뉴** 채팅이 진행된 후 나타나는 메뉴이며, 채팅 내용 공유하기, 플랜 업그레이드, 작업 내역 확인, 맞춤 설정, 화면 모드 설정 등 사용자의 작업 편의를 위한 다양한 설정을 할 수 있는 옵션 제공

12 **채팅 창(프롬프트 창)** 챗GPT와 채팅을 할 수 있는 곳으로, 사용자가 원하는 솔루션을 얻기 위해 텍스트, 이미지, 음성, 문서 등으로 질문(요청)을 할 수 있음

GPT-5(5.1) 모델 살펴보기

모델명	특징
Auto(자동)	모델 중 가장 균형 잡힌 기본 모드로, "생각하는 시간을 정하세요."라는 설명처럼, 상황에 맞게 챗GPT가 스스로 답변 속도 조정 질문의 난이도나 복잡도에 따라 빠르게 대답하거나, 더 오래 생각해서 깊이 있는 답변을 내놓기
Instant(즉시 대답)	답변 속도를 최우선으로 해서 바로바로 대답 깊이나 정확성이 약간 떨어질 수 있기 때문에 간단한 사실 확인이나 짧은 대화에 적합
Thinking(더 오래 생각)	"좋은 답변을 위해 더 오래 생각"이라는 설명 그대로, 답변 생성 시간을 더 들여서 꼼꼼하고 정밀한 답변을 제공 복잡한 분석, 글쓰기, 코드 작성 등 퀄리티가 중요한 작업에 유리, 단, 응답 속도가 느려질 수 있음
Pro(리서치급 인텔리전스)	더 강력한 리서치 기능, 심화 분석, 고급 추론(Advanced Reasoning) 기능을 제공하는 최상위 모드 논문 요약, 전문 보고서 작성, 장기 계획 수립 같은 작업에 유용할 수 있음
레거시 모델	이전 모델을 사용할 경우 선택(일반적으로 사용하지 않음)

살펴본 것처럼 챗GPT는 이전 질문과 답변을 기억한다. 그리고 이후 질문에 대한 맥락을 자연스럽게 이어나간다. 짧은 시간이었지만 챗GPT를 처음 접했던 사용자도 챗GPT가 어떤 AI 도구인지, 어떻게 사용되는지 알 수 있는 시간이었을 것이다. 이를 기반으로 이제부터 본격적으로 챗GPT를 활용해 다양한 분야의 영상 제작 아이디어 발굴, 시놉시스 구성, 시나리오 작성, 대본과 이미지/사운드 프롬프트 생성까지 전 과정을 단계별로 알아보기로 한다.

> 💡 **챗GPT 유료 구독 해지하기**
>
> 챗GPT 플러스(유료 버전)를 사용하다가 여러 이유로 유료 구독을 취소해야 한다면 챗GPT가 로그인된 상태에서 좌측 사이드바 하단의 [사용자 계정 메뉴] - [설정] 메뉴를 클릭한다. 그다음 설정 창이 열리면, [계정] 항목에서 [관리] - [구독 취소] 메뉴를 클릭한다.
>
>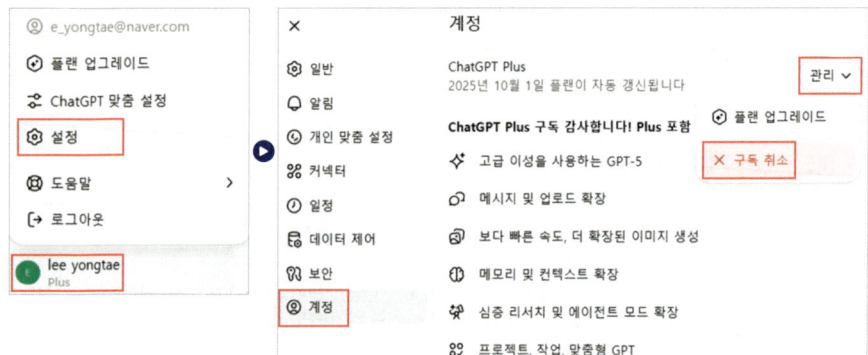
>
> 이어지는 창에서 [구독 취소 유형]을 선택하고 [Next page] 버튼을 클릭한다. 다음으로 [구독 취소 이유]를 선택하고 [Next page] 버튼을 클릭한다. 마지막으로 구독 취소에 대한 의견을 입력하는 창이 나타나는데 여기는 입력하지 않아도 된다.
>
>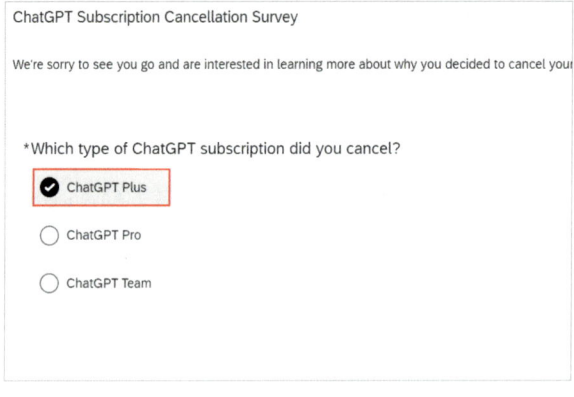

챗GPT로 독창적인 아이디어 발굴하기

영상 제작의 첫걸음은 "무엇을 만들 것인가"에 대한 아이디어 발굴이다. 이는 단순한 발상에서 그치는 것이 아닌 제작 목적에 맞는 방향성을 설정하고, 시각적/감성적 무드를 정리하는 과정까지 포함된다. 챗GPT는 이러한 아이디어 발굴 단계에서 협업 브레인으로 작동하여, 짧은 질문만으로도 수십 가지 아이디어를 제안하고, 특정 콘셉트를 확장해 구체적인 기획안을 만들어 준다.

제작 목적에 맞는 아이디어 생성하기

영상 제작의 "아이디어 발굴"에서 가장 중요한 것은 "목적의 명확화"다. 예를 들어, 광고는 매출 향상과 브랜드 이미지 구축을, 홍보 영상은 정보 전달과 인지도 확산을, 교육 영상은 학습 효과와 참여도를 중점으로 둔다. 단순히 "무엇을 만들까?"가 아니라 "누구를 위해, 어떤 메시지를 어떤 형식으로 전달할까?"를 묻는 순간, 챗GPT는 이러한 목적에 따라 맞춤형 아이디어를 제시해 준다.

◆ **활용법**

챗GPT에게 제작 목적을 구체적으로 알려 주고, 타깃 대상/예산/분량까지 포함해 질문하면, 의도에 맞는 아이디어를 얻을 수 있다.

프롬프트 예시(분야별 확장)

광고 영상 예시

"소상공인을 위한 30초 수제 핏자 가게 광고 아이디어 5가지 제안해 줘."
"뷰티 브랜드 신제품을 홍보하는 15초 숏츠 광고 콘셉트를 3개 제안해 줘."

홍보 영상 예시

"대학생 신입생 대상 오리엔테이션 홍보 영상을 기획하려 해. 1분 분량으로 핵심 아이디어를 정리해 줘."
"지자체 관광 명소를 소개하는 3분짜리 홍보 영상 아이디어 3가지를 제안해 줘."

교육 영상 예시

"초등학교 5학년 학생들을 위한 환경 교육 영상 기획 아이디어 3개를 제시해 줘."
"직장인 대상 온라인 리더십 교육 과정 홍보 및 학습 영상 아이디어를 제안해 줘."

여기에서는 "광고 영상 제작"에 대한 챗GPT 프롬프트 활용법을 예시로 하여 살펴보기로 하자.

[광고 영상 아이디어 예시: 30초 수제 피자 가게]

질문
> 소상공인을 위한 30초 수제 핏자 가게 광고 아이디어 5가지 제안해 줘.

답변

1. 따뜻한 가족
스토리장면: 아이가 부모와 함께 피자를 나누며 웃는 모습
메시지: "사랑을 나누는 한 조각, 우리 동네 수제 피자"
톤: 따뜻하고 감성적인 연출

2. 속도와 신선함 강조
장면: 오븐에서 피자가 구워져 나오고, 배달원이 신속히 출발
메시지: "방금 구운 수제 피자, 집 앞까지 빠르게"
톤: 경쾌하고 리듬감 있는 음악

3. 재료의 신선함 부각
장면: 농장에서 직송한 토마토, 치즈가 클로즈업
메시지: "재료부터 다르다, 건강한 수제 피자"
톤: 프리미엄 & 건강 이미지

4. 청춘/트렌디 감각
장면: 20대 친구들이 모여 인스타그램에 피자를 찍는 모습
메시지: "맛있게 즐기고, 멋지게 공유하라!"
톤: 빠른 템포, SNS 감성

5. 지역 밀착형 유머 광고
장면: 가게 사장님이 직접 등장해 재치 있는 대사
메시지: "우리 동네 피자는 내가 책임진다!"
톤: 친근하고 웃음을 주는 스타일

챗GPT의 솔루션 중 마음에 드는 것이 없다면 마음에 드는 답변이 나올 때까지 반복 질문(질문에 약간의 변화를 줌)한다. 이 답변에서 필자는 "4. 청춘/트렌디 감각"을 선택하였으며, 4번에 대한 아이디어 컨셉트를 더욱 구체화할 수 있도록 챗GPT에게 요청하였다.

> **Q** [4. 청춘/트렌디 감각] 아이디어가 마음에 든다. 4번의 장면, 메시지, 톤에 대해서 몇 가지 더 아이디어를 제시해 줘.

🌀 청춘/트렌디 감각 광고 확장 아이디어

변주 1: SNS 챌린지형
장면: 젊은 고객들이 피자 한 조각을 들고 립싱크/댄스 챌린지를 촬영하는 모습
메시지: "즐거움은 나누고, 피자는 공유한다!"
톤: 밝고 에너지 넘치는 댄스 음악 + 짧은 숏폼 스타일

변주 2: 데이트 감성형
장면: 대학생 커플이 피자를 함께 먹으며 사진을 찍고 웃는 장면
메시지: "맛있는 순간, 달콤한 추억으로"
톤: 로맨틱/따뜻한 무드, 감성적인 배경음악

변주 3: 밤 문화형
장면: 야외 루프탑에서 친구들이 피자를 나누며 파티하는 장면
메시지: "밤에도 빛나는 우리만의 피자 타임"
톤: 트렌디/힙한 음악, 네온사인 분위기

변주 4: 속도감 있는 도시형
장면: 직장 마친 청춘들이 피자 가게에 들러 빠르게 주문하고 즐기는 모습
메시지: "바쁜 하루, 한 조각으로 충전하라!"
톤: 빠른 템포 EDM, 경쾌한 에너지 강조

변주 5: 컬러/패션 강조형
장면: 패션 감각 있는 20대들이 알록달록한 피자와 함께 개성 있는 스타일로 포즈
메시지: "스타일도, 맛도 다채롭게"
톤: 팝아트 감성, 컬러풀하고 화려한 연출

"4. 청춘/트렌디 감각"에 대하여 더욱 다양하고 흥미로운 아이디어가 도출되었다. 필자는 "변주 1: SNS 챌린지형"으로 수제 피자 가게 광고 컨셉트를 활용하기로 결정했다.

AI와 협업하는 브레인스토밍 기법

좋은 아이디어는 혼자 떠올릴 때보다 누군가와 함께 논의할 때 더 풍성해진다. 브레인스토밍은 다양한 가능성을 열어 두고 아이디어를 쏟아내는 과정인데, 챗GPT와 같은 AI는 이 과정을 함께할 수 있는 새로운 파트너가 된다. 단순히 결과만 얻는 것이 아니라, "다른 관점에서 제시해 줘", "더

유머러스하게 변형해 줘", "해외 시장에 맞게 바꿔 줘"처럼 꼬리에 꼬리를 무는 질문을 던지면, AI는 사람의 직관과 AI의 확장적 사고가 만나면 훨씬 더 다채로운 해석과 변주를 제시한다.

◆ **활용법**

챗GPT에게 특정 아이디어를 제시하고, 변주/확장/비교/시뮬레이션을 요청한다. "다른 버전", "다른 톤", "다른 관객" 등을 지정해 물으면 꼬리에 꼬리를 무는 아이디어 확장이 이루어진다.

프롬프트 예시(브레인스토밍 확장)

변주하기

"이 광고 아이디어를 유머러스하게 변형해 줘."
"조금 더 감성적인 톤으로 바꿔 줘."

확장하기

"위 아이디어를 30초 광고 시놉시스로 구체화해 줘."
"장면별로 나누어 대본까지 작성해 줘."

비교하기

"20대를 대상으로 한 버전과 40대를 대상으로 한 버전을 비교해 줘."
"한국 시장과 일본 시장에 맞게 각각 변형해 줘."

시뮬레이션하기

"이 광고 아이디어를 10대가 본다면 어떤 반응을 보일까?"
"SNS에서 화제가 되려면 어떤 장치를 추가해야 할까?"

이어서 "광고 영상 제작"에 대한 챗GPT 프롬프트를 활용한 브레인스토밍 기법 예시를 살펴보자.

[브레인스토밍 기법 예시: 30초 수제 피자 가게 광고]

> **Q** 변주하기: 이 광고 아이디어를 유머러스하게 변형해 줘.

> 좋아, 아까 나왔던 30초 수제 피자 가게 광고 – 청춘/트렌디 감각 아이디어를 유머러스하게 변형해 줄게.
>
> **유머러스 버전 (청춘/트렌디 감각 변주)**
>
> 스토리장면: 20대 친구들이 모여 피자를 먹으며 사진을 찍는다. 그런데 갑자기 한 친구가 너무 큰 조각을 들고 입에 넣으려다 실패 → 옆 친구가 슬쩍 빼앗아 먹어 버림 → 모두 웃음.
>
> 메시지: "한 조각도 놓칠 수 없다! 웃음까지 채워주는 우리 동네 수제 피자"
>
> 톤: 경쾌하고 코믹한 효과음 (우스꽝스러운 '뿅', '표~옹' 소리)과 빠른 편집과 과장된 리액션 연출
>
> 이런 식으로 기존 "청춘/트렌디 감각" 아이디어를 SNS 친화적이고 웃음을 주는 광고로 바꿀 수 있어. 원해? 내가 추가로 유머러스 변주 2~3가지를 더 만들어서 선택할 수 있게 해줄까?

챗GPT의 답변이 나쁘진 않은데, 너무 뻔하고 진부하게 느껴져. 좀 엉뚱하고 기발한 질문으로 최신 트렌드를 반영한, 신선하고 힙한 답변을 이끌어내고 싶어, 다음과 같은 질문을 던져 보았다.

> **Q** 변주하기: 제시해 준 유머러스 버전 재밌다. 근데 너무 평범한 것 같아. 혹 요즘 가장 핫한 아이돌 '스트레이 키즈'의 음악 스타일로 가능할까?

> 좋아, 이번엔 청춘/트렌디 감각 광고 – 유머러스 버전을 요즘 핫한 아이돌 스트레이 키즈(Stray Kids)의 음악 스타일로 변주해 줄게. 그들의 특징은 강렬한 비트, 빠른 템포, 에너지 폭발, 중독성 있는 후렴구야. 이 스타일을 광고에 입히면 평범하지 않고 확실히 트렌디하게 만들 수 있어.
>
> **유머러스한 Stray Kids 스타일 버전**
>
> 장면:
> - 친구들이 피자를 두고 장난스럽게 경쟁하는 모습 (큰 조각을 먼저 잡으려다 손이 부딪히고, 한 친구가 갑자기 댄스 포즈로 피자를 들어 올림)
> - 순간적으로 음악 비트에 맞춰 짧은 군무처럼 피자를 돌리거나(피자 던지기 장난), 모두가 동시에 피자 한 입을 크게 베어 무는 장면으로 연결
> - 마지막 컷은 화면이 멈추며 피자 조각이 클로즈업 → 브랜드 로고 등장
>
> 메시지: "맛도 비트도 놓치지 마라! 우리 동네 수제 피자"
>
> 톤 & 음악 연출:
> - Stray Kids 스타일의 강렬한 힙합 + EDM 비트 삽입

- 빠른 템포, 드롭(Drop) 부분에 맞춰 피자 돌리기/먹기 장면 편집
- 중독성 있는 후렴구처럼 반복되는 짧은 카피(예: "한 조각 더!")를 비트에 얹어 삽입

이렇게 하면 단순히 웃음을 주는 광고가 아니라, K-POP 감성과 글로벌 트렌드를 입힌 유머러스한 숏츠 스타일 광고가 돼.

이것으로 챗GPT의 능력을 최대로 끌어 올리기 위해서는 뻔하고 정형화된 질문 대신, 새로운 관점을 제시하고 예상을 뛰어넘는 질문을 던질 때, 비로소 챗GPT는 그 수준에 맞는 창의적이고 다채로운 답변을 제공한다는 것을 알 수 있다.

무드보드/스타일 키워드 추출하기

영상 제작에서 무드(Mood: 분위기)를 시각적으로 정의하는 것은 기획 단계의 핵심이다. 같은 아이디어라도 어떤 색감/톤/분위기로 표현하느냐에 따라 완전히 다른 결과물이 나온다. 챗GPT는 원하는 분위기/감정/스타일을 설명하면 그에 맞는 키워드를 정리해 주고, 이를 기반으로 무드보드를 구성할 수 있다. 이렇게 정리된 키워드는 미드저니, 프리픽, 런웨이, 피카, 클링AI 같은 이미지 및 동영상 생성 도구에 그대로 활용 가능하다.

◆ 활용법

챗GPT에게 영상의 분위기나 연출 의도를 알려주고, 구체적인 스타일 키워드를 요청한다. 이후 이 키워드를 이미지 생성 AI에 입력하면 일관성 있는 비주얼을 빠르게 확보할 수 있다.

프롬프트 예시(스타일 키워드 추출)

감성 중심

"따뜻하고 감성적인 음식 광고에 어울리는 무드보드 키워드 10개를 제안해 줘."
"동화 같은 애니메이션 영상의 색감과 분위기를 표현할 키워드 15개를 뽑아 줘."

대상별 확장

"10대 청소년을 겨냥한 게임 홍보 영상에 어울리는 스타일 키워드를 정리해 줘."
"고급 레스토랑 홍보 영상에 어울리는 프리미엄 무드보드 키워드 10개를 제안해 줘."

장르별 확장

"미래 도시 콘셉트의 홍보 영상을 제작하려고 해. 어울리는 비주얼 키워드 12개를 뽑아 줘."
"호러 영화 티저 영상을 위한 어두운 무드보드 키워드를 제시해 줘."

[무드보드/스타일 키워드 추출 예시: 30초 수제 피자 가게 광고]

> **Q** 따뜻하고 감성적인 분위기의 피자 광고에 어울리는 무드보드 키워드 10개를 제안해 줘.
>
> 좋아, 요청한 대로 따뜻하고 감성적인 분위기의 피자 광고에 어울리는 무드보드 키워드 10개를 정리해 줄게.
>
> **무드보드 키워드(따뜻하고 감성적인 피자 광고)**
>
> 1. 아늑한 조명(soft warm lighting)
> 2. 나무 테이블 & 러스틱 식기(wooden table, rustic dishes)
> 3. 오렌지/브라운 계열 톤(warm orange & brown palette)
> 4. 가족의 웃음(family smiles)
> 5. 손으로 나누는 피자 장면(sharing pizza by hand)
> 6. 슬로우 모션 촬영(slow motion shots)
> 7. 촛불/램프 포인트 조명(candlelight / lamp accents)
> 8. 포근한 주방 인테리어(cozy kitchen interior)
> 9. 부드러운 어쿠스틱 음악(soft acoustic background music)
> 10. 감성적 내레이션 톤(warm emotional narration)
>
> 이 키워드를 기반으로 이미지 생성 AI에 프롬프트를 넣으면, 전반적인 톤 앤 매너가 '따뜻함/가족/감성'으로 일관된 무드보드를 만들 수 있어. 원해? 내가 이걸 바로 이미지 생성 프롬프트 형태로 정리해 줄까?

챗GPT는 단순히 질문에 대한 답을 넘어, 사용자가 던져준 하나의 주제나 맥락을 끝까지 파고들어, 더 심도 깊은 답변을 제공하려 한다. 꼬리에 꼬리를 물고 이어지는 대화처럼, 사용자가 더 적극적으로 상호작용할수록 챗GPT는 더 넓고 깊은 정보를 제공하기 때문에 챗GPT에게 명확한 방향성을 제시하고, 원하는 답을 얻을 때까지 세부적인 질문을 이어가는 것이 중요하다.

챗GPT로 콘셉트 기획하기

영상 제작에서 아이디어가 모였다면, 이제는 그것을 하나의 뼈대로 만드있는 콘셉트로 다듬어야 한다. 콘셉트 기획은 "무엇을 말할 것인가(핵심 메시지)", "누구에게 말할 것인가(타깃 관객)", "어떻게 보여줄 것인가(비주얼 방향)"를 정리하는 단계다. 챗GPT는 이 과정을 돕는 강력한 도구로, 단순한 문구 제안에 그치지 않고 관객 분석, 페르소나 설계, 스타일 제안까지 함께 제시해 준다.

핵심 메시지 정의하기

핵심 메시지는 전체 스토리와 장면을 관통하는 중심 줄기이자, 시청자에게 가장 먼저 각인되는 문장이다. 메시지가 명확하면 영상의 방향성이 흔들리지 않고, 전달하고자 하는 목적을 효과적으로 구현할 수 있다. 챗GPT는 기획자가 원하는 의도와 톤에 맞게 메시지를 한 줄 카피나 다양한 문구로 정리하여, 선택의 폭을 넓히고 기획의 효율성을 높여 준다.

◆ 활용법

챗GPT에게 제작 목적과 대상, 분위기를 알려주고 "핵심 메시지를 한 문장으로 정리해 달라"고 하거나 "광고 카피 문구로 변형해 달라"고 요청하면 짧은 한 줄 메시지부터 세부 카피까지 다양한 수준의 결과물을 얻을 수 있다.

프롬프트 예시(메시지 정의하기)

"30초 수제 피자 가게 광고의 핵심 메시지를 한 줄로 정리해 줘."
"대학생 신입생 대상 오리엔테이션 홍보 영상의 핵심 메시지를 3가지 카피 문구로 제시해 줘."
"환경 교육 영상을 위한 핵심 메시지를 초등학생도 이해할 수 있는 문장으로 정리해 줘."

[핵심 메시지 정의 예시: 30초 수제 피자 가게 광고]

> Q 30초 수제 피자 가게 광고의 핵심 메시지를 한 줄로 정리해 줘.

🤖 좋아, 요청대로 30초 수제 피자 가게 광고의 핵심 메시지를 한 줄로 정리해 줄게.

핵심 메시지

"사랑을 나누는 한 조각, 우리 동네 수제 피자"
"재료부터 다른 건강한 수제 피자"
"맛과 즐거움이 함께하는 우리 동네 피자 타임"
"방금 구운 따뜻함, 한 조각에 담았다"
"한 입의 행복, 우리 가게 수제 피자"

필요하다면 톤에 따라 감성형/건강형/청춘형으로도 나눠서 보여줄 수 있어. 원해?

🙋 응 원해.

🤖 좋아, 같은 30초 수제 피자 가게 광고의 메시지를 톤에 따라 감성형/건강형/청춘형으로 나눠 정리해 줄게.

톤별 핵심 메시지 정리

① 감성형 (따뜻함/가족 중심)
"사랑을 나누는 한 조각, 우리 동네 수제 피자"
"가족의 웃음이 시작되는 따뜻한 피자 한 판"

② 건강형 (재료/신선함 강조)
"재료부터 다른 건강한 수제 피자"
"신선한 재료로 완성한 믿을 수 있는 맛"

③ 청춘형 (트렌디/에너지 중심)
"맛있게 즐기고, 멋지게 공유하라!"
"한 조각으로 충전하는 우리만의 피자 타임"

이렇게 톤별로 정리하면, 기획자는 영상 콘셉트 방향(따뜻한 가족/프리미엄 건강/트렌디 청춘)을 쉽게 선택할 수 있어. 어기서 하나 골라서 바로 장면별 시놉시스로 확장해 보는 것도 자연스러울 것 같은데, 감성형/건강형/청춘형 중 어떤 걸로 구체화해 볼까?

챗GPT가 원하는 대로 톤에 따라 정리된 예시를 알려 달라고 했더니, 위와 같이 감성형/건강형/청춘형 세 가지 톤으로 정리를 해주었다. 이렇듯 사용자는 챗GPT가 원하는 대로 계속해서 구체화하면서 원하는 결과를 얻을 수 있다.

타깃 시청자 분석 및 페르소나 설정하기

영상 제작은 불특정 다수를 향한 메시지가 아니라, 명확히 정의된 타깃을 대상으로 할 때 효과가 극대화된다. 누구에게 전달할 것인지에 따라 메시지의 톤, 영상의 길이, 연출 방식이 달라진다. 따라서 기획 단계에서 시청자 분석은 필수이며, 더 나아가 연령, 직업, 관심사, 소비 성향 같은 조건을 구체화하면 챗GPT는 하면 그에 맞는 시청자 분석을 제공한다. 이것을 통해 기획자가 시청자의 눈높이에서 메시지를 점검하고, 스토리텔링의 흐름을 맞출 수 있다.

◆ 활용법

연령, 성별, 지역, 직업군 등 기본 속성을 알려준다. 어떤 문제를 해결하고 싶은지, 어떤 콘텐츠를 선호하는지 함께 제시한다. 가령, 챗GPT에 "구체적인 인물 프로필"을 만들어 달라고 하면 이름, 나이, 성격, 소비 습관, 미디어 이용 패턴까지 포함된 페르소나(주관객)를 얻을 수 있다.

프롬프트 예시(시청자 분석 & 페르소나)

"20대 직장인을 대상으로 한 헬스케어 앱 홍보 영상의 타깃 시청자 특성을 분석해 줘."
"중학생 대상 온라인 학습 영상에 맞는 관객 페르소나 2명을 설정해 줘."
"고령층을 대상으로 한 건강식품 광고용 페르소나 3명을 만들어 줘."

[페르소나 설정 예시: 30초 수제 피자 가게 광고]

> **Q** 대학생 20대를 타깃으로 한 수제 피자 가게 광고용 페르소나 2명을 제안해 줘.
>
> 페르소나 예시
>
> **페르소나 A: 감각적인 여대생**
> 이름: 지은(22세, 대학교 3학년)
> 특성: SNS 활동 활발, 인스타그램/틱톡에 맛집 콘텐츠 업로드 자주 함
> 라이프스타일: 친구들과 주말 모임을 자주 가지며 "사진 찍기 좋은 맛집"을 선호
> 소비 성향: 분위기와 비주얼에 투자하는 편, 가격보다는 경험과 공유 가치를 중시
> 니즈: "맛있고 사진 잘 나오는 피자집"을 찾음 → 광고에서는 비주얼/트렌디함/SNS 공유 가치 강조
>
> **페르소나 B: 실속파 남대생**
> 이름: 민수(24세, 대학교 4학년)

> 특성: 자취 생활, 배달 음식과 간편식을 자주 이용
> 라이프스타일: 과제/아르바이트로 바빠서 짧은 시간에 간단히 식사 해결
> 소비 성향: 가격 대비 양과 맛을 중시, 할인 이벤트에 반응 잘함
> 니즈: "가성비 좋은 든든한 피자집" → 광고에서는 합리적 가격/빠른 서비스/배달 편의성 강조
>
> 이렇게 설정하면 광고 연출 시 "A(비주얼 중시형)"과 "B(실속 중시형)"의 눈높이를 모두 고려한 장면을 기획할 수 있어. 이걸 활용해 바로 광고 메시지 차별화(SNS 공유용 vs 가성비 강조) 시놉시스를 짜보는 것도 자연스러울 것 같아. 원해?

페르소나 예시를 A와 B로 나누어 설명하였으며, 더 나아가 시놉시스까지 짜보자고 제안을 하였다. 이 챗GPT의 제안을 받아 드릴 수도 있겠지만, 다음 주제에 '시놉시스 구성'이 있기 때문에 여기에서는 그냥 넘어가기로 한다.

AI가 제안하는 콘셉트 아트/비주얼 방향 설정하기

영상의 완성도를 좌우하는 것은 시각적 콘셉트다. 같은 메시지라도 어떤 색감, 스타일, 톤으로 표현하느냐에 따라 관객의 인상은 완전히 달라진다. 이때 챗GPT는 텍스트 기반의 설명을 넘어, 기획 의도에 맞는 색상 팔레트, 분위기, 촬영 기법 등을 제안해 주며, 더 나아가 미드저니, 프리픽, 런웨이, 피카, 클링AI 같은 이미지/영상 생성 AI 도구와 연결할 수 있는 비주얼 방향을 제시해 준다.

◆ 활용법

영상의 목적과 메시지를 알려주고 "어울리는 비주얼 콘셉트"를 요청한다. 구체적으로 색감, 분위기, 카메라 앵글, 그래픽 스타일 등을 지정해 달라고 하면 더욱 활용도가 높아지며, 제시된 키워드를 이미지/영상 AI에 적용해 일관된 무드보드와 콘셉트 아트를 구성할 수 있다.

프롬프트 예시(콘셉트 아트/비주얼 방향)

"소박하고 따뜻한 분위기의 수제 피자 가게 광고에 어울리는 콘셉트 아트 스타일을 제안해 줘."
"10대를 겨냥한 게임 홍보 영상의 비주얼 콘셉트와 색상 팔레트를 정리해 줘."

"과학 교육 영상을 위한 3D 애니메이션 스타일 콘셉트 아트를 설명해 줘."
"럭셔리 패션 브랜드 광고에 맞는 카메라 앵글과 촬영 무드 키워드를 제안해 줘."

[콘셉트 아트/비주얼 방향 예시: 30초 수제 피자 가게 광고]

> **Q** 소박하고 따뜻한 분위기의 수제 피자 가게 광고에 어울리는 콘셉트 아트 스타일을 제안해 줘.
>
> **콘셉트 아트 스타일 제안**
>
> **1. 색감(Color Palette)**
> 오렌지/브라운/베이지 계열의 따뜻한 색감
> 자연광을 받은 듯한 소프트 톤
> 촛불이나 전구빛을 연상시키는 골드 포인트
>
> **2. 분위기(Mood & Atmosphere)**
> 아늑하고 러스틱한 주방 인테리어
> 나무 테이블, 패브릭 식탁보, 빈티지 식기
> 가족 혹은 친구가 모여 웃으며 식사하는 따뜻한 장면
>
> **3. 촬영 기법(Cinematography)**
> 치즈가 늘어나는 순간을 슬로우 모션으로 강조
> 손으로 피자를 나누는 장면을 클로즈업
> 배경은 보케(Bokeh) 효과로 따뜻하게 블러 처리
>
> **4. 그래픽/스타일 요소(Visual Style)**
> 러스틱 감성(Wood & Natural elements)
> 소박하지만 정성스러운 수제 느낌
> 인스타그램 감성의 따뜻한 필터톤 적용
>
> 요약하면, 이 광고의 콘셉트는 "따뜻한 빛 아래 가족과 나누는 한 조각"이라는 메시지를 시각적으로 표현하는 것이 핵심이야. 원해? 내가 이걸 이미지 생성 AI용 프롬프트 문장으로 정리해 줄 수도 있어.

콘셉트 아트/비주얼 방향을 네 가지 항목으로 정리해 주었으며, 이에 관한 프롬프트 문장까지 정리해 줄 수 있다고 제안했다. 프롬프트 생성은 7번째 주제에서 자세히 살펴보기로 한다.

시놉시스 구성하기

영상 기획에서 아이디어와 콘셉트가 잡혔다면, 이제 그것을 하나의 흐름 있는 이야기로 엮는 단계가 바로 시놉시스다. 시놉시스는 영상의 뼈대를 세우는 과정으로, 전체 스토리의 방향과 감정선을 미리 조율해 주며, 단순히 장면을 나열하는 것이 아닌, 핵심 메시지를 효과적으로 전달할 수 있도록 기승전결 구조와 한 줄 요약(Logline)을 포함해 체계적으로 설계하는 것이다.

한 줄 요약(Logline) 만들기

로그라인(한 줄 요약)은 영상의 핵심 메시지와 갈등 구조, 그리고 감정적인 후킹 포인트를 압축해 표현하는 것이다. 영상의 목적, 타깃, 분위기를 요청하면, 챗GPT는 메시지를 함축한 다양한 버전의 한 줄 요약을 제안해 준다. 이를 통해 기획자는 여러 버전 중 가장 효과적인 방향을 선택할 수 있다.

◆ **활용법**

영상의 목적과 핵심 메시지를 간단히 설명한다. "이 내용을 한 줄 요약으로 정리해 줘"라고 요청하며, 톤과 장르(예: 감성적, 유머러스, 교육적 등)를 지정하면 더 정교한 로그라인을 얻을 수 있다.

프롬프트 예시(한 줄 요약 만들기)

"소상공인을 위한 30초 수제 피자 가게 광고를 한 줄 요약으로 정리해 줘."
"대학생 대상 오리엔테이션 홍보 영상을 감성적으로 표현한 한 줄 요약을 제안해 줘."
"초등학생 대상 환경 교육 영상을 재미있게 표현한 한 줄 요약을 만들어 줘."

[한 줄 요약 제안 예시: 30초 수제 피자 가게 광고]

> Q 소상공인을 위한 30초 수제 피자 가게 광고를 한 줄 요약으로 정리해 줘.
>
> 한 줄 요약(Logline) 제안
>
> 1. 감성형
> "사랑을 나누는 따뜻한 한 조각, 우리 동네 수제 피자"

2. 신선함 강조형
"재료부터 다른 신선함, 방금 구운 우리 피자"

3. 청춘형
"맛있게 즐기고, 멋지게 공유하는 우리만의 피자 타임"

4. 가성비 실속형
"든든한 한 판, 합리적인 가격의 우리 동네 수제 피자"

5. 지역 친근형
"이웃과 함께 웃는 시간, 동네 사람들이 사랑하는 피자집"

기승전결 구조 설계 만들기

시놉시스는 단순한 아이디어 나열이 아니라, 스토리의 흐름을 보여주는 구조적 설계다. 특히 광고/홍보/교육 영상은 짧은 시간 안에 메시지를 효과적으로 전달해야 하므로, 다음의 기승전결 구조를 활용하면 시청자가 자연스럽게 몰입하고 메시지를 받아들일 수 있다.

- 기(起) 관심을 끌고 시청자의 주의를 집중시키는 도입부
- 승(承) 문제 상황이나 배경을 설명하며 공감대 형성
- 전(轉) 해결책이나 반전을 제시해 메시지 강화
- 결(結) 인상적인 한 줄로 마무리, 브랜드나 핵심 메시지 각인

◆ **활용법**

영상 목적(광고/홍보/교육 등)과 핵심 메시지를 제시한다. "기승전결 구조로 시놉시스를 만들어 줘"라고 요청하고, 톤(감성적/유머러스/트렌디 등)을 추가하면 더 구체적인 흐름을 얻을 수 있다.

프롬프트 예시(기승전결 구조)

"소상공인을 위한 30초 수제 피자 가게 광고를 기승전결 구조로 시놉시스 만들어 줘."
"대학생 대상 오리엔테이션 홍보 영상을 기승전결 구조로 정리해 줘."
"초등학생을 위한 환경 교육 영상을 기승전결로 짧게 구성해 줘."

[기승전결 예시: 30초 수제 피자 가게 광고]

> **Q** 소상공인을 위한 30초 수제 피자 가게 광고를 기승전결 구조로 시놉시스 만들어 줘.

> 좋아, 요청하신 소상공인을 위한 30초 수제 피자 가게 광고를 기승전결 구조로 시놉시스 구성해 줄게.
>
> **시놉시스 (기승전결 구조)**
>
> **기(起) – 도입, 주목 끌기**
> - 늦은 밤, 허기진 대학생이 편의점 앞을 지나치다 골목 끝 작은 간판을 본다.
> - 화면에 불빛 가득한 "우리 동네 수제 피자" 가게가 등장
>
> **승(承) – 배경/공감 형성**
> - 피자집 안, 직접 반죽하고 구워내는 장인의 손길 클로즈업
> - "재료부터 다르다"는 내레이션과 함께 신선한 토마토/치즈 장면 삽입
>
> **전(轉) – 메시지 강화, 반전 또는 하이라이트**
> - 친구들이 모여 따끈한 피자를 나누며 웃는 모습
> - 치즈가 길게 늘어나는 순간을 슬로우 모션으로 강조.
> - 화면 전환: SNS에 피자 사진 업로드 → "좋아요" 알림 폭주.
>
> **결(結) – 마무리, 메시지 각인**
> - 내레이션: 사랑을 나누는 한 조각, 우리 동네 수제 피자
> - 브랜드 로고와 "지금 바로 가까운 가게에서"라는 문구로 마무리
>
> 이렇게 하면 30초 안에 스토리 흐름 + 메시지 + 브랜드 각인을 자연스럽게 담을 수 있어. 원해? 내가 이걸 15초 숏츠 버전과 1분 확장 버전으로 나눠서 변형해 줄 수도 있어.

숏츠 vs 장편 시놉시스 차별화 만들기

영상의 길이는 메시지 전달 방식과 스토리 전개 구조를 크게 바꾼다. 챗GPT는 동일한 아이디어라도 숏츠와 장편에 맞춰 시놉시스를 다르게 제시할 수 있다. 기획자는 이를 바탕으로 채널별/목적별 최적화된 스토리를 쉽게 구상할 수 있다.

- **숏츠(Shorts)** 15~30초 내외로, 짧은 순간에 강렬한 후킹 포인트를 주는 데 초점이 맞춰져 있다. 장면은 단순하고 메시지는 직관적이어야 한다.

- **장편(Long-form)** 1분 이상으로, 상황 설명, 인물 감정선, 스토리 흐름을 충분히 담을 수 있다. 메시지를 심화하거나 브랜드 스토리텔링 강조에 적합하다.

◆ 활용법

같은 주제를 두고 "숏츠 버전"과 "장편 버전"을 각각 요청한다. 숏츠는 핵심 장면 위주로, 장편은 기승전결 전체 흐름을 강조해 달라고 요청하고, 톤(유머러스, 감성적, 정보 전달 중심 등)을 함께 지정하면 플랫폼별 최적화된 결과를 얻을 수 있다.

프롬프트 예시(숏츠 vs 장편 시놉시스)

"수제 피자 가게 광고를 숏츠(15초) 버전과 장편(1분) 버전 시놉시스로 각각 만들어 줘."
"대학생 대상 홍보 영상을 숏츠와 장편으로 나눠 시놉시스를 작성해 줘."
"환경 교육 영상을 20초 숏츠용과 2분 장편용으로 차별화해 줘."

[숏츠 vs 장편 시놉시스 예시: 30초 수제 피자 가게 광고]

> **Q** 수제 피자 가게 광고를 숏츠(15초) 버전과 장편(1분) 버전 시놉시스로 각각 만들어 줘.
>
> 좋아, 요청하신 수제 피자 가게 광고를 숏츠(15초) 버전과 장편(1분) 버전으로 각각 시놉시스 구성해줄게.
>
> **숏츠 버전 (15초) – 직관적 & 임팩트 중심**
> 기(起): 뜨겁게 구워진 피자가 오븐에서 나오는 순간
> 승(承): 치즈가 길게 늘어나는 장면, 손이 피자를 집어 드는 모습
> 전(轉): 친구들이 웃으며 한 입 베어 물고 "맛있다!"고 외침
> 결(結): 내레이션으로 "사랑을 나누는 한 조각, 우리 동네 수제 피자" + 가게 간판/로고 등장
>
> 핵심은 짧고 강렬한 시각적 후킹 포인트(치즈 늘어남 + 웃음)
>
> **장편 버전 (1분) – 스토리텔링 & 감성 강조**
> 기(起): 늦은 저녁, 피곤한 대학생이 골목을 걷다 작은 간판 발견
> 승(承): 사장님이 반죽을 하고 신선한 토마토와 치즈를 준비하는 모습
> 전(轉): 대학생이 친구들과 함께 앉아 갓 구운 피자를 나누며 대화, 웃음 가득
> • 치즈가 늘어나는 순간 클로즈업
> • SNS에 사진 올리는 장면 삽입 → "좋아요" 알림
> 결(結): 따뜻한 조명이 켜진 가게 외관 + 내레이션은 "한 조각에 담긴 따뜻한 마음, 우리 동네 수제 피자"로 하고, 브랜드 로고와 "지금 바로 가까운 가게에서"로 마무리
>
> 핵심은 소상공인의 정성과 동네의 따뜻한 분위기를 살린 스토리텔링

시나리오 작성하기

시놉시스가 영상의 큰 흐름을 보여주는 개요라면, 시나리오는 그것을 실제로 구현하기 위한 실행 지침서다. 시나리오는 장면별 상황, 대사, 내레이션, 카메라 구도, 배경음악 등 세부 요소까지 포함하여 실질적인 작업 매뉴얼이 된다. 챗GPT는 기획자가 제시한 시놉시스를 기반으로 장면별 흐름을 정리하고, 필요한 대사와 화면 구성을 제안해 준다.

장면별 흐름 구성하기

시나리오의 핵심은 장면(Scene) 단위의 흐름을 설계하는 것이다. 각 장면은 메시지를 강화하거나 감정을 환기하는 역할을 해야 하며, 영상 길이에 맞춰 적절히 배치된다.

- **장면 번호** Scene 1, Scene 2 … 식으로 구분
- **장면 설명** 카메라 구도, 인물 행동, 분위기 서술
- **대사/내레이션** 인물의 대화나 내레이션 삽입
- **시청자 반응 요소** 감정적 후킹, 유머 포인트, 정보 전달 등

◆ **활용법**

챗GPT에 "시놉시스를 장면별 시나리오로 나눠 달라"고 요청한다. 필요하다면 "카메라 구도, 배경음악까지 포함해 달라"는 추가 조건을 넣는다 광고, 홍보, 교육 등 목적에 맞게 톤(감성적/유머러스/정보 중심 등)을 지정한다

프롬프트 예시(시나리오 작성)

"30초 수제 피자 가게 광고 시놉시스를 장면별 시나리오로 구성해 줘."
"교육 영상을 장면별로 나누고, 각 장면에 내레이션을 추가해 줘."
"홍보 영상을 시나리오 형식으로 정리하고 카메라 앵글과 배경음악도 제안해 줘."

[장면별 시나리오 예시: 30초 수제 피자 가게 광고]

> Q. 30초 수제 피자 가게 광고 시놉시스를 장면별 시나리오로 구성해 줘.

> 장면별 시나리오 (30초 수제 피자 가게 광고)
>
> **Scene 1 (0~5초)** 도입, 주목 끌기
> 영상: 늦은 저녁, 학생이 배고픈 표정으로 골목을 걷는다. 작은 간판 불빛이 켜진 피자 가게가 보인다.
> 카메라: 핸드헬드 느낌, 인물 클로즈업 후 간판으로 팬(Pan) 이동
> 사운드: 잔잔한 기타 선율, "따뜻한 불빛이 반기는 작은 가게" 내레이션
>
> **Scene 2 (5~12초)** 배경, 공감 형성
> 영상: 사장님이 밀가루 반죽을 치대고, 신선한 토마토와 치즈를 준비한다.
> 카메라: 재료 클로즈업(토마토 자르는 장면, 치즈 잘리는 장면).
> 사운드: 반죽 치는 소리 + 내레이션 "재료부터 다르다, 정성이 담긴 수제 피자"
>
> **Scene 3 (12~20초)** 하이라이트, 메시지 강화
> 영상: 오븐 문이 열리고, 피자가 구워져 나온다. 치즈가 길게 늘어나는 순간 친구들이 환호한다.
> 카메라: 치즈 늘어나는 장면 슬로우 모션, 웃는 얼굴 클로즈업
> 사운드: 경쾌한 음악 전환, 웃음소리 삽입
>
> **Scene 4 (20~27초)** SNS 공유 + 확산 포인트
> 영상: 친구들이 피자 사진을 찍고 SNS에 올린다. 휴대폰 화면에 "좋아요♥ 폭주" 애니메이션 효과.
> 카메라: 휴대폰 화면 인서트 컷 → 화면 전환 효과.
> 사운드: 내레이션 "한 조각의 즐거움이 모두에게 퍼져간다."
>
> **Scene 5 (27~30초)** 마무리, 브랜드 각인
> 영상: 따뜻한 조명이 비치는 가게 외관, 브랜드 로고와 슬로건 등장
> 카메라: 와이드 샷으로 가게 전경 + 로고 오버레이
> 사운드: 내레이션 "사랑을 나누는 한 조각, 우리 동네 수제 피자"
>
> 이렇게 구성하면 30초 안에 스토리 흐름 + 브랜드 메시지 + 공유 포인트를 모두 담을 수 있어. 원해? 내가 이걸 컷 단위 콘티(스토리보드) 형식으로 정리해 줄 수도 있어.

대사/내레이션/자막 스크립트 작성하기

영상에서 장면이 메시지를 시각적으로 전달한다면, 대사/내레이션/자막은 이를 언어적으로 보강하는 장치다. 특히 광고나 홍보 영상에서는 영상의 흐름만으로는 부족한 메시지를 짧고 강렬한 문장으로 각인시킬 필요가 있다. 챗GPT는 시놉시스를 기반으로 상황에 맞는 대사와 내레이션, 자막 문구를 각각 제안해 주며, 특정 톤(감성적, 유머러스, 전문적 등)에 맞게 변주할 수도 있다.

- 대사(Dialogue) 등장인물이 직접 말하는 문장으로, 공감과 몰입도를 높이기
- 내레이션(Narration) 장면의 의미를 설명하거나 감정을 이끌어내는 목소리로, 브랜드의 톤 앤 매너를 반영
- 자막(Subtitles) 핵심 메시지를 시각적으로 강조하여 시청자의 기억에 남김

◆ 활용법

시놉시스나 장면 설명을 챗GPT에 제공한다. "장면별 대사/내레이션/자막 스크립트를 작성해 줘."라고 요청하고, 톤(감성형, 정보 전달형, 트렌디형 등)을 지정하면 브랜드 이미지에 맞는 언어를 얻을 수 있다.

프롬프트 예시(스크립트 작성)

"30초 수제 피자 가게 광고 시나리오의 장면별 대사와 내레이션, 자막을 작성해 줘."
"환경 교육 영상을 위한 내레이션 스크립트를 어린이 눈높이에 맞게 만들어 줘."
"제품 홍보 영상 자막을 SNS 감성에 맞게 짧고 임팩트 있게 제안해 줘."

[대사/내레이션/자막 스크립트 예시: 30초 수제 피자 가게 광고]

> **Q** 30초 수제 피자 가게 광고 시나리오의 장면별 대사와 내레이션, 자막을 작성해 줘.
>
> 장면별 스크립트 (30초 수제 피자 가게 광고)
>
> **Scene 1 (0~5초)** 도입
> 내레이션: "늦은 밤, 허기를 달래 줄 따뜻한 불빛이 켜집니다."
> 자막: #우리동네수제피자
>
> **Scene 2 (5~12초)** 정성 강조
> 내레이션: "정성스레 반죽하고, 신선한 재료로 구워낸 한 판"
> 자막: 재료부터 다른 건강한 맛
>
> **Scene 3 (12~20초)** 하이라이트
> 대사(친구 A): "와, 치즈 봐!"
> 내레이션: "웃음을 나누는 한 조각의 행복"
> 자막: 치즈가 늘어나는 순간 = 행복
>
> **Scene 4 (20~27초)** SNS 공유

> 대사(친구 B): "사진 찍자, SNS 올려야지!"
> 자막: #피자타임 #공유각
>
> **Scene 5 (27~30초)** 마무리
> 내레이션: "사랑을 나누는 한 조각, 우리 동네 수제 피자"
> 자막: 브랜드 로고 + 슬로건
>
> 이렇게 구성하면 영상-음성-텍스트가 유기적으로 맞물려, 30초라는 짧은 시간 안에 메시지를 강렬하게 전달할 수 있어. 이걸 감성형 vs 유머러스형 두 가지 버전으로 변주해서도 만들어 줄까?

AI 쇼핑 호스트/강사 캐릭터의 스크립트 예시

영상 시나리오에서 단순한 내레이션이 아닌, AI 캐릭터(쇼핑 호스트나 강사)가 등장하여 직접 메시지를 전달하는 방식이다. 이 방법은 시청자의 몰입도를 높이고, 실제 방송 및 교육 현장에서 경험하는 듯한 리얼리티와 친근감을 제공한다.

- **쇼핑 호스트 스크립트** 제품이나 서비스를 판매하는 방송 톤으로, 활기차고 설득력 있게 표현
- **강사 스크립트** 교육용 강의 톤으로, 차분하고 전문적이며 신뢰감 있는 어조로 전달

◆ **활용법**

챗GPT에 "쇼핑 호스트 버전으로 작성해 줘" 또는 "강사 버전으로 스크립트로 바꿔 줘"라고 요청하면, 같은 광고나 교육 영상이라도 톤 앤 매너가 달라진 스크립트를 얻을 수 있다. 이를 활용하면 타깃 시청자의 특성에 맞는 맞춤형 콘텐츠 제작이 가능하다.

프롬프트 예시(스크립트 변환 요청)

"30초 피자 가게 광고를 쇼핑 호스트 톤으로 대본 작성해 줘."
"위 교육 영상 시나리오를 강사 버전 스크립트로 바꿔 줘."
"광고 대본을 쇼핑 호스트 버전, 강사 버전으로 각각 비교해서 작성해 줘."

[AI 쇼핑 호스트/강사 캐릭터 스크립트 변환 예시: 30초 수제 피자 가게 광고]

Q 30초 수제 피자 가게 광고 시나리오의 장면별 쇼핑 호스트 톤 대사와 내레이션, 자막을 작성해 줘.

쇼핑 호스트 톤 광고 대본 (30초)

Scene 1 (0~5초) 도입
영상: 오븐에서 피자가 노릇하게 구워지는 장면 클로즈업
대사(호스트): "여러분~ 지금 갓 구워낸 따끈따끈한 수제 피자, 보이시나요?"
자막: "오늘의 주인공, 우리 동네 수제 피자!"

Scene 2 (5~12초) 재료 강조
영상: 싱싱한 토마토, 치즈, 신선한 채소가 손질되는 모습
대사(호스트): "농장에서 바로 온 신선한 재료! 치즈가 쭈~욱 늘어나는 이 맛, 놓치면 안 되죠!"
자막: "신선함이 살아 있는 재료"

Scene 3 (12~20초) 현장 강조
영상: 손님들이 피자를 나눠 먹으며 웃는 장면
대사(호스트): "친구, 가족, 연인까지! 함께 즐기면 두 배로 맛있습니다. 지금 바로 가까운 매장에서 만나보세요!"
자막: "함께할수록 더 맛있는 수제 피자"

Scene 4 (20~27초) 마무리 & 콜 투 액션
영상: 사장님이 따뜻하게 피자를 건네며 미소 짓는 모습
대사(호스트): "자~ 오늘 주문하시는 분께는 특별 할인 혜택까지! 지금 바로 전화를 주세요, 맛있는 행복이 집으로 찾아갑니다!"
자막: "지금 주문하세요! 특별 할인 진행 중"

이렇게 하면 홈쇼핑 호스트 특유의 활기차고 즉각적인 설득력이 살아 있어. 혹시 원한다면 이 버전을 강사 톤 버전으로도 같이 바꿔 줄까?

🟢 대본 정리 및 영상 톤 설정하기

영상 제작에서 대본은 단순한 대사가 아니라, 목적과 톤을 결정짓는 핵심 도구다. 광고, 강의, 유튜브 등의 영상은 각각 전달해야 하는 메시지와 시청자 기대치가 다르기 때문에, 같은 주제라도 대본의 구조와 표현 방식이 달라진다. 따라서 대본을 정리하고 영상 톤을 설정하는 과정은 제작 방향을 명확히 하고, 브랜드나 콘텐츠의 일관성을 유지하는 데 필수적이다.

광고 대본/강의 대본/유튜브 대본 유형 비교하기

영상의 목적에 따라 대본은 다른 구조와 톤을 가진다. 광고는 짧고 강렬하게 메시지를 각인시키는 데 초점을 두고, 강의는 체계적이고 논리적인 설명으로 학습 효과를 높이며, 유튜브는 친근하고 자연스러운 대화를 통해 시청자와의 소통을 강화한다.

- **광고 대본** 짧고 강렬, 문제 제기 → 해결책 → 혜택 → CTA, 설득적 톤
- **강의 대본** 체계적/논리적, 목표 → 설명 → 정리/질문, 전문적 톤
- **유튜브 대본** 자연스러운 소통, 인트로 → 본문 → 아웃트로, 캐주얼/공감 톤

◆ **활용법**

챗GPT에게 "광고 대본 톤으로 작성해 줘", "강의 대본 톤으로 바꿔 줘", "유튜브 스타일 대본으로 변환해 줘"라고 요청하면, 같은 콘텐츠라도 목적과 시청자에 따라 다른 느낌의 대본을 손쉽게 얻을 수 있다.

프롬프트 예시(대본 유형 변환 요청)

"이 제품 소개 영상을 광고 대본 톤으로 작성해 줘."
"위의 대본을 강의용 스크립트로 변환해 줘."
"같은 내용을 유튜브 영상 톤으로 바꿔 줘."

[대본 유형 변환 요청 예시: 30초 수제 피자 가게 광고]

> **Q** 30초 수제 피자 가게 광고 시나리오의 장면별 대사와 내레이션, 자막을 작성해 줘.

> 광고 대본 (30초 피자 가게 예시)
>
> **Scene 1 (0~5초)** 도입(문제 제기)
> 내레이션: "배달 피자, 식상하지 않으신가요?"
> 자막: "늘 똑같은 맛, 이제 지겨워졌다!"
>
> **Scene 2 (5~12초)** 전개(제품/서비스 제안)
> 내레이션: "매일 아침 반죽해 구워내는 우리 동네 수제 피자!"
> 자막: "매일 직접 만드는 도우 + 신선한 재료"
>
> **Scene 3 (12~20초)** 강조 (혜택 부각)
> 내레이션: "맛은 물론 건강까지! 가족과 친구 모두 안심하고 즐기는 피자!"
> 자막: "맛 + 건강 + 합리적인 가격"
>
> **Scene 4 (20~27초)** 마무리 (CTA)
> 내레이션: "지금 바로 주문하세요. 따끈한 수제 피자가 여러분을 기다립니다!"
> 자막: "전화/앱 주문 시 특별 할인 진행 중!"
>
> 이걸 강의 대본 톤이나 유튜브 대본 톤으로도 변환해서 비교해 줄까?

톤 앤 매너(Tone & Manner) 설계하기

영상은 단순히 메시지를 전달하는 것이 아니라, 어떤 분위기와 태도로 전달되느냐에 따라 시청자의 반응이 달라진다. 같은 내용이라도 차분한 어조로 설명하면 교육 영상이 되고, 경쾌하고 활기차게 풀어내면 광고나 예능 콘텐츠가 된다. 이처럼 메시지를 어떻게 표현할지 정하는 과정이 바로 "톤 앤 매너" 설계이다.

- **톤(Tone)** 말투/어조/감정의 색깔(예: 설득적, 감성적, 유머러스, 전문적)
- **매너(Manner)** 전달 방식/태도/스타일(예: 친근한 대화체, 전문 강의체, 생동감 있는 쇼호스트체)

◆ 활용법

영상의 목적(광고/강의/홍보/유튜브 등)과 타깃(연령/관심사)을 먼저 제시한다. "이 대본을 감성적 톤으로 바꿔 줘"처럼 톤 앤 매너 변환을 요청하면, 챗GPT가 제안한 여러 버전을 비교하고, 브랜드 아이덴티티와 맞는 방식을 선택한다.

프롬프트 예시(톤 앤 매너 설계 요청)

"이 광고 대본을 감성적인 톤 앤 매너로 바꿔 줘."
"교육용 대본을 초등학생 눈높이에 맞는 친근한 톤으로 다시 작성해 줘."
"같은 홍보 영상을 유머러스한 톤 앤 매너로 변환해 줘."

[톤 앤 매너 설계 요청 예시: 30초 수제 피자 가게 광고]

> **Q** 이 광고 대본을 감성적인 톤 앤 매너로 바꿔 줘.
>
> 🌀 감성 톤 & 매너 버전 (30초)
>
> **Scene 1 (0~5초)** 도입(문제 제기)
> 내레이션: "하루의 끝, 마음까지 채워 줄 따뜻한 한 조각이 필요할 때…"
> 자막: "지친 하루에 따뜻함이 스며듭니다."
>
> **Scene 2 (5~12초)** 전개(제품/서비스 제안)
> 내레이션: "매일 정성으로 반죽해 구워내는 우리 동네 수제 피자, 재료 하나하나에 마음을 담았습니다."
> 자막: "정성이 깃든 수제 피자"
>
> **Scene 3 (12~20초)** 강조 (혜택 부각)
> 영상: 가족·친구가 웃으며 피자를 나누는 장면
> 내레이션: "사랑하는 사람과 함께할 때, 한 조각이 추억이 됩니다."
> 자막: "피자 한 판이 만드는 소중한 순간"
>
> **Scene 4 (20~27초)** 마무리 (CTA)
> 내레이션: "오늘 밤, 따뜻한 마음을 전하고 싶다면… 우리 동네 수제 피자와 함께하세요."
> 자막: "사랑을 나누는 한 조각, 우리 동네 수제 피자"
>
> 이렇게 하면 단순히 "맛"이나 "혜택"보다 따뜻함/사랑/추억을 강조하는 톤이 돼. 혹시 이걸 다시 유머러스 톤 앤 매너 버전으로도 변환해 줄까?

콘텐츠 목적별 대본 최적화하기

영상 대본은 광고, 강의, 홍보, 유튜브, 교육 등 목적에 따라 최적화가 필요하다. 같은 주제를 다루더라도 광고라면 설득과 행동 촉구에 초점을 맞추고, 강의라면 체계적인 설명에, 유튜브라면 친근한 소통에 중점을 둔다. 따라서 목적에 따라 대본의 구조, 길이, 표현 방식이 달라져야 한다.

◆ 활용법

영상의 주제와 목적(광고/강의/홍보/교육/유튜브 등)을 명확히 제시한다. "이 대본을 [목적]에 맞게 최적화해 줘"라고 요청하여 챗GPT가 제시하는 구조와 톤을 비교/선택해 최종 대본을 확정한다.

프롬프트 예시(목적별 최적화 요청)

"이 피자 가게 소개 대본을 광고 목적에 맞게 최적화해 줘."
"위 시나리오를 대학 강의용 대본으로 재구성해 줘."
"같은 내용을 유튜브 영상 톤으로 바꿔 줘."

[목적별 최적화 요청 예시: 30초 수제 피자 가게 광고]

> **Q** 이 피자 가게 소개 대본을 광고 목적에 맞게 최적화해 줘.

광고 목적 최적화 대본 (30초)

Scene 1 (0~5초) 도입 (문제 제기)
내레이션: "늘 똑같은 배달 피자, 지겹지 않으세요?"
자막: "이젠 색다른 맛이 필요할 때!"

Scene 2 (5~12초) 전개 (제품 제안)
내레이션: "매일 아침 직접 반죽해 구워내는 우리 동네 수제 피자!"
자막: "정성 가득한 수제 도우 + 신선한 재료"

Scene 3 (12~20초) 강조 (혜택 부각)
내레이션: "맛과 건강, 그리고 합리적인 가격까지! 가족/친구와 나누면 행복이 두 배!"
자막: "맛 + 건강 + 행복"

Scene 4 (20~27초) 마무리 (행동 촉구)
내레이션: "지금 바로 주문하세요! 오늘은 특별 할인 혜택이 기다립니다!"
자막: "전화/앱 주문 시 즉시 할인"

이렇게 하면 짧은 시간 안에 문제 → 해결책 → 혜택 → 행동 촉구가 선명하게 드러나는 광고 대본이 돼. 원해? 이걸 유튜브 브이로그 톤이나 강의 대본 톤으로 변환해서 비교해 줄까?

🟢 장면별 이미지 프롬프트 생성하기

영상은 시각적 완성도가 메시지의 설득력을 좌우한다. 기획 단계에서 만든 시놉시스를 실제 장면으로 구현하기 위해서는 각 장면마다 구체적인 이미지를 설계해야 한다. 이때 챗GPT와 같은 AI는 미드저니, 프리픽, 런웨이, 피카, 클링AI 같은 영상/이미지 생성 툴과 연결되어, 장소/인물/분위기/카메라 앵글까지 포함한 장면별 이미지(영상) 프롬프트를 만들 수 있다.

미드저니/런웨이/피카/클링AI 등 영상 툴과 연계하기

영상 제작 과정에서 중요한 것은 기획한 시나리오를 시각적으로 구현하는 것이다. 챗GPT는 아이디어와 대본을 넘어, 장면별 이미지 프롬프트를 생성해 다양한 영상 툴과 연계할 수 있다. 예를 들어, 미드저니는 콘셉트 아트와 무드보드 이미지 제작에, 런웨이와 피카는 텍스트와 이미지 기반으로 짧은 영상 생성에, 클링AI는 사실적이고 몰입감 있는 영상 표현에 강점을 가진다. 이처럼 챗GPT와 영상 툴을 연결하면 아이디어 – 프롬프트 – 영상 시각화 과정을 빠르게 이어갈 수 있다.

◆ 활용법

시나리오나 장면 설명을 챗GPT에 입력하면, 각 툴에 맞는 프롬프트 형식(미드저니 이미지, 런웨이, 피카, 클링AI 등에 맞는 사실적 표현 등)으로 변환해 준다. 이를 해당 툴에 적용해 콘셉트 아트, 컷(씬), 단편 영상 등을 제작할 수 있으며, 필요할 경우 "더 사실적으로", "애니메이션 느낌으로"와 같은 조건을 추가해 원하는 결과물에 맞게 조정할 수 있다.

프롬프트 예시(툴 연계 요청)

"이 피자 가게 광고 시나리오를 미드저니용 장면별 이미지 프롬프트로 변환해 줘."
"위 광고 시나리오를 런웨이에서 영상으로 만들 수 있는 프롬프트로 작성해 줘."
"동일한 장면을 피카와 클링AI 스타일로 각각 최적화된 영상 프롬프트로 바꿔 줘."

[툴 연계 요청 예시: 30초 수제 피자 가게 광고]

> **Q** 이 피자 가게 광고 시나리오를 미드저니용 장면별 이미지 프롬프트로 변환해 줘.

> **미드저니 장면별 이미지 프롬프트 (피자 가게 광고)**
>
> **Scene 1 (0~5초)** 도입 – 추억 불러오기
> 프롬프트: "warm evening street, cozy small pizza shop exterior glowing with warm lights, retro wooden signboard, family-friendly atmosphere, cinematic lighting, wide shot, photorealistic"
>
> **Scene 2 (5~12초)** 재료 강조 – 신선함
> 프롬프트: "close-up of fresh tomatoes, melted cheese stretching, hands preparing dough on wooden table, rustic kitchen vibe, natural soft light, shallow depth of field, ultra detailed"
>
> **Scene 3 (12~20초)** 하이라이트 – 웃음 가득한 순간
> 프롬프트: "group of young friends laughing while sharing pizza, vibrant expressions, cozy interior of pizza shop, cheese pull shot, cinematic close-up, warm tones, realistic photography"
>
> **Scene 4 (20~27초)** SNS 공유 장면
> 프롬프트: "friends taking photos of pizza with smartphone, modern trendy vibe, playful mood, neon accent lights in the background, over-the-shoulder shot, crisp focus, lifestyle photography"
>
> **Scene 5 (27~30초)** 마무리 – 브랜드 로고와 따뜻한 마무리
> 프롬프트: "pizza box with brand logo placed on wooden table, warm lighting, cozy family atmosphere in the background blurred, cinematic product shot, soft glow, high detail"
>
> 이렇게 하면 시나리오의 각 장면을 미드저니 이미지 프롬프트로 바로 변환할 수 있어. 이걸 더 발전시켜서 "네거티브 프롬프트(불필요한 요소 제거)"도 추가해 줄까?

장면별 프롬프트 작성법(장소/인물/분위기/카메라 앵글 포함)

영상 제작을 위한 프롬프트는 단순히 장면을 설명하는 데서 끝나지 않는다. 장소(Location), 인물(Character), 분위기(Mood), 카메라 앵글(Camera Angle) 이 네 가지 요소를 포함해야 시각적으로 풍부하고 일관성 있는 결과물을 얻을 수 있다. 챗GPT는 이 네 가지를 조합해 각 장면의 디테일을 명확히 언어(프롬프트)화해 주며, 이를 바탕으로 미드저니/클링AI/런웨이/피카 같은 AI 툴에서 원하는 이미지/영상을 손쉽게 생성할 수 있다.

◆ 활용법

장면마다 장소, 인물, 분위기, 카메라 앵글을 구체적으로 설정한 뒤 챗GPT에 "이 장면을 네 가지 요소로 나눠 프롬프트 작성해 줘"라고 요청하면 된다. 생성된 프롬프트는 그대로 이미지 툴에 적용할 수 있으며, 필요에 따라 색감이나 스타일(예: 3D 애니메이션, 수채화 스타일)을 추가해 원하는 결과물로 조정할 수 있다.

프롬프트 예시(피자 가게 광고 장면)

"작은 동네 피자 가게 외관을 따뜻한 조명 아래 보여주는 장면을 장소/인물/분위기/카메라 앵글로 나눠 프롬프트로 작성해 줘."
"친구들이 피자를 나누며 웃는 장면을 네 가지 요소(장소/인물/분위기/카메라 앵글)로 정리해 줘."
"SNS에 피자를 찍는 장면을 장면별 프롬프트 형식으로 만들어 줘."

[피자 가게 광고 장면 예시(미드저니 스타일 프롬프트)]

> **Q** 작은 동네 피자 가게 외관을 따뜻한 조명 아래 보여주는 장면을 장소/인물/분위기/카메라 앵글로 나눠 미드저니 프롬프트로 작성해 줘.
>
> 좋아, 요청하신 장면을 장소 / 인물 / 분위기 / 카메라 앵글 네 가지 요소로 나눠서 프롬프트를 작성해 줄게.
>
> **프롬프트 구성** (작은 동네 피자 가게 외관, 따뜻한 조명)
> **장소(location)** 작은 동네 골목길에 자리한 소박한 피자 가게, 나무 간판과 벽돌 외관, 노란 불빛이 새어 나오는 창문
> **인물(character)** 가게 앞을 지나가던 20대 대학생 한 명, 간판을 올려다보며 호기심 어린 표정
> **분위기(mood)** 아늑하고 따뜻함, 친근하고 정겨운 동네 분위기, 약간의 감성적 느낌
> **카메라 앵글(camera angle)** 와이드 샷으로 가게 전경 포착, 따뜻한 조명이 강조된 시네마틱 구도
>
> 최종 프롬프트 예시 (미드저니 스타일): "small local pizza shop exterior on a cozy alley, rustic brick walls and wooden sign, warm yellow lights glowing from the windows, young college student looking curiously at the sign, inviting and heartwarming atmosphere, cinematic wide shot, photorealistic"
>
> 혹시 이걸 바로 런웨이용 영상 프롬프트로도 변환해 줄까?

이번에는 챗GPT의 물음대로 런웨이용 프롬프트를 작성해 달라고 하였다.

[피자 가게 광고 장면 예시(런웨이 스타일 프롬프트)]

> **Q** 작은 동네 피자 가게 외관을 따뜻한 조명 아래 보여주는 장면을 장소/인물/분위기/카메라 앵글로 나눠 런웨이 프롬프트로 작성해 줘.

> 좋아, 지금 만든 장면을 런웨이용 영상 프롬프트로 변환해 줄게. 런웨이는 미드저니처럼 단일 이미지 묘사보다, 동적 장면 + 카메라 무브먼트 + 분위기를 포함하는 게 효과적이야.
>
> **Runway 영상 프롬프트(작은 동네 피자 가게 외관, 따뜻한 조명)**
>
> "저녁 시간, 작은 동네 골목길에 있는 소박한 피자 가게 외관. 벽돌 벽과 나무 간판, 창문에서는 따뜻한 노란 불빛이 흘러나온다. 20대 대학생이 가게 앞을 지나며 간판을 올려다보는 모습. 카메라는 천천히 앞으로 이동하며 가게 전경을 비춘 뒤, 학생의 호기심 가득한 표정을 짧게 클로즈업한다. 아늑하고 감성적인 분위기, 시네마틱 조명."
>
> 이렇게 하면 런웨이에서 영상 생성 시, 카메라 무빙 + 인물 행동 + 분위기까지 반영된 장면을 얻을 수 있어. 이걸 피카(Pika) 스타일 프롬프트로도 변환해서 비교해 줄까?

멀티모달인 런웨이는 한글 프롬프트 지원이 되기 때문에 챗GPT는 미드저니(최근 버전에서는 한글 지원)와는 다르게 한글로 프롬프트를 작성해 주었다.

네거티브 프롬프트 활용법

영상이나 이미지를 만들 때 원하지 않는 요소가 결과물에 포함되는 경우가 많다. 예를 들어, 피자 광고 장면을 만들고 싶은데 불필요하게 햄버거나 파스타 같은 음식이 같이 나오거나, 인물의 얼굴이 왜곡되는 문제가 생길 수 있다. 이럴 때 "네거티브 프롬프트(Negative Prompt)"를 활용하면 특성 요소를 제거하거나 최소화해 원하는 영상과 더 가까운 결과물을 얻을 수 있다.

◆ **활용법**

챗GPT에 "이 장면을 네거티브 프롬프트 포함해 작성해 줘"라고 요청하면, 필요한 키워드와 제외할 키워드를 동시에 정리해 준다.

프롬프트 예시(네거티브 포함 요청)

"작은 피자 가게 외관 장면을 묘사하되, 네거티브 프롬프트를 함께 작성해 줘."
"친구들이 피자를 나누는 장면 프롬프트를 만들고, 얼굴 왜곡이나 불필요한 음식이 나오지 않도록 네거티브 프롬프트를 추가해 줘."
"SNS에 피자를 찍는 장면 프롬프트를 작성하고, low quality/blur 같은 품질 저하 요소를 네거티브 프롬프트로 넣어 줘."

[네거티브 프롬프트 예시(미드저니 프롬프트)]

> **Q** 친구들이 피자를 나누는 장면 프롬프트를 만들고, 얼굴 왜곡이나 불필요한 음식이 나오지 않도록 네거티브 프롬프트를 추가해 줘.

> 좋아, 요청한 대로 친구들이 피자를 나누는 장면에 대한 프롬프트를 만들고, 네거티브 프롬프트를 함께 추가해 줄게.
>
> **포지티브 프롬프트**
> "cozy pizza shop interior with wooden tables and warm ambient lighting, group of young friends happily sharing a pizza, cheese stretching in a close-up shot, natural smiles, cinematic style, photorealistic, shallow depth of field"
>
> **네거티브 프롬프트**
> "distorted face, deformed hands, extra fingers, multiple heads, low quality, blur, noise, hamburger, pasta, hotdog, text, watermark"
>
> 최종 프롬프트 예시(미드저니 스타일): "small local pizza shop exterior on a cozy alley, rustic brick walls and wooden sign, warm yellow lights glowing from the windows, young college student looking curiously at the sign, inviting and heartwarming atmosphere, cinematic wide shot, photorealistic"
>
> 이렇게 하면 원하는 장면(친구 + 피자 + 따뜻한 분위기)은 살리고, 흔히 발생하는 문제(얼굴 왜곡, 손가락 오류, 불필요한 음식, 품질 저하, 워터마크)는 줄일 수 있어. 이걸 런웨이용 영상 프롬프트 버전으로도 변환해 줄까?

🅖 오디오(사운드) 프롬프트 생성하기

영상에서 소리는 분위기와 감정을 배가시키는 핵심 장치다. 같은 장면이라도 어떤 음악과 음향 효과를 더하느냐에 따라 시청자가 느끼는 몰입감은 크게 달라진다. 챗GPT는 장면 설명이나 시놉시스를 입력받아 어울리는 배경음악, 효과음, 내레이션 톤을 제안하거나, 직접 오디오 프롬프트를 생성해 다양한 음악/음성 합성 툴과 연계할 수 있다.

보이스오버(Voice-over) 스크립트 제작하기

보이스오버는 영상의 메시지를 직접 전달하는 핵심 오디오 요소다. 광고에서는 짧고 강렬한 카피를, 강의에서는 논리적인 설명을, 유튜브 영상에서는 친근하고 자연스러운 멘트를 사용한다. 챗GPT는 장면별 시나리오나 핵심 메시지를 보이스오버 전용 스크립트로 변환해 줄 수 있으며, 톤(감성적/유머러스/전문적)과 속도(빠르게/차분하게)를 지정해 맞춤형 음성 대본을 생성한다.

◆ 활용법

시나리오 또는 대본을 챗GPT에 입력한 뒤, "이 장면을 보이스오버 스크립트로 작성해 줘. 톤은 따뜻하고 차분하게, 길이는 30초 이내로"처럼 조건을 제시한다. 그러면 챗GPT는 해당 목적과 톤에 맞는 보이스오버 멘트를 만들어 준다.

프롬프트 예시(보이스오버 요청)

"30초 피자 가게 광고 대본을 따뜻하고 감성적인 보이스오버 스크립트로 작성해 줘."
"이 강의 시나리오를 초등학생 눈높이에 맞는 친근한 보이스오버 멘트로 바꿔 줘."
"이 유튜브 영상 도입부를 경쾌하고 빠른 톤의 보이스오버 스크립트로 변환해 줘."

[보이스오버 프롬프트 예시: 30초 수제 피자 가게 광고]

> Q 30초 피자 가게 광고 대본을 따뜻하고 감성적인 보이스오버 스크립트로 작성해 줘.

> 좋아, 따뜻하고 감성적인 톤으로 30초 피자 가게 광고 보이스오버 스크립트를 작성해 줄게.
>
> **보이스오버 스크립트 (30초)**
> "오늘 하루, 수고 많으셨죠? 따뜻한 조명이 비추는 작은 동네 피자 가게에서, 정성껏 구운 한 판의 피자가 기다리고 있습니다. 갓 딴 토마토, 신선한 치즈, 정직한 손길이 만든 맛. 함께 웃고, 함께 나누는 순간이 더 특별해지는 자리. 우리 동네 수제 피자, 사랑을 담아 구웠습니다. 당신의 저녁이 조금 더 따뜻해지길 바랍니다."
>
> 원하면 이걸 장면별로 쪼개서(도입 – 전개 – 클라이맥스 – 마무리) 나눠 줄 수도 있어. 그렇게 해줄까?

감정/톤/속도 지정하기

영상의 메시지가 효과적으로 전달되려면 보이스오버의 감정, 말투(톤), 말하는 속도가 정확히 설계되어야 한다. 같은 대본이라도 차분하게 말하면 신뢰감을, 활기차게 말하면 에너지를 전달한다. 속도 역시 상황에 따라 다르게 조절해, 광고는 짧고 강렬하게, 강의는 여유 있게 설명하는 식으로 맞출 수 있다.

◆ **활용법**

챗GPT에 "밝고 따뜻한 톤, 중간 속도로" 혹은 "차분하고 전문적인 톤, 느린 속도로" 처럼 원하는 분위기를 지정하면 된다. 필요하다면 "감정은 희망적, 속도는 빠르게, 톤은 설득적으로" 등 세 가지 요소를 동시에 조합해 요청할 수도 있다. 이렇게 하면 영상의 목적과 타깃 시청자에게 최적화된 오디오 프롬프트를 쉽게 얻을 수 있다.

프롬프트 예시(감정/톤/속도 지정하기)

"따뜻하고 감성적인 감정, 부드러운 톤, 중간 속도로 30초 피자 가게 광고 보이스오버 스크립트를 작성해 줘."
"활기차고 희망적인 감정, 설득적인 톤, 빠른 속도로 신제품 홍보 영상 나레이션을 만들어 줘."
"차분하고 신뢰감 있는 감정, 전문적인 톤, 느린 속도로 온라인 강의용 보이스오버 스크립트를 작성해 줘."

[감정/톤/속도 지정하기 예시: 30초 수제 피자 가게 광고]

> **Q** 따뜻하고 감성적인 감정, 부드러운 톤, 중간 속도로 30초 피자 가게 광고 보이스오버 스크립트를 작성해 줘.

> 좋아, 요청한 조건(따뜻하고 감성적인 감정, 부드러운 톤, 중간 속도)에 맞춰 30초 분량의 보이스오버 스크립트를 작성해 줄게.
>
> **보이스오버 스크립트 (30초 수제 피자 가게 광고)**
>
> **내레이션**
> "따뜻한 불빛 아래, 구워지는 피자 한 조각…오늘 하루 수고한 당신에게 작은 위로가 되어 드립니다. 농장에서 바로 가져온 신선한 재료, 정성스럽게 반죽해 구워낸 도톰한 도우. 첫 입에 퍼지는 치즈의 풍미와 토마토 소스의 깊은 맛이 함께 어우러집니다. 사랑하는 가족과, 소중한 친구와 나누는 순간. 우리 동네 수제 피자 가게에서 행복을 담은 한 조각, 지금 만나 보세요."
>
> 이 버전은 영상의 따뜻한 분위기와 공감적인 메시지에 어울리게 구성했어. 혹시 다음 단계로 배경음악/효과음 프롬프트도 이어서 만들어 줄까?

배경음악/효과음 프롬프트 작성하기

영상의 몰입감을 높이는 핵심 요소 중 하나가 배경음악과 효과음이다. 광고에서는 짧고 인상적인 음악과 직관적인 효과음을 사용해 메시지를 강화하고, 강의 영상에서는 차분한 배경음악을 통해 학습 집중도를 높인다. 유튜브 영상에서는 분위기에 맞는 다양한 사운드를 활용해 시청자의 감정을 유도한다. 챗GPT는 장면별 상황에 맞춰 음악의 장르, 감정, 속도, 악기 구성, 효과음 종류까지 구체적으로 제시할 수 있다.

◆ **활용법**

시나리오 장면을 입력한 뒤 "이 장면에 어울리는 배경음악과 효과음을 추천해 줘"라고 요청하면 된다. 챗GPT는 음악의 분위기(따뜻함, 경쾌함, 긴장감), 악기(피아노, 현악기, 기타), 효과음(발걸음, 웃음소리, 종소리 등)을 구체적으로 조합해 준다. 필요하면 "조금 더 감성적으로", "더 역동적인 리듬으로"와 같이 조건을 덧붙여 수정할 수 있다.

프롬프트 예시(배경음악/효과음)

"30초 피자 가게 광고 시나리오에 어울리는 따뜻하고 감성적인 배경음악과 효과음을 장면별로 추천해 줘."
"교육 영상의 도입부에 적합한 차분한 피아노와 현악기 중심의 배경음악과 효과음을 제시해 줘."
"유튜브 여행 브이로그에 어울리는 경쾌한 기타 리듬과 현장감을 살리는 효과음을 프롬프트로 작성해 줘."

[배경음악/효과음 예시: 30초 수제 피자 가게 광고]

> **Q** 따뜻하고 감성적인 감정, 부드러운 톤, 중간 속도로 30초 피자 가게 광고 보이스오버 스크립트를 작성해 줘.

> 좋아, 이번에는 네가 만든 30초 피자 가게 광고 시나리오를 기준으로 장면별로 따뜻하고 감성적인 배경음악과 효과음을 추천해 줄게.
>
> **장면별 배경음악 & 효과음 제안**
>
> **Scene 1(도입, 0~5초)**
> 배경음악: 잔잔한 피아노 선율 시작, 따뜻한 현악기(첼로) 은은하게 깔림
> 효과음: 상점 문 열리는 소리, 자그마한 종소리 "딩~"
>
> **Scene 2(정성 강조, 5~12초)**
> 배경음악: 피아노에 기타 아르페지오 추가, 따스한 분위기 유지
> 효과음: 오븐에서 피자 굽는 소리(치즈가 지글지글 녹는 소리), 반죽 두드리는 소리
>
> **Scene 3(하이라이트, 12~20초)**
> 배경음악: 음악이 조금 고조되며 현악기 멜로디가 풍성해짐, 감동 포인트 강조
> 효과음: 치즈 늘어나는 소리, 아이들이 웃는 소리
>
> **Scene 4(SNS 공유, 20~27초)**
> 배경음악: 밝고 경쾌한 피아노 리듬, 기타 스트로크 추가
> 효과음: 휴대폰 카메라 셔터 소리, 청춘들이 웃으며 "와~!"하는 환호
>
> **Scene 5(마무리, 27~30초)**
> 배경음악: 잔잔하고 감성적인 피아노 멜로디로 마무리, 마지막에 따뜻한 여운
> 효과음: 가족이 함께 웃는 소리, 컵 부딪히는 소리("짠~")
>
> 이런 식으로 구성하면, 짧은 광고 안에서도 따뜻하고 감성적인 정서를 담아내면서도 현장감 + 몰입감을 동시에 살릴 수 있어. 이걸 실제 오디오 프롬프트 문장으로(예: "따뜻한 피아노와 잔잔한 현악기가 흐르는 감성적인 음악, 오븐에서 피자 굽는 효과음 포함") 변환해 줄까?

챗GPT가 제안하는 것은 실제로 진행되는 프로젝트에서 사용하기로 하고, 이번엔 배경음악/효과음 제작을 위한 AI를 추천해 달라고 요청해 보자.

[배경음악/효과음 제작 AI 툴 추천하기]

> **Q** 장면별 배경음악과 효과음 제작을 위한 AI 툴을 추천해 줘. 가장 대중적으로 사용되는 툴로.

좋아, 이번에는 장면별 배경음악과 효과음을 제작할 때 많이 쓰이는 대표적인 AI 툴들을 추천해 줄게. 따뜻하고 감성적인 피자 가게 광고 같은 단편 영상에 딱 맞는 툴들이야.

AI 배경음악 제작 툴

1. Suno AI
- 자연스러운 멜로디와 보컬까지 생성 가능
- 장르/분위기(예: 따뜻한 피아노, 감성적인 어쿠스틱)를 프롬프트로 지정하면 배경음악 자동 생성
- 짧은 광고 음악 제작에 많이 활용됨

2. AIVA
- 클래식, 재즈, 감성 음악에 특화
- 영상 분위기에 맞춰 맞춤형 배경음악 생성
- TV 광고, 단편 영상 BGM에 자주 사용됨

3. Soundraw
- 유튜버와 크리에이터들이 많이 쓰는 AI 작곡 툴
- 길이/구성/분위기를 설정하면 자동으로 음악 편집 가능
- 광고 같은 짧은 클립에 활용하기 좋음

AI 효과음 제작 툴

1. Foley AI (Replica Studios 계열 툴)
- 상황별 효과음을 자동 합성 (문 열림, 웃음, 음료 따르는 소리 등)
- 장면별 맞춤 효과음을 쉽게 제작
- 영화/광고/교육 영상 등 실제 상황감을 살리는 데 유용

2. Epidemic Sound
- 순수 AI 생성은 아니지만, 크리에이터들이 가장 많이 쓰는 저작권 해결형 배경음악 + 효과음 라이브러리
- 키워드 검색(예: "warm pizza oven sound")으로 빠르게 사용 가능
- 유튜브 · SNS 크리에이터용 단편 영상에 최적

3. ElevenLabs
- TTS 기반, 최근 효과음 생성 기능 강화
- 다국어 지원, 감정/톤 조절 가능 및 보이스오버 + 효과음 동시 제작
- 광고용 내레이션 + 효과음을 통합 제작, 감정이 담긴 생활 효과음(예: 웃음, 피자 굽는 소리)에 적합

배경음악과 효과음 제작을 위한 AI 툴을 각각 3개씩 추천받았다. 추천받은 툴들은 가장 대중적이며, 효과적으로 사용할 수 있기 때문에 향후 학습에서 활용해 보기로 한다.

통합 기획서 완성하기

영상 제작 과정에서 얻은 아이디어, 콘셉트, 시놉시스, 대본, 이미지/사운드 프롬프트는 각각 따로 관리하면 흩어지기 쉽다. 이러한 자료들을 하나의 통합 기획서로 묶어 두면 팀 협업과 클라이언트 공유가 훨씬 수월해진다. 챗GPT는 산출된 텍스트와 프롬프트를 구조화된 문서 형식(Word, PDF, JSON 등)으로 정리해 주어, 체계적이면서도 재사용 가능한 기획서를 완성할 수 있게 한다.

챗GPT가 작성한 자료들을 하나로 묶는 방법

챗GPT가 생성한 아이디어/시놉시스/대본/프롬프트를 단순히 나열하는 것이 아니라, 논리적 흐름에 맞게 체계적으로 정리하는 방식이다. 예를 들어, 목차별로 각 단계 산출물을 구분하거나, 장면별로 텍스트/이미지/오디오 프롬프트를 한 세트로 묶어 배치하며, 기획서의 활용 목적(내부 검토/클라이언트 제안용 등)에 맞게 불필요한 과정을 제외하고 하이라이트만 요약해 정리할 수도 있다.

◆ 활용법

챗GPT에 "지금까지 만든 자료들을 하나의 기획서로 정리해 줘"라고 요청하면, 챗GPT는 목차별/단계별로 문서를 재구성해 준다. 이때 출력 형식을 문서(DOCX/PDF), 프레젠테이션, 데이터(JSON) 등으로 지정할 수 있으며, 목적에 따라 간결한 요약본이나 상세 매뉴얼로 변환이 가능하다.

프롬프트 예시(자료 묶기 요청)

"지금까지 작성한 피자 가게 광고 아이디어, 시놉시스, 대본, 장면별 프롬프트를 하나의 기획서로 묶어 줘. 목차를 포함해 단계별로 정리해 줘."
"영상 제작 워크플로우에 따라 아이디어 발굴 → 콘셉트 기획 → 시놉시스 → 시나리오 → 대본 → 이미지/오디오 프롬프트 순서로 기획서를 만들어 줘. 불필요한 설명은 줄이고 핵심만 정리해 줘."
"클라이언트에게 제안할 수 있도록 지금까지 만든 자료를 깔끔한 보고서 형식으로 변환해 줘. 표와 구분선을 활용해 단계별 결과물을 보기 쉽게 정리해 줘."

[통합 기획서로 정리하기 예시: 30초 수제 피자 가게 광고]

Q 지금까지 작성한 피자 가게 광고 아이디어, 시놉시스, 대본, 장면별 프롬프트를 하나의 기획서로 묶어 줘. 목차를 포함해 단계별로 정리해 줘.

좋아, 지금까지 우리가 만든 피자 가게 광고 제작 자료들을 하나의 통합 기획서로 정리해 줄게. 목차부터 시작해서 단계별로 차례대로 묶었어.

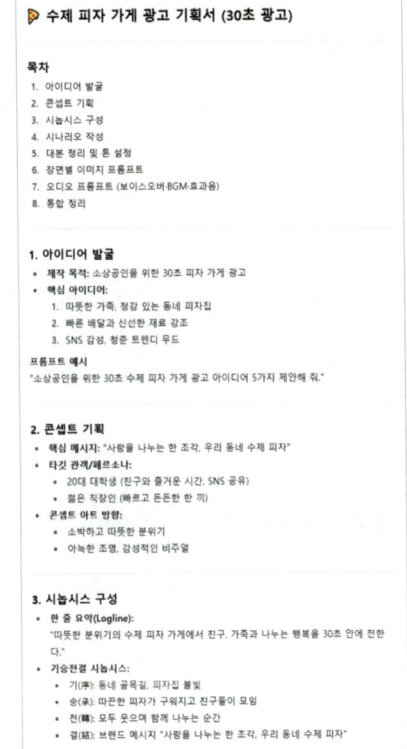
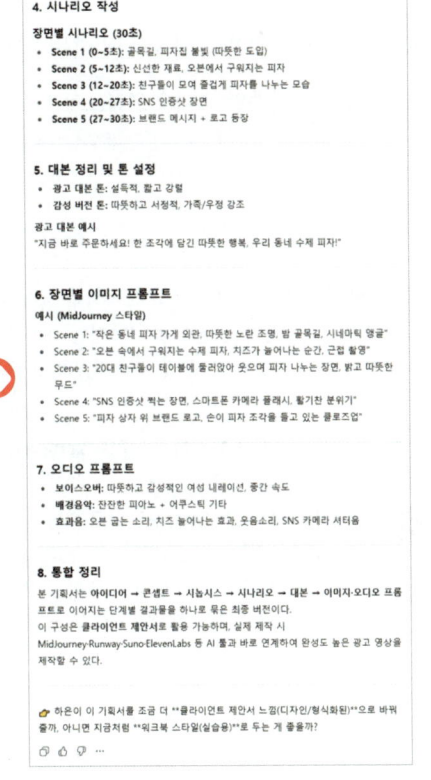

팀/클라이언트와 공유할 수 있는 기획서 포맷

영상 기획서는 제작자 개인 메모가 아니라, 클라이언트 설득 자료이자 팀 협업 문서다. 따라서 전달 목적에 따라 다양한 포맷을 활용할 수 있다.

- 문서형(WORD, PDF) 공식 보고서나 계약/승인용으로 적합
- 프레젠테이션형(PPT, KEYNOTE) 클라이언트 제안서, 발표용으로 최적화

- 협업형(GOOGLE DOCS, NOTION, CONFLUENCE) 팀 실시간 피드백과 공동 편집에 유용
- 데이터형(JSON, YAML) AI 툴/자동화 파이프라인과 연계하기 좋으며, 장면별 프롬프트와 오디오/비주얼 데이터를 체계적으로 관리하는데 유용

◆ **활용법(요약)**

챗GPT에 "지금까지 만든 자료를 [원하는 포맷]으로 정리해 줘"라고 요청하면 된다. 특히 JSON은 장면별 데이터(비주얼/오디오 프롬프트/타임라인, 톤/매너)를 구조화할 때 유용하다.

프롬프트 예시(공유 기획서 포맷 요청)

"지금까지 작성한 피자 가게 광고 기획서를 클라이언트 프레젠테이션용 PPT 목차와 구조로 변환해 줘."
"이 시나리오와 대본을 팀 공유용 Google Docs 스타일로 정리해 줘."
"지금 만든 기획서를 JSON 포맷으로 변환해 줘. 장면별 이미지 프롬프트와 오디오 프롬프트를 포함해."

[공유 기획서 포맷 요청 예시(JSON 포맷 형식)]

Q 지금 만든 기획서를 JSON 포맷으로 변환해 줘. 장면별 이미지 프롬프트와 오디오 프롬프트를 포함해.

좋아, 지금까지 만든 30초 피자 가게 광고 기획서를 JSON 포맷으로 변환해 줄게. 요청한 대로 장면별 이미지 프롬프트와 오디오 프롬프트도 포함했어.

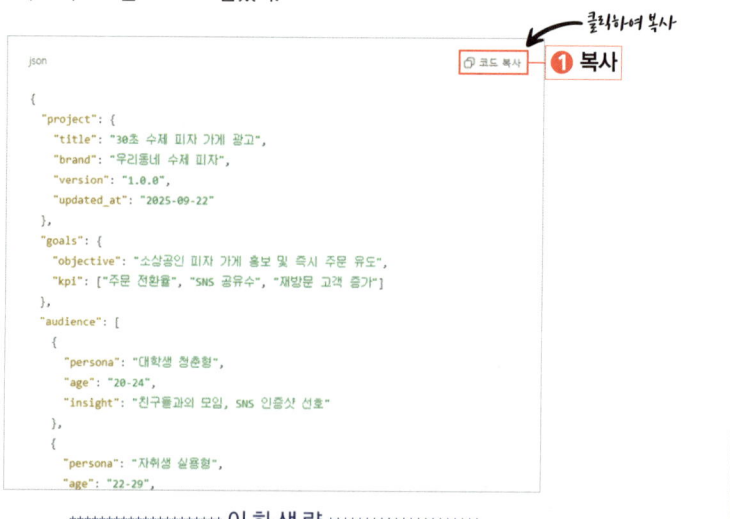

앞서 생성된 ❶[JSON 코드(이전 페이지)]를 복사한 후 윈도우즈 [메모장]을 열어준다. 메모장이 열리면 복사한 JSON 코드를 ❷[붙여넣기(Ctrl+V)] 후 ❸[파일] - [저장] 메뉴(Ctrl+S)를 선택한다. 적당한 폴더(JSON)를 생성한 후 그곳에 ❹[피자 광고 기획서.JSON]이란 이름으로 ❺[저장]한다.

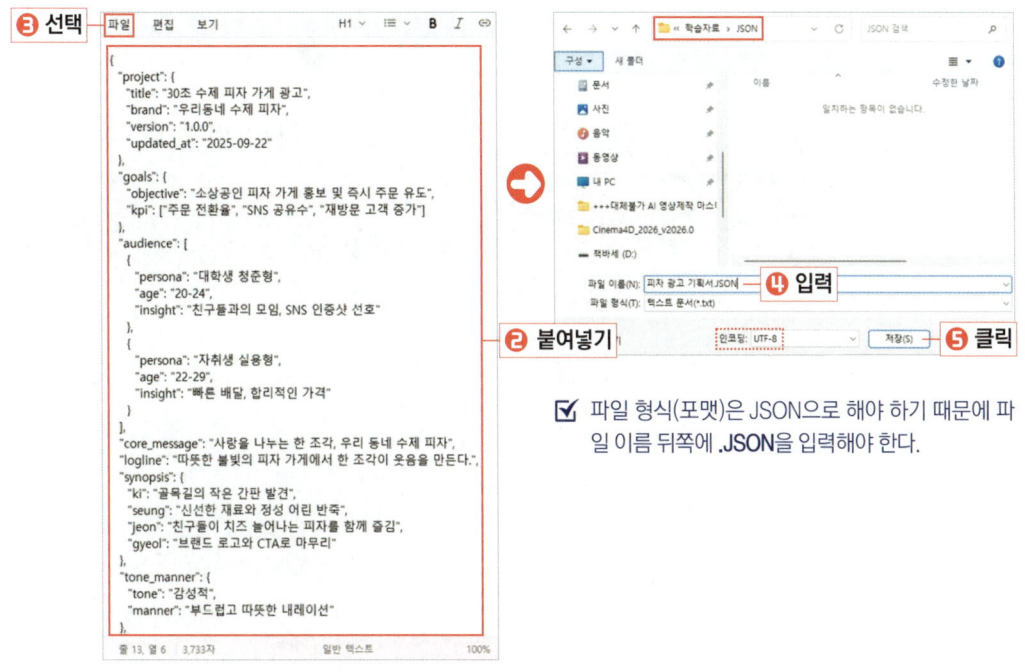

☑ 파일 형식(포맷)은 JSON으로 해야 하기 때문에 파일 이름 뒤쪽에 .JSON을 입력해야 한다.

이제 저장된 JSON 파일을 불러와 보자. 챗GPT 프롬프트 입력 창 좌측의 ❶[+] 파일 추가 버튼을 누른 후 ❷[사진 및 파일 추가] 메뉴를 선택한다. 열기 창에서 저장된 ❸[파일(피자 광고 기획서.json] 파일을 가져온다.

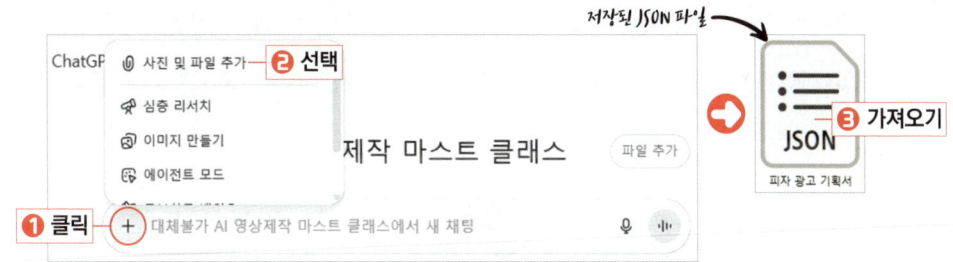

JSON 파일이 적용되면 [보내기] 버튼을 누른다. 그러면 챗GPT는 JSON 파일을 분석하여 다음과

같은 실무용 산출물을 생성해 준다. 산출문에는 장면 ID, 시간, 길이, 타이틀 그리고 숏리스트, 자막, 런웨이 프롬프트, 피카 씬 프롬프트 등에 대한 정보를 담고 있다.

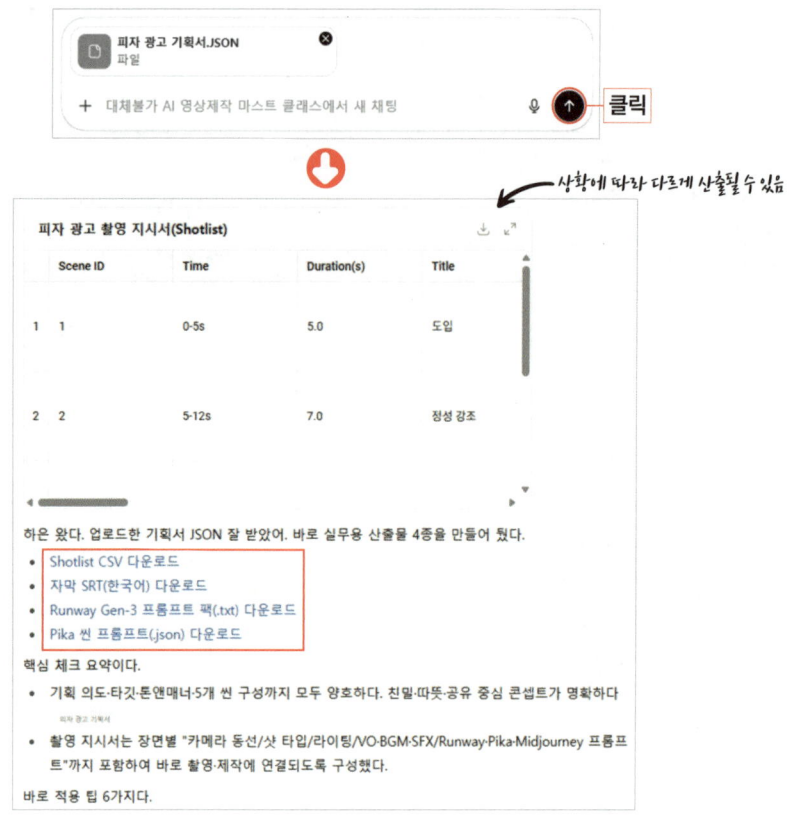

산출문 하단의 [분석 보기] 버튼을 누르면 다음과 같이 파이썬 코드화된 스크립트를 확인할 수 있다. 참고로 파이썬 스크립트는 JSON → 제작 산출물 일괄 생성 자동화, 표/자막/프롬프트를 표준 포맷(CSV/SRT/TXT/JSON)으로 내보내기, 장면별 메타데이터를 규칙적으로 가공해 편집/합성 툴과 연동할 수 있다.

실제 프로젝트 적용 사례

통합 기획서는 단순히 문서로 끝나는 것이 아니라, 실제 영상 제작 과정에서 효율성과 협업의 기반이 된다. 여기에서는 수제 피자 가게 광고 프로젝트의 경우, 아이디어 발굴부터 시놉시스/시나리오/대본/장면별 프롬프트/보이스오버/BGM까지 챗GPT가 생성한 자료를 하나의 JSON 기반 기획서로 통합해 보자.

◆ 활용법 1 : JSON 코드로 8초 광고 영상 만들기(에어팟 광고 제작)

챗GPT에서 JSON 코드를 생성한 후 생성형 활용하여 Veo 3(제미나이/플로우), Gen 4(런웨이), 피카, 클링AI 등의 AI 동영상 생성 툴에서 영상을 생성하기 위한 다음과 같이 JSON 코드 생성을 요청한다.

[공유 기획서 포맷 요청 예시(JSON 포맷 형식)]

> **Q** 에어팟 광고 만들기: 영상 장면 설명 (8초 영상). 다음의 내용을 JSON 코드화해 줘.
>
> 장면 1(0-2초)
> 피사체: 에어팟(AirPods)
> 연출: 화면 중앙에 떠오른 에어팟이 천천히 빙글빙글 회전하며 부각된다.
> 카메라 앵글: 양쪽 각도에서 바라보는 뷰를 번갈아 보여줌
> 분위기: 깔끔하고 세련된 화이트 톤, 제품의 미니멀한 매력을 강조
>
> 장면 2(2-5초)
> 연출: 에어팟이 케이스 안으로 서서히 들어간다.
> 카메라워크: 부드럽게 줌인하며 제품이 케이스 안에 착 감기는 모습을 강조
> 분위기: 고요하고 정제된 톤, 제품의 정밀함을 강조
>
> 장면 3(5-8초)
> 연출: 카메라 시점이 아래로 전환되며, 흰색 테이블이 등장한다.
> 피사체: 테이블 위에는 맥북, 에어팟, 아이패드, 에어맥스, 애플비전 등 최신 애플 디바이스들이 깔끔하게 정렬
> 마무리: 화면 전체에 제품들이 한 줄로 디스플레이 되며, 애플 특유의 정갈하고 고급스러운 감각으로 마무리된다.
> 사운드: 별도의 배경 음악 없이, 영상 자체만으로 깔끔하게 연출

좋아, 요청한 내용을 기반으로 에어팟 광고 8초 영상 JSON 코드로 정리해 줄게.   ← 클릭하여 복사

```json
{
  "project_title": "AirPods 8-Second Ad",
  "version": 1.0,
  "aspect_ratio": "16:9",
  "style": "minimal, clean, cinematic white tone",
  "sound_design": {
    "music": "none",
    "ambient": "silent, clean studio sound"
  },
  "scenes": [
    {
      "scene_id": 1,
      "timeframe": "0-2초",
      "subject": "에어팟(AirPods)",
      "description": "화면 중앙에 떠오른 에어팟이 천천히 빙글빙글 회전하며 부각된다.",
      "camera": {
        "angle": "양쪽 각도에서 번갈아 보여줌",
        "movement": "slow pan and rotation tracking"
      },
      "mood": "깔끔하고 세련된 화이트 톤, 제품의 미니멀한 매력을 강조"
    },
    {
      "scene_id": 2,
      "timeframe": "2-5초",
      "subject": "에어팟 + 케이스",
      "description": "에어팟이 케이스 안으로 서서히 들어간다.",
      "camera": {
        "movement": "부드러운 줌인, 제품이 케이스 안에 착 감기는 순간 포착"
      },
      "mood": "고요하고 정제된 톤, 제품의 정밀함을 강조"
    },
    {
      "scene_id": 3,
      "timeframe": "5-8초",
      "subject": "맥북, 에어팟, 아이패드, 에어맥스, 애플비전 등 최신 애플 디바이스",
      "description": "카메라 시점이 아래로 전환되며 흰색 테이블 위에 정렬된 제품들이 L
      "finale": "제품들이 한 줄로 디스플레이되며 애플 특유의 정갈하고 고급스러운 감각이
      "camera": {
```

*********************** 이 하 생 략 ***********************

앞서 JSON 코드 파일을 만든 것처럼 생성된 [JSON 코드]를 복사한 후 윈도우즈 [메모장]을 열어준다. 메모장이 열리면 복사한 JSON 코드를 [붙여넣기(Ctrl+V)] 후 [파일] - [저장] 메뉴(Ctrl+S)를 선택한다. 앞서 생성한 JSON 폴더에 [에어팟 광고 영상.JSON]이란 이름으로 [저장]해 놓는다.

← 저장된 JSON 파일

◆ **활용법 2: JSON 코드로 30초 광고 영상 만들기(수제 피자 가게 광고 제작)**

이번에는 앞서 살펴본 "30초 수제 피자 가게 광고" 5개 장면의 피사체, 연출, 카메라 앵글, 분위기, 사운드를 정리하여 [JSON 코드]로 저장해 놓는다. 저장된 JSON 파일(들)은 앞으로 다룰 각 동영상 생성 AI 툴에서 사용할 것이다.

30초 수제 피자 가게 광고(장면별 설명 + 사운드)

장면 1(0~5초)
피사체: 따뜻한 불빛이 비추는 동네 수제 피자 가게 외관
연출: 저녁 무렵, 가게 간판에 불이 켜지고 안에서 피자를 굽는 모습이 창문 너머로 보인다.
카메라 앵글: 가게 전경을 넓게 잡은 후 서서히 줌인
분위기: 따뜻하고 정겨운 동네 분위기
사운드: 잔잔한 어쿠스틱 기타 선율 + 가게 문 열리는 효과음

장면 2(5~10초)
피사체: 오븐 속에서 노릇하게 구워지는 수제 피자
연출: 치즈가 늘어지고 토핑이 지글거리는 순간 클로즈업
카메라 앵글: 오븐 내부에서 피자가 구워지는 모습을 따라가는 카메라 워킹
분위기: 식욕을 자극하는 따뜻한 톤
사운드: 치즈가 녹으며 지글거리는 소리 + 경쾌한 현악 반주

장면 3(10~18초)
피사체: 대학생 친구들이 테이블에 모여 피자를 나누는 모습
연출: 웃으며 사진을 찍고 SNS에 공유하는 장면 삽입
카메라 앵글: 테이블 위에서 위로 올려다보는 느낌, 인물 중심의 자연스러운 촬영
분위기: 활기차고 트렌디한 청춘 감성
사운드: 밝은 인디 밴드 스타일 음악 + 웃음소리, 사진 셔터 효과음

장면 4(18~25초)
피사체: 배달원이 피자를 들고 신속하게 출발하는 모습
연출: 자전거 또는 오토바이를 타고 골목길을 달리는 장면
카메라 앵글: 옆에서 따라가는 다이내믹한 이동 샷
분위기: 빠르고 경쾌한 리듬, 활력 있는 분위기
사운드: 경쾌한 드럼 비트 + 자전거/오토바이 주행 효과음

장면 5 (25~30초)
피사체: 피자를 들고 행복하게 웃는 가족과 친구들
연출: 피자를 한 조각 집어들며 카메라를 향해 환하게 웃는다. 화면에 브랜드 메시지 등장
카메라 앵글: 클로즈업으로 웃는 얼굴과 피자 한 조각을 강조
분위기: 따뜻하고 감성적인 마무리
사운드: 잔잔한 피아노 + 어쿠스틱 기타 멜로디, 마지막에 "사랑을 나누는 한 조각, 우리 동네 수제 피자" 나레이션

💡 생성형 AI에서 JSON(제이슨)을 사용하는 이유

JSON(JavaScript Object Notation)은 텍스트 기반의 개방형 표준 포맷으로, 사람이 읽고 쓰기 쉽고 컴퓨터도 쉽게 파싱(Parsing: 구문 분석)하고 생성할 수 있다. AI가 영상이나 이미지를 생성할 때 JSON을 사용하는 구체적인 이유는 다음과 같다.

데이터 구조화 및 관리 AI는 영상 생성을 위해 수많은 데이터(프롬프트, 설정값, 레이어 정보, 객체 위치, 색상 등)를 필요로 한다. JSON은 이러한 복잡한 데이터를 객체(Object)와 배열(Array) 형태로 체계적으로 정리하여 관리할 수 있게 해준다. 예를 들어, 영상 속 등장인물, 배경, 조명, 카메라 앵글 등 다양한 요소를 JSON 파일 내에 명확하게 구분하고 저장할 수 있다.

데이터 교환의 용이성 AI 모델을 개발하는 데 사용되는 프로그래밍 언어나 프레임워크는 다양하다. JSON은 대부분의 프로그래밍 언어에서 지원되므로, 서로 다른 시스템 간에 데이터를 호환성 있게 주고받을 수 있다. 예를 들어, 파이썬으로 작성된 AI 모델이 생성한 데이터를 자바스크립트 기반의 웹 인터페이스로 전송할 때 JSON을 사용하면 편리하다.

명령어 및 설정 전달 사용자가 AI에게 "도시 야경에 붉은색 자동차가 달리는 영상"을 만들라고 명령하면, 이 명령은 JSON 형식으로 변환되어 AI 모델에게 전달될 수 있다. JSON 파일에는 '장면(Scene)', '객체(Object)', '색상(color)', '움직임(Motion)' 등과 같은 세부적인 지시 사항이 포함되어 AI가 정확한 결과물을 생성하도록 돕는다.

확장성과 유연성 영상 생성 과정에 새로운 요소를 추가하거나 기존의 설정을 변경해야 할 때, JSON 구조는 유연하게 확장될 수 있다. 예를 들어, 영상에 새로운 효과를 추가해야 한다면 JSON 파일에 해당 효과에 대한 새로운 키(Key)와 값(value)을 추가하기만 하면 된다.

아카이브로 활용 챗GPT의 작업물은 JSON로 저장하여 대화와 산출물을 프로젝트 단위로 구조화해 저장/관리할 수 있게 해 주며, 긴 채팅 데이터나 다양한 프롬프트/산출물을 체계적으로 묶어 보관하고 검색/재사용/버전 관리까지 가능하게 해 주는 효율적인 아카이브 도구로 사용된다.

요약하자면, JSON 코드는 AI 영상 생성 과정에서 복잡한 데이터를 체계적으로 조직화하고, 시스템 간의 원활한 소통을 가능하게 하는 핵심적인 도구 역할을 한다.

04 | 참조 소스 만들기: 캐릭터 생성하기

AI 영상 제작의 시작은 제대로 표현된 "한 장의 이미지"에서 시작된다. 동영상 생성 AI 툴의 완벽한 활용은, 캐릭터가 어떤 모습인지, 배경이 어떤 분위기를 담고 있는지, 로고가 어떻게 브랜드를 대표하는지에 따라 영상의 톤과 메시지가 달라지는데, 단순히 이미지를 모으는 것을 넘어 '참조 소스(Reference Source)'를 전략적으로 준비하는 과정이 필요하기 때문이다. 이번 학습에서는 AI 영상 제작에 필요한 참조 소스(이미지)를 어떻게 기획하고 제작할 수 있는지 알아보기로 한다.

영상 제작을 위한 참조 소스(이미지) 생성 AI 툴

캐릭터(인물) 생성 AI 툴

Artbreeder(아트브리더)

인물(캐릭터) 제작에 특화된 AI 툴로, 유전자 조합 방식을 활용해 얼굴을 생성하고 스타일을 변형할 수 있다. 사용자는 여러 이미지를 섞어 새로운 캐릭터를 만들거나, 세부 속성(나이, 표정, 헤어스타일 등)을 조절해 원하는 소스를 반복적으로 다듬을 수 있으며, 특히 아바타 제작, 게임/애니메이션 캐릭터 기획, 광고와 같은 스토리텔링을 위한 시각적 자료 제작에 유용하다.

Generated Photos(제너레이티드 포터스)

인물 얼굴 생성에 특화된 AI 툴로, 실제 존재하지 않는 인물 사진을 제공한다. 다양한 연령, 성별, 인종별 얼굴을 고해상도로 생성할 수 있어 저작권 문제 없이 활용 가능하며, 특히 배경이 제거된 PNG 파일이나 아바타 제작 기능을 지원하기 때문에 캐릭터 및 모델 참조 소스(이미지) 대체용으로 적합하다.

이미지(배경/사물/로고/아이콘 등) 생성 및 편집 AI 툴

Midjourney(미드저니)

이미지 생성에 특화된 대표적인 AI 툴로, 텍스트 프롬프트와 참조 스타일 이미지를 기반으로 고퀄리티의 예술적 이미지를 만들어낼 수 있다. 특히 사실적인 묘사보다는 감각적이고 창의적인 스타일의 결과물에 강점이 있어 일러스트, 콘셉트 아트, 배경 디자인에 폭넓게 활용된다. 과거엔 디스코드(Discord) 서버 기반으로 작동했지만 최근에는 웹 버전에서도 가능하다. 다양한 파라미터와 스타일 옵션을 통해 분위기와 구도를 세밀하게 조정할 수 있어, 애니메이션, 광고 시안, 게임 아트 등의 상업적 영역에서도 널리 사용된다.

나노 바나나(2.5 Flash)

구글에서 개발한 차세대 생성형 AI 모델로, 빠른 응답 속도와 경량화에 강점이 있다. 2.5 Flash 버전은 실시간 대화, 다중 언어 지원, 이미지/텍스트 융합 처리에 최적화되어 있어 교육, 검색, 콘텐츠 제작 분야에서 폭넓게 활용되며, 또한 클라우드 환경뿐 아니라 모바일/웹에서도 가볍게 실행 가능하여 접근성이 높다.

Freepik(프리픽)

벡터, 아이콘, 사진, PSD 파일 등 다양한 디자인 리소스를 제공하는 플랫폼으로, 디자이너와 크리에이터가 손쉽게 시각 자료를 확보할 수 있다. 최근에는 AI 이미지 생성 기능도 추가되어 애니메이션 제작을 위한 일관성있는 캐릭터 시트를 생성하는데 유용하며, 사용자가 원하는 스타일의 이미지와 동영상까지 직접 생성할 수 있다. 무료 리소스도 풍부하며, 로고, 배경, 인포그래픽, 프레젠테이션 자료 등 참조 소스 제작에 폭넓게 사용된다.

사운드(작곡/효과음) 생성 AI 툴

Suno(수노)

음악과 사운드 제작에 특화된 AI 툴로, 사용자가 입력한 텍스트 프롬프트나 가사를 바탕으로 곡 전체를 자동으로 생성할 수 있으며, 멜로디, 화음, 리듬을 종합적으로 구성해 완성도 있는 음악을 만들어 준다. 장르와 분위기를 자유롭게 지정하고, 효과음(SFX) 생성 기능도 제공하여 발소리/바람/폭발음 등 다양한 음향을 쉽게 만들 수 있다. 프로 플랜에서는 무료보다 더 긴 곡과 상업적 활용이 가능해 음악 제작자, 영상 크리에이터, 게임 개발자 등에게 유용하다.

ElevenLabs(일레븐랩스)

사용자 음성 합성과 보이스 클로닝, 효과음 생성에 특화된 AI 플랫폼으로, 자연스럽고 감정 표현이 풍부한 음성을 생성할 수 있다. 사용자는 텍스트 입력만으로 고품질 사운드를 제작할 수 있으며, 다국어 지원과 다양한 음색 옵션을 제공한다. 특히 보이스 클로닝으로 특정 목소리를 학습시켜 개인화된 음성을 만들 수 있어, 오디오북 제작, 영상 내레이션, 고객 서비스 음성봇 등 다양한 분야에서 활용된다.

아트브리더로 나만의 캐릭터 만들기: 미드저니와 협업

아트브리더(Artbreeder)는 이미지의 유전자를 섞어 새로운 얼굴/풍경/캐릭터를 혼합하듯 만들어 내는 AI 플랫폼이다. 쉽게 말해, 원하는 이미지를 여러 장 선택해 '섞고 조절'하면 마치 부모의 특징을 닮은 자식처럼 새로운 결과물을 얻을 수 있는 시각적 유전자 편집기라고 할 수 있다. 아트브리더를 통해 생성된 "기본 형태(얼굴/분위기)"의 이미지를 미드저니로 가져와 특정 화풍, 재질, 색감, 조명 등을 추가하면 훨씬 예술적이고 디테일한 결과물을 얻을 수 있다.

아트브리더로 기본 캐릭터(아바타) 만들기

아트브리더에서 기본 얼굴이나 캐릭터 등의 콘셉트 초안을 빠르게 설계할 수 있다. 이를 미드저니에서 "스타일"을 입히면 완전히 새로운 이미지가 탄생되며, 이렇게 완성된 이미지는 다시 런웨이나 피카, 클링AI 등과 같은 영상 AI 툴로 확장하여 움직이는 캐릭터로 거듭날 수 있다.

◆ 캐릭터(얼굴) 초안 만들기

01 구글 검색기에서 ❶[아트브리더]로 검색한 후 ❷[Artbreeder]를 클릭하여 웹사이트(www.artbreeder.com)를 열어준다.

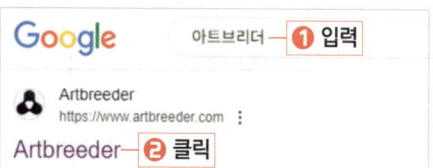

☑ 크롬 브라우저 사용을 권장하며, 구글 계정으로 로그인된 상태에서 진행한다.

02 **계정 만들기** 아트브리더 웹사이트가 열리면 사용자 계정을 만들기 위해 우측 상단의 [Log In 또는 Sign Up] 버튼을 클릭한다.

03 로그인 창이 열리면 쉽게 접근할 수 있는 ❶[구글 계정]을 선택한다. 그다음 자신의 ❷[사용자 계정]을 클릭하고, 해당 계정을 계속 사용하기 위해 "계속(이미지 없음)" 버튼을 누른다.

04 로그인되면 다음과 같이 아트브리더에서 사용할 수 있는 모든 AI 도구 목록들을 볼 수 있다. 이번 학습에서는 캐릭터와 배경 초안을 만들 것이다. 먼저 캐릭터 얼굴 초안을 만들기 위해 "Splicer"의 ❶[Portraits] – ❷[New Image]를 선택(클릭)한다.

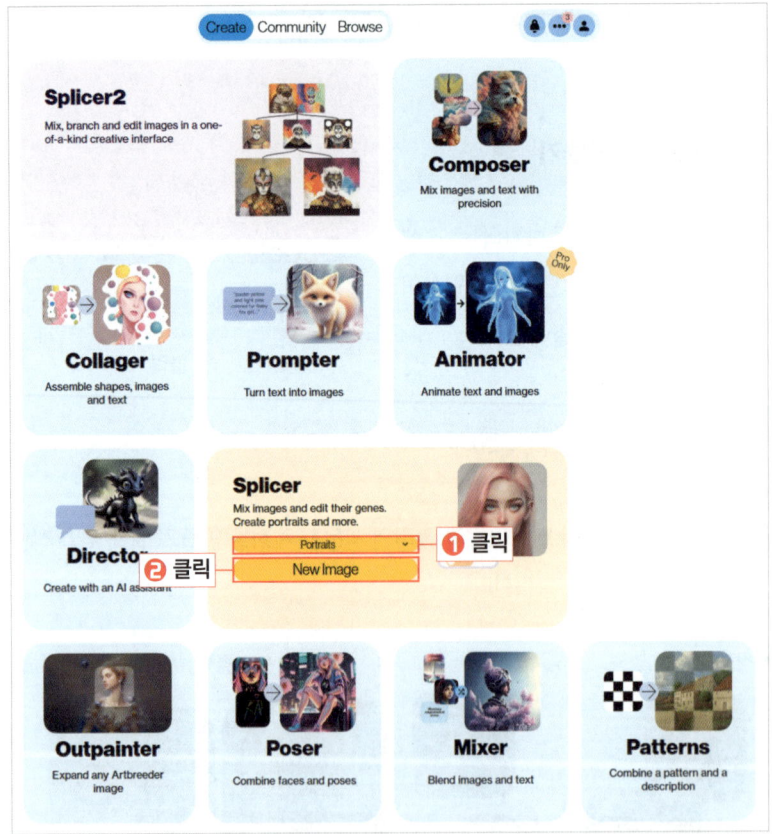

Splicer2 서로 다른 이미지를 섞어 새로운 결과물을 만드는 도구로, 부모 이미지의 특징을 결합해 독창적인 얼굴/캐릭터/풍경 등을 생성한다.

Composer 여러 이미지 요소를 조합해 새로운 이미지를 완성하는 도구로, 복합적인 아트워크를 제작할 때 유용하다.

Collager 다양한 이미지를 한 장에 합쳐 새로운 콜라주를 만드는 도구로, 포스터 및 아트워크 기초 구상 등에 적합하다.

Prompter 텍스트 프롬프트를 입력해 AI가 이미지를 생성하도록 하는 기능으로, 미드저니처럼 텍스트 기반의 이미지 생성이 가능하다.

Animator 정적인 이미지를 움직임이 있는 애니메이션으로 변환하며, 얼굴 표정 변화나 간단한 동작 구현도 가능하다. (프로 구독자 전용)

Director 여러 장면을 시퀀스로 구성해 짧은 영상 스토리를 연출하는 도구로, 애니메이션 콘셉트나 영상 아이디어 구상에 적합하다.

Splicer 가장 기본적인 이미지 혼합 도구로, 두 이미지를 섞어 새로운 얼굴이나 캐릭터를 생성한다.

Outpainter 이미지의 영역을 확장해 새로운 배경이나 요소를 생성하여 자연스럽게 연결되는 이미지를 생성하는 도구이다.

Poser 인물의 포즈를 바꾸거나 얼굴과 몸을 리메이크하는 도구로, 캐릭터 디자인에서 동작을 다양하게 설정할 수 있다.

Mixer 여러 이미지를 동시에 섞어 다양한 변주를 만들어내는 도구로, 다양한 스타일을 빠르게 실험할 때 유용하다.

Patterns 반복적인 패턴이나 텍스처를 자동 생성하는 도구로 배경, 의상, 장식용 그래픽 제작에 활용할 수 있다.

캐릭터 초안 제작을 위한 아트브리더 워크플로우

1단계 캐릭터 제작(기본 틀 만들기)

- Splicer/Splicer2: 서로 다른 이미지를 혼합하여 기본 얼굴, 캐릭터, 풍경을 제작
- Poser: 캐릭터의 포즈나 얼굴 방향, 자세 등을 조정해 개성을 강화

2단계 스타일 확장(개성, 분위기 입히기)

- Composer: 여러 이미지 요소를 조합해 더 복잡하고 디테일한 캐릭터/풍경 완성

- Collager: 다양한 이미지를 합쳐 아트워크나 포스터 같은 콜라주 제작
- Mixer: 여러 이미지를 한 번에 섞어 다양한 스타일과 변주를 실험
- Patterns: 배경, 의상, 텍스처 등 반복적인 패턴을 만들어 스타일적 완성도 강화
- Outpainter: 이미지의 바깥 영역을 확장해 장면 구도나 배경을 넓힘

3단계 영상화(움직임과 스토리 부여)
- Prompter: 텍스트 프롬프트로 새로운 이미지나 장면을 생성, 미드저니 방식 활용
- Animator: 정적인 캐릭터를 움직임 있는 애니메이션으로 변환
- Director: 여러 장면을 이어 붙여 시퀀스를 만들고 짧은 스토리를 연출

05 캐릭터의 얼굴 초안을 만들 수 있는 작업 창이 열리면 그림처럼 4개의 샘플(1개로 설정 가능) 얼굴이 나타난다. 만약 여기에 사용자가 원하는 얼굴이 있다면 클릭하면 된다. 그리고 우측 설정 옵션은 사용자가 직접 원하는 캐릭터를 설정(나이, 키, 헤어 등)해서 얼굴을 만들 수 있다. 설정은 잠시 후 다시 살펴보기로 하고, 여기에서는 상단 [+ Add Parent] 버튼을 눌러 부모(참조)로 사용되는 얼굴을 찾아 보자.

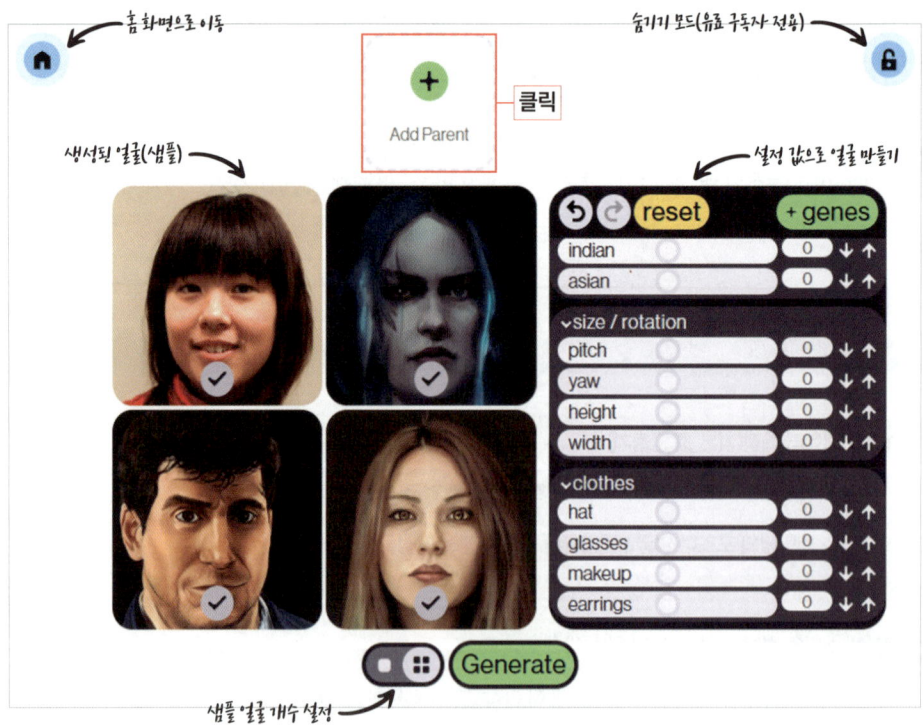

06 얼굴 선택 창이 열리면 스크롤하여 원하는 얼굴을 선택한다. 필자는 [3D 애니메이션 느낌의 갈색 여자 얼굴]을 선택하였다.

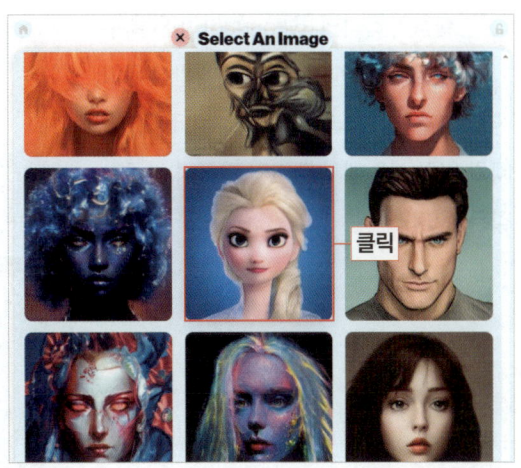

07 그러면 그림처럼 하나의 얼굴이 생성된다. 이어서 첫 번째 얼굴과 혼합한 얼굴(예: 아빠 + 엄마)을 하나 더 찾아주기 위해 ❶[+ Add Parent] 버튼을 누른다. 이번에는 ❷[동글동글하고 큰 눈을 가진 아이]를 선택하였다.

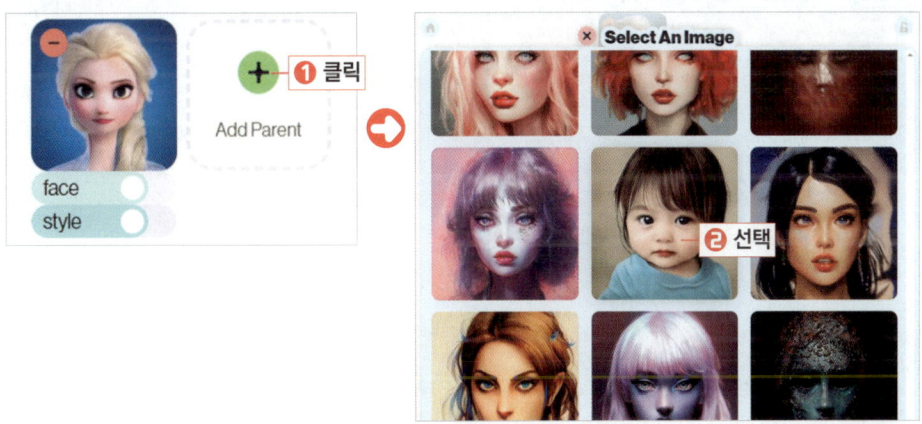

08 이것으로 두 가지의 얼굴을 혼합하여 새로운 얼굴을 만들 수 있게 되었다. 여기서 가중치(Weight) 값 설정을 해보자. 두 얼굴의 face는 동일한 상태로 놔두고 2번 얼굴의 "style" 값을 낮추어 1번 얼굴 스타일의 비중을 높여 더 닮도록 한다.

09 설정이 끝나면 [Generate] 버튼을 누른다. 그러면 그림처럼 1, 2번 얼굴이 혼합된 얼굴의 결과가 4개 생성된다. 즉, 아빠와 엄마 사이에서 태어난 자식의 얼굴과 같은 것이다.

☑ 이러한 방법으로 여러 얼굴을 혼합하여 원하는 얼굴을 만들면 되며, 반복해서 [Generate] 버튼을 누르면 1, 2번 얼굴이 혼합된 새로운 얼굴이 랜덤하게 생성된다.

예시에 사용할 캐릭터 프로필

기본 정보

나이: 15세

키: 160cm 정도, 성장기 특유의 아직 다 자라지 않은 체형

분위기: 사춘기 특유의 내성적이면서도 호기심이 많은 느낌

외모 특징

얼굴: 아직 어려 보이는 둥근 얼굴형

눈: 크고 순수한 눈빛, 감정을 숨기지 못하는 눈동자

입술: 자연스럽고 연한 색

헤어: 브라운빛 단발, 약간 흐트러진 학생다운 스타일

피부: 맑고 깨끗한 느낌, 건강한 톤

의상 스타일

니트 스웨터: 두툼하고 따뜻한 회색빛 니트, 사계절 중 가을/겨울 분위기 연출

팬츠: 무릎 위로 접힌 짧은 바지, 학생다운 소박하고 활동적인 느낌

양말 & 신발: 발목 양말 + 편안한 운동화 스타일, 실용적이고 캐주얼한 분위기

액세서리/포인트
헤어 포인트: 자연스럽게 흐트러진 머리카락, 학생다운 순수함 강조
소품(확장 가능 소품): 책가방, 이어폰

10 이제 "예시에 사용할 캐릭터 프로필"을 참고하여 여기에 맞는 얼굴을 만들어 보자. 앞선 방법을 사용하여 다음과 같이 3개의 얼굴을 찾아 적용했고, face와 style의 가중치를 조금 설정하였다.

11 설정이 끝나면 [Generate] 버튼을 누른다. 그러면 그림처럼 1, 2, 3번 얼굴이 혼합된 얼굴이 생성된다.

12 **세부 설정하기** 기본 얼굴이 만들어졌다면 이번엔 우측 설정 옵션 값을 통해 세부 설정을 해보자. 필자는 기본 얼굴보다 ❶[약간 어리게, 미소년 느낌, 브라운 헤어] 등으로 설정하여 다시 ❷[생성]하였다. 최종적으로 사용할 얼굴이 만들어졌다면 ❸[선택]하여 갤러리에 등록한다.

설정값 chaos –14 / gender 5 / age –4 / brown hair 50 / eyes open 14 / happy 10 / asian

NCR(Non-creative ratio) 이미지를 얼마나 안정적이고 평균적인 얼굴(형태)로 유지할지 결정

Chaos 이미지 합성 시 무작위성을 얼마나 반영할지 조절

Age/Gender 나이(음수 값이 클수록 어려짐)와 성별(양수 값이 클수록 남성화됨)을 조정해 인물이 어리고 성숙한 느낌이나 남성/여성적 특징을 설정

Color 이미지의 색감 비율을 조절(파란색, 초록색, 빨간색 계열 강조/예술적 톤 보정)

Hair and Eyes 머리카락 색과 길이, 눈 크기/색상 등 얼굴 주요 특징을 설정

Brightness/Saturation 선명도, 밝기, 채도, 색조 등을 조절해 이미지 분위기를 맞춤

Expression/Emotion 입 벌림, 눈 뜸 정도와 화남/행복 등의 표정과 감정을 반영

Race 인물의 인종적 외형 특성을 선택(Asian, White, Black 등)

Size/Rotation 얼굴의 회전(pitch, yaw)이나 비율(height, width)을 조정

Clothes 모자, 안경, 메이크업, 귀걸이 등 액세서리와 의상 요소 추가

13 이제 앞서 생성된 얼굴 초안을 가지고, 좀 더 세련된 느낌으로 가공해 보자. [홈] 버튼을 눌러 메인화면으로 돌아온다.

14 **프로 구독 결제하기** 아트브리더는 기본적으로 무료로 제공되는 기능이 많지만, 화면 중간에 광고가 뜨기 때문에 필자는 보다 원활한 학습을 위해 유료(프로) 버전으로 업데이트하기로 했다. 우측 상단 점 3개 ①[더 보기] 메뉴에서 ②[Upgrade to Pro]를 선택한다.

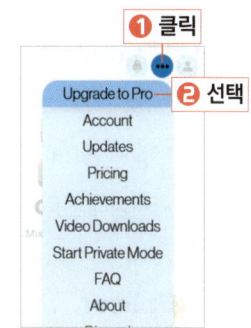

15 **유료 구독 결제하기** 화면이 열리면, 일단 단기 사용을 위해 ①[Monthly: 월결제]를 선택하고, Starter 구독으로 ②[Upgrade]한다. 결제 방식 창이 열리면 사용자가 원하는 방식으로 ③[결제: Submit]를 한다.

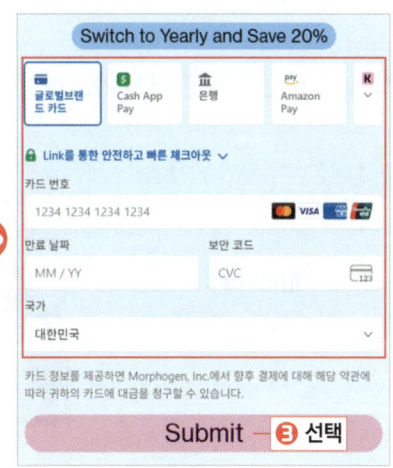

> 💡 **아트브리더 유료 구독 해지하기**
> 아트브리더 유료 구독 해지를 위해서는 우측 상단 [더 보기] 메뉴에서 [Account]를 선택한 후 열리는 화면에서 Subscription의 [Cancel Subscription]를 통해 가능하다.

16 이미지(얼굴) 저장하기 생성한 얼굴을 이미지 파일로 저장해 놓기 위해 메인화면(홈)에서 "Splicer" 하단의 ❶[Yours]를 클릭한다. 갤러리 창이 열리면 다운로드 받고자 하는 이미지 우측 상단 ❷[더 보기] 메뉴를 클릭한 후 ❸[Download]를 선택하여 원하는 위치와 이름을 입력하여 저장해 준다.

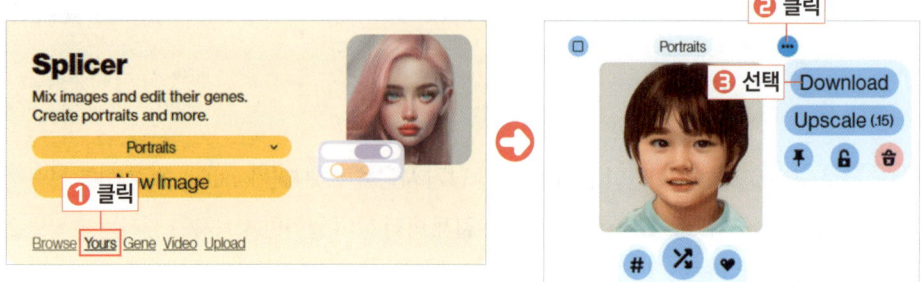

◆ **캐릭터(얼굴) 초안 세련되게 가공하기**

01 앞서 생성한 얼굴 초안을 좀 더 세련되게 가공하기 위해 이번엔 [Splicer2]를 활용해 보자.

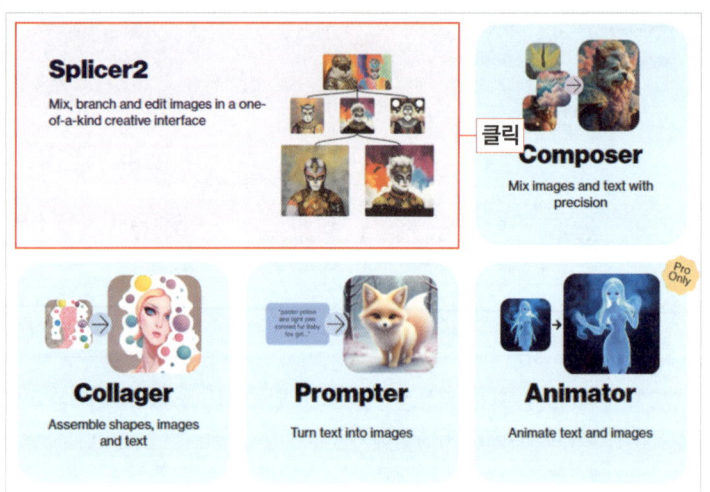

02 이미지 믹스 창이 열리면 주 이미지(기준 이미지)로 사용할 "얼굴 초안" 이미지를 적용해 보자. 하단에 있는 ❶[Browse 또는 Upload] 버튼을 통해 앞서 생성(저장)한 ❷[얼굴 초안]을 적용한다. 그다음 ❸[Shuffle]을 반복 클릭하여 혼합(Blend) 용도로 사용될 이미지를 찾아 ❹[선택]한다. 그다음 ❺[Branch] 버튼을 눌러 선택된 두 이미지의 혼합된 결과물을 생성한다.

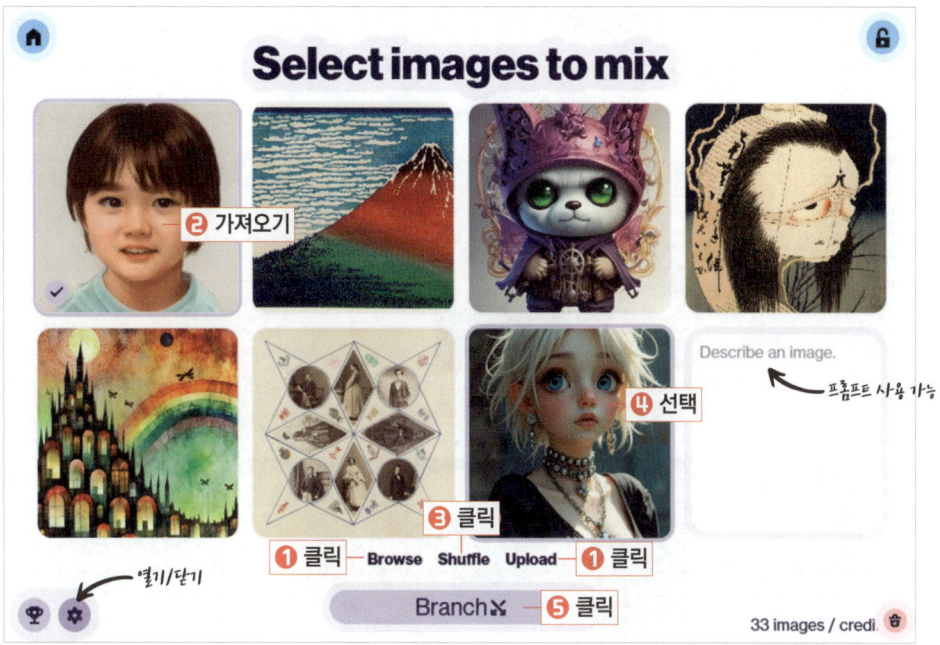

☑ 아트브리더도 이미지 생성 시 디테일을 높이기 위해 텍스트(프롬프트)를 입력하여 생성될 이미지에 반영을 줄 수 있다.

03 그러면 다음과 같이 1, 2번 이미지의 혼합물이 생성된다. 현재는 비중(가중치)이 거의 같기 때문에, 1번의 기본 형태(모습)를 유지하면서 2번 스타일(질감, 분위기)이 반영되었다.

04 1, 2번 이미지 아래쪽에 있는 ❶[가중치] 값을 그림처럼 왼쪽으로 이동하여 1번의 비중을 높여준 후 ❷[Branch] 버튼을 눌러 다시 생성해 보자. 그러면 그림처럼 1번 이미지의 모습이 더욱 강조된 이미지가 생성된다. 필자는 두 번째 결과물이 마음에 들기 때문에 다운로드를 하기 위해 ❸[Save] - ❹[Open image]를 선택하였다.

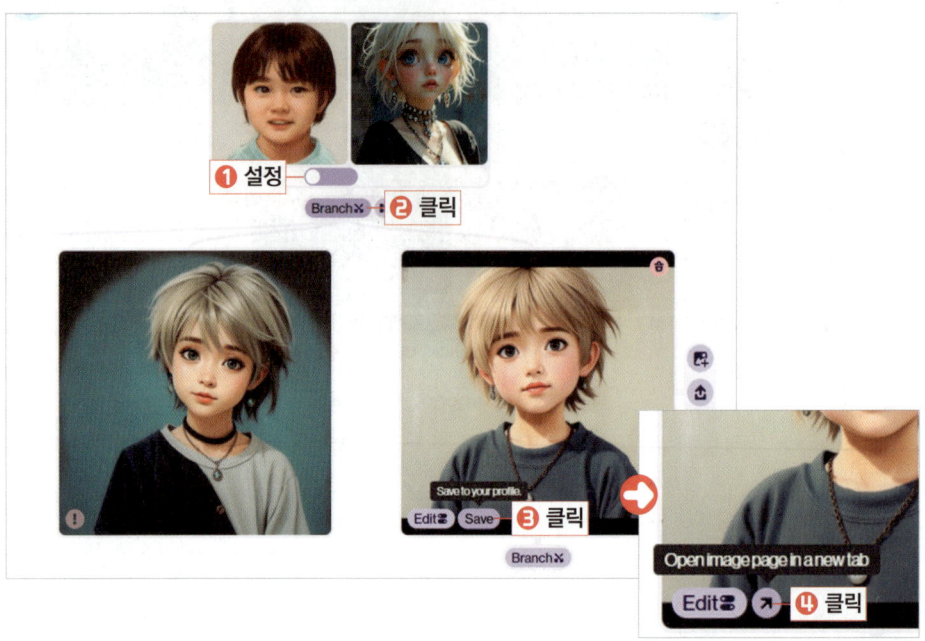

05 다운로드 창이 열리면 ❶[Download or upscale] - ❷[Download]를 클릭하여 적절한 이름과 위치에 저장해 준다.

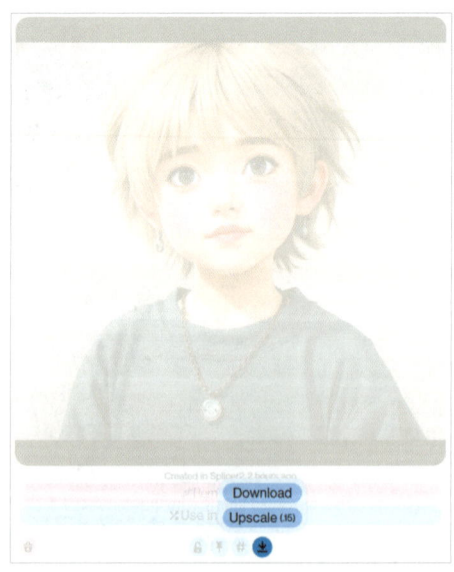

☑ 저장된 파일을 미드저니에서 사용할 것이다.

▶ 제너레이티드 포토스로 모델 만들기: 영상 생성 AI와 협업

제너레이티드 포토스(Generated Photos)는 존재하지 않는 얼굴을 생성해 주는 AI 툴로, 사용자는 연령, 성별, 표정, 분위기 등을 선택해 맞춤형 실사와 같은 인물 이미지를 얻을 수 있다. 이렇게 만들어진 이미지는 저작권 걱정 없이 활용할 수 있으며, 특히 광고, 쇼핑, 교육, 프레젠테이션 등 다양한 프로젝트에서 '가상의 모델'로 대신할 수 있다. 이번 학습에서는 런웨이, 피카, 클링AI, 소라 등에서 활용할 '30초 수제 피자 가게 광고'의 여성 모델을 생성해 본다.

제너레이티드 포토스로 피자 가게 모델 만들기

제너레이티드 포토스는 원하는 조건을 선택하여 가상의 모델을 손쉽게 만들 수 있는 AI 도구이다. 이번 학습에서는 '30초 피자 가게 광고'에 등장할 여성 모델을 생성해 본다.

◆ 모델(여성) 얼굴 만들기

01 구글 검색기에서 ❶[제너레이티드 포토스]로 검색한 후 ❷[Generated Photos]를 클릭하여 웹사이트(www.generated.photos)를 열어준다.

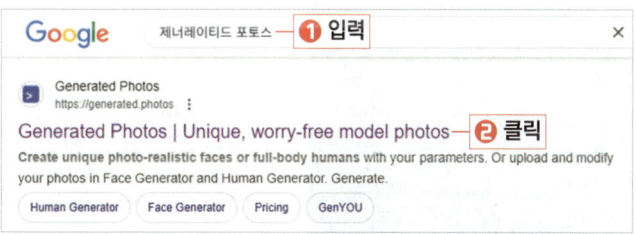

02 계정 만들기 제너레이티드 포토스 웹사이트가 열리면 사용자 계정을 만들기 위해 우측 상단의 ❶[Log In: 로그인] 버튼을 클릭한다. 계정 설정 창이 열리면 ❷[구글 계정] 아이콘을 클릭한다. 그다음 ❸[사용자의 구글 계정]을 선택한다. 다음에 열리는 창에서는 해당 계정을 지속적으로 사용하기 위해 "계속(이미지 없음)" 버튼을 누른다.

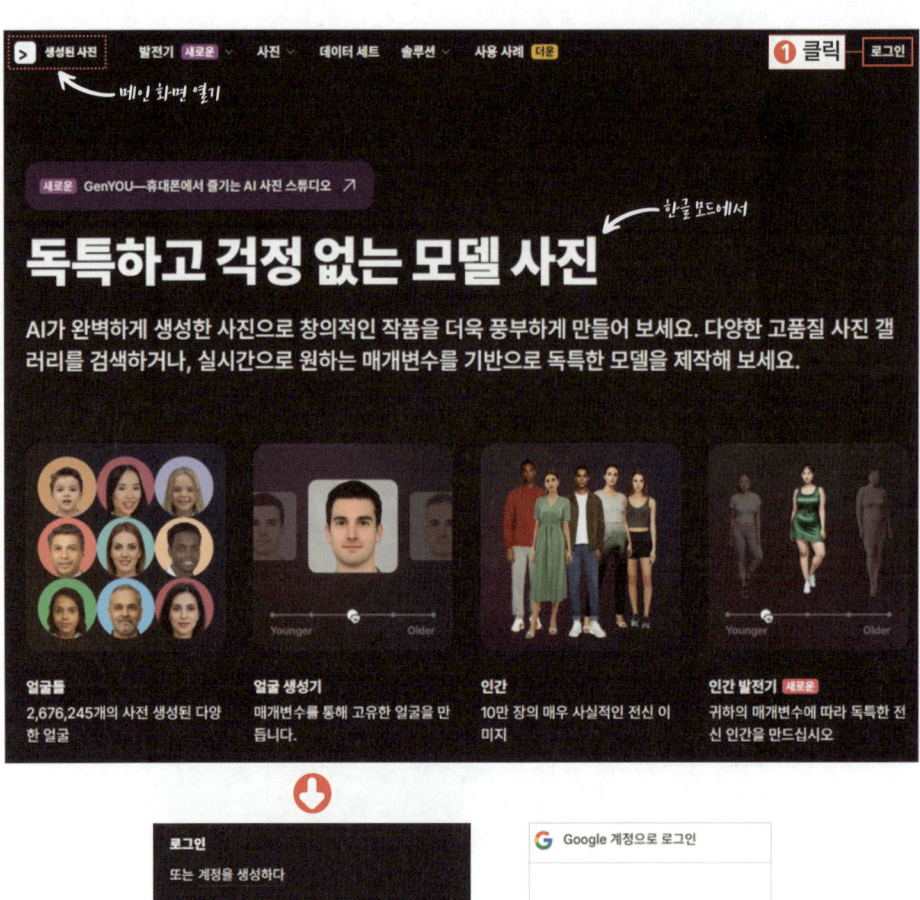

☑ 크롬 브라우저 사용을 권장하며, 구글 계정으로 로그인된 상태에서 진행한다.

03 **얼굴 선택하기** 먼저 모델로 사용할 얼굴을 선택하기 위해 [얼굴들: Faces]를 클릭한다.

예시에 사용할 모델 프로필

기본 정보

나이: 22세

키: 약 165cm, 건강하고 균형 잡힌 체형

분위기: 밝고 친근하며, 사람들과 쉽게 어울리는 활발한 느낌

외모 특징

얼굴: 또렷한 이목구비, 세련되면서도 친근한 인상

눈: 자연스럽게 또렷한 눈매, 도시적이고 자신감 있는 분위

입술: 건강한 톤의 빨간 입술, 생기 있고 활발한 느낌

헤어: 긴 웨이브 헤어, 다크 브라운 톤으로 깔끔하게 관리된 스타일

피부: 맑고 깨끗한 톤, 건강미가 돋보임

의상 스타일

상의: 루즈핏 그레이 니트 스웨터, 캐주얼하면서도 트렌디한 느낌

하의: 편안한 청바지 또는 캐주얼 스커트, 활동적이고 자연스러운 느낌

신발: 화이트 스니커즈, 심플하면서도 활기찬 분위기

액세서리/포인트

모자: 귀여운 디테일이 있는 니트 비니, 캐주얼한 개성을 살려줌

가방: 블랙 크로스백, 심플하면서도 포인트가 되는 아이템

04 얼굴 선택 페이지가 열리면 다음과 같이 선택한 후 [적용하다] 버튼을 클릭한다.

05 마음에 드는 얼굴이 없다면 하단 [더 보기] 버튼을 눌러 마음에 들때까지 검색한다. 필자는 검색 후 다음과 같은 얼굴을 [선택(클릭)]하였다.

06 선택된 얼굴을 다운로드할 수 있는 창이 열리면 일단 [다운로드] 버튼을 누른다.

07 그러면 다음과 같이 유료 구독하기 창이 열린다. 다운로드와 얼굴 편집 등의 기능은 유료 구독자만 가능하기 때문에 이 기능들을 지속적으로 사용하고자 한다면 원하는 방식으로

유료 구독(결제)을 하면 된다. 하지만 이번에는 몇 번의 학습 과정에서만 사용할 것이기 때문에 화면 캡처 기능을 통해 선택한 얼굴 이미지를 사용해 보기로 하자.

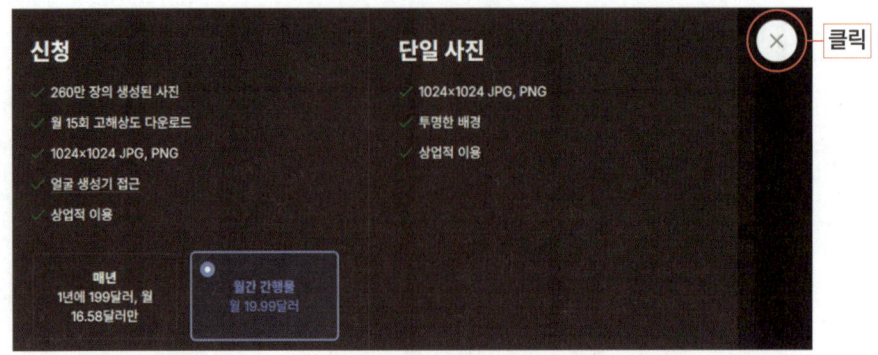

08 선택한 얼굴 이미지 창이 보이면 [Win] + [Shift] + [S] 키를 누른 후 얼굴 부분만 ❶[캡처]한다. 캡처 후 ❷[닫기] 버튼을 눌러 창을 닫는다.

☑ Windows 캡처 Win + Shift + S
　macOS 캡처 Command + Shift + 4

09 캡처 도구 창이 열리면 ❶[변경 내용 및 공유] 버튼을 누르고, ❷[저장] 버튼을 눌러 적당한 위치에 저장해 놓는다. 필자는 "피자 여자 모델 캡처"란 이름으로 저장하였다.

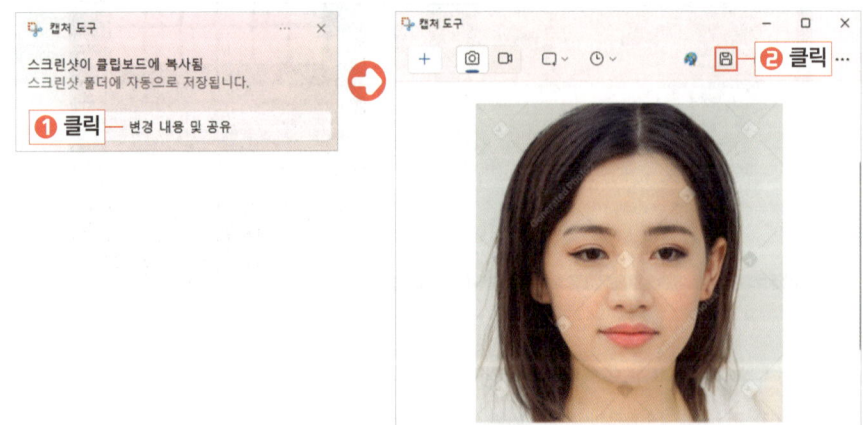

◆ 모델(여성) 신체(스타일/포즈) 만들기

01 이번엔 모델의 신체(스타일/포즈)를 만들어 보기 위해 메인화면(홈)으로 돌아간 후 [인간 발전기: Human Generator] 버튼을 클릭한다.

02 휴먼 제너레이터 화면이 열리면 [인간을 창조하다: Create human] 버튼을 클릭한다.

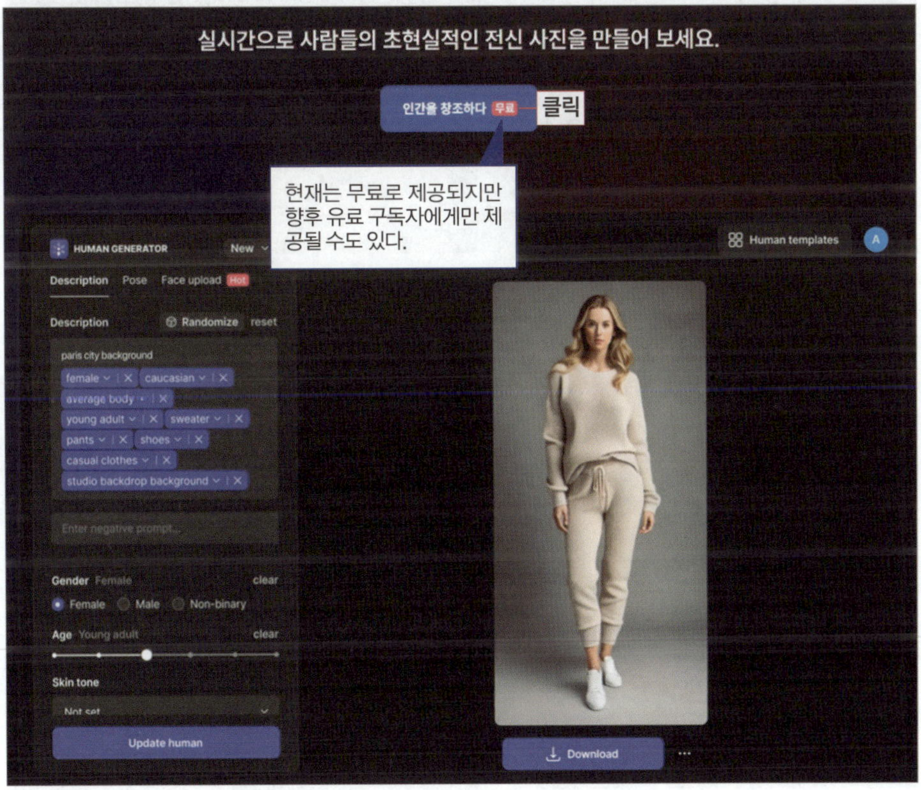

> 현재는 무료로 제공되지만 향후 유료 구독자에게만 제공될 수도 있다.

03 성별부터 머리 색까지 처음부터 설정하여 모델 스타일을 생성할 수 있지만, 이번에는 보다 간편한 방법을 사용하기 위해 ❶[새로운: New] - ❷[템플릿에서 만들기]를 선택한다.

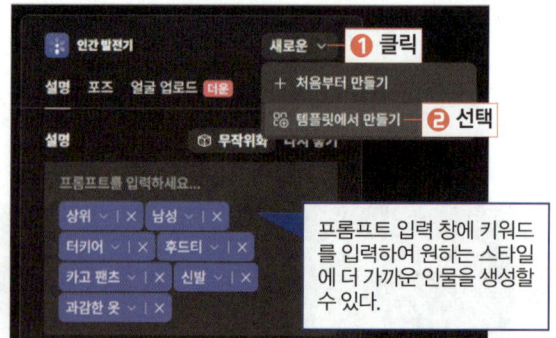

04 템플릿 창이 열리면 스타일을 ❶[모두], 성별은 ❷[여성]을 선택하여 원하는 스타일의 ❸[모델을 선택]한다.

********************* 중 간 생 략 *********************

05

다시 설정 탭으로 돌아오면 몇 가지만 수정해 보자. ❶[나이(청년 성인), 민족성(한국), 옷 바닥(하의: 청바지)]로 수정한 후 ❷[변형 생성] 버튼을 눌러 새로운 스타일을 생성한다.

06 **얼굴 교체하기** 이제 앞서 저장해 놓은 얼굴 이미지로 교체하기 위해 ❶[얼굴 업로드: Face upload)] 탭을 선택한 후 ❷[사진 속 얼굴을 사용하세요]를 클릭하여 저장된 "피자 여자 모델 캡처" 이미지를 가져온다. 그다음 ❸[변형 생성] 버튼을 클릭하여 얼굴이 교체된 이미지를 생성한다. 바뀐 얼굴과 스타일이 마음에 든다면 ❹[다운로드]한다.

07 저장된 이미지 파일은 적당한 위치와 이름(피자 여자 모델)으로 저장해 놓는다. 참고로 다운로드 완료 창에서는 생성된 이미지에 대한 웹링크 주소를 복사하여 공유할 수 있다.

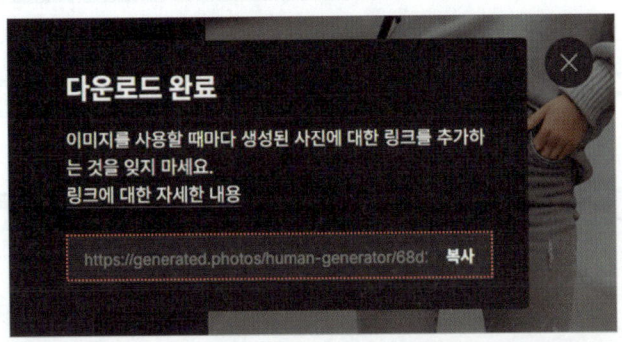

- ☑ 저장된 모델 이미지 파일은 미드저니에서 보다 세련된 스타일로 만든 후 영상 생성 AI 툴(런웨이, 피카, 클링 AI 등)에서 '수제 피자 가게 광고' 광고 모델로 사용할 것이다.

💡 사용자가 원하는 포즈로 이미지 생성하기

템플릿에서 사용된 포즈가 아닌 사용자 정의의 포즈로 이미지를 생성할 수 있다. "포즈" 탭에서 제공하는 포즈를 선택하거나 외부에서 포즈로 사용될 '스켈레톤(Skeleton)' 이미지를 가져와 포즈를 설정할 수 있으며, 또한 텍스트(프롬프트)를 입력하여 새로운 포즈를 요청할 수도 있다.

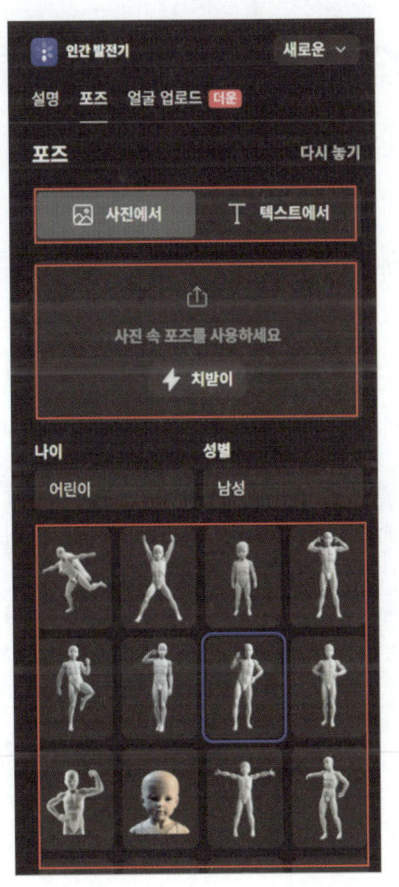

05 | 참조 소스 만들기: 이미지 생성하기

AI 영상 제작의 첫 단계는 '움직일 준비가 된 이미지'를 만드는 일이다. 즉, 캐릭터의 표정과 포즈, 배경의 조명과 질감, 전체 장면의 분위기가 정해져야 영상의 콘셉트가 완성된다. 이번 학습에서는 대표적인 AI 이미지 생성 툴인 미드저니와 나노 바나나(2.5 Flash), 프리픽을 활용하여 영상에 사용할 참조 이미지를 직접 기획하고 제작하는 방법에 대해 살펴보기로 한다.

미드저니(MidJourney) 기본 사용법

미드저니는 텍스트 프롬프트만으로 상상 속 이미지를 현실(비현실)처럼 그려내는 대표적인 이미지 생성 AI 도구다. 감정과 분위기, 스타일과 색감이 담긴 이미지를 빠르게 만들어 모든 창작자에게 활용되며, 영상 제작 과정에서는 콘셉트 아트/스토리보드/캐릭터 디자인 등을 시각화해 아이디어 구체화와 협업을 돕는다. 미드저니는 웹 버전과 디스코드 서버(다양한 기능을 제공하지만 접근성이 어려움)를 이용하는 두 가지 방법이 있다. 웹 버전은 별도의 설치가 필요 없으며, 공식 홈페이지를 통해 프롬프트를 입력하여 쉽게 이미지를 생성할 수 있다. 여기에서는 직관적인 인터페이스로 초보자도 쉽게 사용할 수 있는 웹 버전을 통해 학습해 보자. 구글 검색기에 [❶미드저니]로 검색한 후 [❷MidJourney]를 클릭하여 공식 웹사이트로 들어 갈 수 있다.

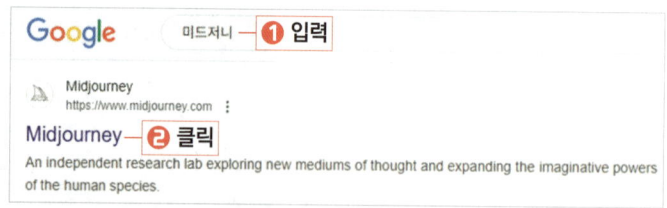

☑ 크롬 브라우저 사용을 권장하며, 구글 계정으로 로그인된 상태에서 진행한다.

01 계정 만들기 다음과 같이 다른 사람들의 작품을 볼 수 있는 갤러리 화면이 열리면, 작품들을 통해 아이디어를 얻고 재창작할 수 있다. 미드저니를 사용하기 위해서는 가정 먼저 사용자 계정(회원 가입)을 만들어야 한다. 사이드바 하단의 [Log In 또는 Sign Up] 버튼을 누른다.

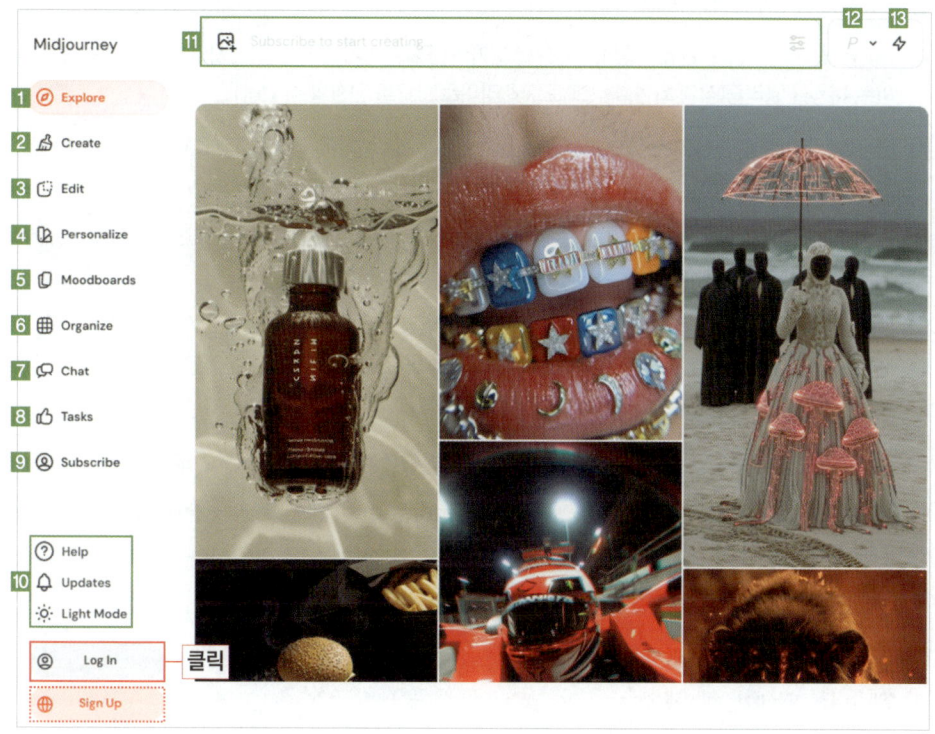

1. **Explore(탐색)** 다른 사용자들이 만든 이미지와 최신 트렌드를 확인할 수 있는 공간으로, 인기 프롬프트와 결과물을 보며 영감을 얻을 수 있음

2. **Create(생성)** 직접 프롬프트를 입력해 새로운 이미지를 만들 수 있는 기능으로, 텍스트 기반 명령어로 원하는 스타일과 분위기의 이미지를 생성

3. **Edit(편집)** 생성된 이미지를 수정하거나 보완할 수 있는 기능으로, 세부 요소를 바꾸거나 일부 이미지를 재생성하는 데 활용

4. **Personalize(개인화)** 사용자 개인화 맞춤 설정 기능으로, 선호하는 스타일이나 자주 사용하는 스타일을 코드(P)와 하여 일관된 이미지 생성 가능

5. **Moodboards(무드보드)** 특정 스타일, 색감, 분위기 등을 일정하게 유지할 수 있게 해주는 코드로, 이미지들을 테마별로 정리하여 무드보드 형식으로 이미지를 생성

6. **Organize(정리하기)** 폴더나 컬렉션을 통해 생성된 이미지를 체계적으로 관리할 수 있는 기능

7. **Chat(채팅)** 미드저니와 관련된 대화를 나누거나 커뮤니티(소통)할 수 있는 기능으로, 사용자 간 아이

디어 공유, 프롬프트 팁, 문제 해결에 유용

8 **Tasks(작업 관리)** 사용자가 생성한 이미지 작업들을 확인하고 관리할 수 있는 공간으로, 생성 진행 중인 작업 상태를 확인하거나 완료된 결과물을 다시 불러올 수 있음

9 **Subscribe(구독 관리)** 미드저니의 요금제를 확인하고 구독을 결제하거나 관리할 때 사용

10 **Help/Updates/Light Mode** Help는 사용법과 가이드 확인, Updates는 미드저니의 최신 기능과 업데이트 내용을 알려줌(작업 화면을 다크 모드와 라이트 모드를 전환할 수 있음)

11 **Prompt** 이미지를 생성할 수 있는 프롬프트 입력창으로, 참조 이미지를 가져와 스타일을 지정할 수 있으며, 설정을 통해 해상도, 버전 선택, 스타일 관련 옵션을 조정 가능

12 **Personalize(개인화)** 미드저니가 사용자의 취향과 선호 스타일을 학습하도록 하는 기능으로, "On"이 되면 개인화로 지정된 스타일로 이미지 생성

13 **Speed Mode(생성 속도)** 이미지를 생성할 때 속도 빠른(Fast) 모드와 리소스 절약(Relax) 모드를 선택할 수 있는 기능(구독 플랜에 따라 사용할 수 있는 모드가 다름)

02 로그인 창이 열리면 구글 계정을 사용하기 위해 ❶[Continue with Google] 버튼을 클릭한다. 다음 화면에서 ❷[자신의 구글 계정]을 클릭한다. 이후 구글 인증 창이 열리면 상황에 맞게 인증하고, 선택한 계정을 지속적으로 사용하기 위해 ❸[계속]을 클릭한다.

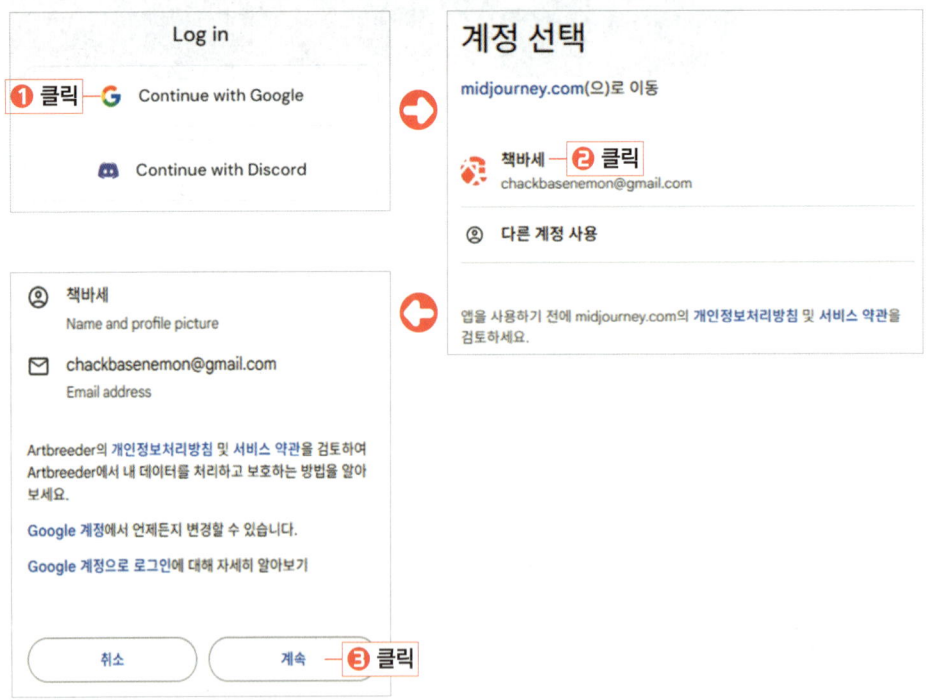

이미지를 생성하는 가장 기본적인 방법들

미드저니에서 이미지를 생성하는 방법은 텍스트를 입력하거나 이미지를 가져와 참조 스타일로 사용하는 것과 다른 사람들이 만든 결과물의 프롬프트를 이용하여 재생성하는 등 다양한 방법이 있다. 여기서 중요한 것은 어떤 형태의 방법을 사용하던 최종적으로 자신이 만들고자 하는 이미지(동영상)와 가장 근접할 수 있는 결과물을 얻을 수 있어야 한다는 것이다.

◆ 텍스트(프롬프트)로 이미지 생성하기

프롬프트의 활용은 가장 기본적인 방법으로, 원하는 장면이나 스타일을 텍스트(한글 입력 가능)로 설명하면 미드저니가 이를 해석하여 이미지를 생성해 준다.

01 유료 구독하기 첫 이미지 생성을 위해 좌측 사이드바에서 ❶[Create] 메뉴를 선택한다. 그러면 미드저니 가입 및 커뮤니티 안내 페이지가 열린다. 원활한 작업을 위해서는 유료 구독을 해보자. ❷[Join now] 버튼을 클릭한다.

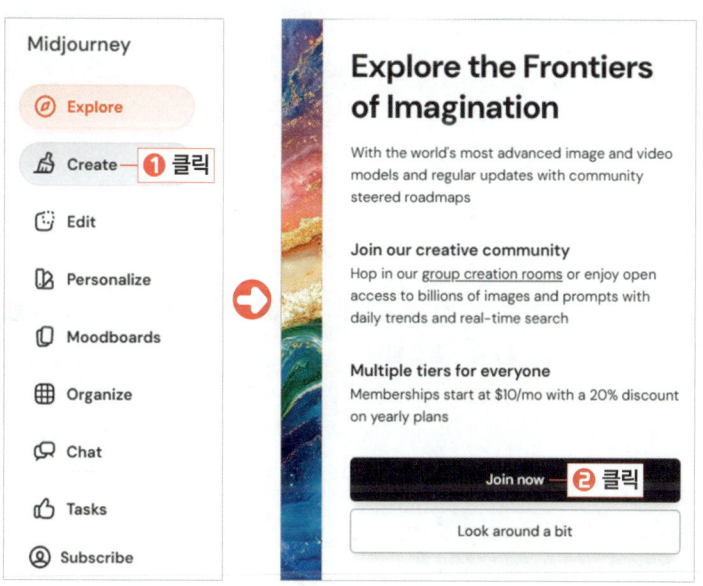

02 유료 구독 결제 화면이 열리면 일단 한 달간 가볍게 사용해 보기 위해 월 결제 방식인 ❶[Monthly Billing]를 선택하고, 기본 플랜(Basec Plan)의 ❷[Subscribe]를 클릭한다.

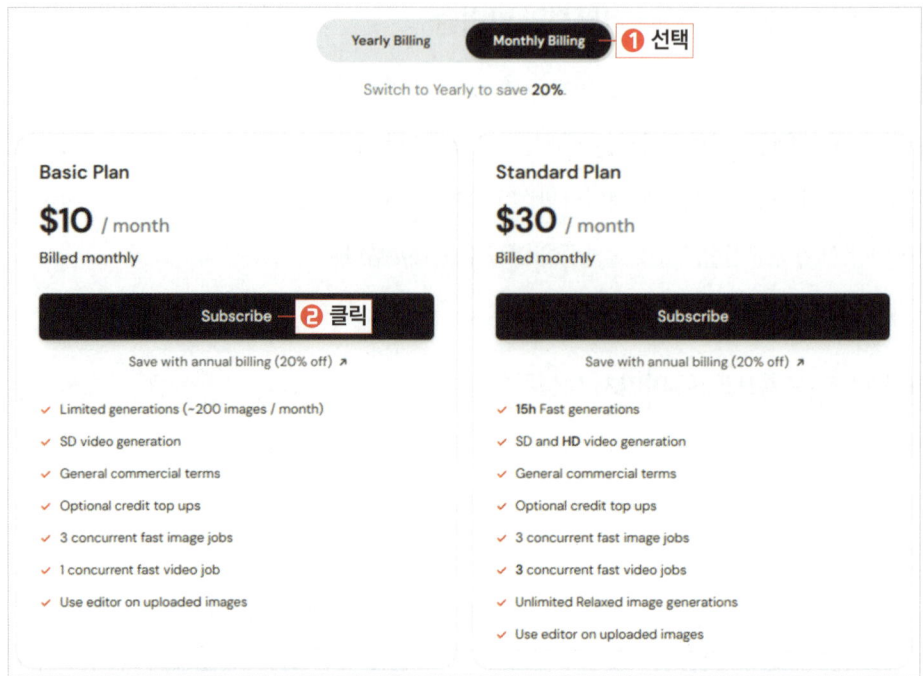

☑ 유료 구독 범위는 Basic부터 Mega까지 4개의 플랜이 있다. 처음엔 기본부터 시작하여 사용량이 많아질 경우 점차적으로 범위를 확대해 나가면 된다.

03 유료 구독 결제 창이 뜨면 ❶[결제 방식 선택 및 정보] 입력을 한 후 ❷[구독하기] 버튼을 클릭한다.

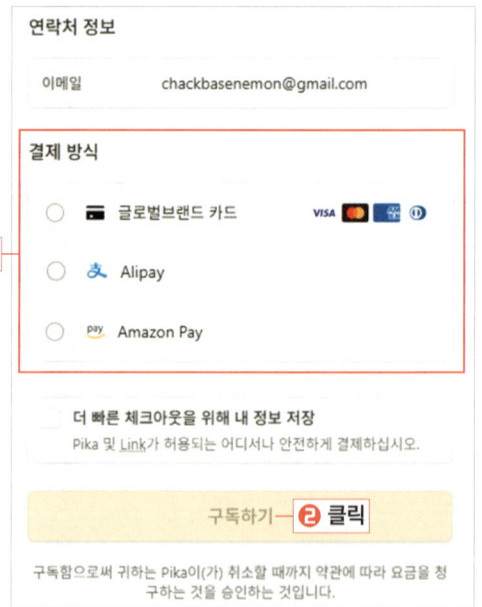

☑ 결제 시 "비즈니스 목적으로 구매합니다"를 체크하면 사업자용 세금계산서 및 영수증이 발급되며, 생성한 영상을 광고/상업 영상/판매 목적 프로젝트에 사용 가능하다. 또한, 추후 "상업적 사용권 보장"에 대한 법적 분쟁 위험을 줄일 수 있다.

04 미드저니 사용에 대한 결제 동의 여부를 묻는 창이 뜨면 ❶[Accept] 버튼을 누른다. 그다음 ❷[Start Creating] 버튼을 눌러 미드저니를 시작한다.

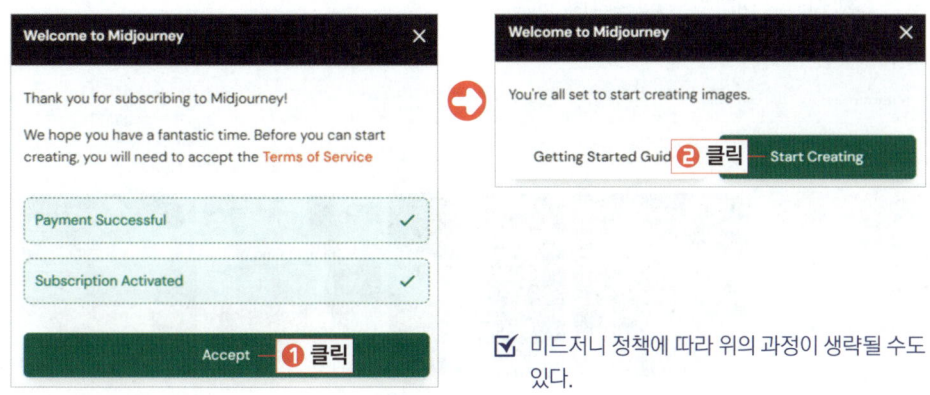

☑ 미드저니 정책에 따라 위의 과정이 생략될 수도 있다.

05 이제 미드저니에서 이미지를 생성해 보자. 상단 프롬프트 입력창에 다음과 같이 간단한 ❶[프롬프트]를 입력한 후 ❷[보내기(Submit)] 버튼을 누른다.

📨 a white cute cat sitting on a cozy sofa

　　# 포근한 소파 위에 앉아있는 하얀색 귀여운 고양이

☑ **한국어 지원** 미드저니가 v7 모델로 업데이트 되면서 한글 프롬프트도 가능하게 되었다. 하지만 한글 보다 영문 프롬프트가 더 안정된 이미지를 생성할 수 있기 때문에 복잡한 표현일 경우, 영문 프롬프트를 권장한다.

💡 **유료 계정 해지하기**

미드저니를 단기적으로 사용하기 위해서는 결재 후 유료 구독을 해지해야 한다. 좌측 사이드바 하단의 [My Account] - [Manage Subscription]을 클릭한 후 열리는 창에서 [Cancel Plan] 버튼을 누르면 된다.

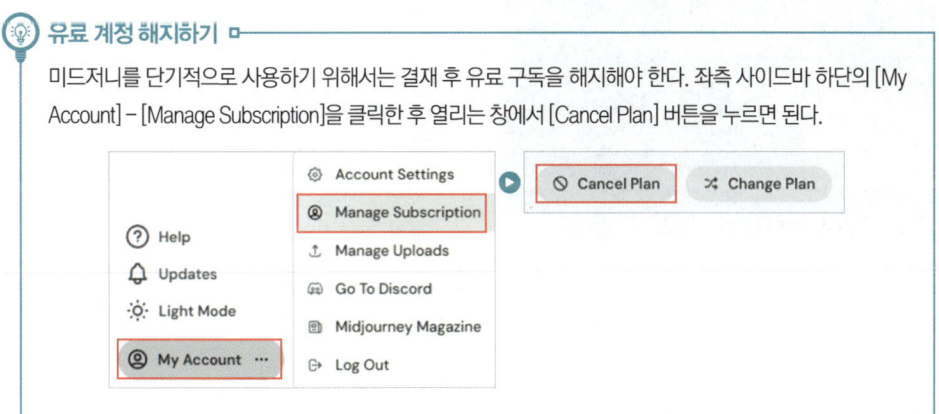

미드저니(MidJourney) 기본 사용법

06 사이드바의 ❶[Create] 메뉴를 클릭해 보면 방금 요청한 이미지가 생성된 것을 볼 수 있다. 미드저니는 기본적으로 4개의 예시 이미지를 생성해 준다. 여기에서 좀 더 자세히 확인해 보기 위해 하나의 이미지를 ❷[클릭]해 보자.

프롬프트 구조(생성형 AI 공통)

a women, photography, korea fashion style, hanbok, blue and red, cinematic lighting

| 피사체 | 종류 | 분위기 | 스타일 | 색상 | 조명 |
| 1 | 2 | 3 | 4 | 5 | 6 |

a women, photography, korea fashion style, hanbok, blue and red, cinematic lighting

여성, 사진, 한국 패션 스타일, 한복, 파란색과 빨간색, 영화 조명

07 한 이미지를 더 크게 볼 수 있는 화면과 이미지를 설정(변화)을 할 수 있는 다양한 기능들을 제공한다. 모든 기능을 보기 위해 [More options] 버튼을 눌러본다.

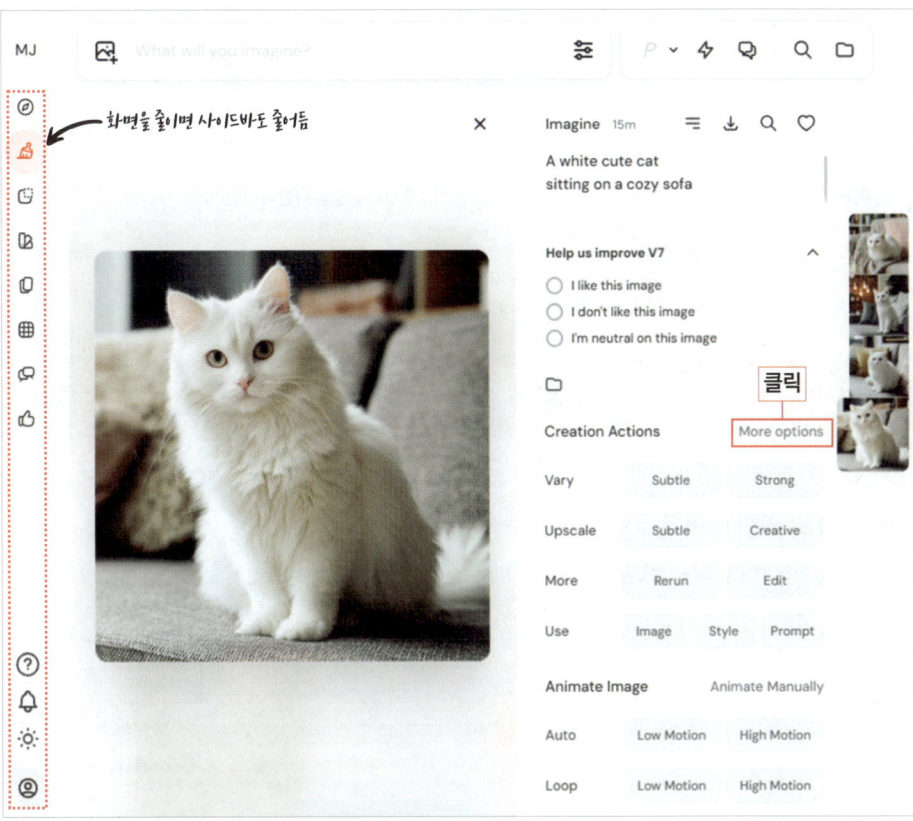

Help us improve V7(피드백 기능) 해당 이미지에 대한 피드백을 미드저니에게 전달하기

I like this image 이 이미지가 마음에 듦

I don't like this image 이 이미지가 마음에 들지 않음

I'm neutral on this image 특별히 좋지도 나쁘지도 않음

Creation Actions(생성 후 추가 작업) 해당 이미지를 다른 형태로 재생성 및 수정하기

Vary(변형 생성: Variation)
Subtle: 원본 이미지와 거의 비슷하게 변형된 이미지 생성
Strong: 원본 이미지를 기반으로 하지만 좀 더 큰 변화를 준 이미지 생성

Upscale(고해상도 업스케일)
Subtle: 해상도를 높이되, 원래 느낌을 유지
Creative: 해상도를 높이면서 새로운 디테일을 추가

More(추가 옵션)
Rerun: 같은 프롬프트로 다시 시도
Edit: 프롬프트를 수정하거나 추가 지시를 통해 다시 생성

Use(활용하기)
Image: 생성된 이미지를 다른 작업에 바로 활용
Style: 현재 이미지의 스타일을 추출하여 이후 프롬프트에 적용

Animate Image(이미지 애니메이션화) 해당 이미지를 움직이는 영상으로 생성하기

Animate Manually 프롬프트를 통해 사용자가 직접 모션 강도와 옵션을 지정하여 생성

Auto(자동으로 움직임을 생성)
Low Motion: 작은 움직임(고양이의 털이나 배경이 살짝 움직이는 정도)
High Motion: 큰 움직임(고양이가 몸을 돌리거나 배경이 크게 변하는 느낌)

Loop(짧은 영상이 반복되도록 하기)
Low Motion: 자연스럽게 반복되는 작은 움직임
High Motion: 반복되는 큰 움직임

08 편집 및 설정에 대한 그밖에 기능(메뉴)이 나타나면, [Remix, Pan, Zoom]을 모두 선택(체크)하여 메인 설정 목록에 나타나도록 한다.

Remix(리믹스) 원본 이미지의 일부를 바꾸거나 새로운 프롬프트를 반영해 다시 생성. 예: "고양이" 이미지를 만든 후 Remix에서 "dog"라고 수정하면, 비슷한 분위기의 강아지 이미지가 생성

Pan(이동) 이미지를 상하좌우로 확장하는 기능으로, 원본 이미지의 경계를 넘어 더 넓은 장면을 생성. 예: 인물 사진을 오른쪽으로 Pan 하면, 원래 인물은 그대로 두고 오른쪽 공간이 새롭게 생성

Zoom(확대/축소) 이미지를 확대(Zoom out)해서 더 넓은 배경을 추가하거나, 가까이 당겨 디테일을 강조. 예: 고양이 이미지를 Zoom out 하면, 고양이가 있는 방 전체가 보이도록 확장된다.

◆ **세로(9:16) 숏폼 이미지로 수정(생성)하기**

01 앞서 생성한 이미지는 1:1 기본 비율이다. 이 비율을 세로가 긴 비율로 수정해 보자. More의 [Edit]를 클릭한다.

02 편집 창이 열리면 비율을 ❶[9:16]으로 선택한 후 ❷[Submit Edit] 버튼을 클릭한다. 이때 편집 프롬프트는 그대로 사용한다.

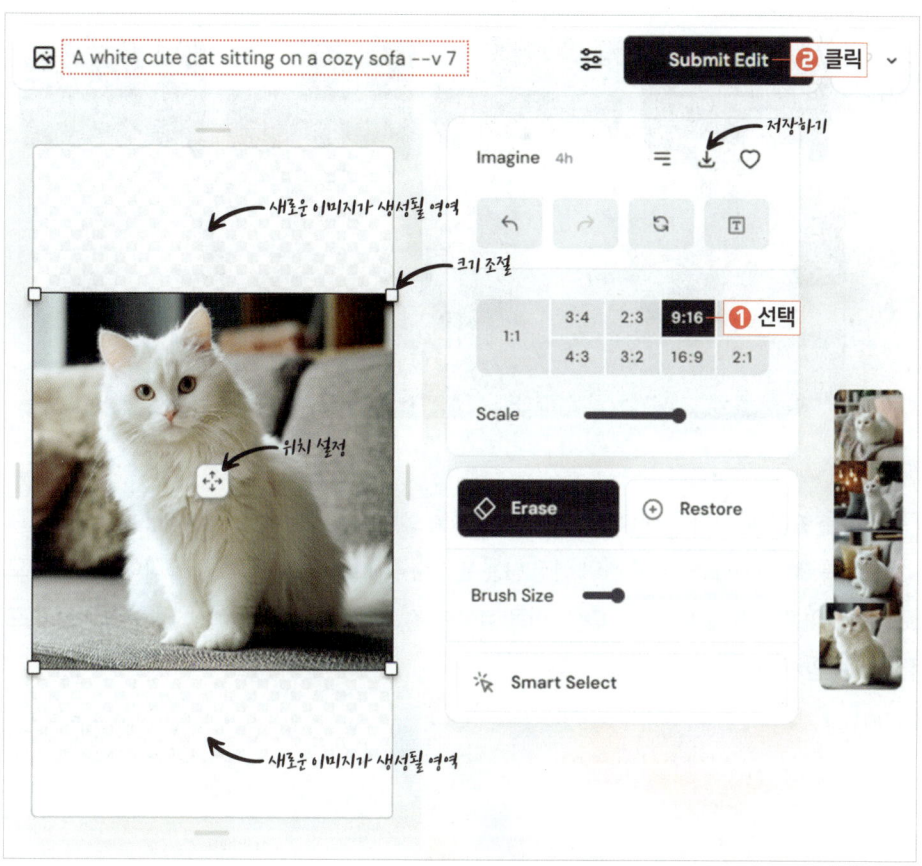

03 설정 후 [Create]를 선택하여 확인해 보면, 1:1 정사각형이었던 이미지가 9:16 세로가 긴 이미지로 생성된 것을 알 수 있으며, 위/아래 빈 영역은 미드저니가 추측하여 자연스럽게 연결되는 장면으로 새롭게 채워졌다.

> 💡 **Edit(편집) 창에서 할 수 있는 요소(객체) 대체 작업들**
>
> 특정 영역을 브러시로 선택해 원하는 부분만 수정 및 생성할 수 있다. 이를 통해 불필요한 요소를 제거하거나 새로운 디테일을 추가하는 등 세밀한 편집이 가능하다. 예를 들어, 브러시로 배경 부분을 문질러 선택하고 새로운 프롬프트를 입력하면, 인물은 유지하면서 전혀 다른 분위기의 배경으로 교체할 수 있다. 같은 방법으로 캐릭터의 얼굴이나 소품을 추가할 수도 있다.

04 **비율 설정 및 이미지 생성하기** 이번엔 비율을 설정한 후 이미지를 생성해 보자. 프롬프트 우측 ❶[Settings]를 클릭하여 설정 창을 열어준 후 Image Size의 조정 슬라이더를 우측으로 이동하여 이번엔 가로가 넓은 ❷[16:9]로 설정한다. 그리고 이미지를 ❸[생성]한다. 참로고 프롬프트는 앞서 작성된 것과 동일하다.

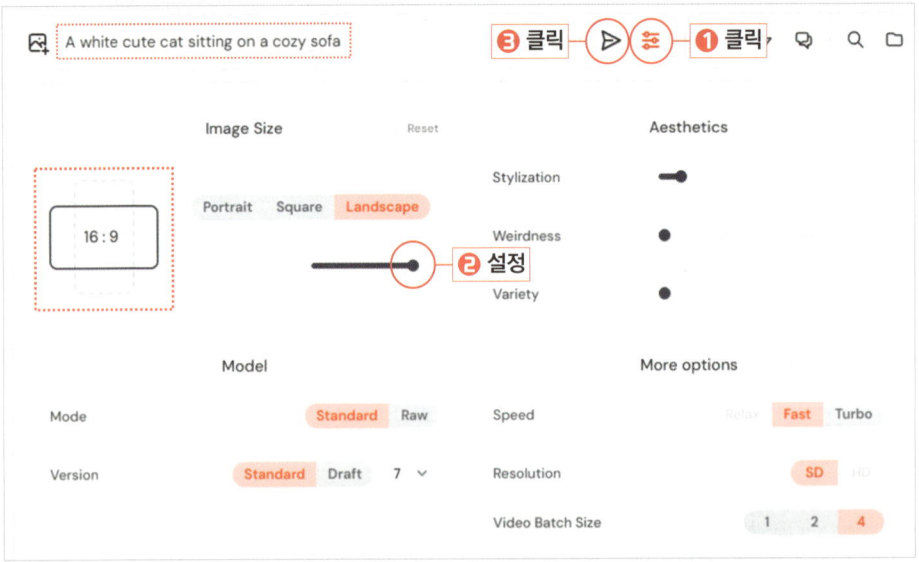

Image Size 생성될 이미지의 비율 설정하는 기능으로, Portrait는 인물 사진 비율, Square는 정사각

154 ···· 참조 소스 만들기: 이미지 생성하기

형, Landscape 가로형 이미지를 생성

Aesthetics 생성될 이미지의 미적 스타일 강도 조절하기

Stylization(스타일 적용 강도) 프롬프트에서 지시한 내용보다 미드저니 자체의 예술적 스타일을 얼마나 강하게 표현할지 결정. 값이 낮을 때는 프롬프트 내용 그대로 표현되고, 값이 높을 때는 색감, 질감, 구도 등이 강화되어 예술적이고 화려한 결과물이 표현

Weirdness(실험적/기괴한 정도) 일반적인 결과물이 아닌 독창적이고 예상치 못한 이미지를 얼마나 강하게 시도할지 결정. 값이 낮을 때는 안정적이고 현실적인 표현, 값이 높을 때는 비현실적이고 초현실적인 표현

Variety(다양성 정도) 같은 프롬프트로 여러 이미지를 생성할 때, 그 이미지들이 서로 얼마나 다르게 표현될지를 조정. 값이 낮을 때는 비슷한 구도와 분위기의 이미지들이 반복 생성, 값이 높을 때는 같은 프롬프트라도 색감, 구도, 스타일이 크게 달라진 다양한 이미지가 나옴

Model 이미지 생성 모드 중 Standard는 기본 모델로, 안정적인 결과를 얻을 수 있으며, Raw는 디테일이 강화된 모델

Version 모델 버전 중 Standard는 고품질의 이미지를 생성하는 기본 버전이며, Draft는 빠른 속도로 결과물을 확인할 수 있는 중/저 품질 버전. 숫자로 된 옵션은 세대(버전)별 미드저니 모델을 선택 가능 (최신 모델 버전이 가장 품질이 우수함)

Speed 이미지 생성 속도를 설정하는 옵션으로, Relax는 속도는 느리지만, 크레딧 소모가 적고, Fast는 기본 속도 모드, Turbo는 가장 빠른 속도로 이미지를 생성하는 모드

Resolution 생성되는 이미지의 해상도를 조절하는 옵션으로, SD(Standard Definition)는 기본 해상도로 빠른 결과물을 얻을 수 있고, HD(High Definition)는 느리지만 더 높은 해상도의 이미지를 얻을 수 있음

Video Batch Size 한 번에 생성되는 영상의 개수를 지정하는 옵션으로, 기본적으로 4개로 설정되어 있어, 한 번에 4개의 이미지를 생성하여 선택의 폭을 넓힐 수 있음

05 생성된 이미지를 보면 4개의 이미지가 모두 가로 비율(16:9)을 가진 것을 알 수 있다.

◆ 타인이 만든 이미지를 활용한 이미지 재생성하기

미드저니에서는 다른 사용자가 만든 이미지의 프롬프트를 참고하거나 스타일을 활용하여 새로운 이미지를 만들 수 있다. 이를 통해 자신이 생각하지 못했던 표현 방식을 배우고, 다양한 영감을 통해 창작의 폭을 넓힐 수 있다.

01 사이드바에서 ❶[Explore]를 선택하여 다른 사람들이 생성한 작품 갤러리를 열어준다. 갤러리의 작품들은 1일 기준으로 리셋되며, 이미지와 동영상을 개별로 감상할 수 있다. 일단 이미지 생성을 위한 ❷[이미지를 하나 클릭]해 본다.

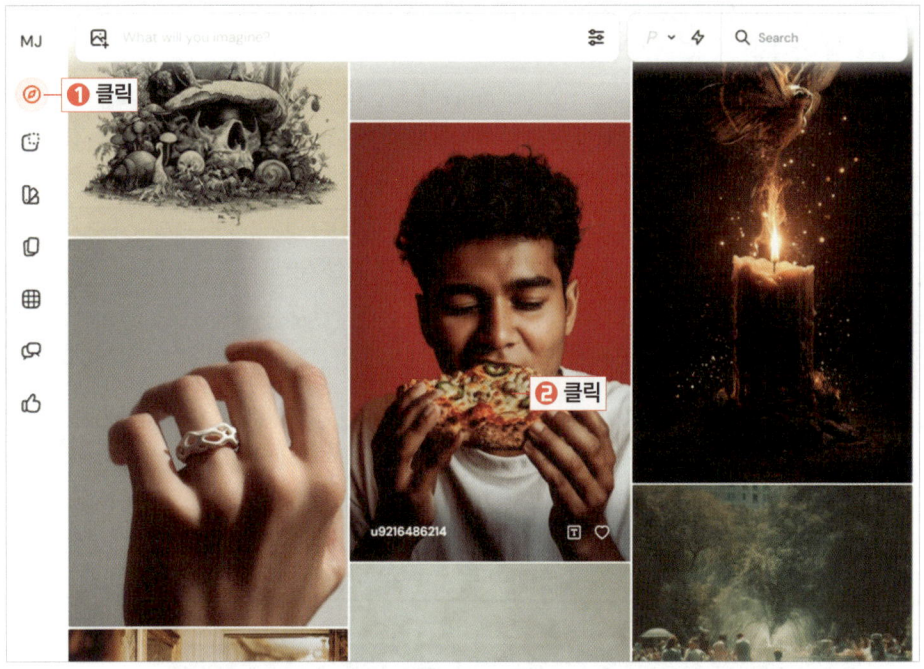

02 클릭한 이미지 정보가 있는 화면이 열리면 우측 ❶[프롬프트 영역을 클릭]한다. 그러면 프롬프트에 적용된다. 적용된 프롬프트로 이미지를 생성할 수 있는데, 이 상태에서 이미지를 만들어도 원본과 완전히 똑같은 이미지는 생성되지는 않으며, 특별한 변화가 필요하다면 프롬프트를 수정해야 한다. 여기에서는 곱슬머리 인도 남성을 10대 단발의 한국 여성으로 바꿔보자. 프롬프트에서 [an Indian man with short curly hair]를 ❷[an teenage korean woman with short hair]으로 수정한 후 ❸[보내기(Submit)] 버튼을 누른다.

Image 해당 이미지 자체를 참조 이미지로 활용하여 이미지 생성

Style 해당 이미지의 분위기와 스타일을 참조하여 이미지 생성

Prompt 해당 이미지에 사용한 텍스트(프롬프트)를 그대로 반영

03 "Create" 화면으로 가보면 다음과 같이 4개의 이미지가 생성된 것을 알 수 있다. 이 결과물은 다른 사람이 사용한 프롬프트에서 일부(10대 단발머리 한국 여성)를 수정하였기 때문에 콘셉트(피자 광고 느낌)는 그대로 유지된 상태에서 모델만 바뀐 것이다. 이렇게 생성된 이미지 중 마음에는 들지만 변화가 필요하다면, 해당 ❶[이미지 위에 마우스 커서]를 갖다 놓고, 메뉴(기능)가 나타나면 약간의 변화를 주기 위해 ❷[V Subtle]을 선택한다.

프롬프트 작성 시 중요한 것

프롬프트 작성 시 맥락과 세부 사항을 명확히 표현해야 한다. 문장을 모호하게 작성하면 결과가 불분명해지고, 생략된 요소는 무작위로 생성된다. 모호성이 다양성을 줄 수는 있지만, 원하는 결과를 얻으려면 구체적인 지시가 필요하다. 보다 구체적인 결과물을 얻기 위해서는 다음 사항을 고려한다.

주제 사람(person), 동물(animal), 캐릭터(character), 위치(location), 사물(object) 등

매체 사진(photo), 회화(painting), 일러스트레이션(illustration), 조각(sculpture), 낙서(doodle), 태피스트리(tapestry) 등

환경 실내(indoors), 실외(outdoors), 달(on the moon), 나니아(in narnia), 수중(underwater), 에메랄드 시티(the emerald city) 등

조명 소프트(soft), 주변환경(ambient), 흐린(overcast), 네온(neon), 스튜디오 조명(studio lights) 등

색상 생생한(vibrant), 음소거(muted), 밝음(bright), 단색(monochromatic), 다채로운(colorful), 흑백(black and white), 파스텔(pastel) 등

분위기 침착함(sedate), 차분함(calm), 소란스러움(raucous), 활력(energetic) 등

구성 인물 사진(portrait), 얼굴 사진(head shot), 클로즈업(closeup), 조감도(birds-eye view) 등

이렇게 구체적인 세부 사항을 포함함으로써, 원하는 이미지에 더 가까운 결과물을 얻을 수 있다. 예를 들어, 건축물의 창문이나 노출 콘크리트, 인피니티 풀 같은 요소와 야자수, 일몰 반사 같은 환경을 추가하면 장면이 생생해지며, 집합 명사 사용 시에는 무작위로 생성되므로, 정확한 개수를 원한다면 "Birds" 대신 "Flock of birds"처럼 구체적으로 표현하는 것이 좋다.

04 4개의 이미지가 다시 생성되면 여기에서 최종 이미지를 선택 또는 재생성할 수 있다. 필자는 [첫 번째 이미지]를 선택하였다.

05 줌아웃 이미지 생성하기 하나의 이미지로 다양한 변화를 주어 동영상(장면)으로 사용하기 위한 준비를 해보자. 앞서 클릭한 이미지의 설정 창이 열리면 Zoom의 [2x]를 클릭하여 두 배로 커진 이미지를 생성한다.

06 다음과 같이 4개의 줌아웃된 이미지가 생성되었다. 생성된 4개의 이미지 중 헤어 스타일까지 똑같은 [두 번째 이미지]를 선택해 본다. AI 이미지는 동일한 프롬프트, 스타일, 참조 이미지를 사용하더라도 약간의 변화가 생기기 때문에 원본(사용자가 원하는) 이미지와 완벽하게 똑같은 것을 얻기란 쉽지 않다.

07 **풀 샷 이미지 생성하기** 설정 창이 열리면 More의 [Edit]를 클릭하여 편집 창을 열어준다.

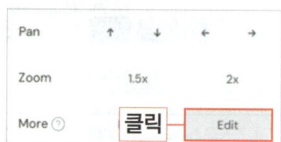

08 편집 창이 열리면 크기 조절 및 위치 이동을 통해 그림과 같은 [크기]와 [위치]로 이동하여 풀 샷(Full shot: FS)이 표현될 충분한 공간을 마련해 준다.

09 이제 프롬프트 입력창에서 다음과 같이 ❶[간단한 키워드와 풀 샷(Full shot)]이란 핵심 키워드를 입력한 후 원본을 훼손하지 않는 차원에서 이미지를 ❷[생성]한다.

프레이밍 워드(Framing words)

프롬프트 키워드(용어)는 거꾸로 된 샷(Upside-down shot)이나 극단적으로 좁은 각도 샷(Extreme narrow-angle shot) 같은 것을 사용할 수 있기 때문에, 다양한 카메라 각도와 샷 유형을 실험해 보고, 어떤 결과가 나오는지 테스트해 보자. 아래 예시처럼, 극단적인 클로즈업(Extreme close-up), 클로즈업(Close-up), 중간 클로즈업(Medium close-up), 중간 샷(Medium shot) 및 풀 샷(Full shot) 등을 시도해 볼 수 있다.

10 **저장하기** 한 번에 완벽하게 마음에 드는 결과를 얻기 쉽지 않기 때문에 여러 번 시도를 하여 원하는 결과를 만들어 보자. 만약 마음에 드는 이미지가 생성됐다면 이미지 파일로 저장해 놓자. 이미지를 저장하기 위해 저장하고자 하는 이미지를 클릭한 후, [Downlaod image]를 클릭하여 원하는 위치와 파일 이름을 입력하여 저장해 준다.

11 위와 같은 방법으로 앞서 생성한 이미지 3개를 저장해 놓는다. 필자는 동영상으로 제작하기 위해 "피자 광고 01, 02, 03"이란 이름으로 이미지(장면)을 저장해주었다.

참조 이미지(스타일)를 활용한 이미지 생성

미드저니는 외부(사진, 그림, 웹에서 캡처) 참조 이미지를 기반으로 새로운 결과물을 재생성할 수 있다. 이를 활용하면 예술적으로 변형 및 특정 스타일로 표현하는 등 창의적인 활용이 가능하다. 특히 건축/제품/패션 디자인 등에서 실제 사진을 바탕으로 다양한 콘셉트를 빠르게 시각화할 수 있다.

◆ 외부(화면 캡처/사진) 이미지로 이미지 생성하기

웹사이트에 있는 이미지를 캡처하여 참조 이미지로 사용할 수 있다. 이번 예시는 "쿠팡"에 있는 사진을 활용해 보자.

01 **화면 캡처하기** 쿠팡에서 다음과 같은 "에코백"을 검색하였다. 이제 검색된 이미지를 캡처해 보자. [Window] + [Shift] + [S] 키를 눌러 원하는 이미지 영역(클릭 & 드래그)을 캡처한다. (맥에서는 Shift + Command + 4)

02 캡처한 이미지를 미드저니에서 사용하기 위해 프롬프트 좌측의 [Add images]를 클릭한다.

03 아래쪽에 이미지 적용 항목이 열리면 ❶[Image Prompts]를 클릭한 후 ❷[Ctrl] + [V] 키를 눌러 캡처된 이미지를 붙여 넣는다.

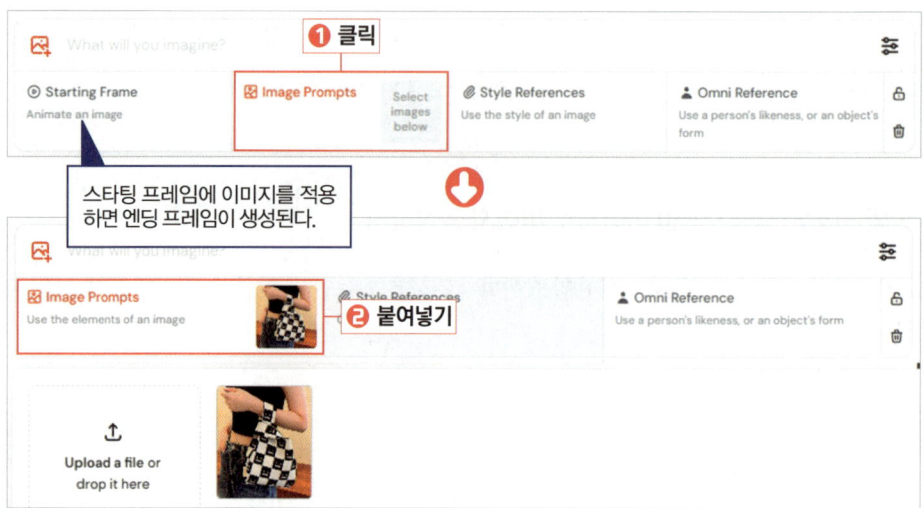

Starting/Ending Frame 이미지를 움직이는 영상(애니메이션)으로 생성할 때, 그 출발점(첫 프레임)으로 사용되는 이미지와 마지막 장면에 사용되는 이미지 적용

Image Prompts(이미지 참조 프롬프트) 업로드한 이미지를 프롬프트에 직접 포함시켜, 그 이미지의 구성 요소(대상, 색감, 분위기 등)를 반영하여 새로운 이미지를 생성

Style References(스타일 참조) 특정 이미지의 스타일(색감, 조명, 질감, 분위기 등)만 추출해 새로 생성되는 이미지에 반영. 예: 흑백 필름 느낌의 사진을 참조 스타일로 적용해, "a cat on the sofa"라는 프롬프트를 입력하면 흑백 필름 톤의 고양이 이미지가 생성

Omni Reference(옴니 참조) 특정 인물의 외형(얼굴, 체형)이나 사물의 형태를 기준으로 하여 새로운 이미지를 생성. 예: 어떤 사람의 전신 사진을 Omni Reference로 지정한 후, 프롬프트에 "in medieval armor"라고 했을 때, 같은 외형을 가진 사람이 중세 갑옷을 입은 모습으로 생성

04 이제 이미지 생성을 위해 다음과 같은 프롬프트를 입력한 후 이미지 크기 설정을 위해 ❶[Settings]를 클릭한다. 이번에는 이미지 크기를 ❷[1:1] 비율로 설정해 보자. 그다음 ❸[보내기] 버튼을 눌로 이미지를 생성한다.

> a stylish young woman holding a checkered handbag, standing in a modern minimalist room, fashion photography style, soft natural lighting, high detail, full body shot
>
> # 체크무늬 가방을 든 세련된 젊은 여성, 모던하고 미니멀한 공간에 서 있음, 패션 화보 스타일, 부드러운 자연광, 고해상도 디테일, 전신 샷

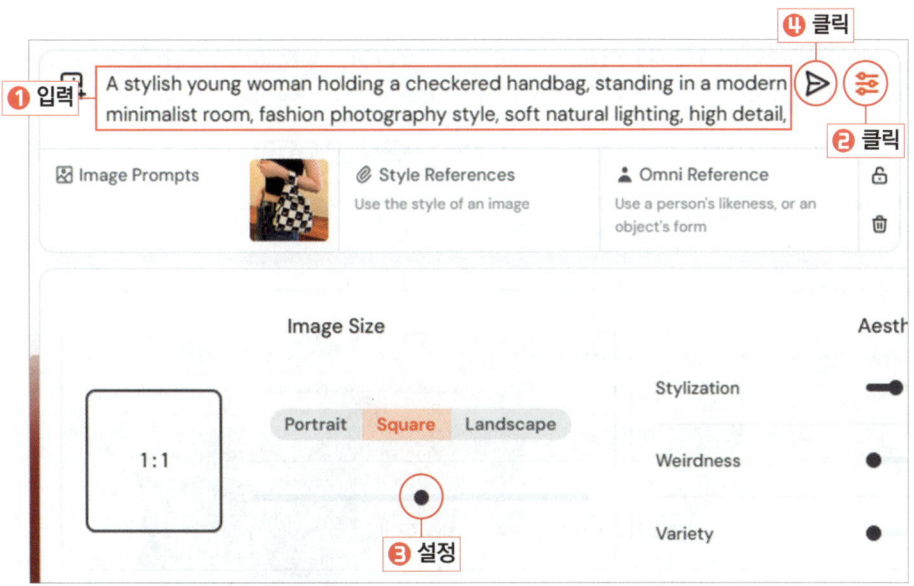

05 다음과 같이 4개의 이미지가 생성되었다. 참조 이미지를 활용한 결과물들은 체크 패턴 가방이라는 공통 디자인 아이덴티티를 유지하면서도, 서로 다른 패션 스타일과 분위기로 재구성된 것을 알 수 있다. 이와 같은 방법으로 웹사이트나 직접 촬영한 이미지를 재가공하면 저작권이 해결된 이미지로 사용할 수 있다. 최종적으로 사용될 이미지는 저장해 놓는다.

◆ 스타일 참조 이미지로 이미지 생성하기

미드저니는 특정 이미지의 스타일을 참조하여 새로운 이미지를 만들 수 있다. 이는 색감, 조명, 질감, 분위기 같은 시각적 특징을 추출해 다른 주제에 적용하는 방식으로, 동일한 톤과 무드를 유지하면서도 전혀 다른 대상을 창의적으로 표현할 수 있다. 특히 일관된 비주얼 아이덴티티가 필요한 프로젝트에서 유용하다.

01 프롬프트 좌측의 ❶[Add images]를 클릭한 후 ❷[Style References]를 클릭한다. 그다음 준비된 ❸[스타일 참조 이미지]를 적용한다. 스타일 참조 이미지는 주로 유명한 작가의 작품 스타일을 사용하지만, 지금처럼 직접 그린 작화는 채색까지 되었기 때문에 스타일 참조 이미지로 충분하다.

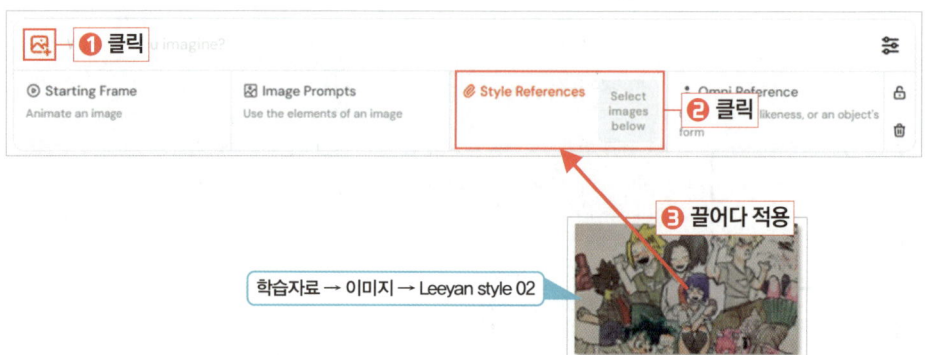

☑ 참조 이미지를 적용하는 방법 중 직접 끌어다 적용하는 방법 외에도 [Upload a file or drop it here]에 등록된 이미지를 사용하는 방법도 있다.

02 이제 다음과 같은 ❶[프롬프트]를 입력한 후 ❷[보내기] 버튼을 눌러 이미지를 생성해 본다. 참고로 설정(Settings)에서 사용된 이미지 비율은 1:1(정사각형)이다.

📨 a lone anime hero in dramatic style, standing on a rooftop at night, holding a glowing sword, wind blowing through their hair, highly detailed, cinematic lighting

밤의 옥상에 서 있는 주인공, 빛나는 검을 들고 있으며 바람에 머리가 흩날림, 세밀한 묘사, 시네마틱 조명

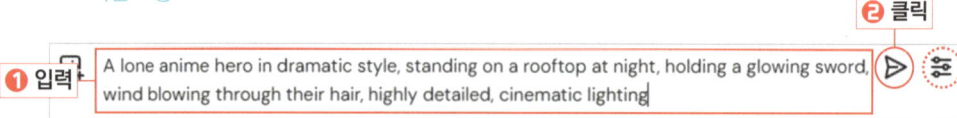

03 생성된 4개의 이미지를 보면, 스타일 참조 이미지와 유사한 색감, 질감, 선 처리 방식이 그

대로 반영된 것을 알 수 있다. 특히 붓 터치 같은 거친 질감과 어두운 하늘의 대비, 그리고 극적인 조명 효과가 공통적으로 드러난다. 인물의 표정, 포즈, 배경 디테일은 프롬프트의 지시에 따라 다양하게 변형되어 새로운 장면으로 재구성되었다. 최종적으로 사용될 이미지는 저장해 놓는다.

◆ 옴니 참조 이미지로 이미지 생성하기

옴니 참조(Omni Reference)는 이미지 속 캐릭터의 전체적인 모습(정체성)을 가져와서, 다른 상황이나 스타일에 그대로 투영하여 인물이나 사물의 외형을 기반으로 새로운 이미지를 생성할 수 있도록 해준다. 이를 통해 동일한 인물의 얼굴, 체형, 또는 사물의 형태를 유지하면서 다양한 상황이나 스타일로 변형할 수 있다. 패션 화보 응용, 게임 캐릭터 변환, 제품 디자인 시각화에 유용하다.

01 패션 화보 스타일 만들기 먼저 주요소가 "체크무늬 가방을 든 여인"인 이미지를 옴니 참조 이미지로 활용하여 주요소를 유지하면서 프롬프트에서 지시하는 상황이나 스타일에 맞는 이미지를 생성해 보자. 다음과 같은 과정을 통해 옴니 참조 이미지를 생성한다.

> "A stylish woman holding a checkered handbag, walking confidently on a modern city street, full body shot, fashion magazine photoshoot, natural sunlight, cinematic shadows"
>
> \# 체크무늬 가방을 든 세련된 여성, 현대적인 도시 거리를 자신감 있게 걷는 모습, 전신 샷, 패션 매거진 화보 스타일, 자연광, 시네마틱한 그림자

학습자료 → 이미지 → 모델 03

02 결과를 보면 원본 옴니 참조 이미지 속 모델이 들고 있는 가방 아이템을 유지하면서도, 의상/배경/조명에 변화를 주어 서로 다른 스타일의 화보 장면이 연출된 것을 알 수 있다.

03 **아트 일러스트 스타일 만들기** 이번엔 아트 일러스트 스타일 이미지를 생성하기 위해 다음과 같은 과정을 통해 옴니 참조 이미지를 생성한다.

> a fashionable character with a checkered handbag, illustrated in anime style, standing in front of neon city lights, vibrant colors, dynamic pose, highly detailed artwork
>
> # 체크무늬 가방을 든 패셔너블한 캐릭터, 애니메이션 스타일 일러스트, 네온 도시 불빛 앞에 서 있음, 생동감 넘치는 포즈, 디테일한 아트워크

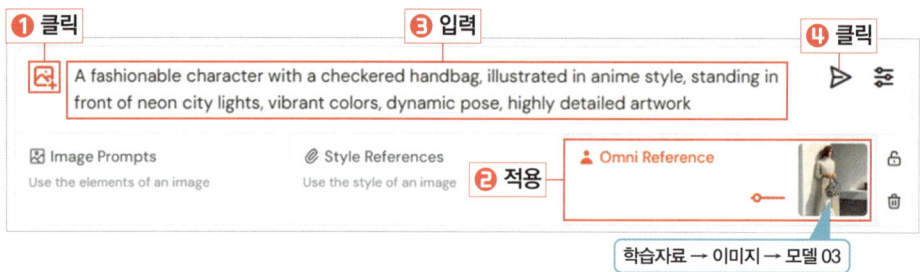

04 결과를 보면 체크무늬 가방이라는 제품 아이덴티티는 유지하면서도, 강렬한 네온 배경과 일러스트 특유의 색감 덕분에 게임 캐릭터 아트, 애니 포스터, 웹툰 콘셉트 시각화로 활용하기 좋은 결과의 이미지가 생성된 것을 알 수 있다.

◆ 스타일은 유지되고 얼굴만 교체된 이미지 생성하기

앞서 학습한 세 가지 참조 이미지를 적절히 혼합하여 활용하면 이미지 생성 과정에서 얼굴만 교체하면서도 기존의 스타일과 분위기를 그대로 유지할 수 있으며, 이를 통해 동일한 의상, 포즈, 배경은 그대로 두고 원하는 인물의 얼굴만 반영한 결과물을 만들 수 있다. 이 방법은 광고, 프로모션, 캐릭터 디자인 등에서 다양하게 활용할 수 있다.

01 이번에 사용한 참조 이미지는 "체크무늬 가방을 든 여인"이며, 옴니 참조 이미지는 "주름 가득한 나이든 남자"이다. 이 두 이미지가 적용된 후 [Keep the face]라는 간단한 프롬프트를 입력해서 이미지를 생성해 본다.

02 결과를 보면 Image Prompt와 Omni Reference를 함께 활용하여 얼굴만 교체되고 의상, 포즈, 배경 같은 스타일은 그대로 유지된 것을 알 수 있다. 이처럼 여러 참조 이미지를 조합하여 활용하면, 원하는 부분의 변화를 주면서도 나머지 요소는 유지할 수 있어 더욱 정교하고 사용자 목적에 맞는 결과물을 얻을 수 있다.

🔨 미드저니 고급 사용법: 일관된 이미지 생성법

미드저니는 퍼스널라이즈, 무드보드(P코드), 스타일 튜너 그리고 미드저니 프롬프트를 보다 체계적으로 작성할 수 있게 해주는 확장 도구 등을 활용하여 개인화 스타일의 캐릭터(아바타)와 독창적인 그래픽 배경을 만들 수 있다. 이를 통해 단순한 이미지 생성이 아닌 창의적인 비주얼 스토리텔링 도구로 확장할 수 있다.

스타일 튜너로 맞춤형 이미지 생성하기

튜너(Tuner)는 프롬프트 기반으로 다양한 시각적 스타일 샘플을 생성해 원하는 분위기를 선택할 수 있게 하는 기능(스타일 코드)이다. "패스트(Fast) 모드"와 "5.2 버전"에서만 지원되며, 결과를 시각화하고 최적의 스타일을 고르는 데 유용하다. 이 코드를 사용하면 앞으로 생성하는 작품에 맞춤형 스타일을 일관되게 적용할 수 있다.

01 필자가 미리 요청해 놓은 [https://tuner.midjourney.com/uuxY7GY]로 들어간다. "미드저니 스타일 튜너" 웹사이트가 열리면 미적 측면을 미세하게 조정하는 두 가지 방법 중 ❶[큰 그리드에서 좋아하는 것을 선택(Pick your favorites from a grid)]해 보자. 그러면 모든 이미지가 개별적으로 나타나는 것을 알 수 있다. 여기에서 ❷[원하는 하나의 이미지]를 선택하여 선택된 이미지의 프롬프트와 스타일 코드를 확인해 본다.

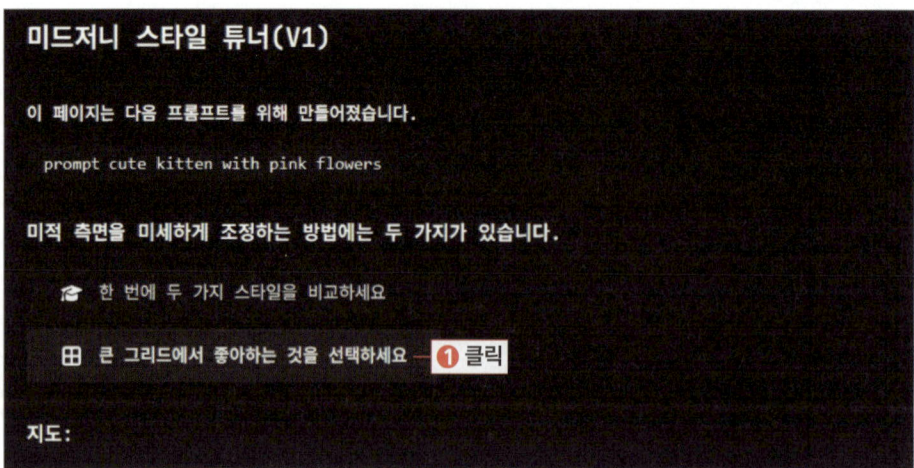

02 스타일 코드와 프롬프트 전체를 복사할 수도 있지만, 이번에는 [스타일 코드와 사용 버전 파라미터만 선택하여 복사(Ctrl+C)]한다.

03 복사된 코드를 미드저니 프롬프트 입력 창에 ❶[붙여 넣기(Ctrl+V)]한다. 그리고 앞쪽 문장에 생성하고자 하는 ❷[프롬프트를 입력]한 후 ❸[보내기: Submit)] 버튼을 클릭한다.

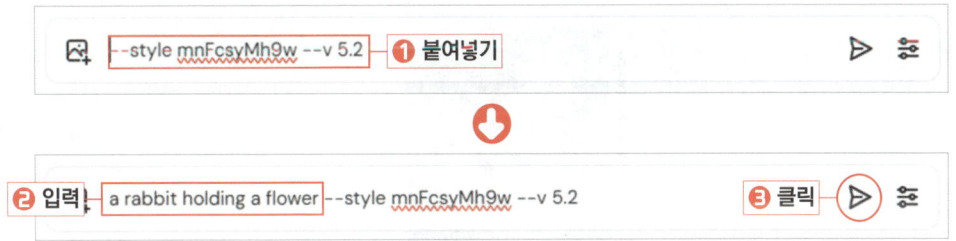

04 생성된 이미지를 보면 선택한 스타일 코드와 같이 소박하면서도 초현실적이고 약간 고딕스러운 동화 일러스트 느낌의 토끼가 표현된 것을 알 수 있다.

살펴본 것처럼 스타일 코드를 사용하면 동일한 분위기와 톤을 유지하면서도 피사체나 소품만 바꿔 다양한 이미지를 재생성할 수 있다. 스타일 코드의 활용은 창작자의 세계관을 통일감 있게 확장하고, 특정 주제(동물, 사물, 인물 등)를 시리즈로 제작하는 데 특히 효과적이다.

💡 다양한 스타일 튜너 활용법

기본적으로 스타일 튜너 작업을 하기 위해서는 미드저니 웹 버전이 아닌 "디스코드"에서의 미드저니를 사용해야 한다. 디스코드 미드저니의 프롬프트에 [/tune] 명령어를 입력(또는 선택)한 후, 뒤쪽에 원하는 텍스트를 입력(prompt cute kitten with pink flowers)하면, 생성될 이미지의 모델 버전과 Style Directions(16, 32, 64, 128), 스타일 튜너가 준비되었다는 메시지와 스타일 튜너 페이지로 이동할 수 있는 고유 URL(매번 새롭게 생성됨)이 제공되고, 이 [URL]을 클릭하여 해당 스타일 튜너 웹사이트를 열어 줄 수 있다.

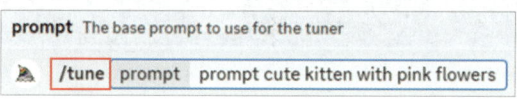

본 도서에서는 모든 미드저니 기능에 대해 다룰 수 없기 때문에, 미드저니에 대한 모든 것을 알고 싶다면 필자가 집필한 [미드저니 마스터 클래스] 도서를 참고한다.

개인화(퍼스널라이즈) 스타일 코드(P)로 이미지 생성하기

개인화(Personalize) 이미지 생성은 미드저니의 사용자 맞춤형 모델을 활용해 사용자 취향과 선호를 반영한 이미지를 만드는 방식이다. 사용자가 이미지에 "좋아요"를 누르거나 "순위"를 매기면, 미드저니는 사용자가 선호하는 시각적 스타일을 학습하여 개인화 스타일을 사용할 수 있도록 한다. "Pair Ranking"과 "Explore"에서 선택한 이미지를 기반으로 학습해 사용자의 고유한 미적 감각을 이해하고, 그 결과 개인화 코드가 적용된 만족스러운 이미지를 생성할 수 있다.

01 사이드바에서 ❶[Personalize]를 선택한다. 처음 이 기능을 선택하면 다음과 같이 "개인화" 기능이 잠겨있다. 설정을 하지 않았기 때문이다. 이제 개인화 설정을 하기 위해 아래쪽 V7 Profiles의 ❷[Continue ranking to unlock: 0 of 200 Rankings] 클릭하다.

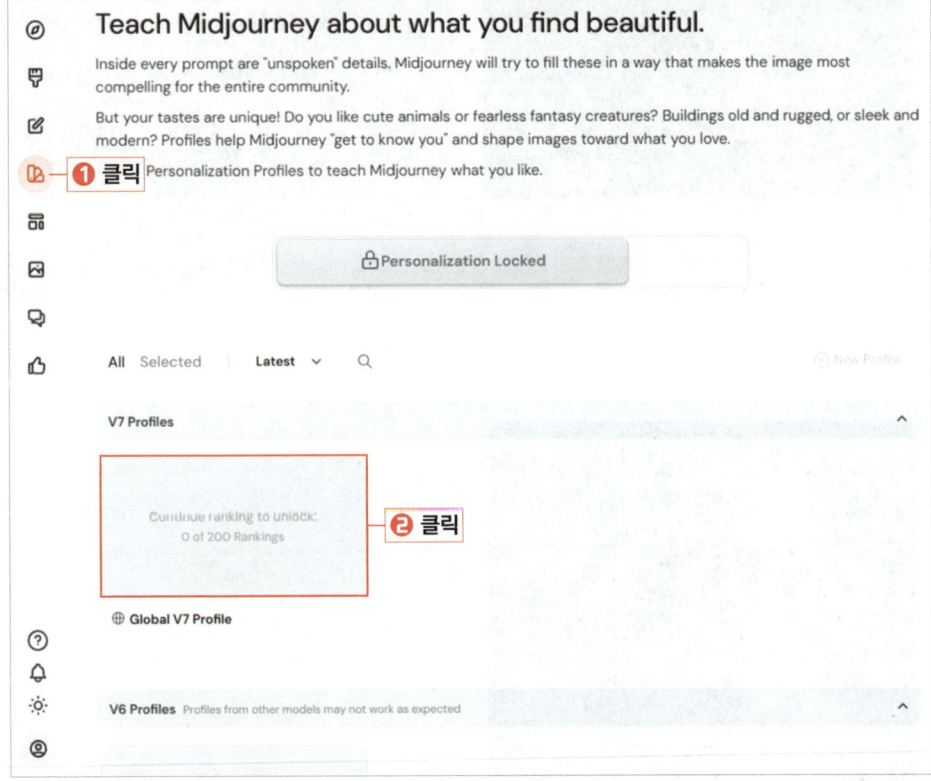

☑ 개인화 설정은 미드저니 모델 버전별로 가능하다. 만약 최신 버전이 아닌 하위 버전에 대한 설정을 하고 싶다면 원하는 모델 버전을 선택하여 설정하면 된다.

02 첫 번째 선택이다. 두 그림 중 사용자가 좋아하는 스타일의 그림을 ❶[클릭]한다. 그러면 다음으로 넘어가며, 계속해서 사용자 자신의 스타일에 가까운 그림을 클릭해 나가면 된다. 총 200회를 진행해야 하며, 자신의 스타일이 없다면 ❷[스킵]해도 된다.

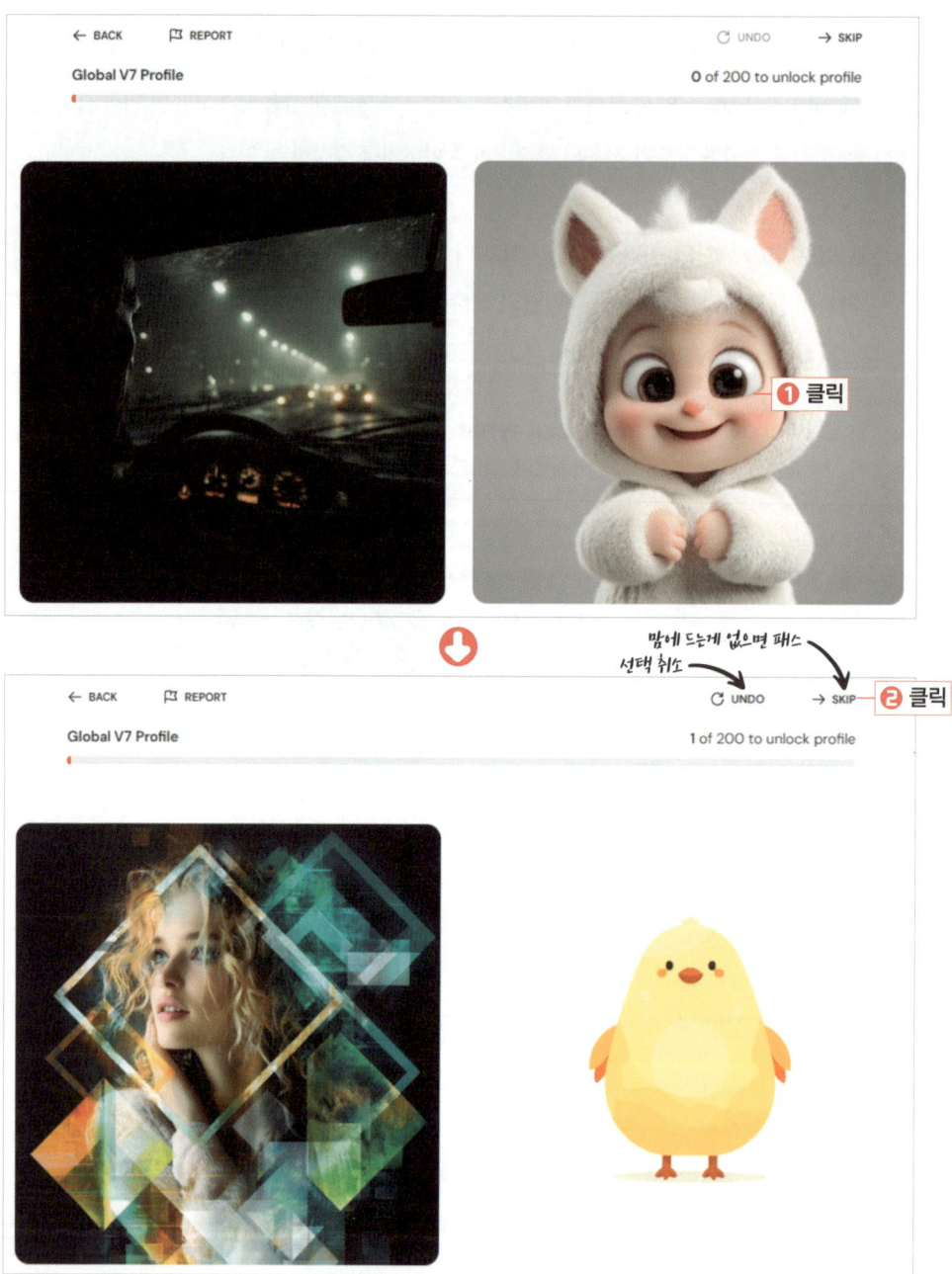

03 200회의 선택이 끝나면 개인화 코드를 사용할 수 있다. 입력된 프롬프트 뒤에 [--P 개인화 코드(주황색 코드)]를 입력하면 된다. 이제 설정된 개인화 코드를 사용해 보기 위해 [Try it out]을 클릭한다. 참고로 계속 선택(설정)하고 싶다면 "Continue teaching"을 클릭하면 된다.

04 프롬프트 우측에 있는 [P] 메뉴를 클릭해 보면 개인화(Personalize) 기능이 활성화된 것을 알 수 있다. 현재는 최신 모델인 V7 버전이 사용된다.

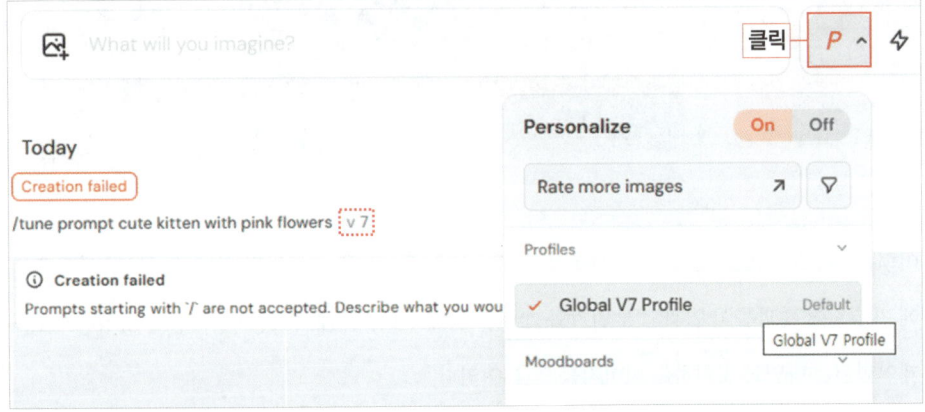

05 다음과 같이 ❶[프롬프트]를 입력한 후 이미지를 ❷[생성]해 보자. 개인화 코드는 프롬프트에 입력된 텍스트 맨 뒤쪽을 한 칸 띄운 후 매개변수 [--P] 뒤쪽에 입력해야 한다.

> a cute chibi-style cat wearing a hoodie, big sparkling eyes, pastel colors, soft lighting --p 416af194-5b25-4b10-901b-a48bacb79a89
>
> # 후드를 입은 귀여운 치비 스타일 고양이, 반짝이는 큰 눈, 파스텔 톤 색감, 부드러운 조명, 개인화 코드 적용

```
A cute chibi-style cat wearing a hoodie, big sparkling eyes, pastel colors, soft lighting   ❷ 클릭
--p 416af194-5b25-4b10-901b-a48bacb79a89   ❶ 입력(복사 후 붙여넣기)
```

06 개인화 코드를 사용한 이미지는 다음과 같이 앞서 필자가 선택한 200개 스타일과 일치되는 것을 알 수 있(었)다. 아래 두 번에 거쳐 생성한 이미지들은 모두 필자의 개인화 스타일과 일치된 결과이다.

이렇듯 개인화 코드를 활용하면, 사용자가 미리 선택한 수많은 스타일적 취향이 이미지 생성 과정에 반영되어 결과물이 일관된 분위기와 개성을 갖게 된다. 위 예시처럼 단 두 번의 생성만으로도 개인화된 스타일과 일치하는 이미지를 얻을 수 있다.

무드보드(Moodboard)로 개인화 스타일 이미지 관리하기

무드보드는 사용자가 즐겨 사용하는 스타일을 효율적으로 관리하고, 이미지 생성을 하기 위한 기능이다. 무드보드는 로컬 파일, 웹 링크, 갤러리 세 가지 경로를 통해 자유롭게 무드보드를 구성할 수 있다. 살펴보기 위해 사이드바의 ❶[Moodboard]를 선택한 후 ❷[Add an image to get started]를 클릭해 본다.

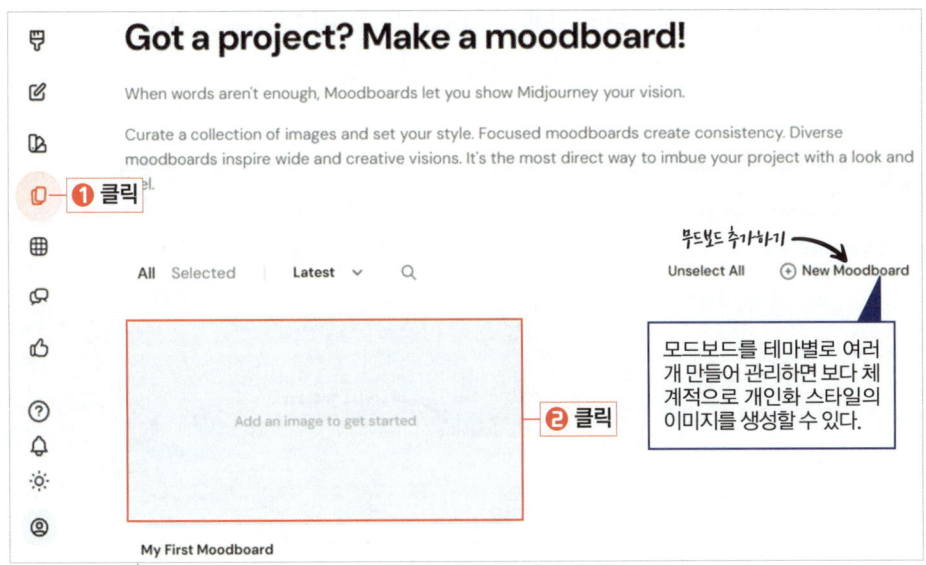

01 무드보드는 세 가지 방식으로 이미지를 추가할 수 있다. 여기에서는 [Upload Image]를 통해 살펴보자.

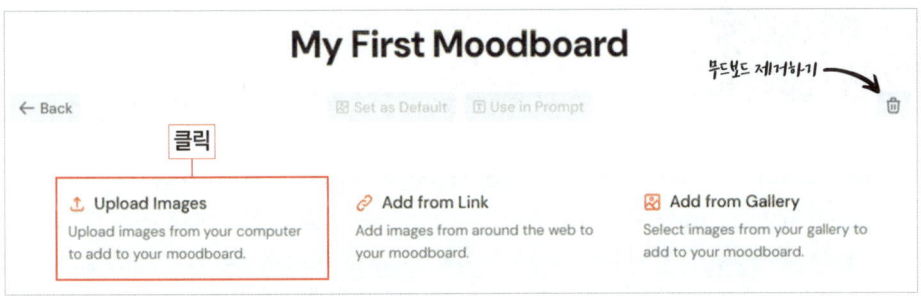

Upload Images 사용자의 PC에서 직접 이미지를 업로드하여 무드보드에 추가하는 방식으로, 개인 소장 이미지나 직접 촬영한 자료를 활용할 때 적합

Add from Link 웹상의 이미지 링크(URL)를 추가해 무드보드에 불러오는 방식으로, 온라인에서 발견한 레퍼런스 이미지를 손쉽게 반영

Add from Gallery 미드저니 갤러리에서 이미 생성한 이미지를 선택해 무드보드에 추가하는 방식으로, 이전 작업물이나 마음에 드는 결과물을 재활용할 때 유용

02 무드보드에 적용된 이미지를 사용하기 위해 직접 끌어다 프롬프트로 이동한다. 그러면 다

음과 같은 메뉴가 나타나는데, 참조 스타일로 사용하기 위해 ❶[Style References]에 갖다 놓는다. 그다음 ❷[프롬프트]를 입력한 후 이미지를 ❸[생성]한다.

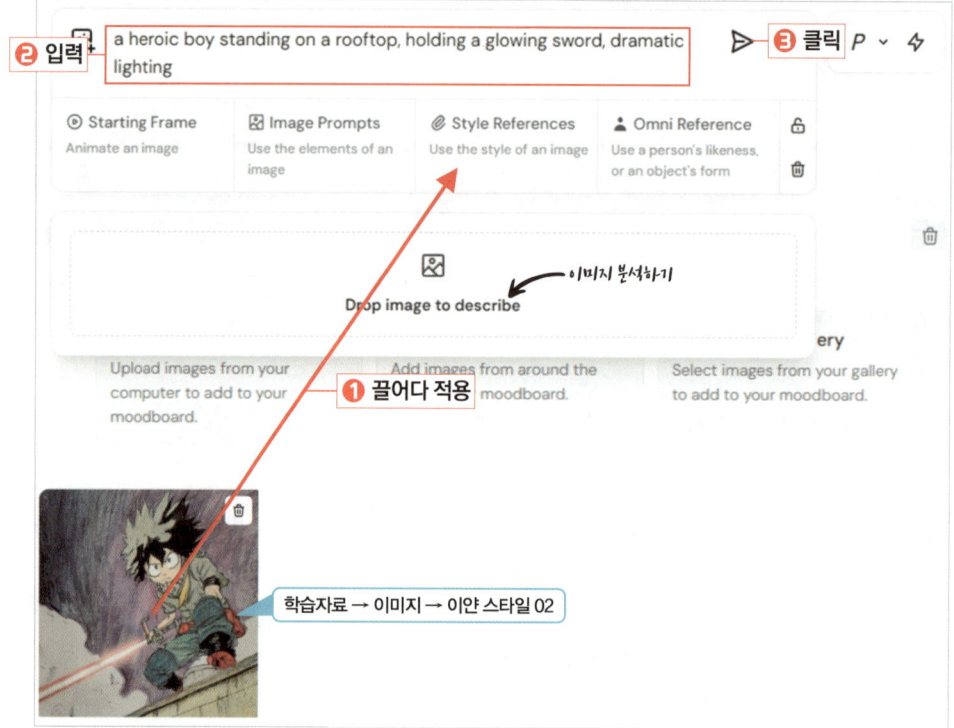

Drop image to describe 이 곳으로 이미지를 갖다 놓으면, 적용된 이미지를 분석해서 장면, 인물, 색감, 분위기 같은 주요소를 분석하여 텍스트(프롬프트)로 생성해 줌. 일종의 이미지 → 프롬프트 변환 도구라고 볼 수 있으며, 이 방법을 활용하면 복잡한 장면을 직접 설명할 필요 없이, 특정 이미지의 참고용 프롬프트를 얻을 수 있고, 이후 세부적인 요소만 수정해서 이미지를 재생성 가능

💡 **챗GPT 확장 도구로 미드저니 프롬프트 생성하기**

확장 프로그램에서 제공되는 다양한 미드저니 관련 도구를 통해 미드저니 전용 프롬프트 작성 도구를 활용할 수 있다. 챗GPT 좌측 상단의 [GPT 탐색] 메뉴를 선택한 후, 검색기에 [미드저니]를 입력해 보면, [미드저니 프롬프트 만드는 프롬프트]를 사용할 수 있다.

03 생성된 이미지를 보면 무드보드에 적용됐던 스타일과 동일하게 표현된 것을 알 수 있다. 이처럼 무드보드를 사용하면 다양한 스타일을 관리하면서 즉각적으로 원하는 스타일의 이미지를 생성할 수 있어 작업의 일관성을 유지하는 동시에 새로운 시각적 변화를 간편하게 시도할 수 있다. 특히 프로젝트별, 주제별로 무드보드를 구분해 놓으면 이미지 생성 과정이 훨씬 체계적이고 효율적으로 진행된다.

> **무드보드 이름 변경하기**
>
> 여러 무드보드를 사용하게 되면 쉽게 찾아 쓸 수 있는 이름으로 바꿔놓는 것이 좋다. 무드보드의 이름 수정은 해당 무드보드에서 [확장 메뉴(점 3개 버튼)] - [Rename] 메뉴를 사용하면 된다.
>
>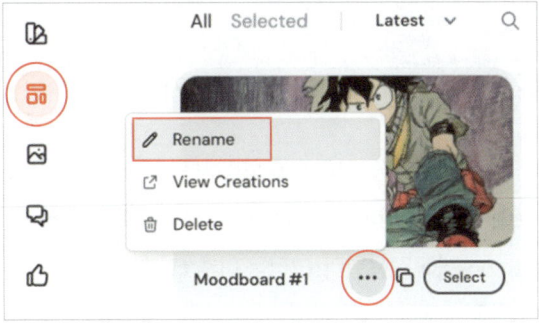

미드저니 고급 사용법: 일관된 이미지 생성법 •••• 179

🔺 캐릭터/모델 스타일 업그레이드하기

앞선 학습에서 아트브리더와 제너레이티드 포토스에서 기본 얼굴(캐릭터 초안)을 만들었다면, 이제 미드저니에서 화풍, 의상, 표정 배경 등과 같은 디테일에 대한 스타일 업그레이드가 필요하다. 미드저니에서는 다음과 같은 스타일 업그레이드 작업을 할 수 있다.

디테일 작업을 위한 미드저니 워크플로우

화풍 입히기(Art Style Transfer) 타 AI 도구에서 만든 '기본 캐릭터 얼굴 구조'를 애니메이션, 실사, 유화, 만화 등의 화풍을 덧입힐 수 있음

세부 디테일 강화(Detail Enhancement) 단순했던 캐릭터(모델)의 표정과 피부 질감, 헤어 디테일, 조명, 눈동자의 반짝임 등을 고해상도로 보정

의상/스타일 변주(Fashion & Costume) 니트 → 교복, 캐주얼, 판타지 의상 등 다양하게 변환 가능하며, 액세서리, 헤어핀, 목걸이, 이어폰 같은 소품 추가 가능

표정과 분위기 조정(Expression & Mood) 미소, 사색, 슬픔, 설렘 등 감정 표현 강조가 가능하며, 배경과 함께 감정을 강화(가을 공원, 밤하늘, 교실 분위기 등)

배경 확장(Scene Expansion) 인물을 넘어 배경까지 디테일하게 만들어 줌(숲, 도시, 학교 운동장 등)

고해상도/출력용 퀄리티 확보 고해상도 스타일링 가능

아트브리더에서 만든 캐릭터 스타일 변경하기

◆ 애니메이션 장면 연결을 위한 참조 이미지 만들기

01 아트브리더에서 만든 얼굴 초안 이미지를 보다 세련된 스타일로 업그레이드하기 위해 미드저니 프롬프트에서 ❸[Add Images] 버튼을 눌러 다음과 같이 ❷[얼굴 초안] 이미지를 가져온 후 ❶[Style References]에 적용한다. 그다음 이후 ❹[애니메이션 장면 만들기에서 첫 번째 장면에 사용될 프롬프트]를 이용하여 ❺[캐릭터 이미지]를 생성한다.

📩 a 3d animated scene of a pure, lonely boy, reminiscent of the little prince, sitting alone on a school playground swing, his head bowed, the background is slightly out of focus, showing blurred figures of other children laughing, the mood is melancholic and cinematic

\# 괴롭힘을 당하는 순수한 소년의 모습. 그의 외로움과 슬픔을 3D 애니메이션 스타일로 표현

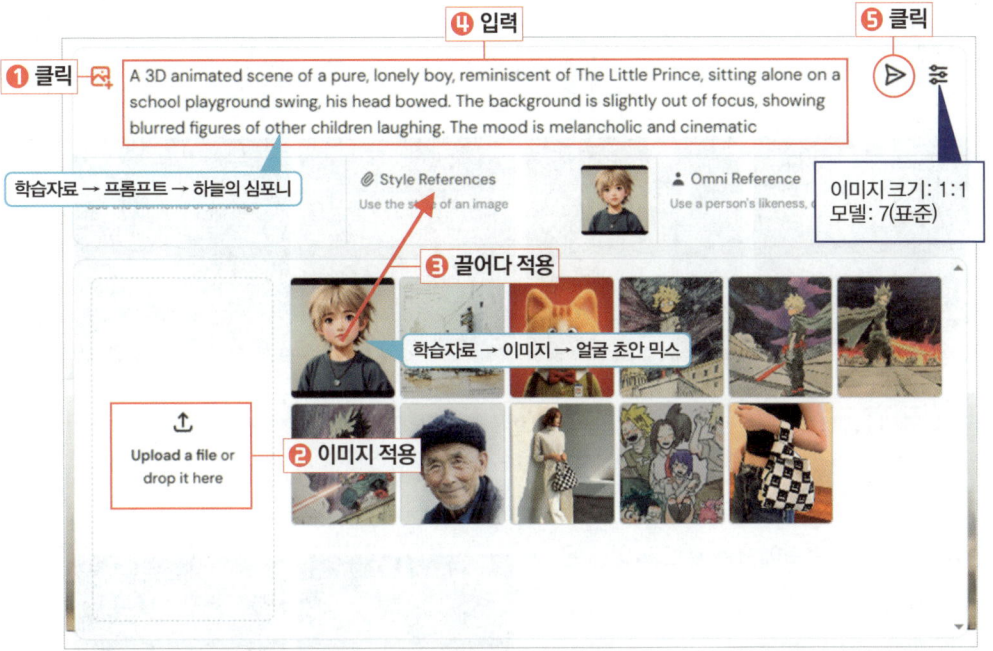

02 생성된 결과를 보면 아트브리더에서 만든 초안(소년 캐릭터 기본 얼굴과 의상)이 미드저니에서 헤어, 피부 톤, 얼굴, 배경, 전체 톤이 더 디테일하고 동화적인 느낌으로 발전된 것을 알 수 있다. 필자는 2번 이미지가 마음에 들어 2번 이미지를 [선택]했다.

03 일관성있는 참조 캐릭터 이미지로 사용하기 위해 하나만 더 만들어 보자. 이번엔 두 번째 장면에 사용되는 프롬프트에 대한 결과이다. 의상에 대한 변화가 많았지만, 1번 이미지가

캐릭터/모델 스타일 업그레이드하기 •••• 181

앞서 생성한 첫 번째 장면의 헤어, 의상(색상)가 거의 동일하기 때문에 1번 이미지를 선택하기로 한다.

> a 3d animation shot of a tearful, little prince-like boy running into a dense, sun-dappled fantasy forest, the camera follows him from behind as he escapes into the deep woods, the forest has a magical, slightly overgrown feel

\# 소년이 자신을 둘러싼 숲속에서 위안을 찾는 장면

☑ 미드저니 웹 버전은 생성된 이미지 속 캐릭터가 매번 조금씩 달라지지만, 처음 생성한 이미지와 큰 차이가 없다면 "런웨이, 피카, 클링AI 등"에서 일관된 캐릭터 생성을 위한 참조 이미지로 사용하는 데 문제없다.

04 하지만 앞모습에서는 후드가 없는 옷이었는데, 뒷모습에는 후드가 있기 때문에 필자는 1번 이미지에 [V Strong]를 실행하여 후드가 없는 캐릭터가 생성될 때까지 이미지를 생성하였다.

05 필자는 "애니메이션" 제작에 참조 이미지로 사용될 두 캐릭터를 다음과 같이 선택하였다.

◆ 장면(이미지)의 특정 부분 수정하기

01 고민 끝에 2번 참조 이미지로 사용될 이미지에서 꽃의 색깔을 다른 색(노랑)으로 수정하기로 하였다. 2번 이미지의 설정 창으로 들어온 후 More의 [Edit] 버튼을 클릭한다.

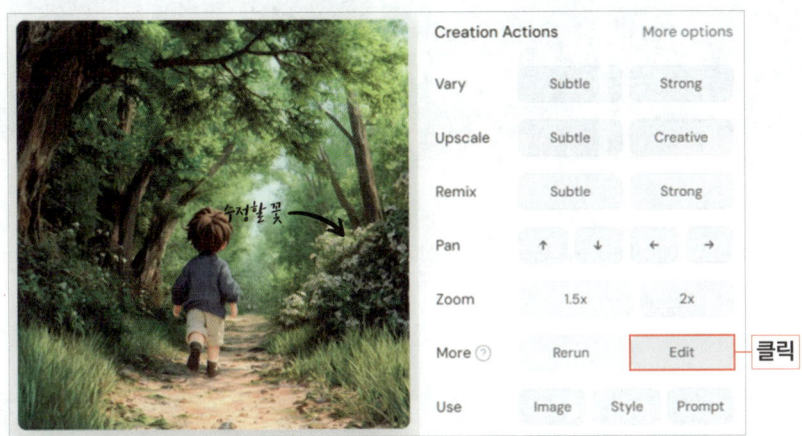

02 다음과 같이 지우개(Erase) 툴로 ❶[수정할 꽃 부분]을 지운 후 ❷[a yellow flower has bloomed]를 입력하여 이미지를 ❸[생성(Submit Edit)]한다.

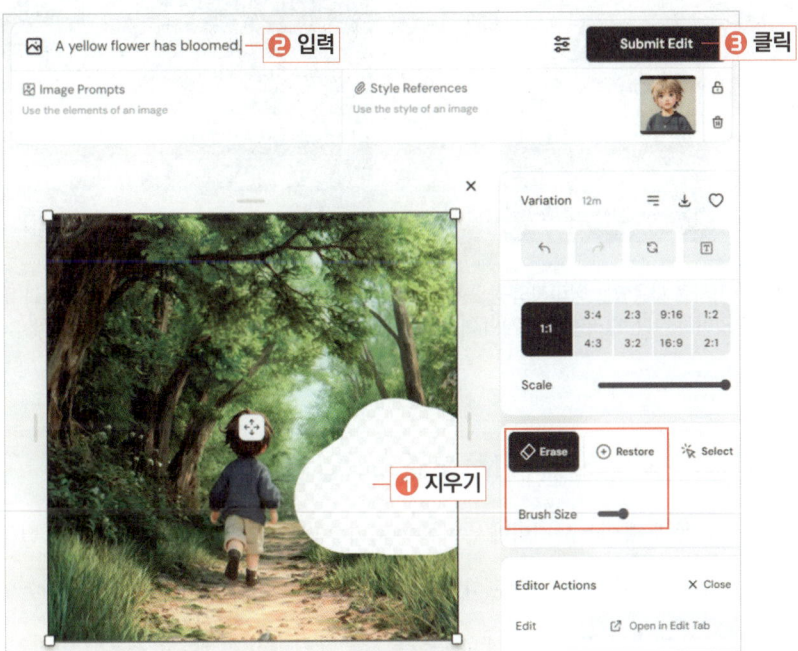

03 생성된 결과는 다음과 같다. 4개의 이미지가 모두 원본과 다른 변화가 있지만, 필자는 3번 이미지를 선택하였다.

04 이것으로 "애니메이션" 제작에 사용할 참조 이미지의 최종 이미지(캐릭터)는 다음의 두 이미지로 결정됐다.

☑ 참조 이미지로 사용되는 이미지의 중요한 요소는 "일관성"이다. 그러므로 지금처럼 앞모습과 뒷모습에 큰 차이가 없어야 한다. 그러면 이 두개의 이미지(캐릭터)로도 수많은 장면에서 일관성을 유지할 수 있다.

제너레이티드 포토스에서 만든 모델 스타일 변경하기

앞서 미드저니를 통해 아트브리더에서 만든 캐릭터 스타일을 보다 세련된 스타일로 만들었듯, 제너레이티드 포토스에서 만든 모델도 미드저니를 거치면 훨씬 세련된 스타일로 만들 수 있다. 살펴보기 위해 앞선 방법과 같이 "Add Images"를 사용하여 준비된 ❶[피자 모델 이미지를 Image

Prompts]에 적용한다. 그다음 이번엔 한글 프롬프트를 사용했을 때의 결과를 확인해 보기 위해 다음과 같이 한글 ❷[프롬프트]를 입력한 후 이미지를 ❸[생성]해 본다.

생성된 이미지를 보면 원본보다 훨씬 세련되고, 자연스러운 결과물이 완성되었다. 특히 피자 모델의 포즈와 시선 처리, 모자와 의상 주름의 질감, 배경의 색조 등이 균형 있게 조화를 이루면서 광고 컷으로 바로 활용 가능한 수준의 완성도를 보여준다. 결과적으로 미드저니를 통해 원하는 콘셉트에 가장 부합하는 이미지를 빠르게 확보할 수 있으며, 이후 동영상 생성 단계에서도 일관된 시각적 흐름을 유지할 수 있다. 이렇게 만들어진 참조 이미지를 바탕으로, 런웨이나 피카, 클링 AI, 소라, 베오 등에서 움직임과 표정을 부여하는 영상을 안정적으로 생성할 수 있다.

미드저니에서 동영상 만들기

미드저니는 정적인 이미지 생성 도구에서 출발했지만, 예술적 스타일을 유지하면서도 짧은 시퀀스로 이야기를 전달할 수 있는 동영상 제작에 활용할 수 있는 강력한 도구가 되었다. 아직은 5초의 짧은 영상만 가능하지만, 미드저니에서만 느낄 수 있는 고품질 아트워크는 사진처럼 사실적인 표현뿐만 아니라, 회화적이고 예술적인 결과물을 디테일하게 표현할 수 있어 AI 영상 제작에서 차별화된 미학적 가치를 제공한다.

한 장의 이미지로 동영상 만들기

미드저니에서 한 장의 이미지로 동영상을 만드는 방법은 아주 간단하다. 사용자가 생성한 이미지를 즉시 동영상으로 만들거나 외부 이미지 및 다른 사람들이 생성한 이미지(동영상)를 가져와 프롬프트를 수정하여 새로운 영상으로 변환할 수도 있다.

◆ 시네마틱 의류 광고 영상 만들기

01 동영상으로 만들어 줄 이미지를 하나 생성해 보자. 단순히 동영상을 만들기 위한 맥락이 아닌, 실제 사용할 수 있도록 다음과 같은 ❶[프롬프트]를 작성(미래 지향적 시네마틱 무드의 의류 광고 느낌의 이미지)하여 ❷[생성]해 본다.

> a young man with a short blonde buzz-cut hairstyle, dressed in a fitted white performance t-shirt, tapered black athletic joggers with subtle graphic accents, and sleek white training sneakers. captured in profile, he is walking in smooth, fluid, continuous motion with an athletic posture. the background is a clean gradient blue with subtle magenta light accents, creating a futuristic, cinematic atmosphere. behind him, a glowing circular progress animation lights up gradually, paired with futuristic text overlay that reads "slide to start." high contrast, editorial sportswear photography lighting with cinematic style, the movement should feel seamless and loopable
>
> \# 금발의 짧은 머리를 한 젊은 남성이 몸에 맞는 흰색 티셔츠와 검은색 조거 팬츠를 입고 부드럽게 걷고 있습니다. 푸른 그라데이션의 미래적인 배경에 'Slide to Start' 문구가 빛나고 있으며, 시네마틱한 스타일과 높은 대비 강조

❶ 입력

A young man with a short blonde buzz-cut hairstyle, dressed in a fitted white performance t-shirt, tapered black athletic joggers with subtle graphic accents, and sleek white training sneakers. Captured in profile, he is walking in smooth, fluid, continuous motion with an athletic posture. The background is a clean gradient blue with subtle magenta light accents, creating a futuri cinematic atmosphere. Behind him, a glowing circular progress animation lights up grad with futuristic text overlay that reads "Slide to Start." High contrast, editorial sportswea photography lighting with cinematic style. The movement should feel seamless and loopable

❷ 클릭

이미지 크기: 1:1
모델: 7(표준)

02 다음과 같이 4개의 이미지가 생성되었다. 이제 4개의 이미지 중 동영상으로 만들고 싶은 이미지 위에 마우스 커서를 갖다 놓고, 메뉴가 나타나면 [Amimate]를 클릭한다.

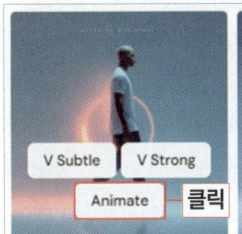   

03 그러면 즉시 해당 이미지의 프롬프트 내용(맥락)을 파악하여 자동으로 동영상을 생성해 준다. 동영상 콘셉트도 약간씩 다른 4개가 생성되는 것을 알 수 있다.

04 생성된 동영상에 마우스 커서를 갖다 놓으면 해당 영상을 다른 콘셉트로 확장(재생성)할 수 있는 두 가지 메뉴를 제공한다. [Extend Manual]에 대해서 알아보기 위해 클릭한다.

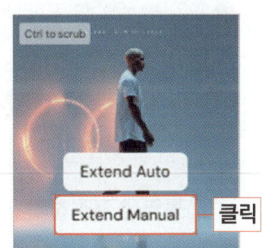

Extend Auto 해당 영상을 분석하여 AI가 자동으로 새로운 영상을 생성(많은 변화 없음)

Extend Manual 해당 영상을 기준, 새로운 프롬프트를 작성하여 프롬프트 내용이 반영된 영상을 생성

05 그러면 선택한 영상이 시작되는 장면 편집을 위한 "Starting Frame"에 적용된다. 이제 프롬프트에 다음과 같이 짧은 ❶[프롬프트(Model walking to the left, shoe color red)]를 입력한 후 영상을 ❷[생성]한다.

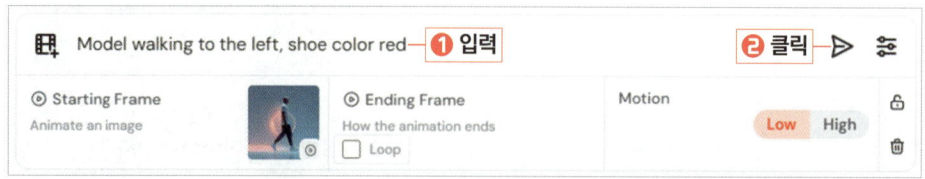

Starting Frame(시작 프레임) 동영상이 시작될 때 사용되는 참조 이미지(동영상) 적용. 생성될 동영상의 시작 장면에 반영

Ending Frame(종료 프레임) 동영상이 끝날 때 사용되는 참조 이미지(동영상) 적용. Loop 옵션을 선택하면, 생성된 동영상이 계속 반복 재생됨. 예를 들어, 한 남성이 걷는 영상이라면, 걷는 동작이 끝나는 시점에서 다시 걷기 시작하는 첫 장면으로 돌아와 계속 반복 재생됨

Motion 영상에 적용될 움직임의 강도(속도) 조절. Low는 미세하고 부드러운 움직임을 만들어내며, High는 더 빠르고 역동적(기본 속도에 가까움)인 움직임 부여

06 결과를 보면 프롬프트에 입력된 내용 중 왼쪽으로 걷는 것이 반영되었고, 빨간색 신발은 반영되지 않은 것을 알 수 있다.

📣 동영상을 재가공할 때 원본 영상의 기본 틀은 변하지 않는다. 그러므로 영상에 변화를 주기 보다는 이미지를 통한 동영상 생성을 권장한다. 미드저니는 스토리가 있는 연속성 장면보다는 하나의 아이디어나 콘셉트를 시각적으로 구현하는 짧은 클립 생성에 적합하다.

07 **동영상 저장하기** 동영상 또한 이미지를 저장하는 것처럼 원하는 동영상을 클릭한 후 설정 화면 우측 상단의 [Download video]를 클릭하여 MP4 형식으로 저장할 수 있다.

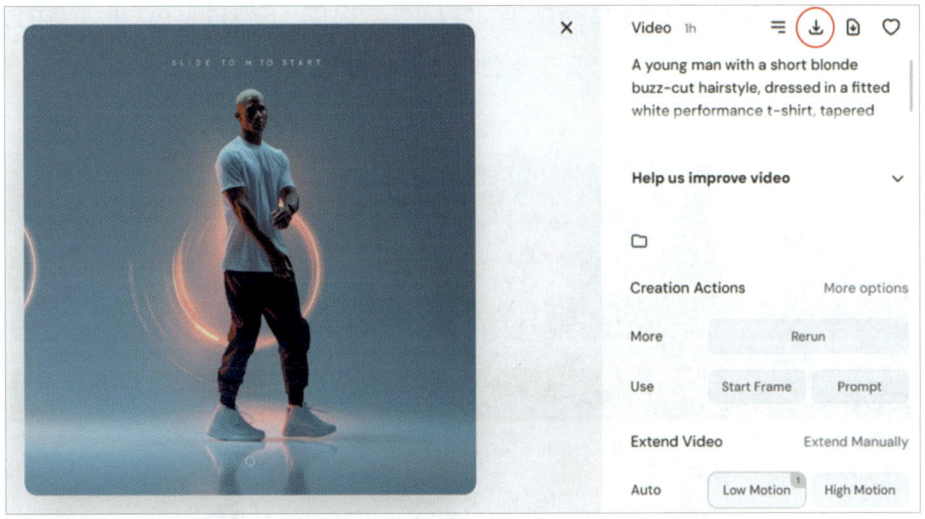

◆ 컬러라이저로 흑백사진을 컬러 영상으로 만들기

01 ❶[Add Images] 버튼을 눌러 오래된 ❷[흑백사진]을 가져와 ❸[Starting Frame]에 적용한다. 그다음 사진 속 인물들의 행위를 구체적으로 ❹[프롬프트]로 작성한 후 ❺[High] 방식으로 동영상을 ❻[생성]해 보자.

> color photo, walking male gentleman waves a hand, and the two children stand blank and look at each other
>
> # 컬러 사진, 걷는 남성 신사가 손을 흔들고, 두 아이는 멍하니 서로를 바라봄

02 다음과 같은 동영상이 생성되었다. 생성된 4개의 동영상은 서로 차이는 있지만, 프롬프트 시지를 반영하고자 했다는 것을 알 수 있다. 그런데, 컬러는 구현되지 않았다.

📢 미드저니는 기본적으로 원본 참조 이미지를 기반으로 이미지를 생성하기 때문에, 흑백 이미지를 컬러로 바꾸는 '컬러라이징(Colorizing)' 작업은 할 수 없다.

03 흑백사진을 컬러로 변환하기 ❶[이미지 컬러라이저(www.imagecolorizer.com) 웹사이트로 찾아 들어간다. 그다음 메인화면에 있는 ❷[Start New Colorizer] 버튼을 클릭한다.

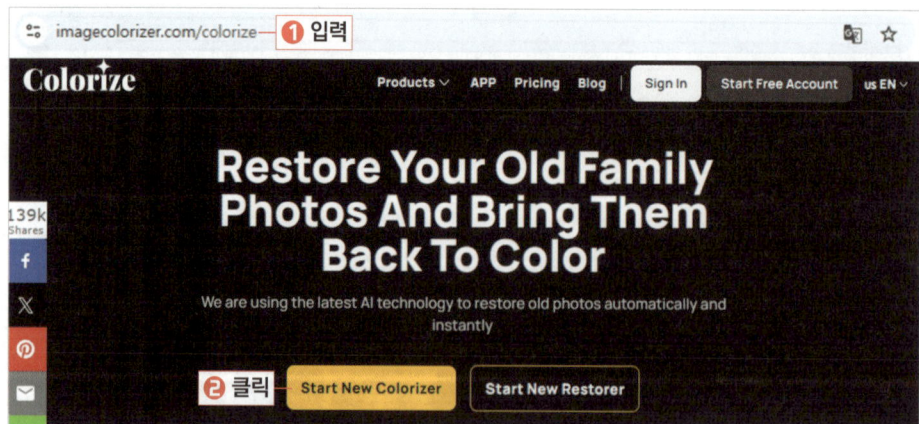

04 이미지 추가하기 화면이 열리면 [Add B&W Image] 버튼을 눌러 앞서 미드저니에서 사용된 흑백사진을 가져온다.

05 흑백사진이 적용되면 특별한 효과 없이 컬러로 변환하기 위해 ❶[Default Colorization]을 선택한 후 ❷[Upload & Start] 버튼을 누른다.

Default Colorization 일반적인 색상 복원에 최적. 빠르고 쉽게 흑백 사진을 컬러로 바꾸고 싶을 때, 특정 색상이나 분위기를 요구하지 않을 때 적합

Customized Colorization 사용자 맞춤형 색감이나 사진에 특별한 예술적 또는 빈티지한 분위기를 부여하고 싶을 때 사용

Face Restore 사진 속 인물의 얼굴을 인식하여 흐릿하거나 손상된 부분을 선명하게 복원

Upscale 200% 품질 손실 없이 이미지 크기를 2배로 확대

Scratches 오래된 사진에 흔히 나타나는 스크래치, 먼지, 찢어진 흔적, 얼룩 등을 감지하여 제거

06 흑백사진이 컬러 사진으로 변환되었다. 이제 별도의 편집(수정)이 필요하지 않다면 [다운로드] 버튼을 눌러 저장한다.

편집기를 통해 영역 자르기, 효과(색상), 그리기, 회전, 액자, 크기 조정 등의 작업을 수행할 수 있다.

07 다시 미드저니로 돌아와서 방금 저장한 컬러 사진을 동영상으로 만들어 본다.

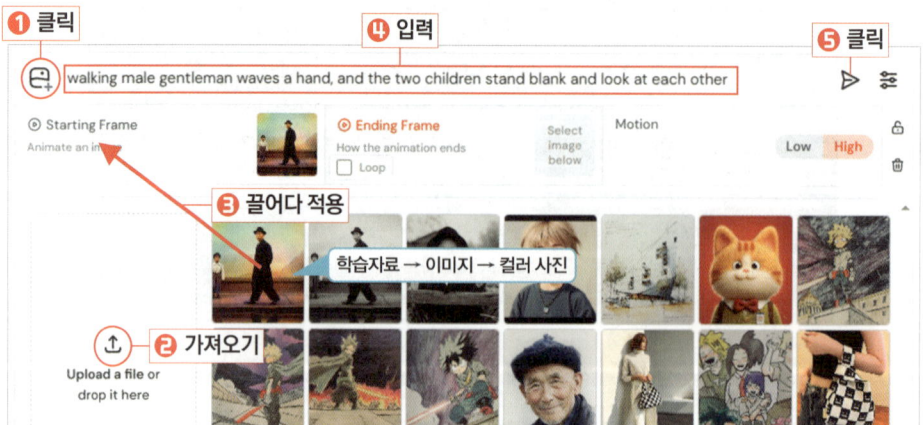

192 ···· 참조 소스 만들기: 이미지 생성하기

08 컬러 사진의 동영상이 생성되었다. 이렇듯 미드저니에서 불가능한 작업은 다른 도구를 활용하여 원하는 결과물을 얻을 수 있다. 더 효율적인 작업을 위해 존재하는 다양한 AI 도구에 대한 탐구의 필요성을 느끼는 학습이었다.

☑ 변환된 컬러 사진을 그냥 동영상으로 만들기 보다, 예술적 스타일이 가미된 이미지로 재가공하여 동영상을 만드는 것이 지금까지 배운 미드저니를 제대로 활용하는 방법이다.

이번 학습을 통해 미드저니의 기본 사용법부터 프롬프트 설계, 스타일 제어, 레퍼런스 이미지 활용까지 익혔다면, 이제는 미드저니의 가능성을 직접 실험해 볼 차례이다. 다양한 프롬프트와 스타일을 조합하며 자신만의 시각적 언어를 완성해 가는 과정은 사용자의 몫이다.

🅕 프리픽으로 목업 이미지 및 캐릭터 시트 만들기

간단한 로고나 제품 이미지를 삽입하는 것만으로도 전문적인 광고 시안, 포스터, 패키지 이미지를 완성할 수 있다. 제품이나 브랜드를 효과적으로 보여주려면 실제처럼 연출된 목업(Mock-up) 이미지가 도움이 된다. 프리픽(Freepik)은 다양한 디자인 리소스를 제공할 뿐만 아니라, 손쉽게 활용할 수 있는 목업 템플릿도 풍부하며, 최근엔 AI 기능을 통해 더 다양한 이미지를 생성할 수 있다. 이번 학습에서는 프리픽으로 목업 이미지 및 일관성 있는 캐릭터 시트 생성에 초점을 맞춰보자.

01 프리픽을 사용하기 위해 구글 검색기에서 ❶[프리픽]으로 검색한 후 ❷[Freepik]을 클릭한다.

☑ 크롬 브라우저 사용을 권장하며, 구글 계정으로 로그인된 상태에서 진행한다.

02 프리픽 시작 화면이 열리면 가장 먼저 로그인할 계정 선택 창이 나타난다. 로그인(회원가입)을 하기 위해 사용자 [구글 계정]을 선택한다.

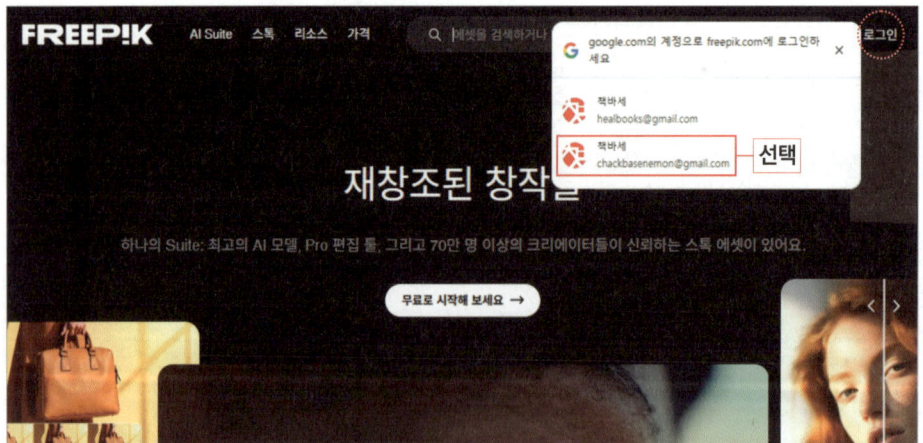

03 선택한 계정을 지속적으로 사용하기 위해 선택한 [계정으로 계속] 버튼을 누른다.

04 프리픽 작업 화면이 열리면 스톡 이미지를 검색하여 원하는 이미지를 찾거나 AI 이미지 생성 도구를 통해 이미지를 생성할 수 있다. 또한, 동영상 및 보이스(음성) 파일까지 생성할 수 있는 다양한 기능을 사용할 수 있다.

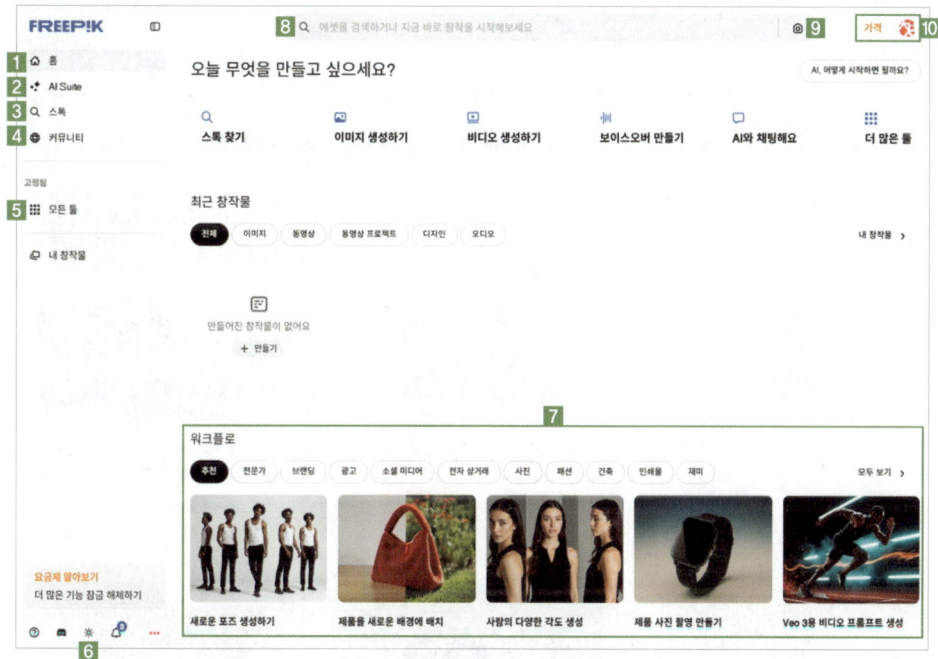

1 **Home** 프리픽 메인 대시보드로 이동하기

2 **AI Suite** AI 기반의 이미지, 동영상, 음성, 디자인 관련 생성형 AI 도구들을 제공

3 **Stock** 벡터, 아이콘, PSD, 사진 등 프리픽이 제공하는 기본 디자인 리소스 라이브러리 열기

4 **Community** 다른 크리에이터들과 소통 및 그들의 작품을 통해 활용 팁 공유

5 **All tools** 프리픽에서 제공하는 모든 기능(이미지 생성, 동영상 생성, 목업 등)을 확인 및 사용

6 **밝기 설정** 프리픽 작업 화면 밝기 설정하기

7 **워크플로** 추천 템플릿이나 다양한 작업 항목을 통해 보다 빠르게 이미지 생성 가능

8 **프롬프트/검색 창** 프리픽에서 제공하는 템플릿, 이미지, 디자인 소스를 검색하거나 새로운 AI 이미지 생성 기능 선택

9 **이미지로 검색** 특정 이미지를 가져와 적용된 이미지와 유사한 이미지 검색

10 **Account/Profile** 사용자 계정 관리 및 구독 플랜(가격/업그레이드) 등을 확인/설정

05 **무료 이미지 다운받기(1일 회수 제한)** 학습에 사용할 목업 이미지를 검색하기 위해, 검색 창에 ❶[피자 박스]라고 입력한 후 ❷[엔터] 키를 누른다. 피자 박스와 관련된 이미지들이 검색되면, 일단 무료로 사용할 수 있는 이미지를 ❸[선택(클릭)]한다.

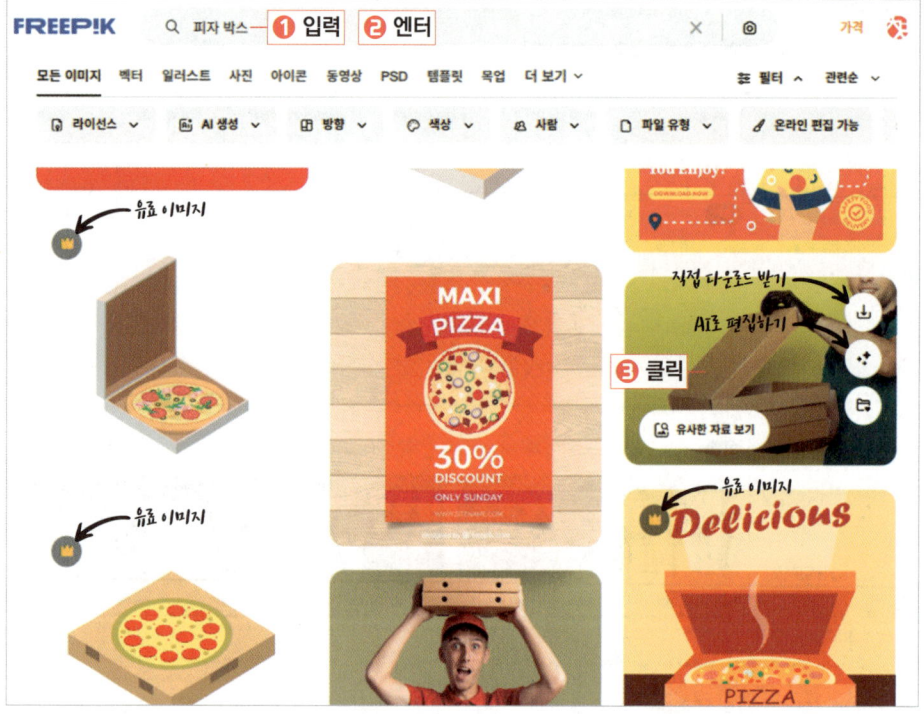

☑ 프리픽은 1일 10~20개 가량의 무료 이미지를 다운로드 받을 수 있다. 많은 양의 이미지를 사용하지 않는다면 굳이 유료 구독을 하지 않아도 된다. 참고로 왕관 마크가 있는 이미지는 유료 구독자만 사용할 수 있는 프리미엄 이미지이다.

06 선택된 이미지의 다운로드 창이 열리면 우측 상단의 ❶[다운로드] - ❷[사이즈] 선택을 한다. 이와 같은 방법으로 무료 이미지를 쉽게 사용할 수 있다.

AI와 대화하기 프리픽의 AI 어시스턴트와 대화하며 이미지 생성, 수정, 아이디어 제안 가능

배경 제거 다운로드할 이미지에 있는 불필요한 배경을 지우고, 주요소만 남기는 기능으로, 제품 사진, 프로필 이미지 제작 등에 활용

설정 조정하기 다운로드할 이미지의 밝기, 대비, 채도, 크기 등 세부 옵션을 직접 조절할 수 있는 기능

소셜 미디어 게시물을 만드세요 인스타그램, 페이스북, 트위터 등 플랫폼별 최적화된 게시물로 업로드

색상 적용하기 특정 색상 팔레트를 이미지나 디자인 전체에 적용하여 브랜드 컬러나 통일된 분위기 연출

AI로 더 해보기 프리픽 AI의 추가 기능을 실행할 수 있는 기능

07 유료 이미지 다운받기

현재는 유료 구독 상태가 아니기 때문에 유료 이미지는 사용할 수 없지만, 캡처 툴을 사용하면 유료 이미지도 사용할 수 있다. 다운로드할 ❶[유료 이미지를 클릭]한 후 다운로드 창이 열리는 순간 ❷[Win] + [Shift] + [S] 키를 누른다. 그러면 유료 이미지에 표시된 워터마크가 나타나기 전에 이미지를 캡처할 수 있다. 캡처한 이미지는 ❸[사진] – [스크린샷] 폴더에 자동 저장된다. 참고로 macOS에서의 캡처는 [Command + Shift + 4]이다.

◆ 배경 투명하게 하기: 불필요한 요소(워터마크/글자 등) 지우기

프리픽의 무료(1일 회수 제한) 기능 중 "백그라운드 리무버"를 이용하면 외부 이미지를 가져와 배경을 투명하게 처리하거나 불필요한 요소(글자, 워터마크 등)를 쉽게 제거할 수 있다.

01 **요소 지우기** 앞서 캡처한 이미지 좌측 상단에 있는 왕관 마크를 지워보자. 프리픽 작업 화면에서 ❶[모든 툴]을 클릭한다. 그다음 툴 목록에서 ❷[백그라운드 리무버]를 선택한다.

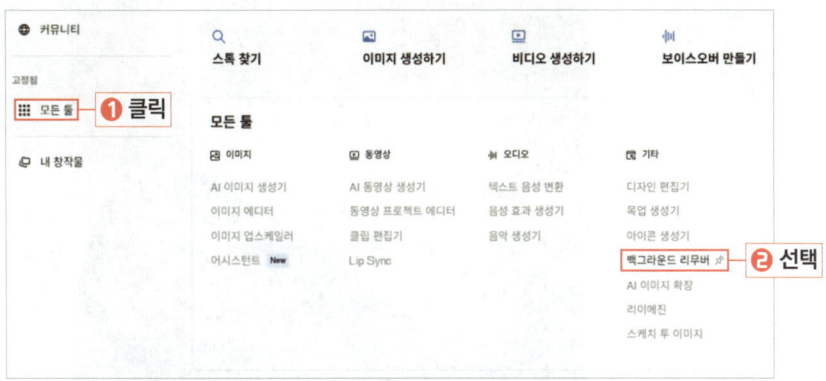

02 이미지(동영상) 추가하기 창이 열리면 ❶[파일 찾아보기]를 클릭하여 앞서 캡처한 이미지를 가져온다. 편집 창이 열리면 ❷[리터치] 툴을 선택한 후 작업 방식을 ❸[지우기]로 선택한다. 그다음 좌측 상단에 있는 왕관 마크를 ❹[드래그하여 삭제]한다.

03 지워질 영영이 파란색으로 지정되면 아래쪽 프롬프트 우측의 ❶[생성] 버튼을 클릭한다. 그다음 ❷[저장] - ❸[저장하고 닫기] 버튼을 클릭한 후 우측 상단의 ❹[내보내기] - ❺[다운로드] 버튼을 클릭하여 왕관 마크가 지워진 새로운 이미지(PNG)로 저장한다.

04 배경 투명 처리하기 앞선 학습의 01, 02번 과정을 참고하여 [배경을 투명하게 처리할 이미지를 가져]온다. 그다음 ❶[배경] 툴을 선택한 후 ❷[투명] 방식을 선택한다. 그다음 ❸[배경 제거] 버튼을 클릭한다.

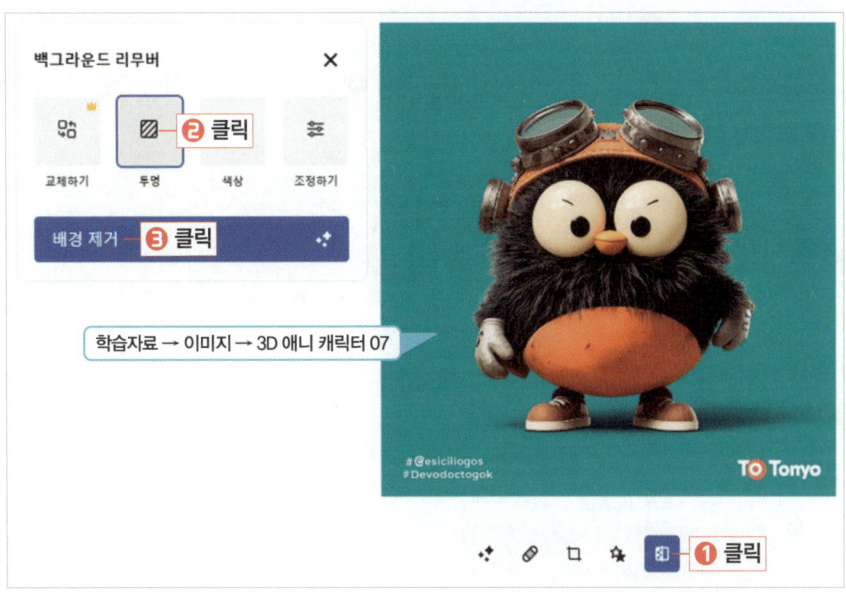

05 배경이 제거되면 ❶[저장] 버튼을 누른 후 ❷[내보내기] – ❸[다운로드] 버튼을 눌러 투명 속성이 포함된 PNG 파일로 저장한다.

◆ 목업 이미지 생성하기

프리픽에서 무료(1일 회수 제한)로 제공되는 "목업 생성기"를 통해 사용자가 원하는 다양한 스타일의 목업 이미지를 생성할 수 있다.

01 프롬프트로 목업 만들기 프리픽 작업 화면에서 ❶[모든 툴]을 클릭하여 열린 툴 목록에서 ❷[목업 생성기]를 선택한다.

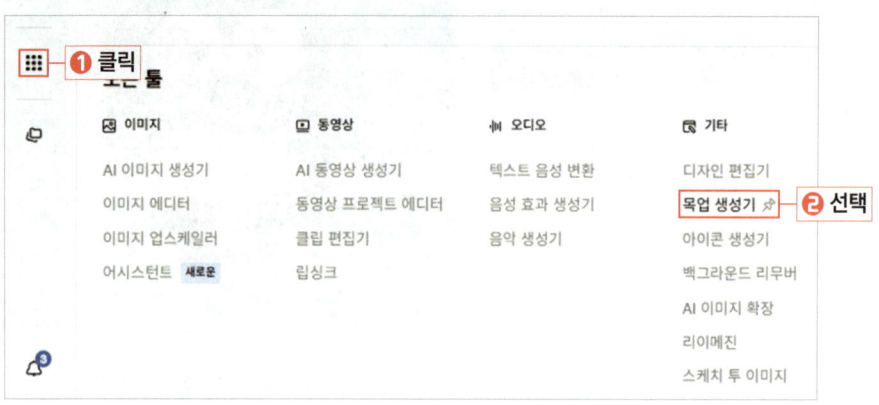

AI 이미지/동영상 생성기 텍스트 및 참조 이미지로 최상급의 이미지/동영상 생성(시드림 및 소라까지 대부분의 AI 생성 모델을 지원하며, 사용 모델에 따라 부분 무료/고급 기능 유료)

이미지 에디터 이미지를 편집(자르기, 색보정 등)할 수 있는 도구(기본 편집은 무료, 고급 템플릿/리소스는 유료)

이미지 업스케일러 해상도를 높여 선명하고 큰 이미지로 변환(유료: Pro 구독 필요)

어시스턴트 디자인 작업을 돕는 AI 비서 기능으로, 추천 및 자동화 지원(무료 체험/일부 유료)

동영상 프로젝트 에디터 여러 영상, 이미지, 오디오를 합쳐 프로젝트 단위 편집(유료: Pro 구독 필요)

클립 편집기 짧은 영상(클립)을 빠르게 자르고 편집(무료/고급 효과 유료)

립싱크 음성에 맞춰 캐릭터의 입 모양을 자동으로 조정(유료: Pro 구독 필요)

텍스트 음성 변환 입력한 글자를 자연스러운 음성으로 변환(TTS)(부분 무료/고급 유료)

음성 효과 생성기 배경음, 효과음을 AI로 생성(유료: Pro 구독 필요)

음악 생성기 분위기, 장르를 설정해 배경 음악 자동 제작(부분 무료/고급 유료)

디자인 편집기 레이아웃, 폰트, 색상 등을 조합해 전문가 수준의 그래픽 디자인 제작(무료/고급 템플릿 유료)

목업 생성기 목업 이미지를 다양한 배경이나 템플릿에 배치하여 생성(부분 무료/고급 유료)

아이콘 생성기 프롬프트로 원하는 스타일의 아이콘 제작(부분 무료/고급 유료)

백그라운드 리무버 이미지의 배경을 자동으로 제거(부분 무료/고급 유료)

AI 이미지 확장 이미지를 확대하거나 빈 여백을 채워 확장(부분 무료/고급 유료)

리이매진(Reimagine) 기존 이미지를 변형해 새로운 스타일이나 변주 이미지 생성(부분 무료/고급 유료)

스케치 투 이미지 단순한 드로잉(스케치)을 완성형 이미지로 변환(부분 무료/고급 유료)

02 목업 생성기 화면에서 ❶[프롬프트] 항목을 클릭한 후 다음과 같은 ❷[프롬프트를 입력]한다. 그다음 ❸[목업 생성]를 클릭하여 목업 이미지를 생성한다.

> 인디언 핑크 모자 목업 컨셉트
> 컨셉트: 20대 초반 여성 모델이 가을 거리를 걷는 장면
> 배경: 낙엽이 떨어진 도심 골목길, 카페 앞 벤치
> 효과: 따뜻한 햇살, 빈티지 감성
> 포인트: 모자를 패션 포인트 아이템으로 강조

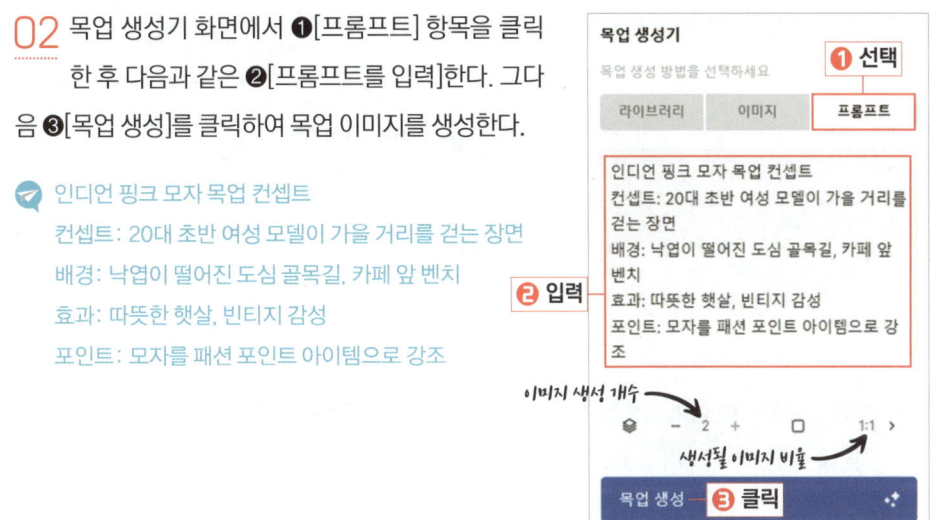

03 결과를 보면 2개(무료 사용자는 개수 제한)의 목업 이미지가 생성된 것을 알 수 있다. 여기에서 마음에 드는 이미지를 선택하여 편집 및 다운로드할 수 있다.

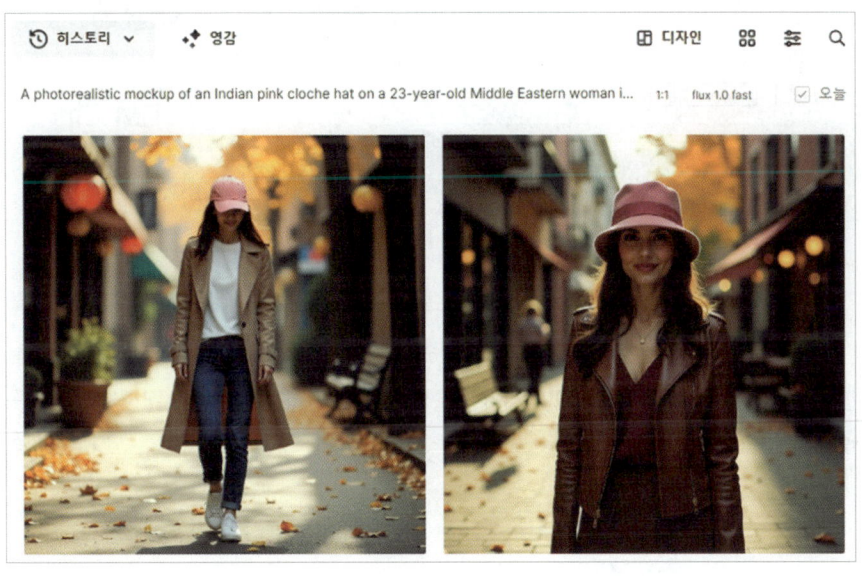

04 **라이브러리를 활용한 목업 만들기** 프리픽 템플릿 라이브러리에 있는 목업 이미지를 활용하면 보다 쉽게 원하는 스타일의 목업을 생성할 수 있다. 이번에는 ❶[라이브러리]를 선택한 후 라이브러리에서 참조 목업 디자인 소스를 선택하기 위해 ❷[목업 선택]을 클릭한다.

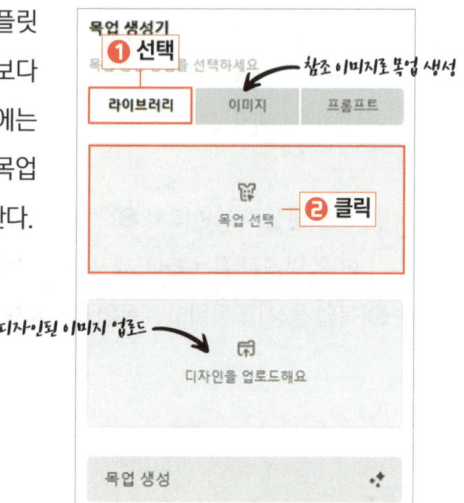

05 목업 라이브러리 창이 열리면 사용하고자 하는 목업 이미지를 선택한다. 여기에서는 [북 디자인]을 위한 라이브러리를 선택해 보자.

06 계속해서 이번엔 실제 사용될 이미지 소스를 가져오기 위해 ❶[디자인을 업로드해요]를 클릭한 후 ❷[이미지를 적용(끌어다 적용할 수 있음)]한다. 그다음 ❸[이미지 사용] 버튼을 클릭한 후 샘플 목업과 실제 디자인 이미지가 적용되면 세부 편집을 위해 ❹[목업 생성] 버튼을 클릭한다.

07 세부 편집 창이 열리면 다음과 같이 표지 앞면 이미지가 목업 디자인의 앞면에 적용된 것을 알 수 있다. 하지만 목업 디자인의 비율보다 실제 사용하는 이미지(표지)의 비율이 작아 조정이 필요하다. 표지 앞면을 [클릭]한다.

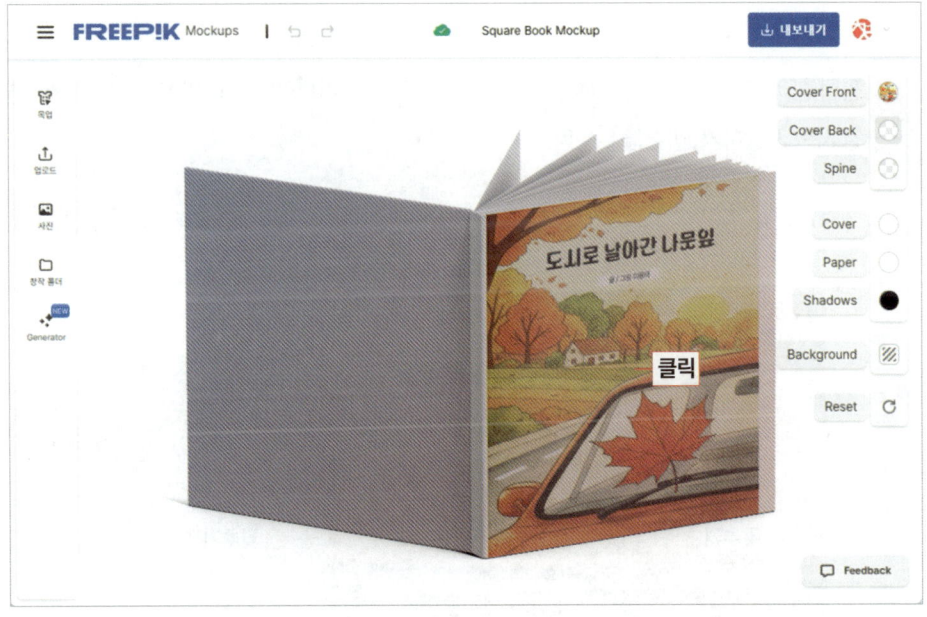

08 선택한 앞면에 대한 설정 창이 열리면 [Edit element] 버튼을 클릭한다. 참고로 설정 창에 있는 Fill을 선택하면 목업 비율에 이미지가 맞혀지지만, 이미지 속 장면이 잘리거나 변형이 생기기 때문에 이번에는 사용하지 않는다.

09 편집 창이 열리면 그림처럼 ❶❷[양쪽 포인트]를 이동하여 가이드 라인에 맞춰주고 ❸[변경 사항 저장하기] 버튼을 누른다.

10 이번엔 뒷면에 들어갈 이미지를 적용하기 위해 뒷면을 ❶[클릭]한 후 ❷[Add image]를 클릭한다. 그다음 뒷면에 들어갈 이미지(표지_뒤)를 가져온다.

☑ Add image에 마우스 커서를 갖다 놓았을 때 나타나는 규격은 현재의 목업(뒷면) 크기이다. 이 규격과 동일하게 만든 이미지는 별도의 비율 조정이 필요 없다.

11 같은 방법으로 옆면도 이미지(표지_옆)를 적용한다. 그리고 [내보내기]를 통해 저장한다.

◆ 이미지 비율(크기) 변형하기: 이미지 장면 확장하기

이미지 속 장면을 확장하거나 가로/세로 비율 조정이 필요할 경우 "AI 이미지 확장" 기능을 이용하면 비율 설정 후 생긴 여백을 자연스럽게 채울 수 있다.

01 프리픽 작업 화면에서 [모든 툴] - [AI 이미지 확장]을 선택한 후 [파일 찾아보기]를 클릭하여 학습에 사용할 [이미지(피자 박스 01)]를 가져온다.

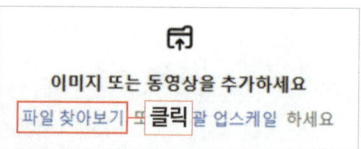

02 적용된 이미지는 앞서 "피자 박스"로 검색하여 저장했던 9:16 비율의 이미지로, 비율을 바꾸기 위해 ❶[맞춤형] 메뉴를 클릭한 후 ❷[16:9] 비율을 선택한다.

03 16:9 비율로 설정되면 그림처럼 양쪽에 여백이 생긴다. 이제 이 여백을 채우기 위해 프롬프트 없이 ❶[생성] 버튼을 누른다. '이미지 크기가 변경된다'는 대화 상자가 열리면 ❷[네, 이미지 크기 조절해요.] 버튼을 누른다.

04 결과를 보면 중앙에 있는 피자 박스 이미지의 영역을 기준으로 자연스럽게 확장되면서 양쪽 여백을 채워준 것을 알 수 있다. 이제 ❶[저장] – ❷[저장하고 닫기]를 선택한 후 상단 ❸[내보내기] 버튼을 클릭하여 파일로 저장해 준다.

◆ 유튜브 채널용 아이콘 만들기

프리픽의 "AI 아이콘 생성기"를 이용하면 프롬프트를 작성하여 간단하게 아이콘(아웃라인, 평면, 스티커 형식 등)을 생성할 수 있다.

01 프리픽 작업 화면에서 [모든 툴] – [아이콘 생성기]을 선택한다. 아이콘 생성기 소개 영상이 나타나면 하단의 [아이콘 생성하기] 버튼을 누른다.

02 아이콘 콘셉트가 결정됐다면, 원하는 컨셉트를 입력한다. 필자는 음악/문화 관련 유튜브 채널 컨셉트로 아이콘을 만들 것이다. 다음과 같은 ❶[프롬프트]를 입력하고, 아이콘 스타일은 ❷[스티커]로 해보자. 그다음 ❸[아이콘 생성하기] 버튼을 누른다.

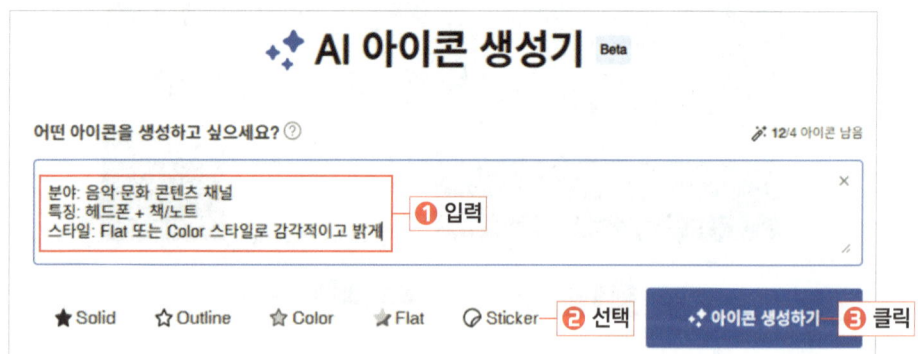

03 다음과 같이 프롬프트와 스타일에 맞는 4개의 아이콘이 생성되었다. 마음에 드는 아이콘에 마우스 커서를 갖다 놓고 ❶[다운로드] - ❷[PNG]를 선택하여 저장해 준다.

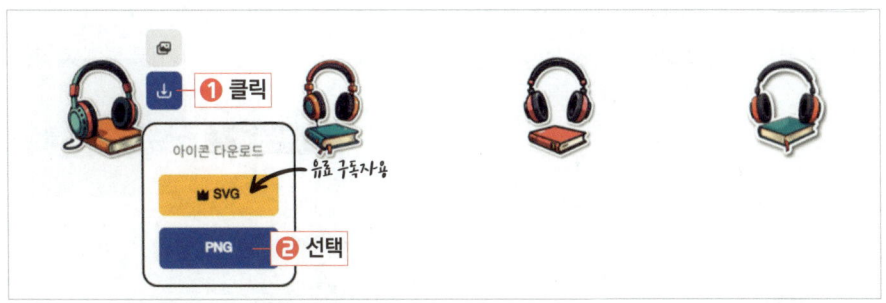

◆ 스케치로 실사 이미지 만들기

프리픽의 "스케치 투 이미지"를 이용하면 프롬프트로 설명하기 어려운 표현을 간단하게 스케치하여 이미지를 생성할 수 있으며, 프롬프트로 부연 설명을 하면 사용자가 원하는 결과물에 더욱 가까운 결과물을 얻을 수 있다.

01 프리픽 작업 화면에서 [모든 툴] - [스케치 투 이미지]를 선택한다. 스케치 투 이미지 작업 창이 열리면 새로운 작업을 하기 위해 [처음부터 시작하세요]를 클릭한다.

02 2개로 구분된 작업 영역 중 좌측 영역에 간단한 ❶[스케치(집과 길)]를 한다. 그러면 스케치된 형태를 분석한 실사 이미지가 우측 영역에 생성된다. 더 정확한 표현을 하기 위해 하단에 있는 프롬프트에 ❷[house, country road]라는 키워드를 입력한다. 그러면 그림과 같이 완벽에 가까운 실사 형태의 이미지가 생성된다. 결과가 마음에 든다면 ❸[내보내기]를 통해 저장한다.

1 브러시(Brush) 이미지 생성을 위한 선으로 형태 그리기

2 지우개(Eraser) 잘못 그린 선이나 영역 지우기

3 선택(Seletion) 그려진 특정 선(그림)을 선택하기(크기, 위치, 순서, 삭제 등의 작업을 위해 사용)

4 화살표(Arrow) 화살표 그려 넣기(생성되는 사물의 방향 설정을 위해 사용)

5 사각형(Rectangle) 사각형 도형 그리기

6 추가(+) 아이콘, 카메라로 촬영한 이미지, 외부 이미지 가져오기

7 영감/변형/상상 각각 프롬프트에 입력된 키워드를 얼만큼 반영할 것인지 설정하기

8 배경(Background) 스케치 공간의 배경 색상 설정하기

9 실행 취소/다시 실행(Undo/Redo) 작업을 취소하거나 다시 이전 단계로 돌아가기

10 삭제(Delete) 진행 중인 작업을 삭제하여 다시 시작하기

◆ 캐릭터 시트 생성하기: 시드림 4 모델의 활용

캐릭터 시트(Character Sheet)는 인물의 외형, 의상, 표정, 포즈, 색상 등을 하나의 기준으로 정리한 시각적 자료로, 특히 AI 영상(애니메이션) 제작에서 캐릭터 시트는 단순한 참고 이미지가 아니라, 캐릭터의 정체성과 일관성을 유지하는 데 중요한 기준이 된다. 이렇듯 캐릭터의 일관성을 위해 이번 학습에서는 바이트댄스의 "시드림 4(Seedream 4)" 모델을 활용해 본다.

AI 애니메이션 제작 시 캐릭터 시트가 필요한 이유

캐릭터의 '정체성'을 정의하는 설계도 영상(애니메이션) 제작 과정에서 "이 캐릭터가 누구인가?"를 시각적으로 명확히 알려주는 역할

일관성 유지의 기준 애니메이션은 수백, 수천 프레임으로 이루어지기 때문에, 한 장면이라도 캐릭터의 눈 크기나 헤어 라인이 달라지면 몰입감이 깨지기 때문에 일관성있는 캐릭터 시트의 역할이 중요

다각도(앵글) 작화를 위한 가이드 정면, 측면, 후면, 3/4 뷰를 포함한 시트는 카메라 움직임이 자유로운 애니메이션 연출에 필수이며, 캐릭터가 회전하거나 움직일 때 왜곡 없이 자연스러운 동작을 구현

표정과 감정 연기의 기준 캐릭터 시트에는 웃음, 분노, 놀람, 슬픔 등 기본 표정(감정)의 표현 범위를 미리 정의해 놓으면, 장면마다 감정의 톤이 흔들리지 않음

팀 작업의 공통 언어 애니메이션 제작 과정은 한 장의 캐릭터 시트를 기준으로 협업하기 때문에 일관된 참조 이미지는 시각적 통일성 유지 가능

01 애니메이션 캐릭터 시트 만들기

프리픽 사이드바에서 ❶[AI 이미지 생성기]를 클릭한 후 "참조 이미지"에 준비된 ❷[2개의 이미지(코지 스타일 01, 02)]를 추가한다.

02 프롬프트에는 다음과 같이 캐릭터 시트로 표현하고자 하는 ❶[장면 구성을 입력]한 후 모델을 ❷[Seedream 4]로 선택한다. 그다음 ❸[생성 개수(4)와 비율(1:1)]만 설정한 후 이미지를 ❹[생성]한다. 그러면 2개의 참조 이미지 기반의 캐릭터 시트가 정확하게 표현된 것을 알 수 있다.

> @img1 @img2
> 참조 이미지의 캐릭터 '코지(Cozy)'를 기반으로 한 캐릭터 시트를 만들어 줘. 정면, 3/4측면, 측면, 후면의 다각도 구도와, 기본/행복/슬픔/놀람/화남 등 다양한 표정을 포함해 줘. 참조 이미지의 헤어스타일, 눈 모양, 의상 색상 등을 일관되게 유지해 줘. 깔끔한 흰 배경의 고품질 디자인으로 제작해 줘.

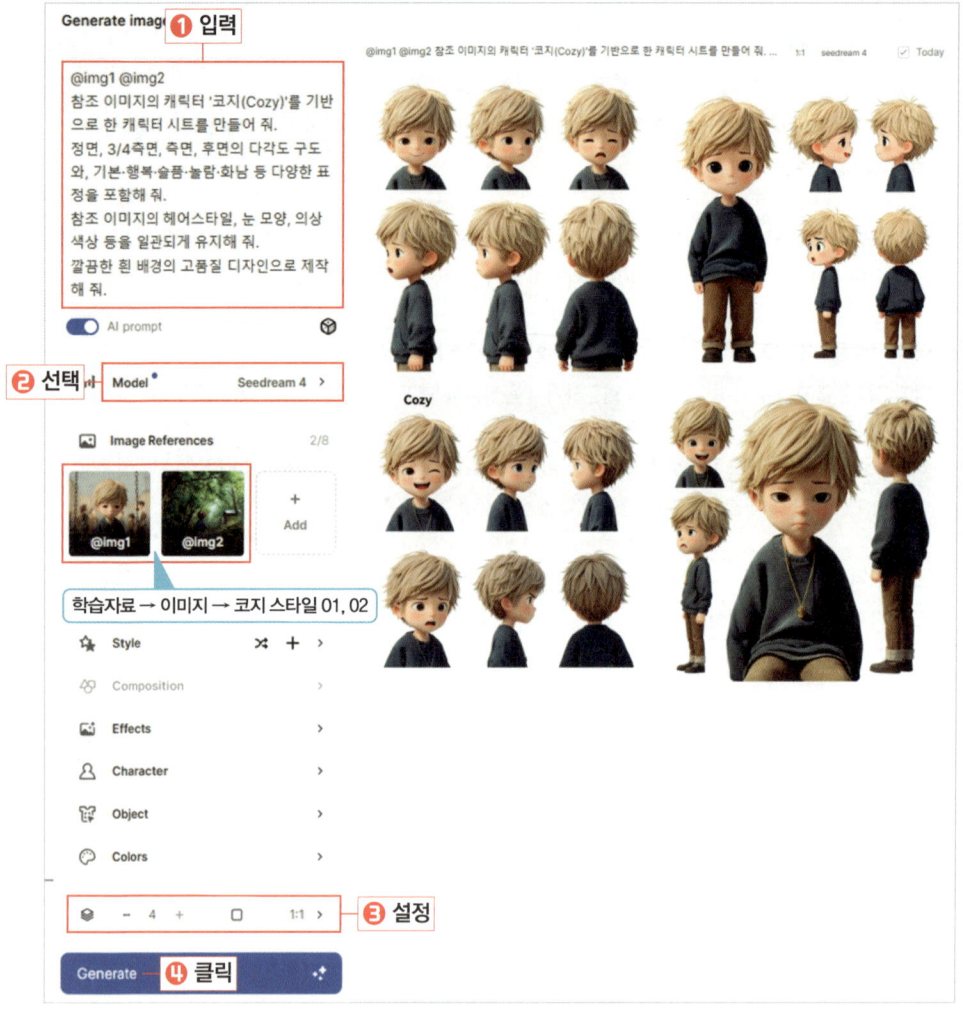

☑ 일관성을 위해 사용한 시드림 4(Seedream 4) 모델은 무료 사용자는 이용할 수 없으며, "프리미엄+" 버전 이상의 구독만 사용이 가능하다.

캐릭터 시트 구성 요령

구성 요소	설명	예시
참조 이미지 지정	업로드한 이미지 호출	@img1 @img2
캐릭터 이름과 콘셉트	캐릭터의 정체성 명시	"young boy named Cozy"
요청 내용	캐릭터 시트 생성 요청	"create a character sheet"
다각도 표현	AI에게 시점을 명시	"front, 3/4, side, back view"
표정 세트	감정 표현 4~6종	"neutral, happy, sad, surprised, angry"
일관성 강조	색/형태/스타일 유지	"keep consistent hair color, eye shape, outfit"
마감 처리	배경과 구성 지시	"clean layout, white background"

03 계속해서 이번엔 '달리는 모습'의 캐릭터 시트를 생성해 본다. 필자는 앞서 사용했던 프롬프트에서 ❶[달리는 모습을 정면, 3/4측면, 측면, 후면의 다각도 구도로 표현해 줘.]라는 문장만 수정하여 다음과 같은 일관성 있는 캐릭터 시트를 ❷[생성]하였다.

☑ 결과물의 모습처럼 시드림 4 모델은 참조 이미지와 차이가 없는 완벽한 캐릭터를 생성해 준다. 이와 같은 방법을 통해 애니메이션(영상) 장면에 사용할 캐릭터 모습을 다양하게 생성해 놓는다.

04 **다운로드하기** 최종적으로 사용할 캐릭터 시트 이미지는 우측 상단 [다운로드] 버튼을 눌러 저장해 준다.

05 **상품 포장 디자인에 활용하기** 시드림 4 모델을 사용하면 참조 이미지 기반으로 상품 포장 디자인에도 활용할 수 있다. 다음은 ❶[coffee beans packaging] 프롬프트를 입력한 ❷[생성]한 '커피 빈' 포장 디자인 예시이다.

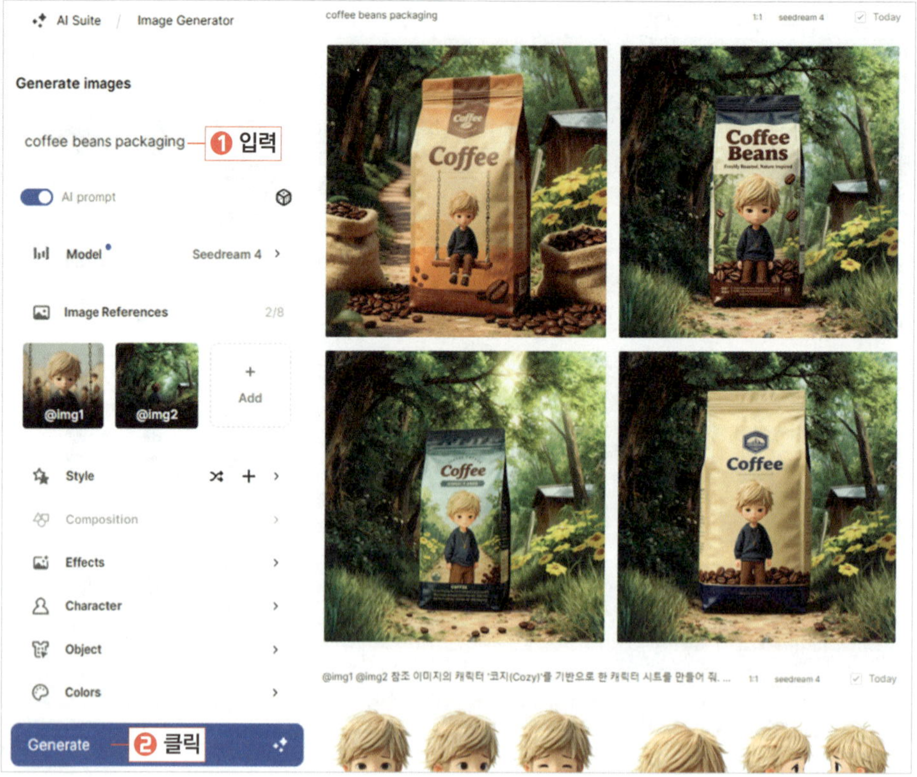

06 광고 제작을 위한 캐릭터 시트 만들기

캐릭터 시트는 비단 애니메이션 제작을 위해서 사용되는 것은 아니다. 다음과 같이 AI 모델의 일관성이 필요한 '광고 영상' 제작을 위한 모델의 콘셉트와 스타일을 미리 확인하거나 장면에 사용할 캐릭터(모델)의 비주얼 콘셉트를 사전에 설계하는 과정에서도 중요한 역할을 한다.

> @img1 @img2 @img3 @img4 @img5
>
> 참조 이미지를 기반으로 '수제 피자 가게'에서 일하는 친근한 여성 캐릭터의 캐릭터 시트를 만들어 줘. 참조 이미지의 얼굴, 헤어스타일, 의상 톤을 유지하면서 정면, 3/4측면, 측면, 후면 등 다양한 앵글과 피자를 꺼내기, 피자 제공하기, 피자 상자 들기, 손님 맞이하기, 반죽하기 등의 여러 포즈를 표현해 줘. 표정은 기본, 미소, 놀람, 설렘, 집중 등 5가지를 포함해 줘. 따뜻한 조명과 피자가게 특유의 캐주얼한 유니폼(빨강 혹은 회색 계열)을 유지하고, 흰 배경의 깔끔한 구성으로 캐릭터 시트로 제작해 줘.

✓ 캐릭터 시트에 사용되는 프롬프트는 전문 용어와 장면에 대한 묘사를 정확하고 구체적으로 표현해야 하기 때문에, 챗GPT나 제미나이 같은 AI를 활용하면 훨씬 더 쉽게 작성할 수 있다.

살펴본 캐릭터 시트 제작 과정은 단순히 이미지를 만드는 기술이 아니라, AI 영상의 일관성과 몰입감을 결정짓는 핵심 기획 과정이다. 이 과정에서 시드림 4(Seedream 4) 모델을 활용하면 특정 캐릭터의 외형, 표정, 동작, 앵글을 통일성 있게 표현할 수 있으며, AI 애니메이션 제작에서 인물의 정체성을 유지하는 가장 확실한 방법이 된다. 완성된 캐릭터 시트는 AI 영상 제작 도구(예: 소라, 런웨이, 피카, 클링 AI, ComfyUI 등)에서 캐릭터 레퍼런스로 불러와 사용할 수 있다. 이를 통해 대사 합성, 모션 생성, 감정 표현 등 다양한 장면을 자동화하면서도 캐릭터의 일관된 스타일을 유지할 수 있다.

AI 영상 시대에는 "한 장의 캐릭터 시트가 한 편의 애니메이션을 결정한다"는 말이 어울릴 정도로, 시각적 기획의 중요성이 더욱 커지고 있다. 그러므로 캐릭터 시트를 통해 기획과 기술, 예술이 연결될 때 비로소 'AI 크리에이터'로서의 진짜 창의력이 완성될 것이다.

◆ **애니메이션 장면을 만들기: 시드림 4 모델의 활용**

이번 학습에서는 시드림 4 모델을 활용하여 캐릭터의 시각적 일관성을 유지하면서도 영화/광고/애니메이션 등 다양한 영상 제작에 활용할 수 있는 이미지를 생성해 본다. 이를 통해 단일 장면이 아닌 '연속된 영상의 톤 앤 매너'를 통합적으로 설계하는 과정을 경험할 수 있다.

01 JSON 파일 사용하기 이번 학습에서는 챗GPT로 만들어 놓은 "하늘의 심포니"의 애니메이션 시나리오가 있는 "JSON" 파일을 활용하여 장면을 만들어 본다. [학습자료] - [JSON] 폴더에서 ❶[하늘의 심포니 #01] 파일에서 ❷[우측 마우스 버튼] - [메모장]을 선택한다.

02 메모장이 열리면 "하늘의 심포니" 애니메이션 첫 장면에 대한 시나리오가 상세히 설명된 것을 알 수 있다. [Ctrl] + [A]로 모두 선택한 후 [Ctrl] + [C] 키를 눌러 복사한다.

전체 복사

03 이제 프리픽의 ❶[AI 이미지 생성기]에서 방금 복사한 텍스트를 프롬프트에 ❷[붙여 넣기(Ctrl+V)] 한다. 그다음 참조 이미지(Image References)에 앞서 생성한 ❸[캐릭터 시트 파일을 3개] 정도 적용한다. 계속해서 프롬프트 맨 앞쪽에 적용된 ❹[3개의 참조 이미지 이름]을 넣어준 후 ❺[16:9] 비율의 장면(이미지)을 ❻[생성]한다.

☑ 프롬프트에서 @을 입력했을 때 나타나는 참조 이미지를 선택하면, 보다 쉽게 참조 이미지를 프롬프트에 적용(입력)할 수 있다.

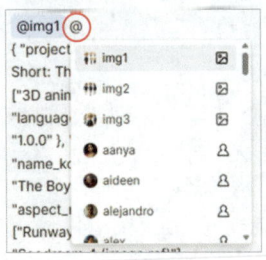

📢 프리픽 프롬프트는 2,500자 텍스트 개수 제한이 있기 때문에 JSON 파일의 내용이 너무 길어 에러 메시지가 뜰 경우, 프롬프트 부분만 복사하여 사용한다.

프리픽으로 목업 이미지 및 캐릭터 시트 만들기 •••• **219**

04 생성된 4개의 장면을 보면 참조 이미지(캐릭터 시트)와 완벽하게 일치되는 것을 알 수 있다. 스타일이 마음에 든다면 저장할 이미지에 마우스 커서를 갖다 놓은 후 [다운로드] 버튼이 나타나면 클릭하여 저장하면 된다. 필자는 1번과 3번을 저장해 주었다.

☑ 한 장면에 화면 앵글(각도)이 다른 여러 개의 이미지를 사용하면 다채로운 화면을 얻을 수 있기 때문에 서로 다른 앵글(샷)을 저장해 놓는 것을 권장한다.

05 같은 방법으로 "하늘의 심포니"의 애니메이션 시나리오가 있는 JSON 파일 2~11까지의 장면을 다음과 같이 만들어 놓는다.

◆ **K팝 뮤직 비디오 만들기: 시드림 4 모델의 활용**

AI는 이제 단순한 도구를 넘어, AI 아이돌 가수를 창조하고 성장시킬 수 있는 시대이다. 이번 학습에서는 "케데헌: K팝 데몬 헌터스"처럼 가상의 아티스트를 기획하고, 음악/영상/세계관을 모두 담은 AI 기반 "K팝 뮤직 비디오" 제작을 위한 장면(참조 이미지)을 만들어 본다.

01 앞선 학습처럼 준비된 [뮤직비디오 시나리오 #01] JSON 파일을 열어(메모장으로 열어 줌)준 후 모든 텍스트를 복사(Ctrl+C)한다. 그 다음 ❶[프리픽 프롬프트]에 붙여 넣기(Ctrl+V)한다. 그다음 참조 이미지(Image References)에 미리 생성해 놓은 ❷[캐릭터 시트_아이돌 가수 01, 02] 파일을 적용한다. 계속해서 프롬프트 맨 앞쪽에 적용된 ❸[2개의 참조 이미지 이름]을 넣어 준 후 ❹[16:9] 비율의 장면(이미지)을 ❺[생성]한다.

02 생성된 4개의 장면을 보면 참조 이미지(캐릭터 시트)와 완벽하게 일치되는 것을 알 수 있으며, 3D가 아닌 2D와 3D 중간의 '2.5D' 일러스트 스타일의 장면인 것을 알 수 있다. 생성된 장면 중 마음에 드는 것은 [다운로드] 버튼을 클릭하여 저장해 준다. 참고로 지금 사용된 캐릭터 시트는 필자의 프로필 사진을 10대 스타일로 변환한 후, 2.5D 일러스트 느낌으로 변형한 참조 이미지(Leeyongtae)를 활용한 것이다.

03 같은 방법으로 "Light Up My Sky"의 뮤직비디오 시나리오가 있는 JSON 파일 2~10까지의 장면을 다음과 같이 만들어 놓는다.

지금까지 프리픽의 주요 기능을 살펴보고, 다양한 목업(Mock-up) 이미지와 참조 소스 이미지를 활용하여 애니메이션과 뮤직비디오의 연속 장면을 일관적인 캐릭터 이미지로 생성해 보았다. 이번 학습에서 다루지 않았지만, 프리픽이 제공하는 "AI 동영상 생성기"는 대표적인 AI 모델을 지원하여 다양한 영상을 생성할 수 있지만, 프리픽보다 전문적인 AI 영상 생성할 수 있는 런웨이, 피카, 클링AI 등에 대한 학습이 이어지기 때문에 여기에서는 다루지 않았다.

또한, 프리픽은 "디자인 편집기(Designer)"는 캔바(Canva) 못지않은 전문가 수준의 편집 기능을 갖추고 있어 썸네일, 배너, 프레젠테이션 등 다양한 디자인 작업을 손쉽게 할 수 있다. 그밖에 립싱크, 사운드 생성, 영상 편집 등 고급(유료) 기능을 활용하면 단순한 이미지 생성을 넘어 영상 편집까지 원스톱으로 처리할 수 있는 확장성을 제공한다.

프리픽은 방대한 템플릿과 직관적인 인터페이스 덕분에 초보자에게도 진입 장벽이 낮고, 디자이너/마케터에게는 작업 효율을 높이는 강력한 도구들을 제공하여 브랜딩 콘텐츠 제작부터 광고 캠페인, 교육 자료 제작까지 다양한 영역에서 활용할 수 있을 것이다. 필요하다면 프리픽의 고급 기능까지 살펴보기 바라며, 프로젝트 성격에 맞게 더욱 전문적인 결과물을 만들어 보길 권장한다.

― 캔바와 유사한 프리픽의 디자인 편집기 작업 화면 ―

◆ 나노 바나나(2.5 Flash)로 무한대 이미지 생성하기

나노 바나나는 구글이 개발한 이미지 생성 AI 모델인 "2.5 Flash"의 베타 테스트 과정에서 붙여진 별칭이다. 나노 바나나는 구글 AI 스튜디오, 제미나이(제미니)에서 사용할 수 있으며, 안정된 이미지 생성에 그 진가가 발휘된다. 또한, 나노 바나나(2.5 Flash)는 단일 인물 생성뿐 아니라 여러 캐릭터를 한 장면에 자연스럽게 합성할 수 있으며, 인물들의 외형과 분위기를 각각 설정해 조합하여, 광고/영상/스토리 제작에 필요한 다양한 장면을 손쉽게 연출할 수 있다. 이번 학습에서는 "구글 AI 스튜디오"를 통해 나노 바나나를 살펴보기로 한다.

01 구글 스튜디오를 사용하기 위해 구글 검색기에서 ❶[구글 AI 스튜디오]로 검색한 후 ❷[Google AI Studio]를 클릭한다.

☑ 크롬 브라우저 사용을 권장하며, 구글 계정으로 로그인된 상태에서 진행한다.

02 구글 스튜디오 약관에 대한 창이 열리면 옵션에 ❶[모두 체크]한 후 ❷[동의]를 한다.

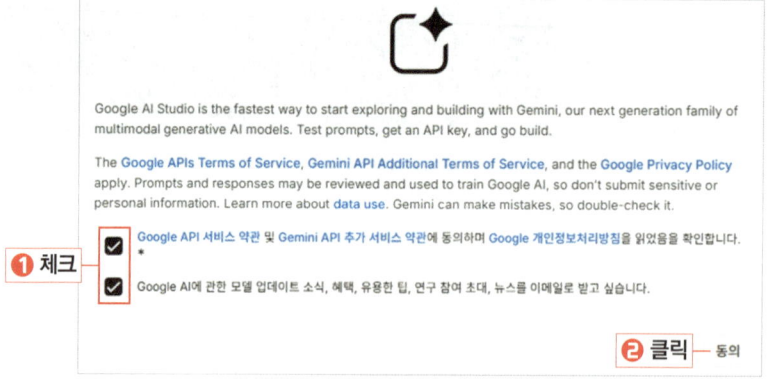

03 구글 AI 스튜디오 화면이 열리면 먼저 좌측 사이드바의 ❶[Chat]을 클릭한 후 우측 상단의 ❷[Nano Banana]를 클릭해 본다.

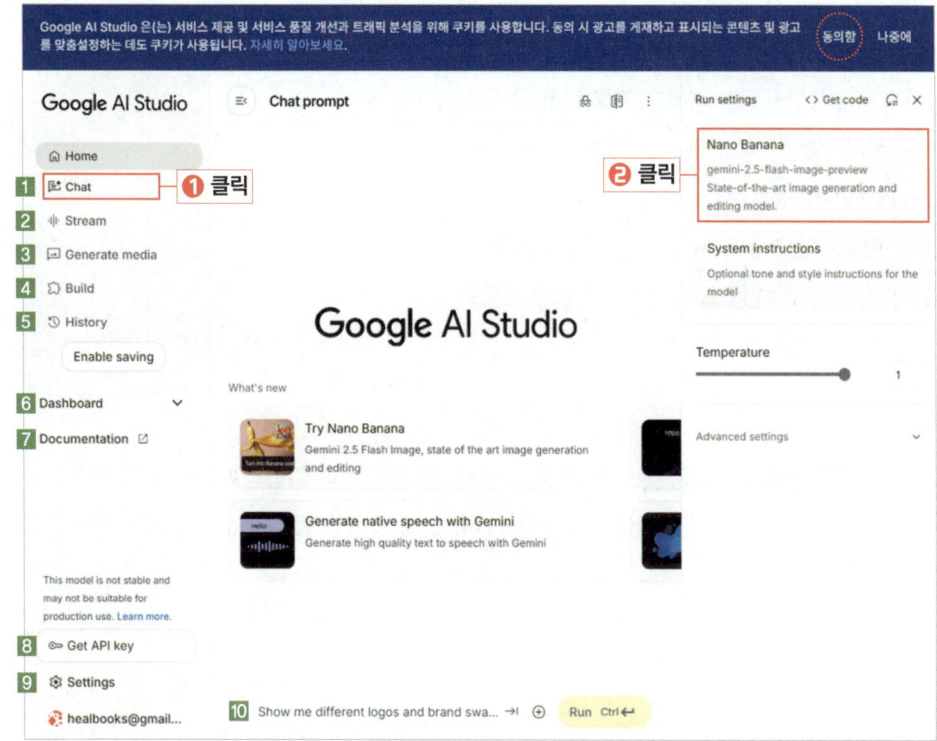

1. **Chat** 텍스트 프롬프트 입력으로 채팅을 할 수 있는 기능
2. **Stream** 스트리밍 형태로 실시간 응답을 받아볼 수 있는 기능
3. **Generate media** 이미지/동영상 등 미디어 생성 기능을 실행하는 메뉴
4. **Build** 앱이나 서비스 프로토타입을 직접 만들어 보는 기능
5. **History** 지금까지 실행한 프롬프트와 결과물을 확인할 수 있는 기록 기능
6. **Dashboard** API 사용량, 프로젝트 현황 등을 관리하는 대시보드 기능
7. **Documentation** 개발자 문서와 가이드로 연결되는 메뉴로, 사용법과 예시 코드 확인 가능
8. **Get API key** 외부 앱이나 서비스에서 제미나이 모델을 연동할 수 있도록 API 키를 발급받는 기능
9. **Settings** 계정, 환경설정, 기본 모델 선택 등을 관리하는 설정 메뉴
10. **Chat prompt** 직접 프롬프트를 입력하는 칸. 원하는 텍스트를 입력하고, Run(실행) 버튼을 눌러 결과 확인 가능

04 나노 바나나는 현재 무료 가입자에게 1일 기준 10~30개(정책에 따라 달라질 수 있음) 정도의 이미지를 생성 기회를 주고 있다. 프롬프트(텍스트) 길이에 따라 1~2 토큰 정도가 계산되는데, 특히 영문보다 한글 프롬프트를 사용할 경우 더 많은 토큰이 계산된다. (예: "안녕하세요" → 약 3~4 토큰 / "Hello world" → 약 2~3 토큰) 그러므로 토큰 절약하기 위해서는 한글보다 영문 프롬프트 사용을 권장한다. 하지만 본 학습에서는 편의를 위해 한글과 영문 프롬프트를 적절히 병행할 것이다.

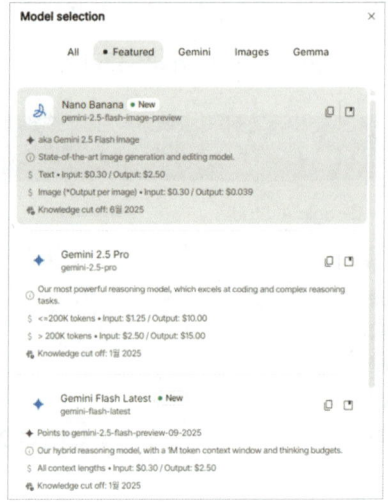

05 **여러 캐릭터 병합하기** 첫 번째 작업은 2개의 캐릭터를 하나로 합성한 이미지 생성이다. 화면 하단의 "프롬프트"에서 가져오기 ❶[+] 버튼을 클릭한 후 ❷[Upload Image]를 선택한다.

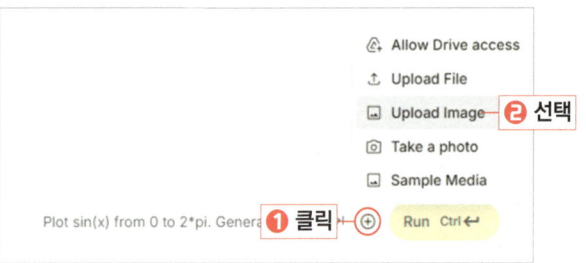

06 가져오기 창이 열리면 그림처럼 서로 다른 ❶[2개의 캐릭터(이미지)] 파일을 ❷[가져]온다. 이후 저작권 관련 안내 창이 열리면 ❸[Acknowledge] 버튼을 클릭한다.

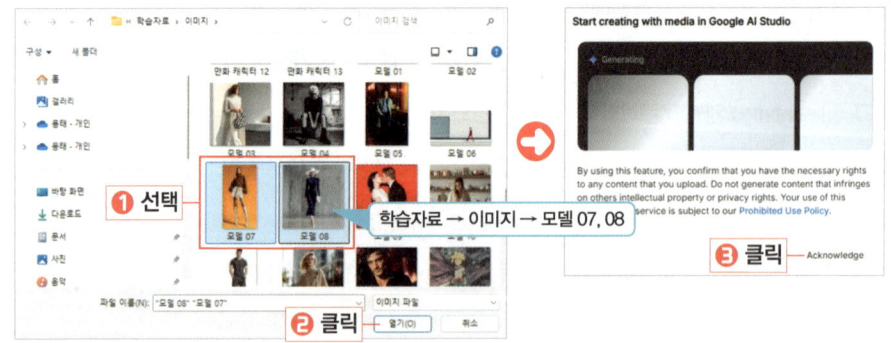

07 2개의 이미지가 적용되면 다음과 같이 ❶[1번 모델을 2번 모델 공간에서 함께 있도록 해줘.]라고 입력한 후 ❷[Run] 버튼을 클릭한다. 이미지가 생성되면 ❸[임시 저장 또는 구글 드라이브에 저장(권장)할지 선택]할 수 있으며, 계정 선택 창이 열리면 자신의 ❹[계정]을 클릭한다.

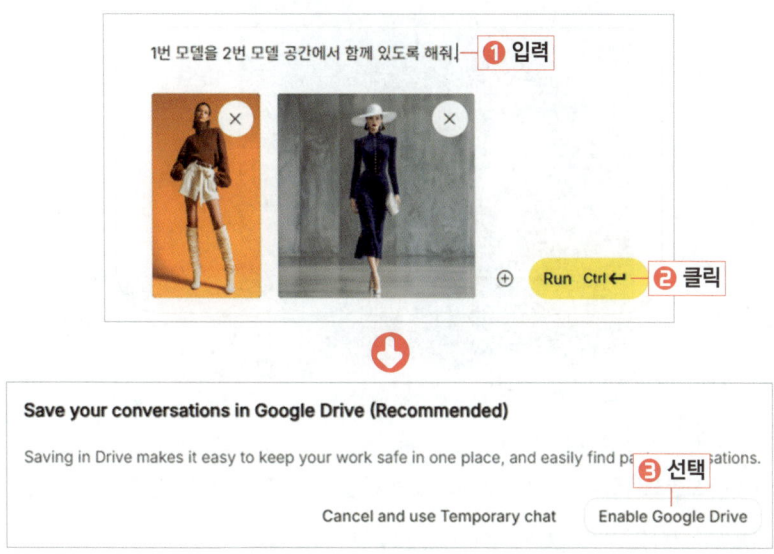

Cancel and use Temporary chat 생성된 이미지를 취소하고 임시 채팅으로 사용하기

Enable Google Drive 자신의 구글 드라이브(Google Drive) 사용 설정하기(생성된 이미지 관리 및 구글 드라이브에 있는 이미지를 가져와 이미지 생성에 활용 가능)

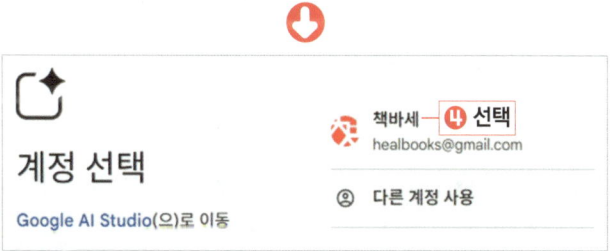

☑ 계정을 활성화하면 선택한 구글 계정 드라이브에 "Google AI Studio" 폴더가 생성되며, 생성된 공간에 이미지를 저장하여 관리할 수 있다. 참고로 구글 드라이브의 공간은 기본적으로 15GB가 제공된다.

08 생성된 이미지를 보면 2번 모델이 있는 공간에 1번 모델이 자연스럽게 합쳐진 것을 알 수 있다. 참고로 생성된 이미지에 마우스 커서를 갖다 놓으면, 상단에 나타나는 기능(메뉴)를 통해 이미지 재생성 및 삭제를 할 수 있으며, 하단에는 다운로드와 풀화면으로 볼 수 있는 기능을 사용할 수 있다.

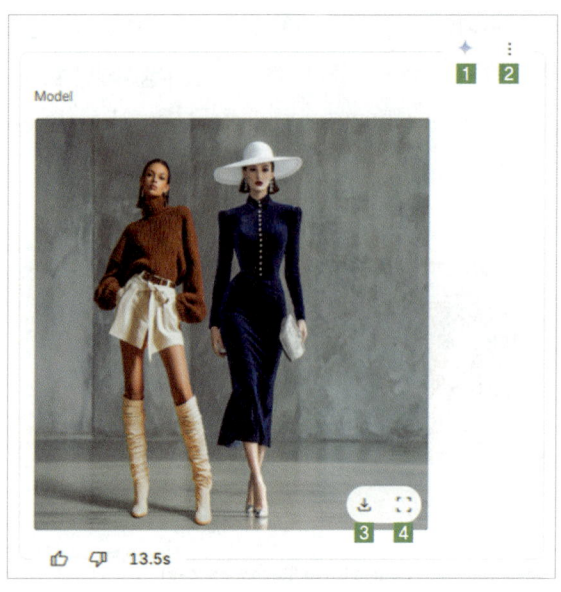

1. **Rerun** 같은 프롬프트로 이미지 재생성하기(첫 번째 결과가 마음에 들지 않을 때 사용)
2. **More Options** 생성된 이미지를 삭제할 수 있는 Delete 메뉴 제공
3. **Download** 생성된 이미지 저장하기
4. **View full image** 생성된 이미지 전체 화면으로 보기

◆ 배경 스타일 바꾸기: 패션 보그지 스타일 생성하기

이번엔 모델이 합쳐진 이미지에 대한 새로운 스타일의 이미지를 생성해 보자. 앞서 생성된 이미지가 있는 상태에서 다음과 같은 ❶[프롬프트]를 작성한 후 ❷[Run] 버튼을 클릭한다.

> 두 명의 여성 패션 모델이 패션위크 런웨이를 자신감 있게 걷는 장면. 우아한 조명, 화려한 분위기. 배경에는 흐릿하게 보이는 관중. 모델들에게 스포트라이트가 비추는 모습.
>
> 모델 1: 갈색 오버사이즈 니트 스웨터, 크림색 하이웨이스트 반바지, 베이지색 셔링 롱부츠 착용. 세련되고 캐주얼한 런웨이 스타일.
>
> 모델 2: 진한 로열 블루 벨벳 드레스(진주 단추 장식), 흰색 챙 넓은 모자, 은색 클러치백을 든 우아하고 고급스러운 런웨이 스타일.
>
> 고해상도, 전문 패션 사진, 보그(Vogue) 매거진 화보 스타일.

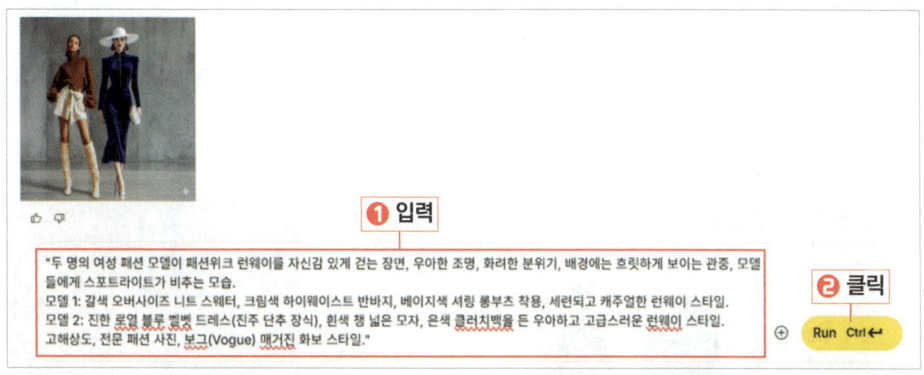

생성된 이미지를 보면 프롬프트 요청에 맞게 패션 위크 런웨이 보그 스타일로 생성된 것을 알 수 있다.

☑ 구글 AI 스튜디오는 단순한 텍스트 입력뿐 아니라, 멀티모달(Multimodal)을 지원한다. 즉, 다국어 언어(텍스트) 및 이미지 같은 다양한 입력 방식을 동시에 처리할 수 있다.

◆ 모델(캐릭터) 스타일 바꾸기: 의상/신발/액세서리 착용하기

이번엔 모델(캐릭터)에 특정 스타일(의상 및 신발)을 착용하도록 해보자. ❶[+] 버튼을 클릭한 후 ❷[Upload File]을 선택한다.

다음과 같이 ❶[상/하의 이미지와 모델 이미지]를 적용한 후 ❷[1번 점퍼와 2번 청바지를 3번 이미지의 모델이 착용한 이미지 생성해 줘.]라는 프롬프트를 입력한다. 그다음 ❸[Run] 버튼을 클릭하면 상/하의 의상을 입은 모습의 이미지가 생성된다.

☑ 여러 이미지를 사용할 때 특별한 주문(프롬프트)을 하지 않는다면, 마지막에 가져온 이미지의 속성(특징/스타일)을 기준으로 이미지가 생성된다.

◆ 모델(캐릭터) 스타일 바꾸기: 두 모델의 스타일 맞바꾸기

이번엔 두 모델(캐릭터)의 스타일(의상 및 신발)을 서로 바꿔보자. [+] – [Upload File]을 선택하여 다음과 같이 두 모델 이미지를 가져온다.

💡 프롬프트 수정하여 재생성하기

사용한 프롬프트에 마우스 커서를 갖다 놓으면 나타나는 메뉴 중 펜 모양의 [Edit] 메뉴를 통해 프롬프트를 수정한 후 재생성할 수 있다.

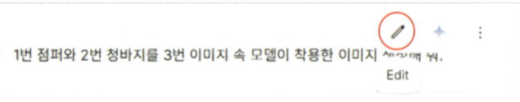

이미지가 적용되면 다음과 같은 프롬프트를 작성한 후 이미지를 생성해 보자.

> create a new image by combining the elements from the provided images, take the person from image 1 and take the outfits from image 2, the final image should be the person of image 1 wearing the clothes of image 2
>
> # 두 이미지의 요소들을 결합하여 새로운 이미지를 생성해 줘. 이미지 1에서는 인물을 가져오고, 이미지 2에서는 의상을 가져와야 해. 최종 이미지는 이미지 1의 인물이 이미지 2의 옷을 입고 있는 모습이어야 해.

그러면 다음과 같이 "1번 이미지 모델"에 "2번 이미지 모델이 입은 의상"이 그대로 반영된 새로운 이미지가 생성된 것을 알 수 있다.

> 한글 프롬프트에서 제대로 표현되지 않을 경우, 영문으로 번역한 후 다시 생성해 보면 더 정확하게 원하는 결과를 얻을 수 있다. 이는 멀티모달인 구글 AI 스튜디오에서 한글 문장을 다시 영문으로 변환하는 과정에서 제대로 번역되지 않는 경우가 있기 때문이다.

◆ 특정 오브젝트 색상 바꾸기: 흑백 사진을 컬러로 바꾸기

이미지 속 특정 "오브젝트의 색상"을 바꾸는 방법과 더불어 "흑백 이미지를 컬러 이미지"로 바꾸는 방법에 대해 알아 보자. [+]-[Upload File]을 선택하여 ❶[흑백사진 02] 이미지를 가져온다. 그다음 ❷[이 흑백 사진을 컬러 사진으로 변환해 줘.]라는 프롬프트를 입력하여 이미지를 ❸[생성]한다.

생성된 사진을 보면 흑백에서 컬러로 바뀐 것을 알 수 있다. 미드저니에서도 흑백을 컬러로 바꾸는 작업은 못하지만, 색에 대한 기술은 나노 바나나가 더 우수한 것을 알 수 있다.

이번엔 ❶[변환된 컬러 사진 속, 가운데 있는 소녀의 검정색 코드를 빨간색 코트로 변환해 줘.]라고 프롬프트를 작성하고 이미지를 ❷[생성]해 보자.

결과를 보면 컬러로 바뀐 사진 속, 가운데 있는 소녀의 검정색 코트만 빨간색 코드로 완벽하게 바뀐 것을 알 수 있다.

◆ 이미지 속 요소(객체) 제거하기/채워넣기

나노 바나나는 이미지 안에 필요한 요소를 넣거나 불필요한 요소를 제거할 수 있다. 먼저 불필요한 요소를 지워보기 위해 다음과 같이 ❶[모델 06] 이미지를 가져온다. 그다음 ❷[이미지 속, 빨간색 정장을 입은 남자를 제거해 줘.]라고 프롬프트를 입력하고 이미지를 ❸[생성]한다. 결과는 남자만 감쪽같이 제거되고, 제거된 영역은 배경 이미지로 자연스럽게 채워진 것을 알 수 있다.

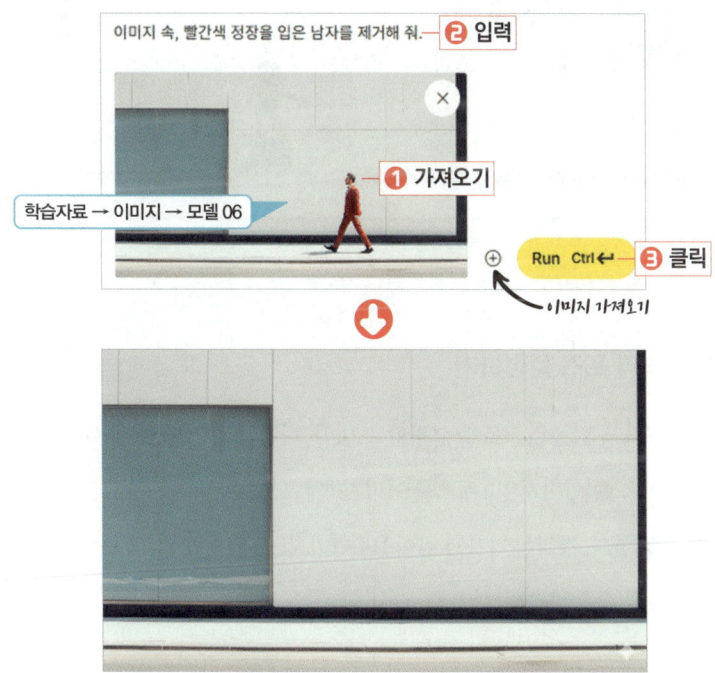

계속해서 특정 객체를 다른 객체로 대체하기 위해 다음과 같이 ❶[모델 08]와 [모델 06] 이미지를 가져온다. 그다음 ❷[1번 이미지 여자를 2번 이미지 남자와 대체해 줘. 여자가 걷는 방향은 남자와 같은 방향(좌측)으로 가는 모습으로 해줘.]라고 프롬프트를 입력하고 이미지를 ❸[생성]한다. 결과는 남자가 여자로 대체되고, 걷는 방향도 남자와 일치된 이미지로 생성된 것을 알 수 있다.

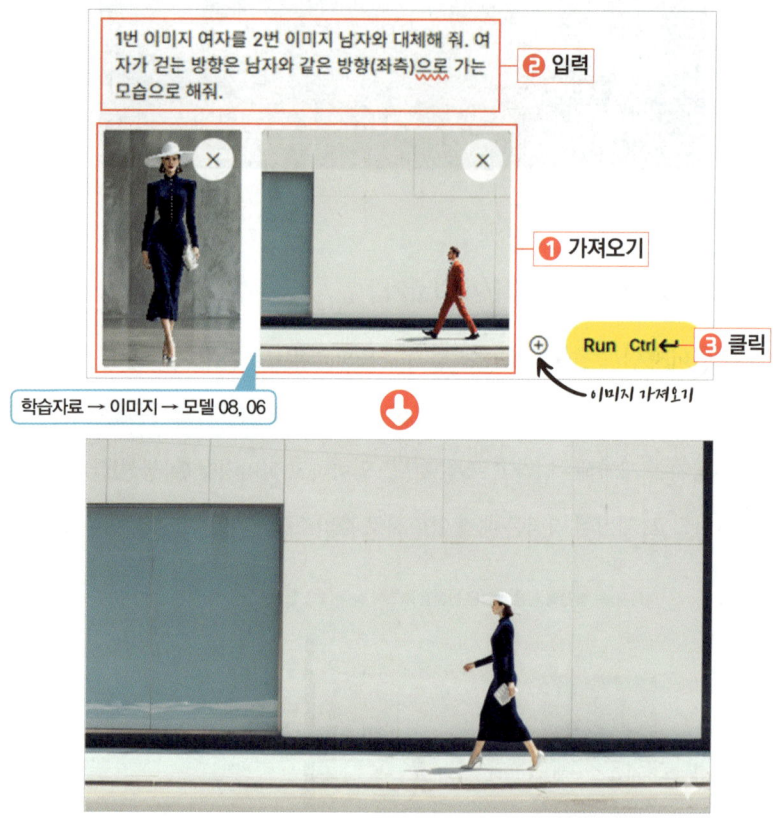

◆ 이미지 속 캐릭터 포즈 설정하기

나노 바나나는 이미지 속 인물의 포즈를 설정할 수 있다. 다음과 같이 ❶[모델 04]와 [모델 07] 이미지를 가져온다. 그다음 ❷[이미지 2의 포즈를 이미지 1의 포즈로 바꿔 줘.]라고 프롬프트를 입력하고 이미지를 ❸[생성]한다. 결과는 다음과 같이 1번 이미지(모델 04) 모델의 포즈와 같은 포즈의 이미지가 생성된 것을 알 수 있다.

☑ 캐릭터(모델)의 포즈를 잡기 위한 참조 이미지는 실제 캐릭터(인물)의 포즈가 담긴 이미지뿐 아니라 단순한 선으로 그려진 그림으로도 가능하다.

◆ **이미지 속 텍스트 변경하기**

계속해서 이번엔 이미지 속 문자를 바꿔보자. 다음과 같이 ❶[메리 크리스마스] 이미지를 가져온 다음 ❷['Merry christmas'를 'Happy New Year'로 바꿔 줘.]라고 프롬프트를 입력한다. 그리고 이미지를 ❸[생성]해 보면, 결과는 문장뿐 아니라 글꼴(폰트)까지 원본과 같은 디자인 그대로 반영된 것을 알 수 있다.

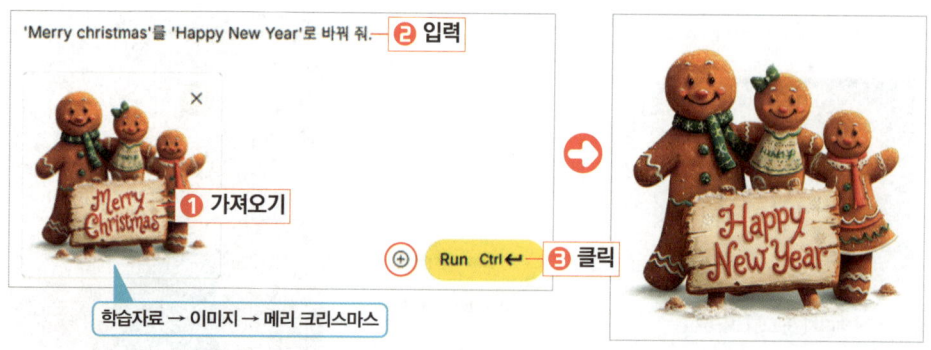

☑ 문자 변경 작업은 영문 문자(폰트)뿐만 아니라 한글(문자)도 가능하다. 다만 받침 글자는 오류 가능성이 높다.

◆ 제품 라벨 바꾸기/붙이기

나노 바나나는 제품 라벨을 원하는 위치에 붙일 수도 있다. 살펴보기 위해 먼저 다음과 같이 ❶[라벨_구찌]와 [제품 12] 이미지를 가져온다. 그다음 이번엔 ❷[Change the image 2 Gucci label for the perfume label in image 2] 영문 프롬프트를 입력한 후 이미지를 ❸[생성]해 본다. 결과는 원본에 있던 라벨 자리에 새로운(구찌) 라벨로 대체된 것을 알 수 있다.

계속해서 이번엔 라벨이 없는 빈 제품에 라벨을 붙여보자. ❶[라벨_우유]와 [제품 01] 이미지를 가져온 후 ❷[Image 2 Put the milk label in the middle of the milk bottle in image 2] 프롬프트로 이미지를 ❸[생성]해 본다. 결과는 목업(Mock-up) 우유병 가운데 지점에 라벨이 정확하게 부착된 것을 알 수 있다.

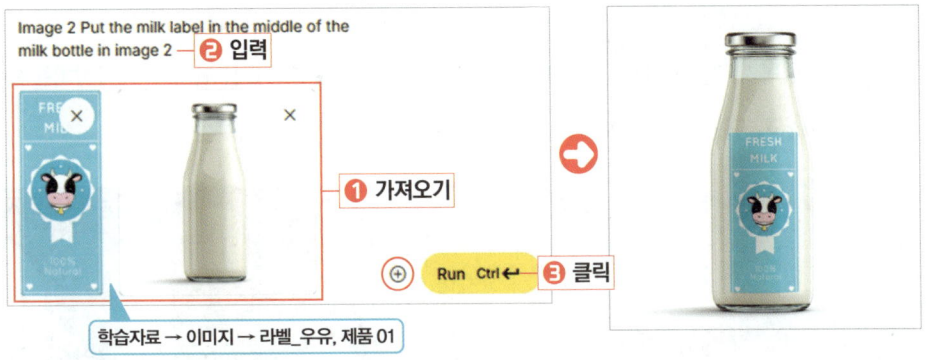

◆ 인테리어 바꾸기: 액자 속 그림/벽지/소파 색상 변경하기

이번엔 인테리어 스타일을 다양하게 바꿔보자. 다음과 같이 ❶[그림 09_최길수 작가]와 [인테리어 08] 이미지를 가져온다. 그다음 ❷[이미지 1의 그림을 이미지 2 벽에 걸린 그림과 바꿔줘.]라고 프롬프트를 입력한 후 이미지를 ❸[생성]한다. 결과는 다음과 같이 완벽하게 대체되었다.

이어서 생성된 그림의 소파 색상을 바꿔보자. [소파의 색상을 노란색으로 바꿔줘.]라는 프롬프트를 입력한 후 이미지를 [생성]해 보면, 결과는 그림처럼 소파의 색상이 노란색으로 완벽하게 바뀐 것을 알 수 있다.

계속해서 이번엔 색상이 바뀐 소파 이미지의 뒤쪽 벽(벽지)을 바꿔보자. ❶[배경 04] 이미지를 가져온 후 ❷[벽(벽지) 전체를 가져온 이미지로 교체해 줘.]라는 프롬프트를 입력한 후 이미지를 ❸[생성]한다. 결과는 소파 뒤쪽의 벽지가 가져온 벽지로 바뀐 것을 알 수 있다.

◆ 모델이 들고 있는 제품 바꾸기

이번엔 이미지 속 모델이 들고 있는 제품을 다른 제품으로 바꿔보자. ❶[모델 16]과 [제품 14] 이미지를 가져온다. 그다음 ❷[이미지 1에서 모델이 들고 있는 아이스크림을 이미지 2의 가운데 있는 노란색 제품으로 대체해 줘.]라고 프롬프트를 입력한 후 이미지를 ❸[생성]한다. 그러면 다음과 같이 모델이 들고 있는 제품이 노란색 제품으로 대체된 것을 알 수 있다.

◆ **3D 건축 도면 만들기: 아이소메트릭 이미지 생성하기**

나노 바나나는 3D 건축 도면(아이소메트릭: isometric)도 생성해 준다. 살펴보기 위해 ❶[건축 도면] 이미지를 가져온다. 그다음 ❷[이 평면 도면을 아이소메트릭(isometric) 뷰 도면으로 생성해 줘. 컬러를 사용할 것.]이라고 프롬프트를 입력한 후 이미지를 ❸[생성]한다. 그러면 다음과 같이 평면 도면에 대한 입체 도면이 생성된다.

나노 바나나는 도면뿐 아니라 위성 지도 속 건축도 아이소메트릭 이미지로 생성할 수 있다. 학습을 위해 다음/네이버/구글 등에서 캡처한 ❶[이미지]를 가져온 후 ❷[이 이미지를 아이소메트릭(isometric) 뷰 도면으로 생성해 줘. 베이스볼 스타디움 모습만.]이라고 프롬프트를 입력한 후 이미지를 ❸[생성]해 본다. 그러면 다음과 같이 입체 야구장의 모습이 멋지게 표현된다.

◆ 나만의 캐릭터를 피규어로 만들기

캐릭터 그림을 3D 피규어로 만들 수도 있다. 중요한 것은 표현하고자 하는 "피규어 크기/디테일, 배치 환경, 제작 과정의 노출, 패키지 디자인" 같은 요소들을 명확하게 표현하는 것이다. 학습을 위해 준비된 ❶[이미지]를 가져온 후 다음과 같은 ❷[프롬프트]를 입력하여 이미지를 ❸[생성]한다.

> 이 캐릭터를 다음과 같은 이미지로 생성해 줘.
> 스케일 & 디테일: "1/7 스케일", "아크릴 받침대", "텍스트 없음"으로 제품을 상업용 상품처럼 보이게 할 것.
> 환경 설정: 피규어와 반다이 스타일 박스를 컴퓨터 책상 위에 올려 놓을 것.
> 메타 레이어: 컴퓨터 책상 위 모니터 화면에 ZBrush 모델링 과정을 보여 줄 것.
> 패키징 요소: 반다이(BANDAI) 스타일의 박스에 담긴 피규어 모습 보여 줄 것.

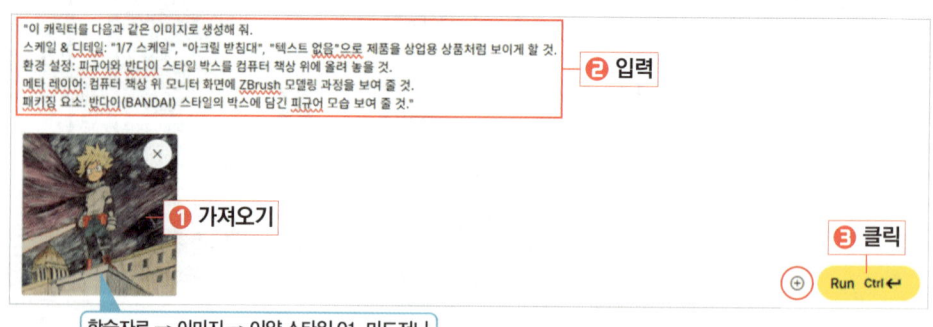

결과는 다음과 같이 그림 속 캐릭터(이얀 스타일)가 멋진 3D 피규어(작업 과정, 패키징 등)로 표현된 것을 알 수 있다. 참고로 생성된 이미지의 비율은 원본 이미지의 비율에 맞춰진다.

◆ **기업 로고 만들기: 피자 가게 로고 생성 및 라벨 붙이기**

나노 바나나는 기업(회사) 로고도 멋지게 생성해 준다. 다음의 로고 제작을 위한 요소를 참고한다면 훌륭한 로고를 만들 수 있다. 이번 학습에서는 본 도서에서 다루고 있는 "수제 피자 가게"에 대한 콘셉트를 ❶[프롬프트]로 사용하여 로고를 ❷[생성]해 보자.

> 다음 요소를 참고하여 "수제 피자 가게" 컨셉트로 로고를 생성해 줘.
>
> 브랜드 이름: "마마스 동네 피자" (한글 폰트)
>
> 핵심 아이덴티티: '수제'와 '정성', '동네'의 따뜻함 강조
>
> 비주얼 심볼: 피자 형태 (조각, 원형 등), 화덕, 손으로 만드는 모습, 따뜻한 식탁/나눔 분위기
>
> 색상: 식욕을 돋우는 빨강, 노랑, 초록을 중심으로 2~3가지의 명확한 팔레트
>
> 폰트: 손글씨 느낌의 따뜻하고 친근한 서체
>
> 분위기: 따뜻하고 아날로그적인 동네 수제 가게 느낌

몇 번의 시도 끝에 다음과 같이 제법 완성도 높은 "마마스 동네 피자" 로고가 생성되었다. 4개의 로고 중 필자는 먹음직스럽게 보이는 두 번째 로고를 사용하기로 했다.

선택한 두 번째 로고에서 브랜드 이름인 '마마스 동네 피자'를 '마마스 수제 피자'로 수정해 보자. 다음과 같이 ❶[마마스 동네 피자 로고_일러스트] 이미지를 가져온 후 ❷[라벨에서 "동네"를 "수제"로 바꿔줘.]라는 프롬프트로 글자가 바뀐 새로운 로고를 ❸[생성]한다.

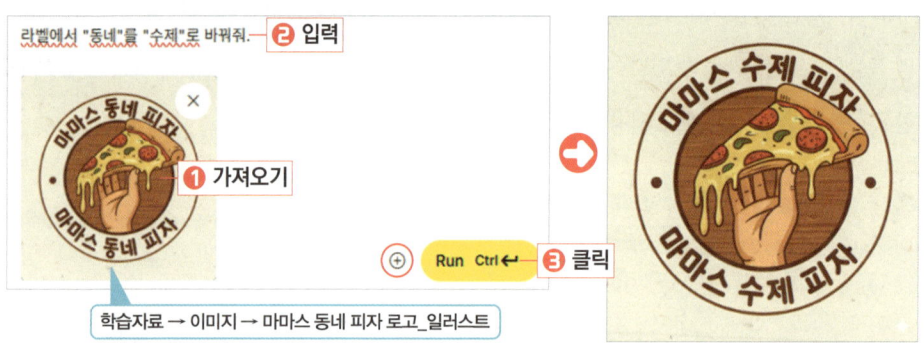

그런데, 생성된 로고의 피자 조각이 일러스트 느낌이라 군침이 돌지 않기 때문에 피자 조각을 실물 피자 조각으로 바꿔 보자. 이어서 [라벨 속 피자의 모습을 그림이 아닌 '실물 피자'의 모습으로 표현해 줘.]라는 프롬프트로 다음과 같이 실물 피자로 바뀐 로고 이미지를 생성한다.

마지막으로 로고를 피자 박스 라벨로 사용해 보자. ❶[마마스 동네 피자 로고_실물 피자] 이미지와 빈 목업 [피자 박스 01] 이미지를 가져온 후 ❷[이미지 1 로고를 이미지 2 피자 박스 위쪽 면에 라벨 느낌으로 붙여 줘.]라는 프롬프트로 피자 박스 위쪽에 라벨이 붙은 이미지를 ❸[생성]한다.

☑ 한글이든 영문이든 결국, 프롬프트의 이해도는 문장을 잘 정리하여 AI가 이해할 수 있도록 하는 것이다.

◆ 이미지 비율(크기) 변형하기: 여백에 장면 채우기

가로/세로 비율 조정이 필요하거나 조정 후 상하좌우 여백을 채워야 할 경우에는 다음과 같이 최종적으로 사용할 비율을 가진 ❶[비율 조정이 필요한 장면이 있는 하얀색 배경 이미지]를 만들어 가져온 후 ❷[이 이미지를 '아웃페인팅'해 줘.]라는 프롬프트로 이미지를 ❸[생성]한다.

그러면 다음과 같이 이미지 원본 비율은 그대로 유지되고, 양쪽 하얀색 영역에는 중앙의 장면(피

자와 바닥)과 연결되는(자연스럽게 확장된) 이미지를 만들 수 있다.

💡 하얀색 배경(여백)이 있는 이미지 만들기

포토샵과 같은 전문 편집 툴 사용자라면 필요 없겠지만, 그렇지 않는 사용자라면 윈도우즈에서 기본적으로 제공되는 "그림판"을 이용하여 그림과 같은 비율 조정 및 하얀색 배경을 가진 이미지를 생성할 수 있다. 먼저 [장면이 있는 이미지를 그림판]으로 열어 준 후, [추가한 아래쪽 레이어]를 좌우 혹은 위아래로 키워 원하는 비율로 조정한다. 그리고 저장(파일 – 저장)하면 이미지로 사용할 수 있다.

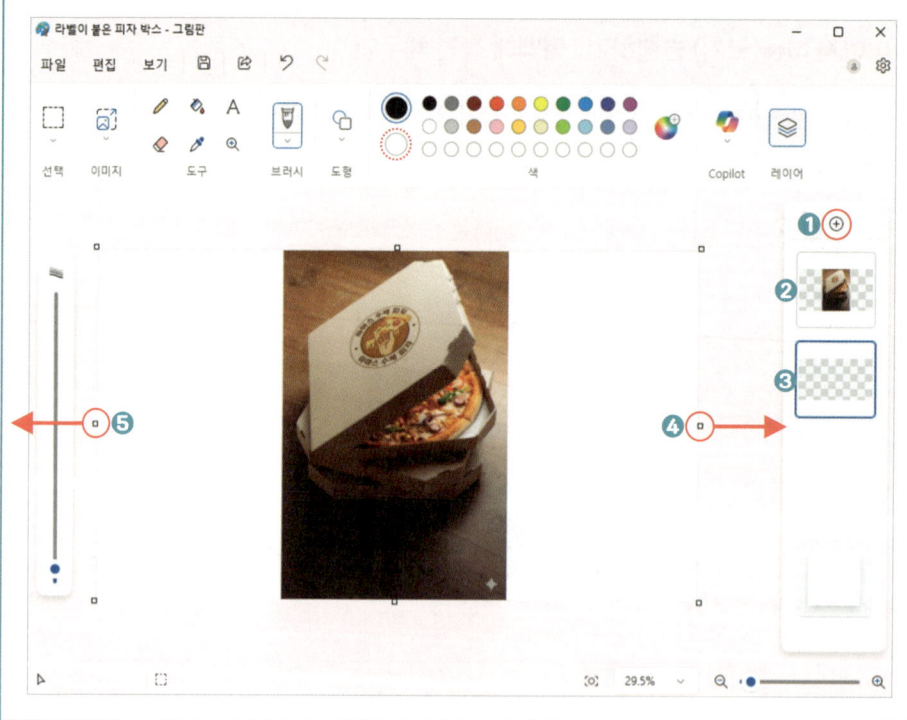

◆ 유튜브 썸네일 만들기

유튜버로 활동을 하거나 유튜브 콘텐츠를 보거나, 여전히 유튜브에 대한 관심은 뜨겁다. 만약 유튜버로 활동하거나 할 계획이 있다면, 유튜브 썸네일 제작 방법도 알아야 한다. 그만큼 썸네일이 차지하는 비중이 높기 때문이다. 나노 바나나를 활용하면 평범한 이미지도 어그로(관심)를 끌 수 있는 이미지로 쉽게 만들 수 있어 효과적인 썸네일 이미지로 활용할 수 있다. 이번 학습에서는 아래 이미지와 같은 '평범한 딸기' 이미지를 '푸딩젤리' 질감의 딸기 이미지로 만들어 본다.

살펴보기 위해 ❶[딸기]와 [푸딩젤리] 이미지를 가져온 후 ❷[1번 이미지(딸기) 재질을 2번 푸딩젤리 재질로 만들어 줘.]라고 간단한 프롬프트로 이미지를 ❸[생성]해 본다.

그러면 다음과 같이 푸딩젤리 질감을 가진 딸기의 모습이 담긴 이미지가 생성된 것을 알 수 있다. 이렇게 바뀐 이미지를 유튜브 썸네일로 사용하게 되면 관심을 즉각적으로 끌 수 있으며, 동영상으로 제작할 경우 시각적 반전 효과와 질감 변화를 통해 더욱 높은 몰입감을 유도할 수 있다.

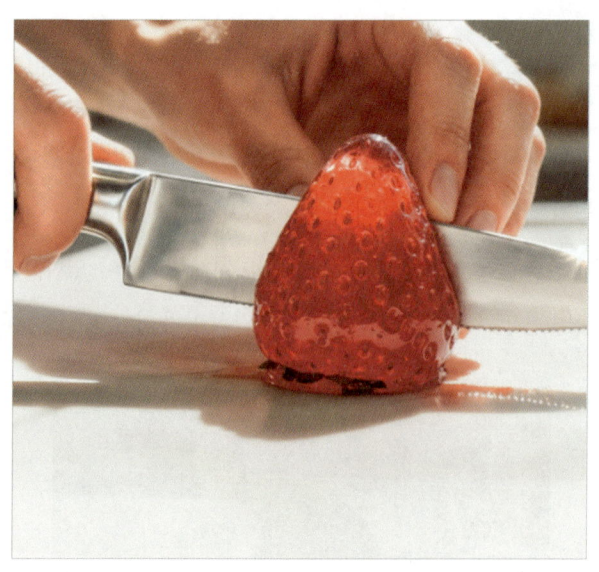

◆ 배너 광고 이미지 만들기

나노 바나나는 광고 콘셉트를 자세히 알려주면 간단하게 광고 이미지를 생성해 준다. 이번엔 여성용 가방에 대한 배너 광고를 만들어 보자. [제품 07] 이미지를 가져온 후 다음과 같은 [광고 콘셉트 프롬프트]를 사용하면 그림과 같은 배너(썸네일) 광고 이미지를 생성할 수 있다.

> 럭셔리 & 아트 감각
> 배경: 미니멀한 갤러리, 아트워크 옆에 배치된 가방
> 톤 & 무드: 고급스럽고 감각적
> 포인트: 가방 자체가 작품처럼 강조됨.
> 카피 문구: "Nature Woven into Luxury", "예술처럼 담아낸 자연의 감각"

다양한 예제를 통해 나노 바나나(2.5 Flash)에 대해 살펴보았다. 여기서 생성된 이미지에 슬로모션, 패럴랙스, 또는 미묘한 조명 변화를 더하면 더욱 생동감 있고 몰입감 있는 결과물을 만들 수 있다. 이처럼 나노 바나나는 단순한 이미지 생성 도구를 넘어, 하나의 '시각적 스토리텔링 플랫폼'으로 발전하고 있다.

한 장의 이미지가 한 편의 영상으로 확장되는 시대, 창의적인 시도와 표현력만 있다면 누구나 자신만의 예술적 세계를 만들어 갈 수 있다.

나노 바나나 무료로 사용하기

나노 바나나(Flash 2.5)는 무료로 사용할 수도 있다. [엘엠아레나]로 검색한 후 들어가면, 다른 생성형 AI와 유사한 인터페이스를 가진 LMArena 작업 화면이 나타나는데, 프롬프트를 통해 이미지와 텍스트를 입력하여 원하는 이미지를 생성할 수 있다. 여기에서는 나노 바나나(제미나이 2.5 Flash)뿐 아니라 대부분의 AI 모델을 사용하여 결과물에 대한 비교도 가능하다.

06 | AI 배경음악/효과음/음성 만들기

영상의 완성도를 결정짓는 요소 중 하나는 '소리'이다. 음악과 목소리는 장면의 감정선을 강화하고, 영상의 몰입도를 높이는 핵심 요소이기 때문이다. 이번 학습에서는 가장 선호하는 AI 사운드 생성 툴 수노(Suno)와 일레븐랩스(ElevenLabs)를 활용하여 영상에 필요한 배경음악과 내레이션을 제작하는 방법에 대해 살펴본다.

수노(Suno) AI로 K팝 & 배경음악 만들기

수노는 음악(작곡) 제작을 처음 시작하는 사람들이 가장 선호하는 AI 작곡 툴이다. 텍스트 프롬프트만 입력하면 복잡한 음악 이론이나 작곡에 대한 지식이 없어도, 멜로디, 리듬, 화성 요소를 자유롭게 조합해 창의적인 사운드트랙을 완성할 수 있다. 특히 초보자도 장면의 감정선이나 전환 타이밍에 맞는 배경음악(BGM)을 간편하게 생성할 수 있다.

01 수노를 사용하기 위해 구글 검색기에서 ❶[수노]로 검색한 후 ❷[Suno]를 클릭한다.

☑ 크롬 브라우저 사용을 권장하며, 구글 계정으로 로그인된 상태에서 진행한다.

02 수노의 시작 화면이 열리면 우측 상단의 [Sign In 또는 [Sign Up] 버튼을 누른다.

03 계정 선택 창이 열리면 ❶[구글] - ❷[사용자 구글 계정]을 선택한다.

04 수노 구독 플랜 창이 열리면 사용자의 목적과 활용 수준에 따라 무료, 프로, 프리미어 세 가지 요금제를 제공한다. 필자는 ❷[프로] 모델을 ❶[1개월] 동안 사용해 보기로 하였다.

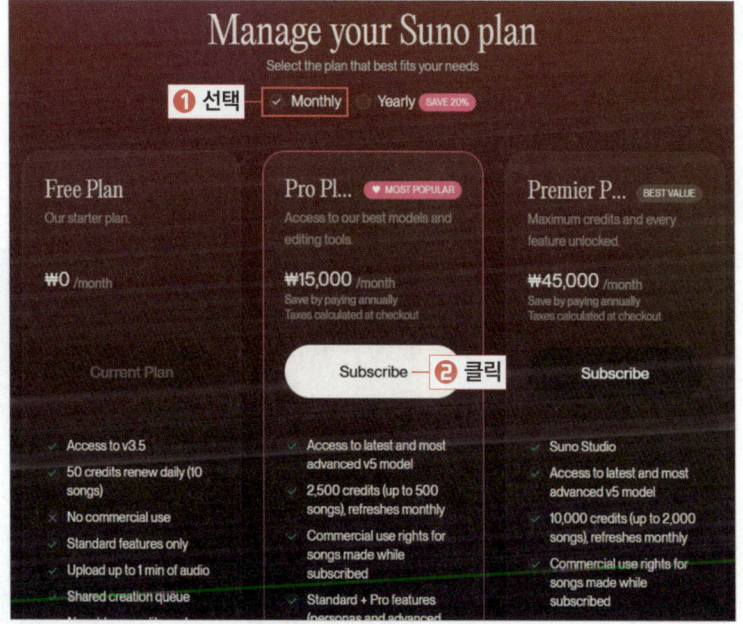

☑ 무료 모델은 매일 50 크레딧 제공(최대 10곡 생성 가능)하지만, 비상업적 사용만 허용(개인 연습/테스트용), 기본 기능만 제공되고, 사용 모델 또는 버전이 v3.5(최신 버전은 v5)이기 때문에 전문적으로 사용하기 위해서는 프로 요금제를 권장한다.

05 결제 관련 창이 열리면 사용하고자 하는 ❶[결제 방식]을 선택한 후 ❷[정보 저장] - ❸[구독하기] 버튼을 누른다. 이후 결제 창이 열리면 선택한 결제 방식으로 ❹[구독하기] 버튼을 눌러 결제한다.

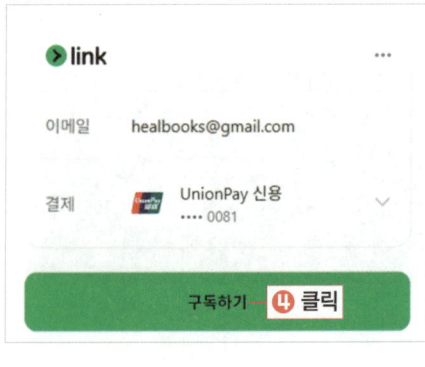

◆ 수노로 초간단 작곡하기: 곡 자동 생성하기

01 첫 작곡을 하기 위해 좌측 사이드 바(메뉴 바)에서 [Create] 버튼을 누른다. 그러면 상단에 "Simple"과 "Custom" 모드로 곡을 생성할 수 있는 창이 나타난다.

☑ "Simple" 모드는 AI 음악 제작에 익숙하지 않은 초보자를 위해 설계된 입문용 생성 옵션으로, 최대 200자 이내로 분위기(Mood), 장르(Genre), 주제(Theme)를 입력하면 수노가 이에 맞춰 자동으로 곡을 생성한다.

02 Song Describe 글자 우측 주사위 모양의 ❶[랜덤 생성] 버튼을 누르면 수노가 랜덤으로 프롬프트를 생성해 준다. 이제 곡을 생성하기 위해 ❷[Create] 버튼을 클릭한다.

03 **다운로드받기** 생성된 곡은 기본적으로 2곡이며, 이 중 마음에 드는 곡을 선택하거나 재생성할 수 있다. 최종적으로 사용할 곡을 다운로드하기 위해 [더 보기] 메뉴를 클릭한다.

수노(Suno) AI로 K팝 & 배경음악 만들기 •••• 251

04 더 보기 메뉴가 열리면 [Download] 메뉴에서 원하는 파일 형식을 선택하면 된다.

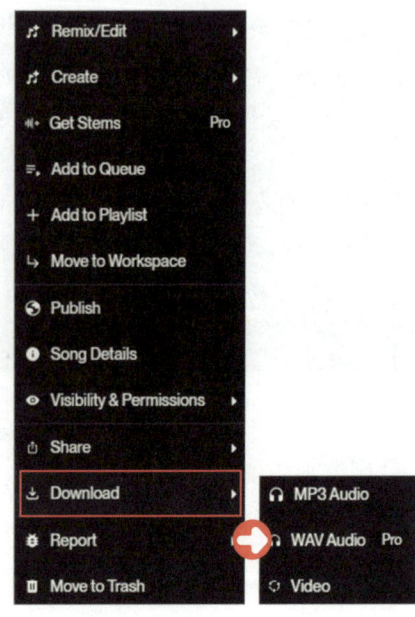

◆ 수노로 초간단 작곡하기: 사용자(수제 피자 가게) 장르 생성하기

01 사용자가 원하는 장르의 곡을 생성해 보자. Song Description에 다음과 같은 ❶[프롬프트]를 입력하고 ❷[Create]를 클릭한다. 수제 피자 가게의 광고 영상 배경음악으로 사용하기 위한 콘셉트이다.

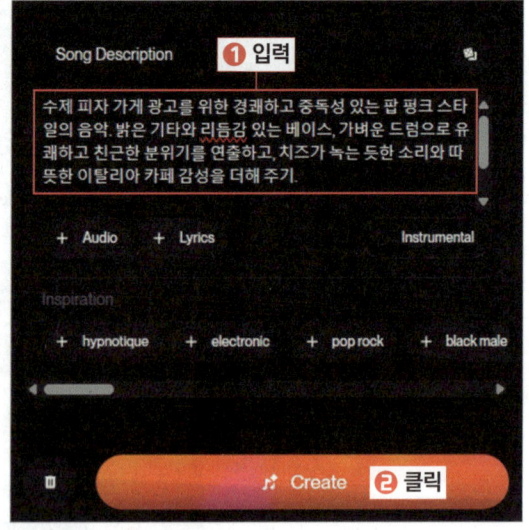

> 수제 피자 가게 광고를 위한 경쾌하고 중독성 있는 팝 펑크 스타일의 음악. 밝은 기타와 리듬감 있는 베이스, 가벼운 드럼으로 유쾌하고 친근한 분위기를 연출하고, 치즈가 녹는 듯한 소리와 따뜻한 이탈리아 카페 감성을 더해 주기.

☑ 수노 v4, v5 모델은 한글 프롬프트 입력도 완벽히 지원된다. 최신 모델은 한국어 문장도 자연스럽게 분석해서 음악의 분위기, 장르, 악기 구성, 감정 톤 등을 꽤 정확히 반영하며, 오디오뿐 아니라 상황에 맞는 가사(CM 송)도 생성해 준다.

02 생성된 2곡을 들어보면 프롬프트의 요청에 맞는 경쾌한 곡인 것을 알 수 있으며, 곡과 어울리는 가사(CM송)도 포함된 것을 알 수 있다. 마음에 드는 곡 또는 새로운 곡을 생성하여 저장해 놓는다.

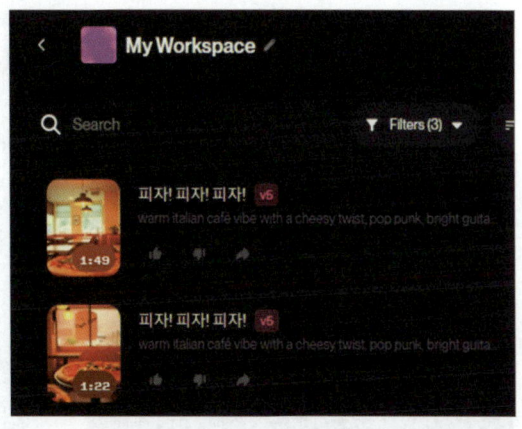

◆ 수노로 초간단 작곡하기: 심플 모드로 곡 연장하기

01 오디오 파일을 업로드하거나 직접 녹음할 수 있는 ❶[+ Audio]를 클릭한 후 ❷[업로드] 버튼을 누른다.

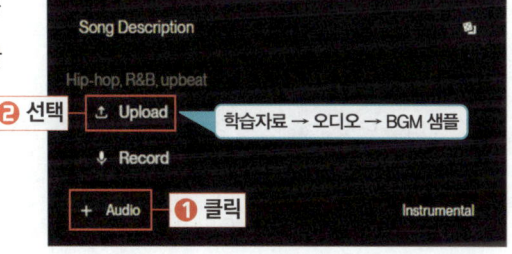

02 업로드된 오디오에 대한 저작권 동의 창이 열리면 [Agree to Terms] 버튼을 클릭하여 동의한다.

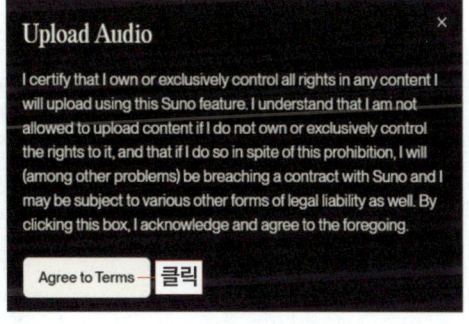

03 업로드된 오디오를 ❶[저장: Save]한 후 오디오 생성 방식 선택 창이 열리면, 가져온 오디오를 연장하기 위해 ❷[Extend] 버튼을 누른다. 그다음 ❸[Continue] 버튼을 누른다.

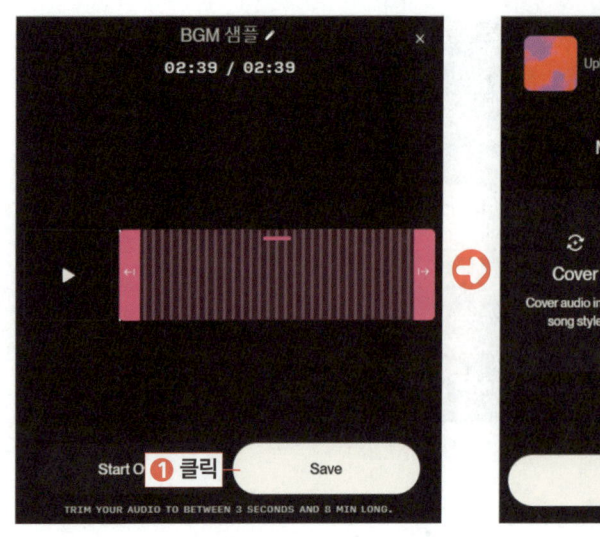 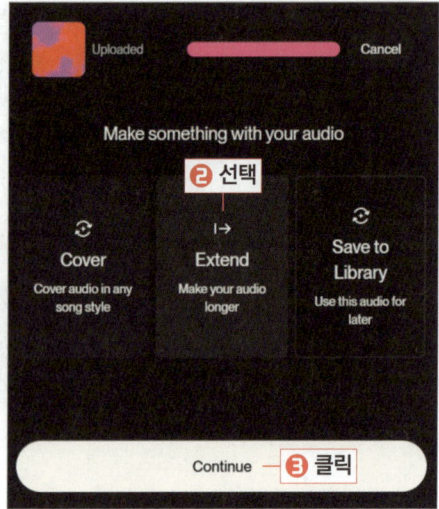

Extend 업로드된 오디오의 특정 영역을 선택하여 새로운 곡으로 연장(만들기)

Cover 업로드된 곡을 새로운 스타일로 커버 가능

Save to Library 업로드된 오디오를 나중에 사용하기 위해 라이브러리에 저장

04 길이를 연장할 ❶[곡의 영역]을 설정한다. 그다음 Song Description에 다음과 같은 ❷[프롬프트]를 입력하여 새로 추가될(연장될) 곡 스타일을 요청한다. 새롭게 생성될 곡에는 가사가 포함되지 않게 하기 위해 ❸[Instrumental]를 체크한 후 ❹[Create] 버튼을 누른다.

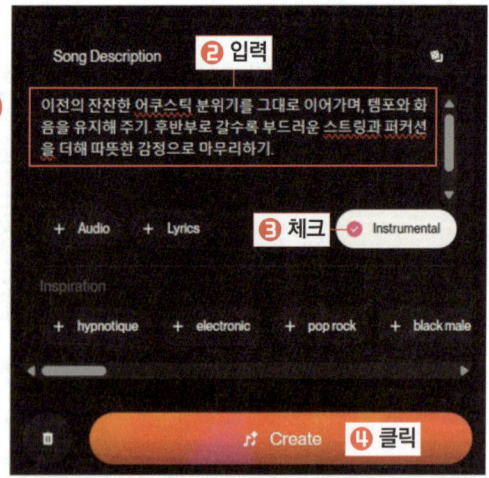

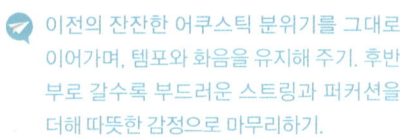

이전의 잔잔한 어쿠스틱 분위기를 그대로 이어가며, 템포와 화음을 유지해 주기. 후반부로 갈수록 부드러운 스트링과 퍼커션을 더해 따뜻한 감정으로 마무리하기.

☑ 챗GPT를 활용하면 수노에서 사용할 오디오 파일 분석 및 프롬프트 생성을 보다 쉽게 구성할 수 있다.

05 지정된 영역이 연장된 가사가 없는 2개의 곡이 생성되었다. 곡 제목 또한 곡과 어울리는 곡명으로 자동 생성된 것을 알 수 있다. 이제 마음에 드는 곡을 저장하거나 새로운 곡을 생성하여 저장해 놓는다.

◆ 수노로 초간단 작곡하기: 심플 모드로 커버 곡 만들기

01 이번엔 다른 곡을 새롭게 해석한 커버 곡을 만들어 보자. 이전에 가져온 [BGM 샘플]을 그대로 사용한다. 상단 ❶[메뉴]에서 ❷[Cover]를 선택한다.

02 커버를 선택하면 사용자(Custom) 모드로 자동 전환되며, 가사와 스타일 등을 작성할 수 있다. 가사(Lyrics)는 사용하지 않음(Instrumenmtal)로 되어 있지만 원하는 가사가 있을 경우, '자동 랜덤 생성'한 후 입력하면 된다. 하단의 스타일(Styles)은 자동으로 생성되었으며, 직접 입력 또는 랜덤하게 다시 생성할 수 있다.

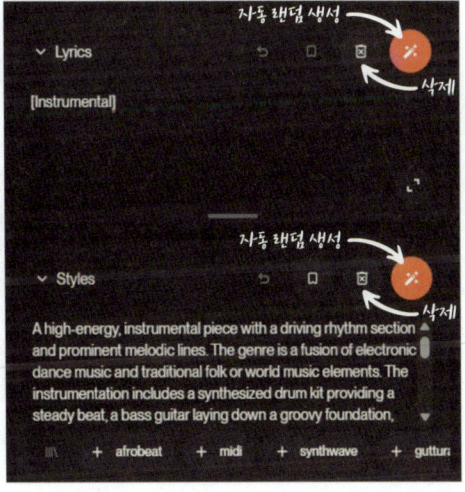

03 아래쪽 'Advanced Options'에서는 생성될 음악 스타일, 창의성, 보컬 성별, 오디오 반영 정도 등을 세밀하게 조정할 수 있다.

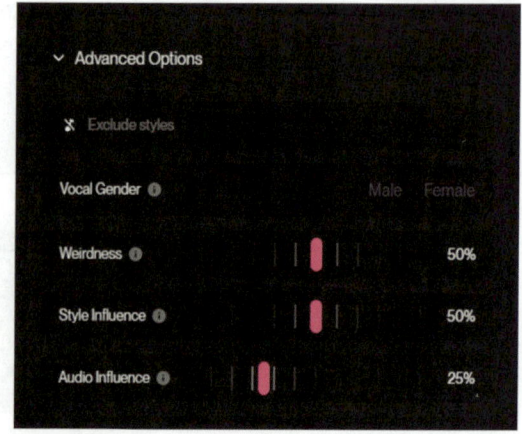

Exclude Styles(제외할 스타일) 특정 장르나 스타일을 생성 제외할 수 있는 필터(예: rock, meta)

Vocal Gender(보컬 성별) AI 보컬이 남성(Male) 또는 여성(Female) 음색으로 설정

Weirdness(창의성/실험성 조절) 음악의 독창성, 예측 불가함, 창의성 수준을 결정. 낮은 값은 안정적(고전)이고, 높은 값은 독특하고 실험적인 음악 생성

Style Influence(스타일 반영 정도) 프롬프트에 입력한 장르나 스타일 태그가 음악에 얼마나 강하게 반영될지 조절. 높은 값일수록 스타일을 강하게 반영

Audio Influence(오디오 반영 정도) 업로드한 오디오(샘플, 음성, 비트)의 특성을 새로 생성될 음악에 얼마나 반영할지 결정

04 My Workspace를 통해 파일명과 저장 위치(사전에 미리 설정해야 함)를 설정한 후 [Create] 버튼을 눌러 곡을 생성한다.

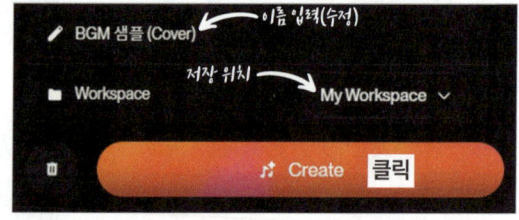

05 **저장 위치 설정하기** 커버 곡 역시 2가지가 생성되었다. 참고로 생성된 곡이 저장될 위치 설정을 하기 위해 My Workspace 좌측 [<] 버튼을 클릭한다.

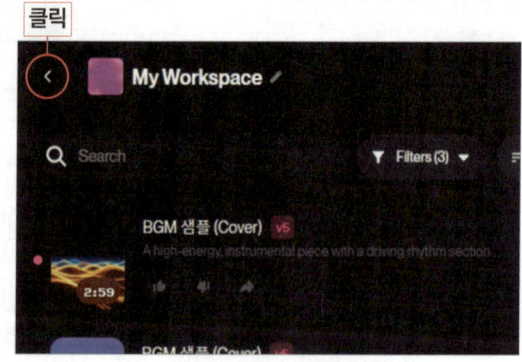

06 워크스페이스 화면이 열리면 ❶[+ New Workspace] 버튼을 클릭한 후 ❷[이름 입력] - ❸ [Create Workspace] 버튼을 클릭하여 새로운 워크스페이스를 생성할 수 있다.

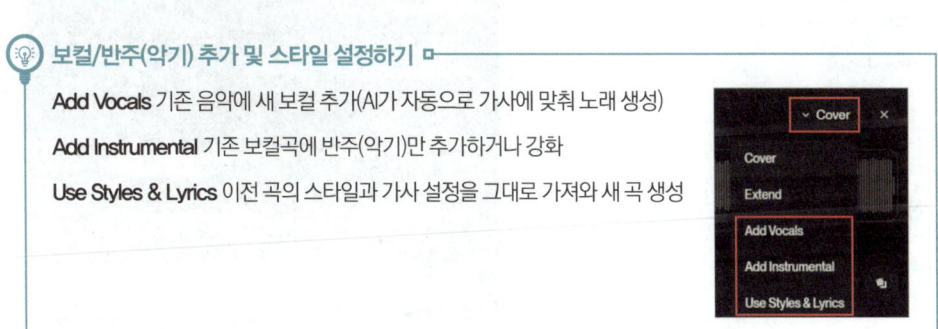

보컬/반주(악기) 추가 및 스타일 설정하기

Add Vocals 기존 음악에 새 보컬 추가(AI가 자동으로 가사에 맞춰 노래 생성)
Add Instrumental 기존 보컬곡에 반주(악기)만 추가하거나 강화
Use Styles & Lyrics 이전 곡의 스타일과 가사 설정을 그대로 가져와 새 곡 생성

◆ 수노로 K-팝 아이돌 노래 만들기

수노의 가사 입력 기능을 활용하면 가사 내용을 분석한 후 멜로디, 리듬, 보컬, 감정을 모두 조합해 K-pop 스타일의 곡을 생성할 수 있다. 이번에 만들 곡은 사전에 챗GPT에서 "용기, 희망, 사랑"이란 주제로 K팝 아이돌(남자 솔로) 콘셉트 가사를 요청하여 완성된 가사에 대한 곡이다. 참고로 가사는 한국어는 70%, 영어는 30%이며, 아티스트는 "JIO"이다. 챗GPT에서 생성된 가사를 ❶[복사(Ctrl+C)]한 후 수노의 ❷[Custom] 모드의 ❸[Lyrics]에 붙여 넣기(Ctrl+V)한다. 스타일은 ❹[K-pop]으로 해주고, 파일명을 입력한 후, 노래를 ❺[생성]해 보자.

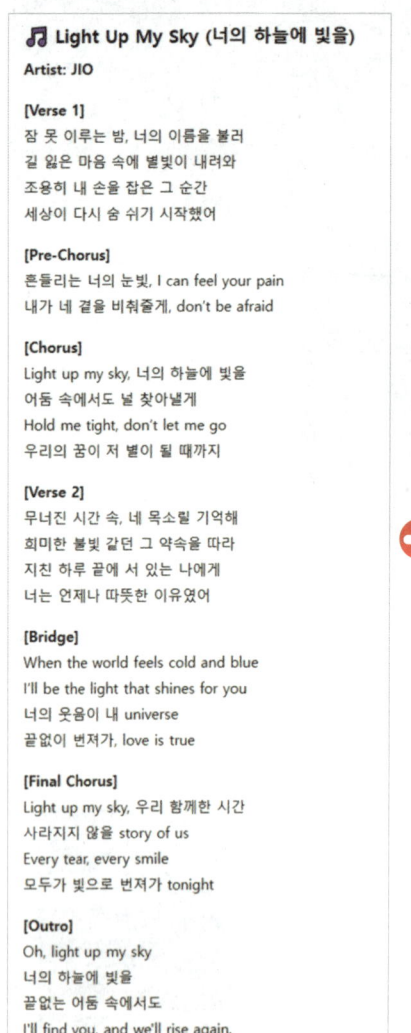
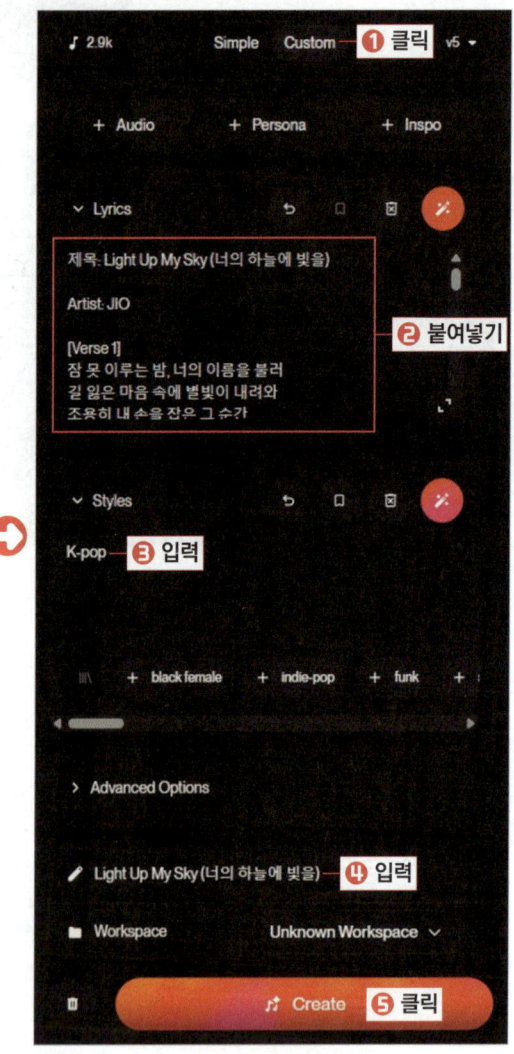

이번에도 역시 두 곡이 생성되었다. 생성된 노래를 들어보면, 이대로 음반을 내도 문제가 없을 정도로 완벽에 가까운 곡이라는 것을 알 수 있다. 생성된 두 곡 중 하나는 보다 밝고 청량한 K-pop 감성으로, 희망과 설렘을 강조한 반면, 다른 하나는 따뜻하고 부드러운 멜로디로 감정의 여운을 남긴다. 사용할 곡은 저장해 놓는다.

살펴본 것처럼 수노는 단순히 음악을 만들어 주는 도구가 아니라, 창작자의 감정과 메시지를 음악으로 형상화하는 멜로디, 화성, 리듬, 심지어 보컬의 감정선까지 모든 요소가 조화롭게 어우러진다. 또한 가사 한 줄, 키워드 몇 개만 입력해도 곡의 전체 분위기를 파악하고, 감정의 흐름에 따라 악기 구성과 템포까지 자동으로 조정된다는 것을 알 수 있다.

◆ 스타일 탐색기로 작곡하기: Explore(익스플로러) 활용

수노 화면 좌측 사이드바(메뉴)에 있는 "Explore(익스플로러)" 기능을 활용하면 수많은 음악 스타일 목록을 통해 아이디어 탐색 및 곡을 생성할 수 있다. ❶[익스플로러] 화면을 열어 준 후, 화면 중앙의 ❷[주사위 모양(재생 버튼)]을 누르면 랜덤으로 음악 스타일이 재생되며, 우측에 표시된 다양한 음악 장르 태그(예: 한국식 트랜스, 팝 락, 로파이 재즈 등) 중 하나를 클릭해 직접 탐색(들어보기)할 수 있다. 곡을 들어본 후 자신이 사용할 스타일과 일치되면 ❸[v5로 만들기] 버튼을 눌러 해당 스타일 기반으로 새로운 곡을 생성할 수 있으며, 수노를 통해 새 곡 또는 생성한 곡을 새로운 스타일로 변형하거나 길이를 확장해 완성도를 높일 수 있다. 커버/보컬/확장 기능을 통해 영상에 사용할 자신만의 사운드로 발전시켜 본다.

최근에는 '냉장고를 부탁해'라는 TV 프로그램에서 관련 요리에 대한 주제곡(배경곡)을 AI로 만들어 사용하고 있는 것을 자주 듣는다. 이처럼 다양한 분야에서 AI 음악 생성 도구의 활용이 빠르게 확산되고 있다. 예능 프로그램의 배경음악, 광고 캠페인의 감성 사운드, 유튜브 영상의 브랜딩 음악까지, AI가 실시간으로 만들어내는 시대다.

💡 **수노 유료 구독 해지하기**

수노의 유료 구독을 해지하기 위해서는 좌측 사이드바의 맨 위쪽에 있는 [사용자 설정] 메뉴에서 [Manage Subscription]을 선택한 후 열리는 화면 상단의 [Cancel subscription]을 통해 가능하다.

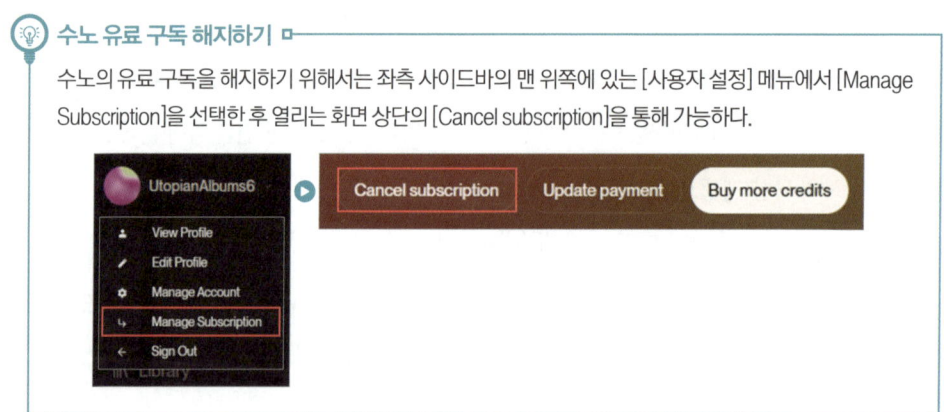

🎙 일레븐랩스(ElevenLabs)로 보이스/효과음 만들기

AI 음성 기술은 이제 누구나 자신의 목소리를 만들고, 감정이 담긴 내레이션이나 영화 같은 효과음을 생성할 수 있다. 일레븐랩스는 가장 현실적인 음성 및 효과음 생성 AI 툴로, 텍스트를 입력하면 자연스러운 억양과 호흡으로 사람처럼 말하며, 상황에 따라 감정의 강약까지 조절할 수 있어, 영화(드라마), 게임, 오디오북, 광고, 교육 등 어떤 콘텐츠에서도 생생한 몰입감을 주는 음성을 구현할 수 있다.

◆ 일레븐랩스로 효과음(Sound Effects) 만들기

01 일레븐랩스를 사용해 보기 위해 먼저 구글 검색기에서 ❶[일레븐랩스]로 검색한 후 ❷[ElevenLabs]를 클릭한다.

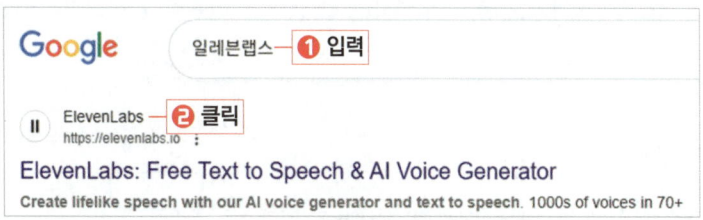

☑ 크롬 브라우저 사용을 권장하며, 구글 계정으로 로그인된 상태에서 진행한다.

02 일레븐랩스 메인화면이 열리면 상단 메뉴 중 ❶[크리에이티브 플랫폼]을 클릭하면 일레븐랩스에서 제공되는 모든 AI 오디오 생성 툴을 확인할 수 있다. 하지만 로그인(회원 가입)이 되지 않은 상태에서는 효과음이 제대로 생성되지 않기 때문에 먼저 ❷[로그인]를 클릭한다.

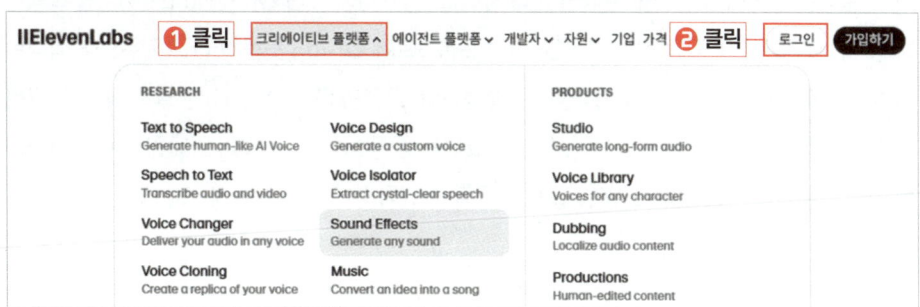

03 로그인 선택 창이 열리면 ❶[Google로 로그인]을 선택한 후 계정 선택 창에서 ❷[사용자 계정]을 선택한다.

04 언어 전환 창이 열린다면 ❶[English]를 선택하고 ❷[언어 설정]을 클릭한다. 일레븐랩스 플랫폼(웹사이트)에서 한국어 지원이 되지 않지만, 한국어 음성(내레이션)을 생성하는 것은 문제없다. 웹브라우저에서도 ❸[언어 설정]을 ❹[영어]로 바꿔준다. 한국어로 되었을 때 제대로 표현되지 않기 때문이다.

05 일레븐랩스 작업 화면이 열리면 좌측 사이드바(메뉴)에 있는 ❶[Sound Effects]를 클릭한다. 사운드 효과 작업 창이 열리면, 하단 프롬프트에 ❷[마녀 웃음]이라고 키워드를 입력한후 생성될 ❸[효과음의 길이를 5초] 정도로 설정한다. 다음 ❹[↑ 생성] 버튼을 클릭한다. 그러면 4개의 사운드 효과음이 생성된다. 생성된 효과음 중 마음에 드는 것이 있다면, ❺[다운로드] 버튼을 눌러 원하는 형식(MP3/WAV)으로 저장할 수 있다.

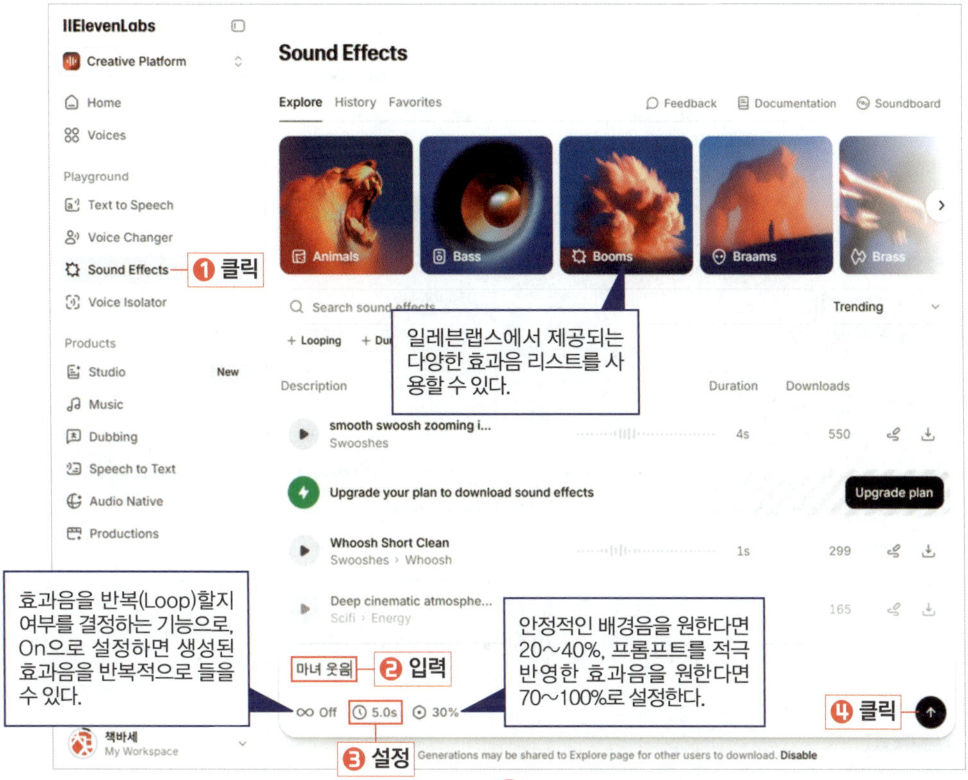

📢 한글 입력 시 "마녀의 웃음 소리", "화창한 가을 하늘의 바람 소리"와 같은 관형격 조사가 들어간 문장은 효과음으로 적합하지 않기 때문에 "바람 소리", "마녀 웃음"과 같은 간결한 키워드로 입력하길 권장한다.

06 유/무료 차이점 일레븐랩스 무료 버전 사용자도 기본적으로 10,000 크레딧을 제공하여 10분 분량의 사운드를 생성할 수 있지만, 보다 긴 결과물과 고급 기능(음성 클로닝, 상업적 이용)을 사용하기 위해서는 유료 구독을 권장한다. 살펴보기 위해 좌측 사이드바 하단의 [Upgrade] 버튼을 클릭한다.

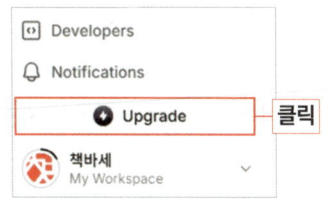

	Starter	Creator ★ Most Popular First month 50% off	Pro
	$5/month	~~$22~~ **$11**/month	**$99**/month
	For hobbyists creating projects with AI audio	For creators making premium content for global audiences	For creators ramping up their content production
	Subscribe	Subscribe	Subscribe
Credits			
Monthly credits included	✓ 30,000	✓ 100,000	✓ 500,000
Additional credits cost	✕	✓ $0.30/1000	✓ $0.24/1000
Text to Speech			
Text to speech	✓	✓	✓
Highest quality models	✓ 30,000 credits (~30 min)	✓ 100,000 credits (~100 min)	✓ 500,000 credits (~500 min)
Additional characters (highest quality)	✕	✓ $0.30/1000	✓ $0.24/1000
Turbo/Flash models	✓ 60,000 credits (~60 min)	✓ 200,000 credits (~200 min)	✓ 1,000,000 credits (~1,000 min)
Additional characters (turbo/flash)	✕	✓ $0.15/1000	✓ $0.12/1000

********************** 이 하 생 략 **********************

Free Plan

가격: $0/월

용도: 체험 및 학습용, 비상업적 개인 사용

- 월 10,000 크레딧 제공(약 10분 분량 음성 생성)

- 기본 음성 품질만 사용 가능(고품질 모델/Turbo 모델 불가)

커스텀 보이스: 3개까지 가능

- 보이스 체인저/음성 분리(Voice Isolator) 사용 불가

- 상업적 이용 불가(개인 연습용 또는 비영리 목적만 허용)

오디오 품질: 128kbps(mp3)/44.1kHz(wav)

적합 대상: 학생, AI 음성 체험자, 비상업적 개인 사용자

Starter Plan

가격: $5/월

용도: 크리에이터/강사/1인 미디어용

- 월 30,000 크레딧 제공(약 30분 분량)

- 고품질 모델 사용 가능(HQ Model)

효과음(SFX): 약 750초(12.5분) 생성 가능

보이스 체인저: 30분 사용 가능

커스텀 보이스: 10개까지 생성 가능

보이스 아이솔레이터(Voice Isolator): 30분

더빙 스튜디오(Dubbing Studio): 워터마크 포함 6분 영상

음악 생성(Eleven Music): 월 22분

- 상업적 사용 가능(단, 제한적)

오디오 품질: 128kbps(mp3)/44.1kHz(wav)

적합 대상: 유튜브 보이스오버, 짧은 오디오북, 개인 영상 제작

Creator Plan

가격: $11/월

용도: 유튜버/성우/영상 제작자 등 상업 콘텐츠 제작자

- 월 100,000 크레딧 제공(약 100분 분량)

- Turbo/Flash 모델 사용 가능(최고속 음성 변환)

- 추가 크레딧 구매 가능($0.30/1,000)

효과음(SFX): 약 2,500초(41분) 생성 가능

보이스 체인저: 100분

보이스 아이솔레이터: 100분

커스텀 보이스: 30개까지 가능

프로 음성 클로닝(PVC): 1개 사용 가능(고품질 AI 음성 복제)

더빙 스튜디오(Dubbing Studio): 20분 (10분은 워터마크 제거 가능)

Eleven Music: 월 62분

- Speech to Text/API/Conversation AI 모두 사용 가능

- 상업적 사용 완전 허용

오디오 품질: 192kbps(mp3)/44.1kHz(wav)

적합 대상: 학생, AI 음성 체험자, 비상업적 개인 사용자

Pro Plan

가격: $99/월

용도: 기업/프로덕션/디오북 전문 제작사용

- 월 500,000 크레딧 제공(약 500~1,000분 분량)

추가 크레딧 단가: $0.24/1,000 (대량 제작에 유리)

효과음(SFX): 12,500초(3시간 28분) 생성 가능

보이스 체인저: 500분

보이스 아이솔레이터: 500분

커스텀 보이스: 최대 160개

프로 음성 클로닝(PVC): 1개 포함

더빙 스튜디오: 100분(50분 워터마크 제거 가능)

Eleven Music: 월 304분

– Speech to Text API/Conversation AI/Analytics 등 모든 기능 무제한 접근

오디오 품질: 192kbps(mp3)/44.1kHz(wav)

– 상업적 사용 완전 지원(라이선스 포함)

적합 대상: 오디오북/영상 제작사/기업형 AI 콘텐츠 제작

◆ **일레븐랩스로 음성 디자인하기: 프롬프트로 음성 생성하기**

일레븐랩스에서 제공되는 음성(Voices) 라이브러리는 5,000개 이상으로 알려져 있다. 이 방대한 음성 라이브러리를 통해 원하는 음색을 사용할 수 있지만, 사용자 자신의 음성을 사용하거나 다른 사람의 음성을 재가공하여 자신만의 라이브러리를 구축할 수도 있다.

01 살펴보기 위해 좌측 사이드바 상단의 [Voices] 메뉴를 클릭해 본다. 현재 트렌디한 음성 및 사용 사례, 주간 인기, 큐레이트, 상담원, 명상, 시 낭송 등 다양한 음성 라이브러리를 통해 음성을 듣고 선택할 수 있다.

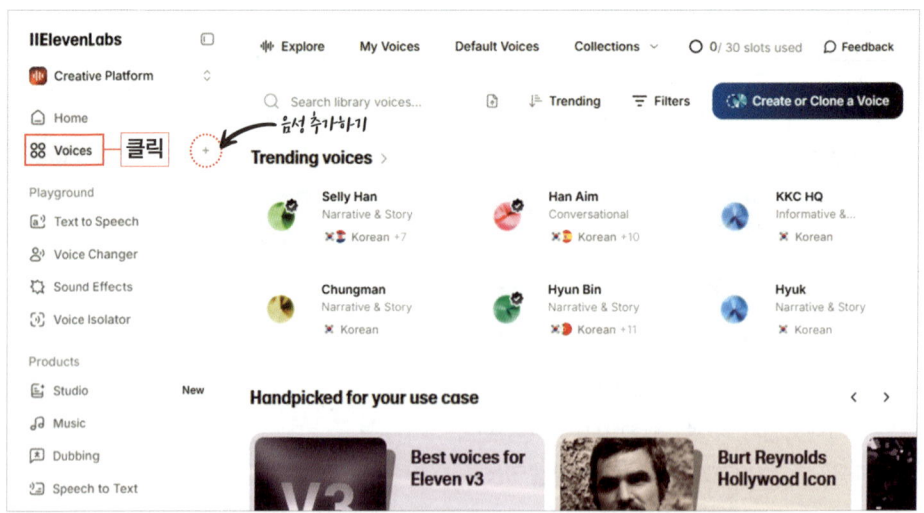

02 이제 새로운 음성을 생성하기 위해 'Voices 메뉴(이전 페이지 참조)' 우측 [+ 음성 추가하기] 버튼을 클릭한다. Add a new voice 창이 열리면 맨 위쪽에 있는 [Voice Design]을 클릭한다.

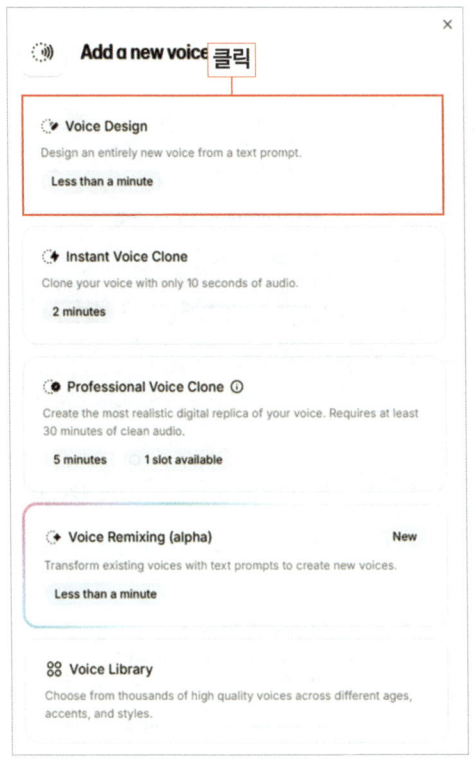

Voice Design 텍스트 프롬프트만으로 새로운 AI 음성을 생성

Instant Voice Clone 최소 10초 음성으로 빠르게 사용자 자신의 목소리를 복제

Professional Voice Clone 30분 고음질 녹음으로 실제와 같은 정밀 음성 복제

Voice Remixing(alpha) 기존 음성을 프롬프트로 변형해 새로운 스타일의 목소리 생성

Voice Library 다양한 언어와 톤의 기존 고품질 AI 음성을 선택해 사용 가능

☑ 일레븐랩스는 첫 달 결제 무료이며, 보다 다양한 기능 소개를 위해 필자는 [Creator Plan]으로 결제하였다.

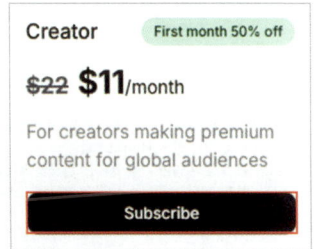

03 보이스 디자인 창이 열리면 ❶[프롬프트]에 다음과 같이 "수제 피자 가게" 광고에 어울리는 20대 여성 모델 콘셉트를 구체적으로 입력해 보자. ❷[Settings] 버튼을 눌러 ❸[Guidance Scale] 값을 50% 정도로 설정하여 프롬프트 내용과 AI의 자유도를 5/5로 해준다. 설정이 끝나면 ❹[생성: Generate voice] 버튼을 누른다.

📢 밝고 생기 넘치는 20대 여성 목소리. 상냥하고 약간 빠른 말투, 듣는 사람에게 미소를 주는 음색. 따뜻한 감정이 담긴 자연스러운 피자 광고 톤. 활기차지만 과하지 않은 리듬감으로, 행복한 에너지를 전달하는 목소리.

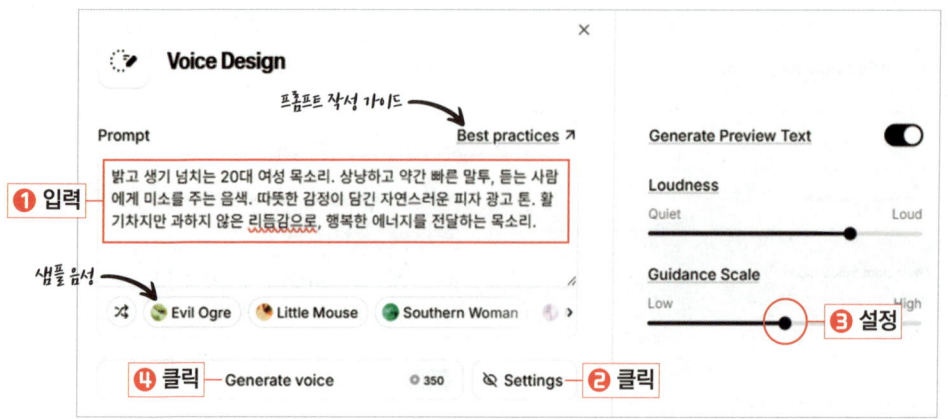

04 생성된 음성은 기본적으로 3개이다. 각각의 음성을 들어보고 마음에 드는 음성은 ❶[선택] 후 ❷[Select voice] 버튼을 누른다.

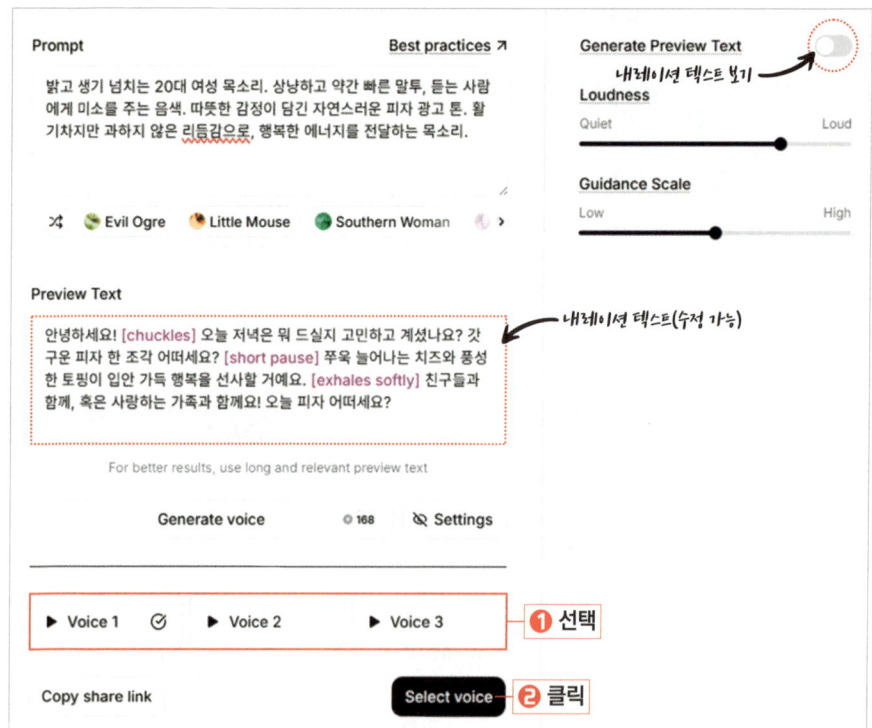

Generate Preview Text AI가 테스트용 문장을 자동으로 생성하도록 설정(직접 문장 입력 가능)

Loudness(음량) 음성의 크기 조절. Quiet는 부드럽고 Low한 음성, Loud는 강하고 또렷한 음성 생성

Guidance Scale(가이드 강도) 프롬프트 내용 반영 강도 조절. Low일수록 자연스러운 톤, High일수록 프롬프트 지시를 강하게 반영

05 최종적으로 생성될 음성 ❶[파일의 이름]을 입력한 후 ❷[Add label] 버튼을 3회 눌러 ❸[언어(Language), 액센트(Accent), 성별(Gender), 연령(Age)]을 설정한 후 ❹[Save voice] 버튼을 클릭한다.

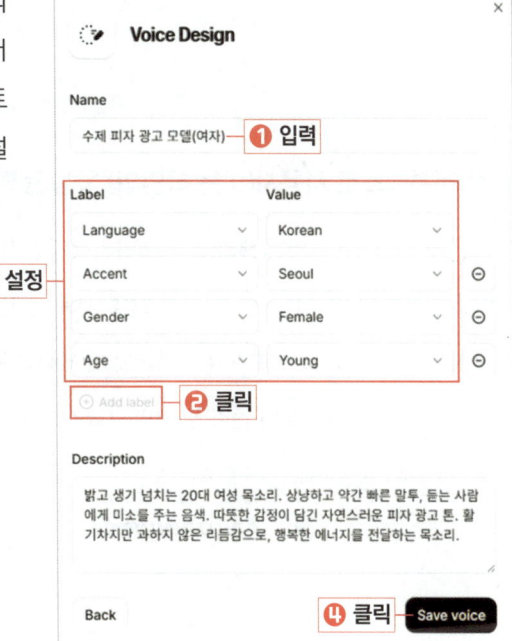

06 생성된 보이스는 [My Voices] 메뉴를 통해 확인할 수 있으며, 이후 "텍스트 투 스피치(TTS)"를 통해 샘플 음성으로 사용할 수 있다.

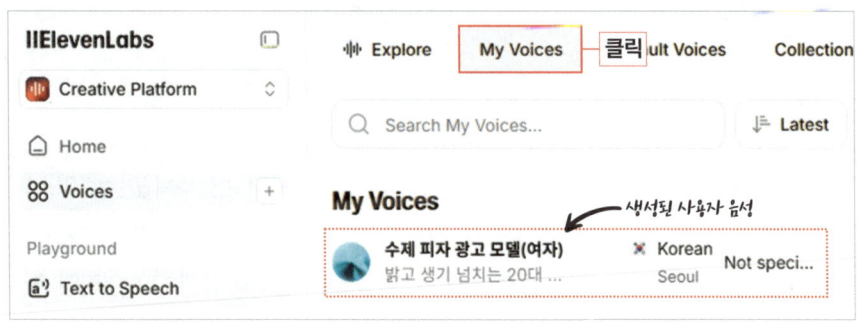

☑ 우측 [더 보기] 메뉴를 통해 생성된 음성(보이스)에 대해 편집, 리믹스, 삭제 등의 작업을 할 수 있다.

◆ 일레븐랩스로 사용자(또는 타인의) 음성 등록하기

일레븐랩스는 사용자의 음색과 말투를 정밀하게 분석하여 나만의 음성 클론을 만들 수 있다. 이 기능을 활용하면 영상 내레이션, 오디오(영상)북, 광고 등 다양한 콘텐츠에서 자신만의 목소리를 만들어 사용할 수 있다. 살펴보기 위해 [Instant Voice Clone]를 클릭한다. 음성 오디오 파일 가져오기 또는 직접 녹음하기 창이 열리면, 이번 학습에서는 '외부 음성 파일'을 가져와 사용해 보자.

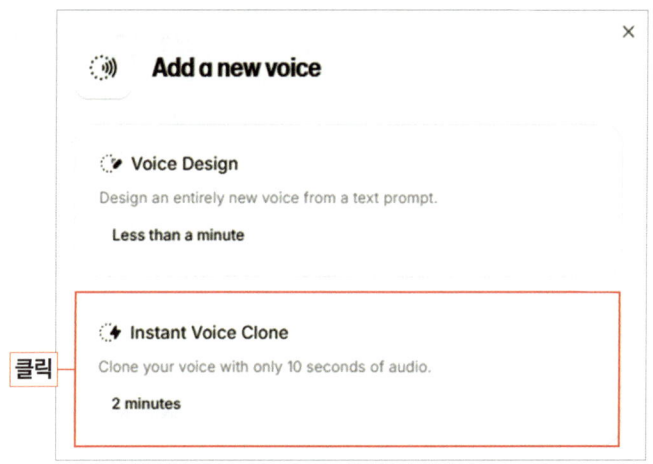

01 이번에 사용할 음성 파일은 필자 음성이 아닌 차분하고 부드럽고 설득력 있는 보이스의 "한석규 배우" 음성을 유튜브에서 다운로드받은 파일이다. ❶[가져오기] 버튼을 클릭하거나 [직접 끌어오기]하여 적용한다. 그다음 ❷[Next] 버튼을 누른다. 속성 설정 창이 열리면 ❸[파일 이름]과 ❹[음성 스타일]을 입력한 후 ❺[Save voice] 버튼을 클릭한다.

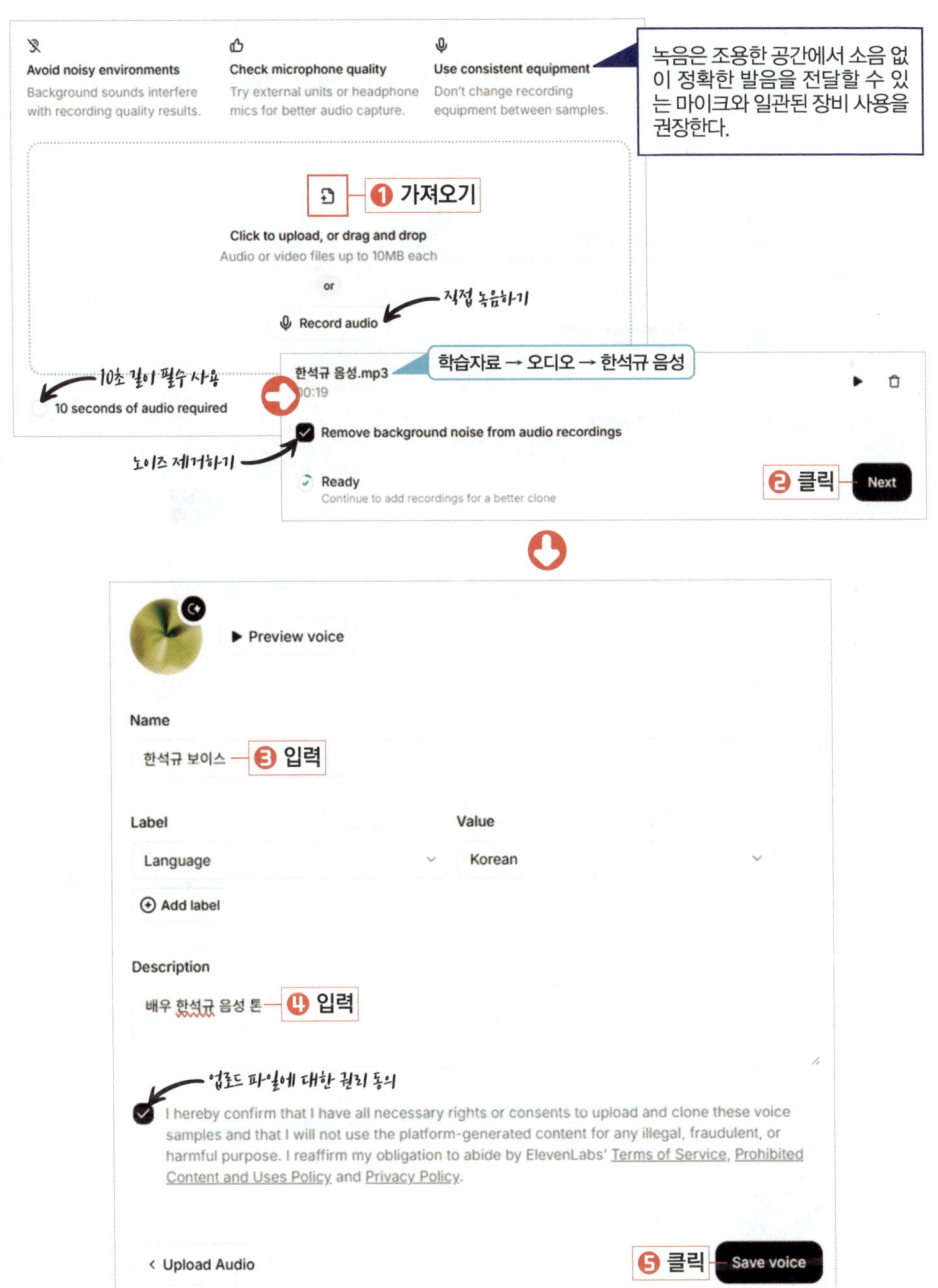

📢 하단 체크 박스를 체크한다는 것은, 이 음성 샘플을 업로드하고 복제할 수 있는 모든 권리를 보유하고 있으며, 생성된 콘텐츠를 해로운 목적으로 사용하지 않을 것을 약속한다는 동의이다. 또한, 업로드된 파일이 타인의 음성일 경우 개인적인 목적이 아닌 상업적으로 사용하면 안 된다는 내용이다.

02 등록(복제)된 음성을 체험할 것인지에 대한 창이 열리면, 그냥 넘어가도 되지만 한 번 사용해 보기로 한다. 오디오(영상)북을 만들어보기 위해 [Narrate a story] 버튼을 클릭한다.

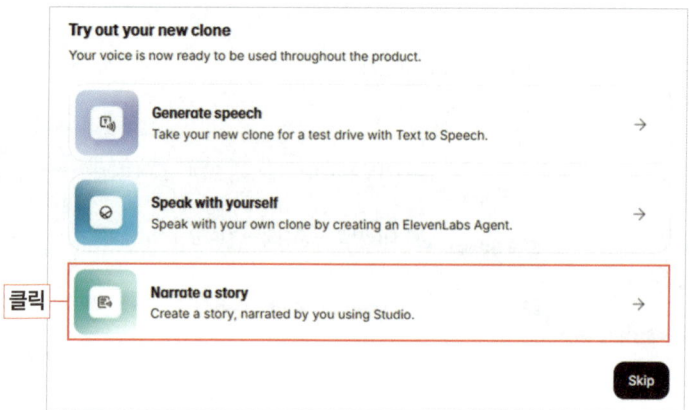

Generate speech(음성 생성하기) 텍스트를 입력해, 생성된 사용자 클론 음성으로 말하기

Speak with yourself(자신의 클론과 대화하기) Agent를 이용해 자신의 클론 음성과 직접 대화하기

Narrate a story Studio를 사용해, 사용자 클론 보이스로 이야기나 콘텐츠를 읽어주는 내레이션 제작하기

◆ **사용자(배우 한석규) 음성으로 영상(오디오)북 만들기**

일레븐랩스의 스튜디오는 오디오북, 팟캐스트, 영상 보이스오버, 효과음, 배경음악 등을 제작할 수 있는 통합 오디오/비디오 툴들을 제공한다. 오디오북 생성을 위해 [New audiobook]을 클릭한다.

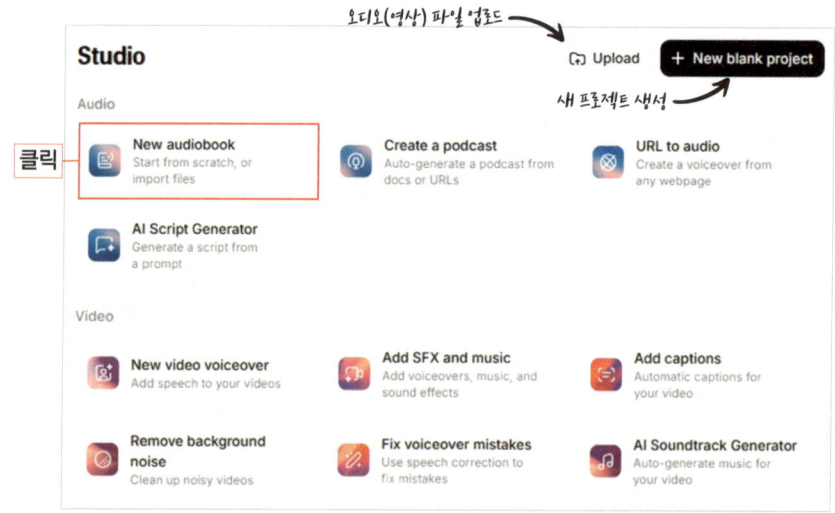

272 ···· 06 AI 배경음악/효과음/음성 만들기

Audio

New audiobook 새 오디오북을 만들거나 기존 텍스트 파일을 불러와 음성으로 변환하여 나만의 오디오(영상)북을 제작할 수 있음

Create a podcast 문서나 웹페이지(URL)를 입력하여 자동으로 팟캐스트 형식의 오디오 콘텐츠를 생성하는 도구로, 뉴스나 블로그 글을 낭독형 콘텐츠로 바꿀 때 유용

URL to audio 웹페이지 주소(URL)를 입력하면 AI가 해당 페이지 내용을 읽어주는 음성으로 변환

AI Script Generator 프롬프트(간단한 문장)를 입력하면 AI가 자동으로 오디오 스크립트를 작성해 주는 도구로, 콘텐츠 기획 시 초안 작성에 적합

Video

New video voiceover 영상에 음성 내레이션을 추가하는 도구로, 자신의 클론 보이스로 더빙도 가능

Add SFX and music 영상에 효과음(SFX)과 배경음악(BGM)을 자동으로 추가하여 감정/분위기 연출에 활용

Add captions AI가 음성을 인식해 자동으로 자막을 생성하여 유튜브/SNS 영상에 활용

Remove background noise 영상의 배경 잡음을 제거하여 음질을 개선할 때 활용

Fix voiceover mistakes 이미 녹음된 음성의 단어나 발음을 AI가 자동으로 교정하는 도구로, 다시 녹음할 필요 없이 빠르게 수정 가능

AI Soundtrack Generator 영상의 분위기에 맞춰 일레븐랩스 AI가 자동으로 배경음악을 작곡해 주는 도구로, 감정 흐름에 따라 맞춤형 음악을 생성

01 오디오북 작업 화면이 열리면 ❶[Upload a document(optional)]에 준비된 텍스트 파일(어린 왕자)을 가져온다. 텍스트 파일을 가져온 후 ❷[Create project] 버튼을 클릭한다. 텍스트(어린 왕자) 파일이 적용되면 다음과 같이 텍스트(수정 가능)와 하단엔 편집을 위한 타임라인, 우측엔 세부 설정/편집 도구들을 사용할 수 있다. 이 편집기를 사용하기 위해 ❸[Got it] 버튼을 클릭한다.

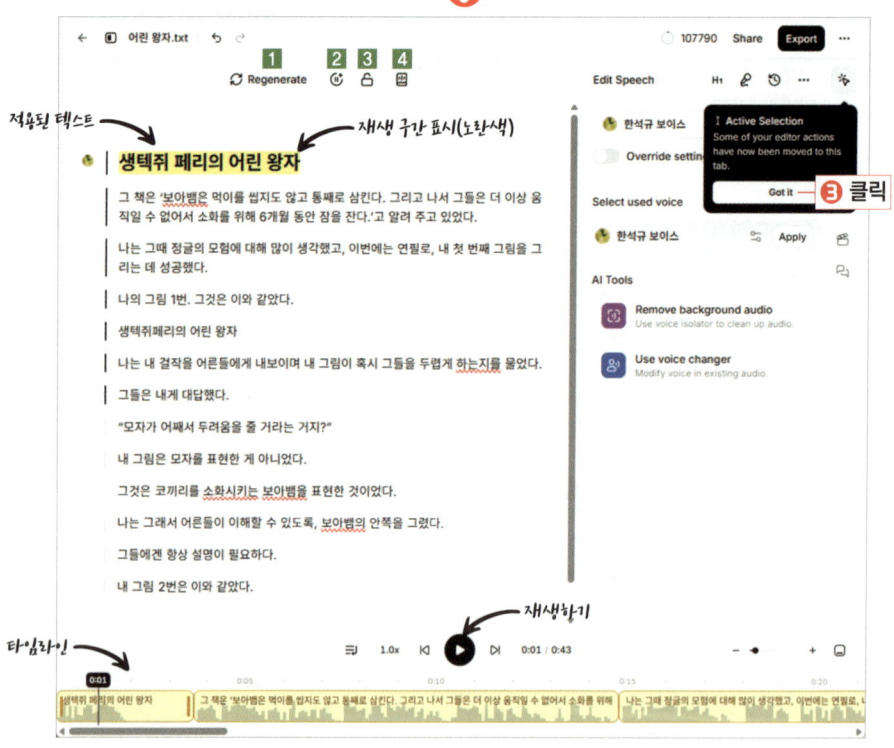

1 **Regenerate** 선택된 문장(또는 전체 텍스트)의 음성을 다시 생성하는 도구로, 발음, 억양, 감정이 마음에 들지 않을 때 새롭게 생성할 수 있음

2 **Insert break** 음성 생성(TTS) 구간 사이에 일시적인 멈춤(Pause)을 넣는 기능으로, 문장 사이의 템포를 조정하거나, 감정/리듬을 자연스럽게 만들 때 사용

3 **Lock paragraphs to prevent changes** 선택한 문단(또는 구간)을 잠금 상태로 고정하여 수정이나 재생성이 되지 않게 하는 기능으로, 이미 마음에 드는 음성이 생성되었을 때, 일레븐랩스가 자동으로 다시 생성하거나 덮어쓰지 못하도록 보호(Ctrl + '키로 빠르게 문단 잠금/해제를 토글할 수 있음)

4 **Open pronunciations editor** AI 음성이 단어나 이름을 잘못 읽을 때, 사용자가 직접 발음을 수정하거나 원하는 방식으로 지정할 수 있는 편집기 열기

02 텍스트와 애니메이션이 재생되는 영상(오디오)북을 만들어 보기 위해 우측 도구 바에서 [Video] 툴을 선택한다.

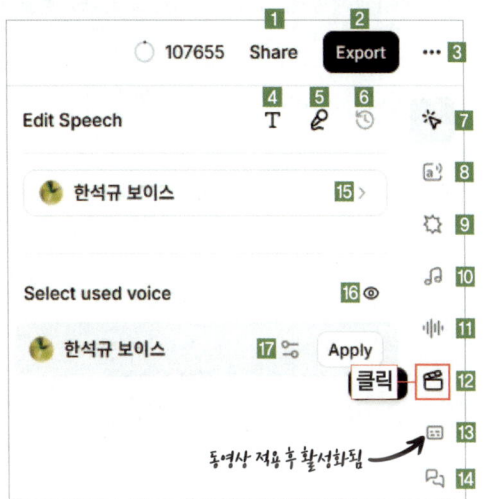

1 **Share** 현재 프로젝트를 외부 사용자와 공유

2 **Export** 작업한 내용을 동영상/오디오 파일로 저장

3 **더 보기(Project options)** 프로젝트 관리, 파일 내보내기, 단축키 확인, 도움말 열람, 피드백 제출 등 작업 효율과 지원 기능에 관한 메뉴 사용

4 **Change block type** 선택된 텍스트 구간(블록)의 글자 타입 설정

5 **Direct speech with your voice** 선택된 텍스트 구간의 음성을 새로운 음성으로 교체

6 **Generation history** 이전에 생성한 음성 이력을 한눈에 보고, 다시 재생하거나 다운로드

7 **Selection** 텍스트나 오디오 구간을 선택할 때 사용하는 기본 도구

8 **Speech** 새로운 음성(내레이션)을 원하는 구간(타임라인)에 적용

9 **SFX** 사운드 효과를 선택하여 원하는 구간(장면)에 적용

⑩ **Music** 추가하고 싶은 음악을 프롬프트에 입력하여 생성 후 원하는 구간에 적용

⑪ **Audio** 외부에서 오디오 파일을 가져와 원하는 구간에 적용

⑫ **Video** 외부에서 동영상 파일을 가져와 원하는 구간에 적용

⑬ **Captions** 적용된 텍스트(어린 왕자)를 캡션 자막으로 사용(영상이나 오디오의 음성을 자동으로 텍스트로 변환해 자막(캡션)으로 생성 가능) *동영상 파일 적용 후 활성화됨

⑭ **Comments** 특정 구간에 코멘트를 남겨 작업자들과 의견을 교환할 때 사용

⑮ **보이스 선택** 선택된 텍스트 구간을 새로운 음성으로 교체

⑯ **Select used voice** 선택 구간의 텍스트에 사용된 음성 표시 보이기/숨기기

⑯ **Settings** 사용되는 음성의 볼륨, 속도, 음정 등을 세부적으로 설정

03 동영상 가져오기 창이 열리면 준비된 동영상 파일(어린 왕자 01)을 가져온다.

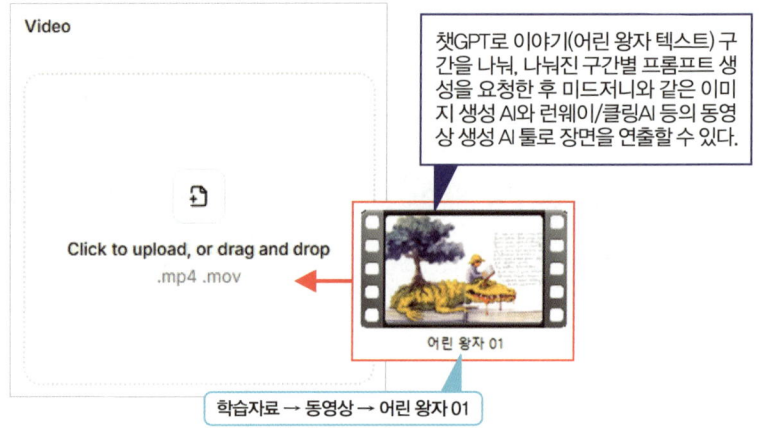

04 영상은 음성 텍스트 트랙 위쪽 새로운 트랙에 적용되며, 위치는 Playhead(재생 헤드)가 위치한 지점을 기준으로 적용된다. 이와 같은 방법으로 다음 장면(영상)을 적용해 나가면 되는데, 일단 ❶[재생 헤드]를 두 번째 장면이 적용될 위치로 이동한 후 첫 번째 장면을 가져왔을 때처럼 ❷[Video] 도구를 클릭하여 "어린 왕자 02" 동영상 파일을 적용한다. 그러면 세 번째 그림처럼 재생 헤드 위치를 기준으로 두 번째 영상이 적용된 것을 알 수 있다.

구간 편집 및 이동하기 장면의 길이와 위치를 설정하기 위해 먼저 ❸[첫 번재 장면(영상 클립)의 끝점]을 이동하여 길이를 줄여주고(장면 편집), ❹[두 번째 장면을 이동하여 첫 번째 장면에 붙여준다. 그리고 적당한 길이로 편집]한다.

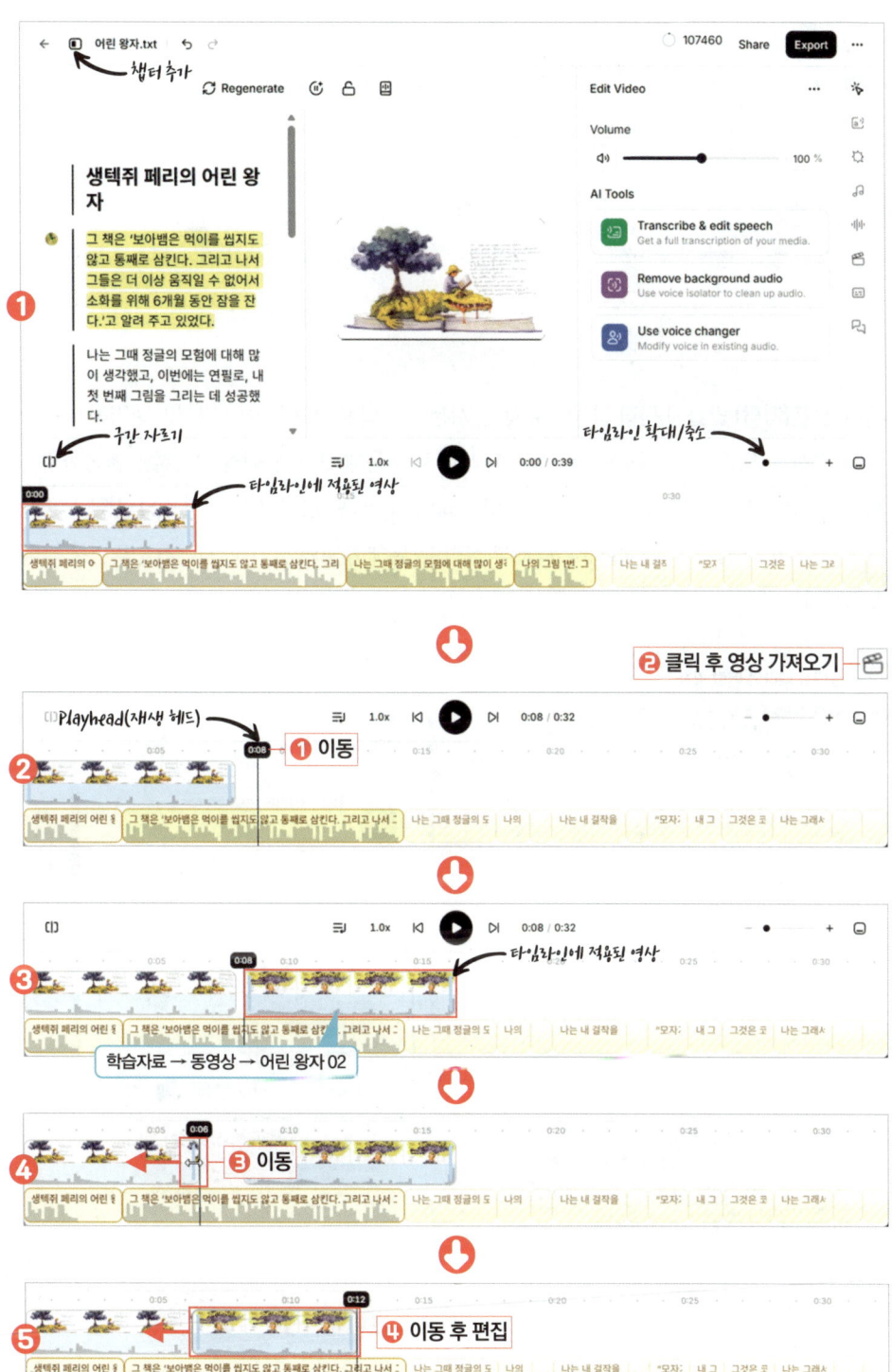

일레븐랩스(ElevenLabs)로 보이스/효과음 만들기 •••• 277

05 같은 방법으로 나머지 [어린 왕자 3~6]까지의 동영상 파일을 가져와 순서대로 연결하고, 적당한 길이(텍스트 구간와 일치되도록)로 설정한다. 지금의 작업은 일반적인 동영상 편집 방법과 동일하기 때문에 처음 시작하는 사용자에게 도움이 될 것이다.

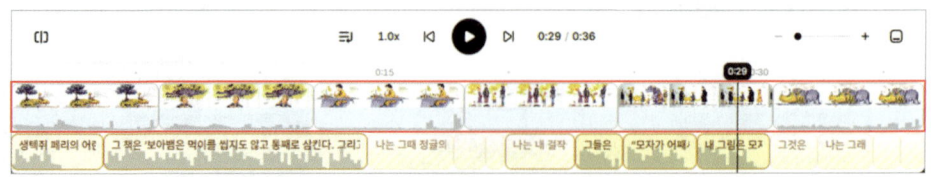

06 **캡션(자막) 만들기** 편집 과정엔 효과음, 사운드 등의 오디오 작업이 있지만 여기에서는 생략하고, 마지막으로 텍스트를 캡션(자막)으로 사용해 보자. 영상을 적용하면 활성화되는 ❶[Captions] 도구를 선택한다. 캡션 스타일 목록이 나타나면 사용할 ❷[캡션 스타일]을 선택한다. 필요에 따라 ❸[색상]을 설정하고 [세부 설정]을 통해 자막의 크기, 간격, 글꼴, 투명도 등을 설정한다.

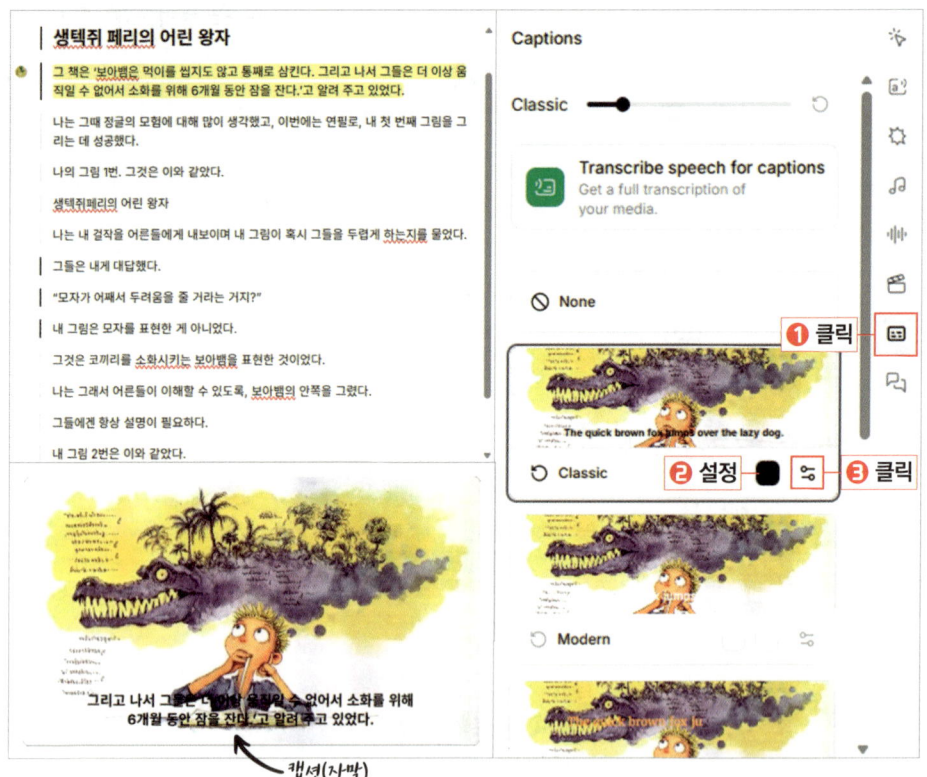

07 **동영상(오디오) 파일 만들기** 작업이 끝나면 최종적으로 동영상 또는 오디오 파일로 만들어 준다. 우측 상단 ❶[Export]를 클릭하여 설정 창을 띄우고 Media type을 ❷[Video]로 설정한다. 그다음 ❸[Export]를 클릭한다. 렌더링이 끝나면 ❹[Download] 버튼을 눌러 저장한다.

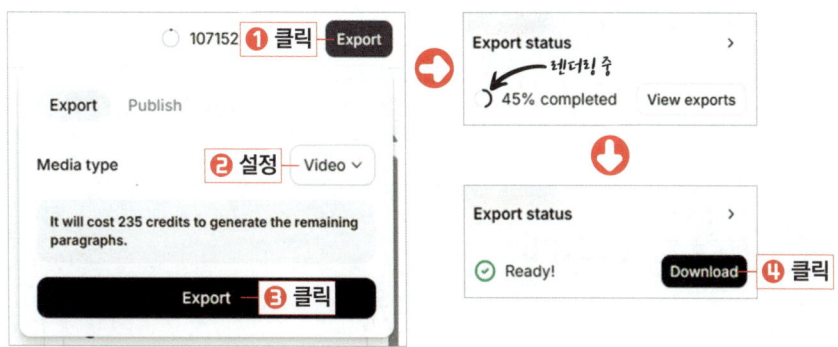

◆ 일레븐랩스로 음성 변형하기: 사용자 음성 가공하기

일레븐랩스의 Voice Remixing(Alpha)을 활용하면 기존 음성을 텍스트 프롬프트로 변형하여 새로운 음성으로 재가공할 수 있다.

01 사용자 음성 변경을 위해 [Voice Remixing(Alpha)] 작업 창을 열어준다.

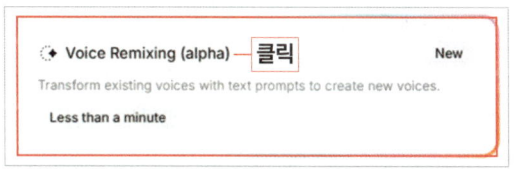

02 보이스 리믹싱 화면이 열리면 먼저 참조 보이스를 선택해야 한다. 여기에서는 앞서 '한석규 음성'을 등록했던 것처럼 미리 등록해 놓은 ❶[이용태 작가 보이스(자신이 등록한 음선 선택하기)]를 선택하였다. 그다음 보다 쉽게 보이스 스타일을 설정하기 위해 ❷[Inspiration]을 클릭한다. 스타일 목록이 나타나면 ❸[억양, 연령, 음색, 감정 등]을 선택해 가면서 원하는 음성을 만들어 줄 수 있다.

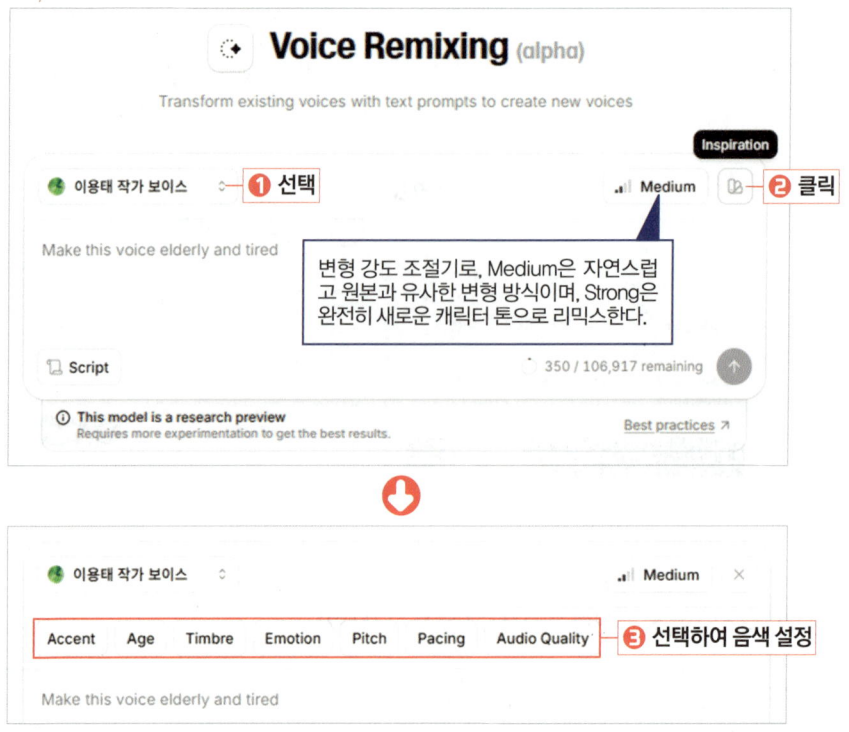

Accent(억양) 특정 지역 억양이나 발음 적용(예: British, American, Australian, Korean-style 등)

Age(연령대) 음성을 나이에 맞게 설정(예: 어린아이(Child), 젊은 성인(Young Adult), 중년(Mature), 노인(Elderly))

Timbre(음색) 음성의 질감 및 색채 설정(예: 따뜻한(Warm), 밝은(Bright), 중후한(Rich), 맑은(Clear))

Emotion(감정) 음성에 감정 표현(예: 행복(Happy), 슬픔(Sad), 분노(Angry), 평온(Calm), 감동적인(Emotional))

Pitch(음높이) 음성의 높낮이 조절(높이면 더 젊고 가볍게, 낮추면 묵직하고 진중하게 표현 가능)

Pacing(속도) 음성의 속도 제어(느리면 안정적 내레이션, 빠르면 활기찬 광고톤)

Audio Quality(오디오 품질) 출력 음성의 해상도와 생생함을 설정(보통 Standard/High Fidelity로 구분)

03 여기에서는 다음과 같이 ❶[광고, 오디오북 등에 어울리는 30대 남성 보이스]라는 프롬프트를 직접 입력한 후 ❷[생성]해 본다. 그러면 입력된 프롬프트가 요청한 음성과 유사한 3개의 음성이 생성된다. 각각의 음성을 들어보면 생각보다 완성도 높은 AI 보이스가 만들어진 것을 알 수 있다. 여기에서 마음에 드는 음성이 있다면 ❸[다운로드] 버튼을 눌러 저장해 준다. 살펴본 것처럼 지금의 방법을 사용하면 저작권이 해결된 다양한 음성을 만들어 사용할 수 있다.

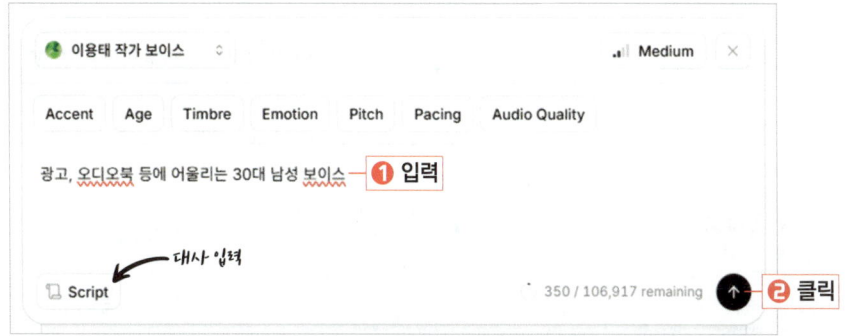

☑ Script 버튼은 변환할 때 사용할 샘플 대사를 직접 입력할 수 있다. 예: 옛날 옛적에 작은 사막 행성에서 살고 있는 아주 작고 귀여운....

☑ 보이스 리믹스 화면 하단에 있는 "Quick suggesions"를 활용하면 일레븐랩스의 추천 음성 스타일로 간편하게 설정(선택)할 수 있다.

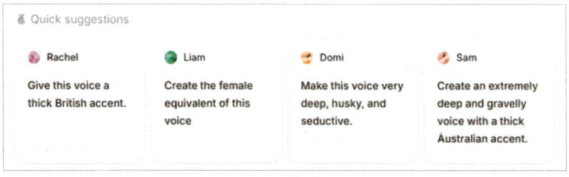

💡 **일레븐랩스로 사용자 음성 복제하기**

일레븐랩스의 Professional Voice Clone(비지니스 구독자에게 적합)을 활용하면 사용자(자신)의 실제 목소리를 샘플로 하여 일레븐랩스 AI가 정확하고 자연스러운 클론 보이스(복제 음성)를 만들 수 있다.

사용자 음성 복제를 위해 [Professional Voice Clone] 작업 창을 열어준 후 해당 기능에 대한 소개 창이 열리면 [Create new clone] 버튼을 누른다.

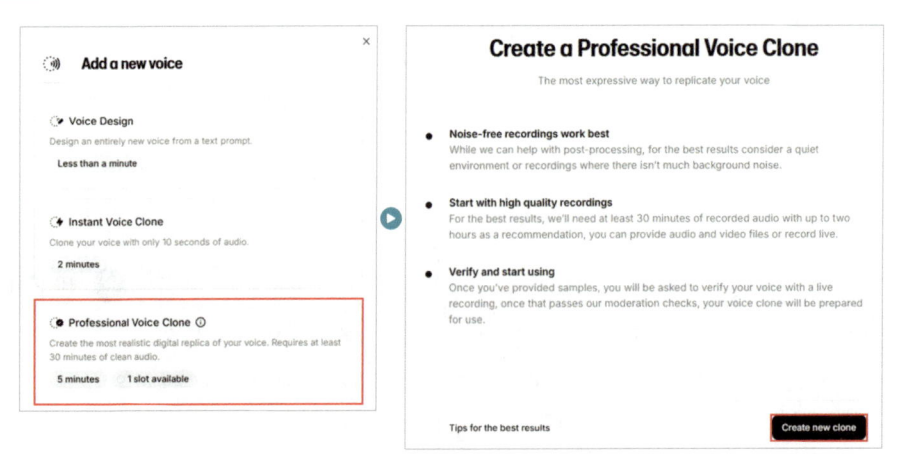

☑ 사용될 샘플 음성 파일은 '잡음 없는 녹음 환경', '고품질 오디오', '10분 이상의 길이'가 필요하다.

보이스 클론 설정 화면이 열리면 먼저 [Upload samples] 버튼을 눌러 준비된 "이용태 작가 음성" 파일을 가져온다. 그다음 우측 [파일 정보(파일명, 언어, 스타일, 액센트, 지역 등)을 설정/입력]한다. 현재 음성 파일은 배경에 엷은 배경음악과 노이즈가 있기 때문에 이를 제거하기 위해 [Audio settings]를 클릭한다.

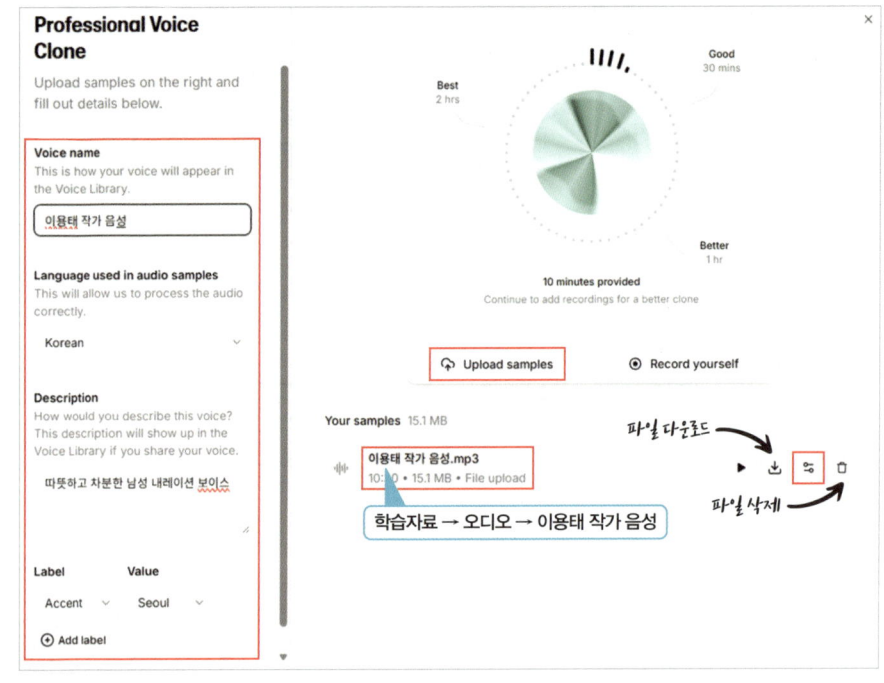

노이즈 제거하기 설정 창이 열리면 [Background noise removal]을 활성화하여 노이즈(바람 소리, 배경음,

키보드 클릭음, 전자음 등)을 제거한다. 그다음 [Save selection]을 클릭한다.

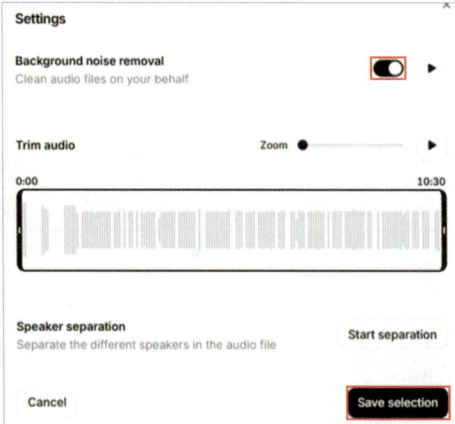

Trim audio 오디오를 자르는 기능으로, 불필요한 앞뒤 구간을 마우스로 잘라 하단의 파형 그래프(웨이브폼)를 이용해 원하는 구간만 남기고 저장 가능

Zoom 파형을 확대/축소하여 세밀하게 조정할 수 있는 슬라이더

Speaker separation 음성 분리 기능으로, 여러 사람의 대화(음성)가 포함된 파일에서 각 사람의 음성을 분리 (예: 인터뷰나 팟캐스트 파일에서 자신(이용태 작가)의 목소리만 따로 추출 가능

Save selection 편집(설정)이 끝난 후, 설정된 오디오 저장

다음 단계로 넘어 가면 업로드된 음성이 자신의 음성임을 검증(Verification)하는 과정이 필요하다. 검증 과정에서는 마이크를 통해 지시 문장을 읽으며 녹음해야 한다. 이 과정이 끝나면 보이스 클론이 생성된다.

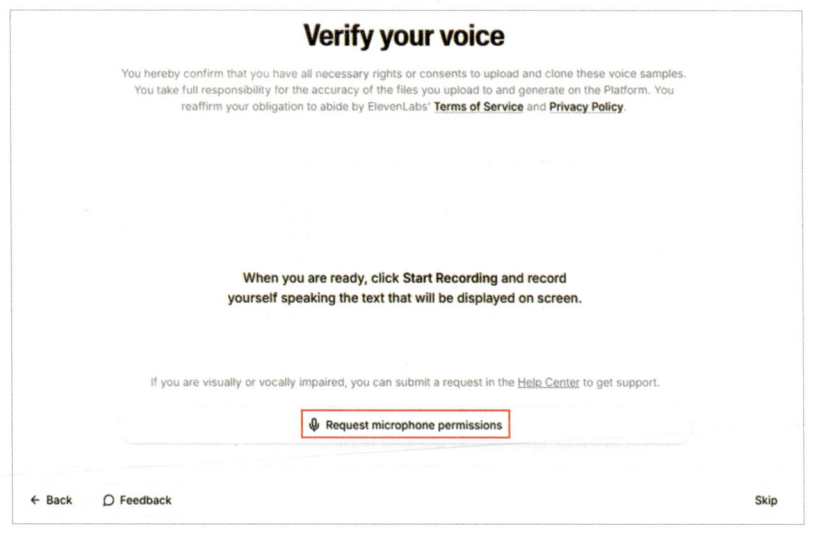

◆ **텍스트로 음성 만들기: Text to Speech 활용**

일레븐랩스의 'Text to Speech(TTS)'를 활용하면 감정과 억양이 살아 있는 음성을 생성할 수 있다. 이 기능을 통해 내레이션, 오디오북, 영상 더빙, 교육 콘텐츠 등 다양한 프로젝트에 활용할 수 있다.

01 텍스트 투 스피치를 사용하여 텍스트를 원하는 음성으로 만들어 주기 위해 좌측 사이드바에서 [Text to Speech]를 선택한다.

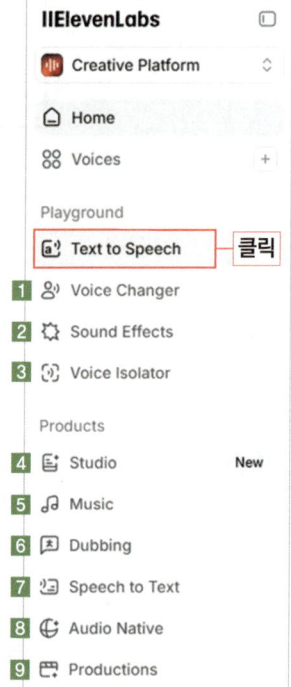

1. **Voice Changer(보이스 체인저)** 기존 음성을 다른 사람 음성이나 스타일로 변환하는 기능으로, 음성 파일을 업로드하여 새로운 톤/억양/감정으로 재구성

2. **Sound Effects(사운드 효과)** 영상이나 오디오 콘텐츠에 필요한 효과음 자동 생성

3. **Voice Isolator(보이스 분리기)** 오디오 파일에서 사람의 음성만 분리하거나, 반대로 배경음을 제거하는 기능으로, 인터뷰, 영상 편집 시 깨끗한 음성 트랙 추출에 유용

4. **Studio(스튜디오)** AI 음성, 음악, 영상 요소를 통합 편집할 수 있는 작업 공간 제공

5. **Music(음악 생성)** 텍스트(프롬프트)에 장르, 악기, 분위기를 입력하여 자동으로 작곡

6. **Dubbing(더빙)** 영상을 업로드하면 AI가 여러 언어로 자동 더빙을 수행하는 기능으로, 원본 목소리의 감정과 억양을 그대로 살리면서 자연스럽게 번역 및 더빙

7. **Speech to Text(음성을 텍스트로 변환)** 음성이 포함된 파일을 자동으로 텍스트로 작성해 주는 기능으로, 회의록, 인터뷰, 팟캐스트 스크립트 제작에 유용

8 **Audio Native(오디오 네이티브)** 웹사이트나 앱에 AI 음성을 직접 삽입할 수 있도록 지원하는 기능으로, 뉴스 기사나 블로그 글을 읽어주는 음성 버전으로 제공

9 **Productions(프로덕션 관리)** 진행 중인 오디오/음성 프로젝트를 한눈에 관리할 수 있는 대시보드로, 프로젝트별 음성, 스크립트, 오디오 히스토리를 정리하고 공유

02 텍스트 투 스피치 작업 화면이 열리면, ①[텍스트]를 입력한 후 ②[Voice]에서 사용할 음성을 선택한다. 필자는 앞선 학습에서 등록한 "이용태 작가 보이스(리믹스 03)"을 선택하였다. 그다음 ③[모델, 속도, 안정성, 유사도, 스타일 등을 설정]한 후 ④[Generate speech] 버튼을 눌러 텍스트를 읽어주는 음성을 생성한다.

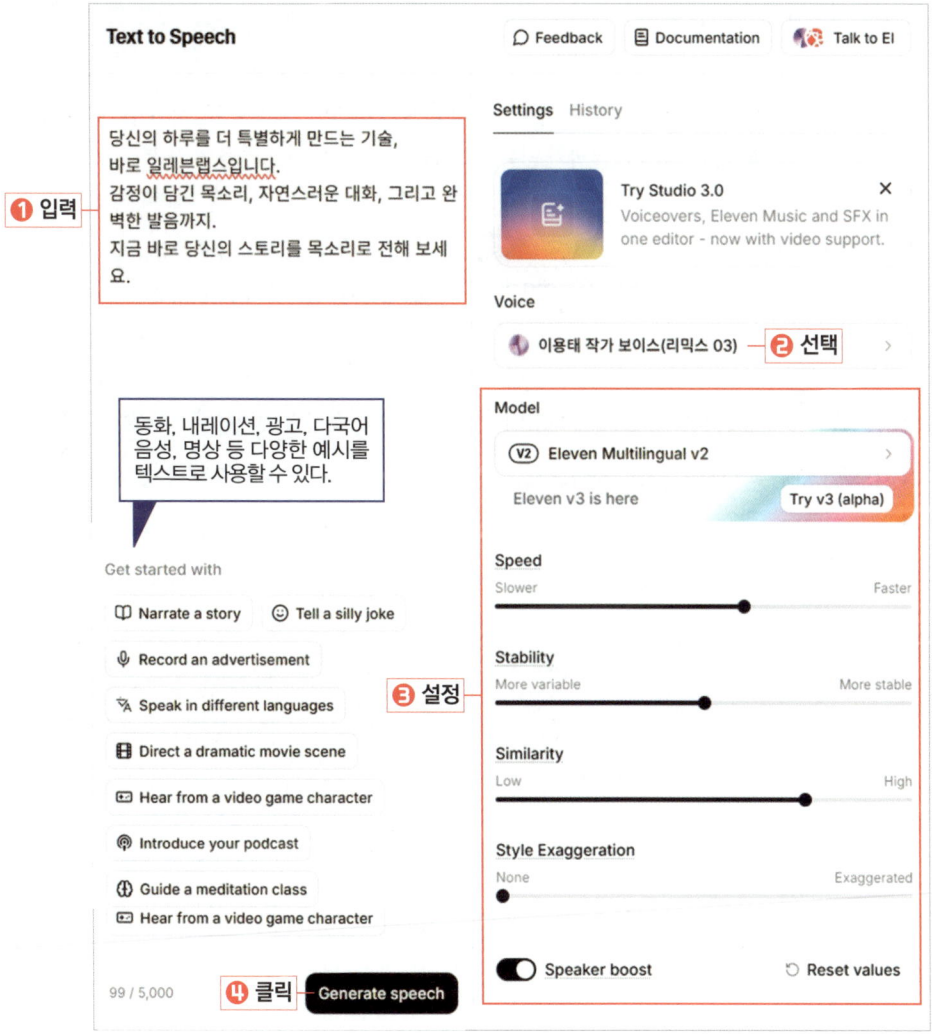

Model(모델 선택) TTS를 처리하는 엔진 버전을 선택하는 기능으로, Eleven Multilingual v2가 가장 안정적이며 다국어 지원에 강하고, Eleven v3(alpha)은 최신 버전으로 자연스러운 감정 표현과 발음에 유리

Speed(속도 조절) 재생 속도 조절 기능으로, 슬라이더가 Slower로 갈수록 느려지고, Faster로 갈수록 빨라짐

Stability(안정성) 음성의 감정과 억양의 일관성을 제어하는 기능으로, 슬라이더가 More variable 좌측으로 갈수록 감정이 다양하게 표현(감성적, 드라마틱)되고, More stable쪽으로 갈수록 일정하고 안정된 목소리 유지(뉴스나 내레이션용에 적합)

Similarity(유사도) 선택한 보이스(원본 음성)와의 일치 정도를 조정하는 기능으로, 슬라이더가 Low로 갈수록 창의적 변형, High으로 갈수록 원본 목소리의 특성을 최대한 보존

Style Exaggeration(스타일 강조) 감정 표현을 얼마나 과장할지 결정하는 기능으로, 슬라이더가 None으로 갈수록 담백하고 차분한 말투, Exaggerated로 갈수록 연극적 표현력 있는 톤 생성

Speaker Boost(스피커 부스트) AI 음성의 볼륨(증폭)을 자동 보정하는 기능으로, 켜면 목소리가 또렷해지고 더욱 풍성하게 표현

03 생성된 음성을 들어보면 일레븐랩스 AI로 가공된 필자의 음성이 자연스러운 톤으로 텍스트를 읽어주는 것을 들을 수 있다. 결과가 만족스럽다면 [Download] 버튼을 눌러 저장한다.

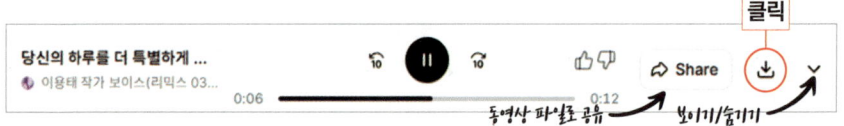

지금까지 일레븐랩스를 활용한 음성 제작 과정이 끝났다. 살펴본 것처럼 일레븐랩스를 활용하면 텍스트 입력을 통해 음성 생성, 변환, 음질 보정, 보이스 클로닝까지 간단하게 수행할 수 있어, 내레이션, 광고, 오디오북, 영상 더빙 등 다양한 콘텐츠에 자신만의 AI 사운드를 폭넓게 사용할 수 있다. 지금까지의 학습을 충분히 이해했다면, 그밖에 살펴보지 않은 기능들은 직접 살펴본다.

💡 믹스보드(Mixboard)로 다중 요소를 하나로 합성하기

구글의 믹스 보드는 텍스트, 이미지, 스케치, 참조 사진 등 다양한 요소를 결합해 새로운 이미지를 만들어내는 멀티모달(Multimodal) 기반 AI 생성 툴이다. 기존의 단일 프롬프트 중심 AI 이미지 생성 툴과는 달리, 여러 시각적 자료를 한 화면에서 동시에 구성하고 조합할 수 있어 아이디어 보드(idea board) 처럼 활용할 수 있다. 특히 믹스 보드는 단순한 이미지 생성을 넘어 에 그치지 않고, 색상 팔레트나 스타일, 구성 요소 간의 관계까지 직관적으로 설계할 수 있다는 점이 특징이다. 사용자는 텍스트 설명과 함께 직접 이미지를 배치하거나 스케치를 추가해, AI가 이를 통합적으로 해석하도록 만들 수 있다. 이러한 기능은 하나의 콘셉트를 시각적으로 구체화하고, 브랜드 아이덴티티나 디자인 방향성을 한눈에 표현할 때 특히 유용하다.

PART 03

동영상 생성

07. 소라 2(Sora 2) 활용하기
소라 2 시작하기: 초대 코드 받기
소라 2에서 동영상 생성하기: 텍스트로 동영상 생성

08. 런웨이의 젠(Gen) 활용하기
런웨이(Runway) 기본 사용법
런웨이(Runway) 고급 사용법

09. 피카(Pika) AI 활용하기
피카(Pika) 기본 사용법

10. 플로우의 베오(Veo) 활용하기
제미나이(제미니)를 활용한 베오(Veo) 모델 사용법
플로우를 활용한 베오(Veo) 모델 고급 사용법

11. 클링AI(KlingAI) 활용하기
클링AI 사용법: 다양한 이미지 생성하기
클링AI 사용법: 고품질 동영상 생성하기

12. 컴피UI(ComfyUI) 설치와 활용(부록)

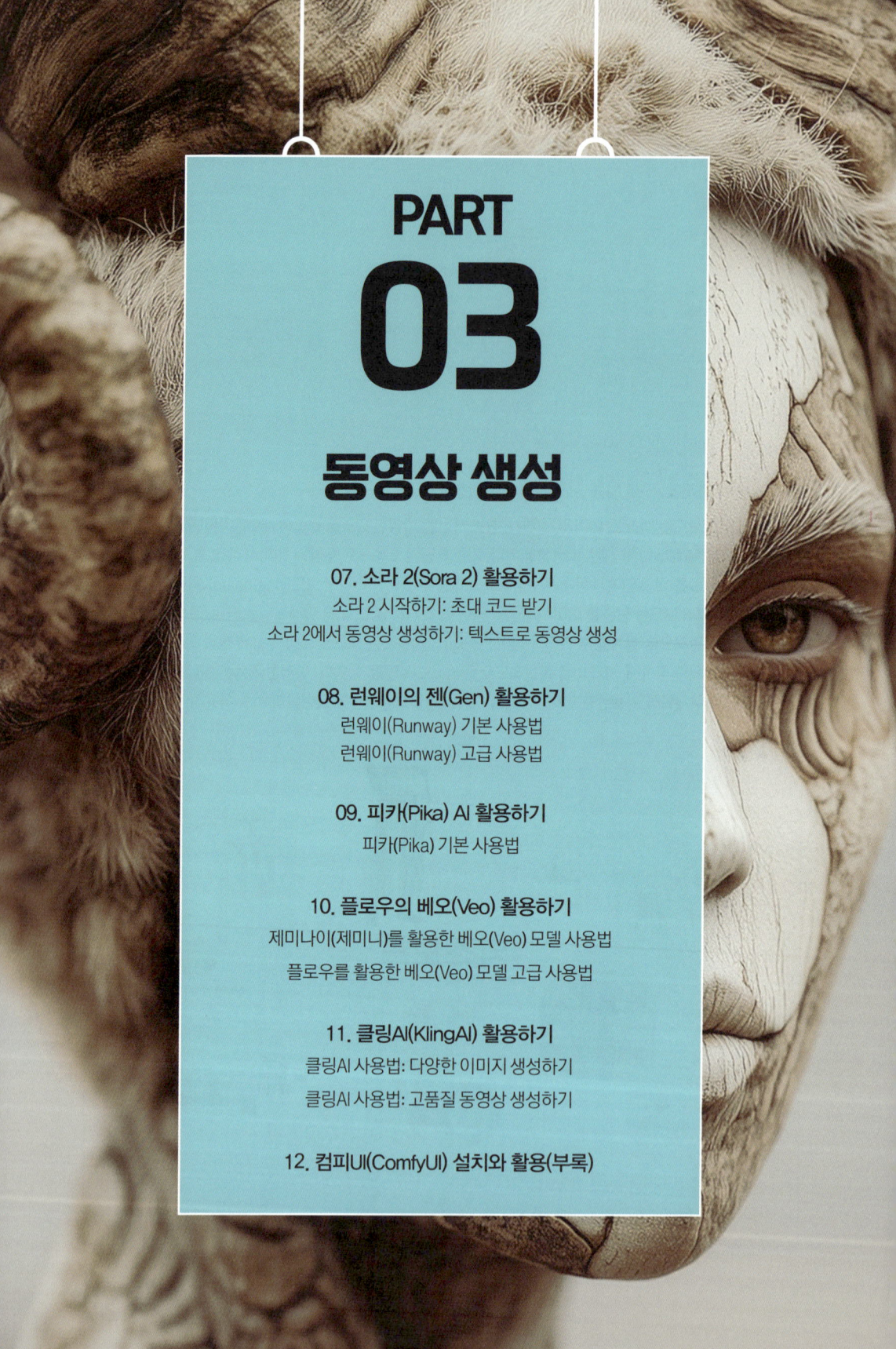

07 | 소라 2(Sora 2) 활용하기

챗GPT를 개발한 오픈AI의 '소라(Sora)'는 텍스트와 참조 이미지를 통해 동영상을 만들어 주는 모델로, 최신 모델인 SORA 2는 이전 모델보다 훨씬 자연스러운 장면을 표현해 준다. 특히 물리적 일관성, 카메라 움직임의 자연스러움, 인물 감정의 표현력까지 정교하게 계산하여, 하나의 프롬프트로도 완성도 높은 뛰어난 시네마틱 영상을 만들어 낸다. 물론 소라는 앞으로 학습할 런웨이, 피카, 클링 AI 등과 같이 여러 개의 이미지를 통한 스토리텔링 구현 및 세부 설정 기능은 없다. 하지만, 15초의 긴 장면 속에 여러 상황(카메라 앵글, 동작 연출)을 재현할 수 있어 누구나 쉽게 원하는 장면을 만들 수 있다. 이제 소라 2를 통해 AI 동영상 제작의 첫발을 내디뎌 보자.

◆ **소라 2 시작하기: 초대 코드 받기**

01 소라 2는 소라 1 버전 때와 다르게 챗GPT 사이드바에서 실행하는 것이 아닌 별도의 플랫폼에서 실행된다. 먼저 인터넷 브라우저 주소 창에 ❶[sora.chatgpt.com]를 입력하여 소라 2 웹사이트를 열어준다. 그다음 ❷[Log in]을 클릭한다.

소라 피비콘(로고)

02 다른 AI와 마찬가지로 ❶[로그인] – ❷[사용자 구글 계정]으로 로그인하면 된다. 참고로 챗GPT 사용자라면 오픈 AI 계정으로 로그인하면 된다.

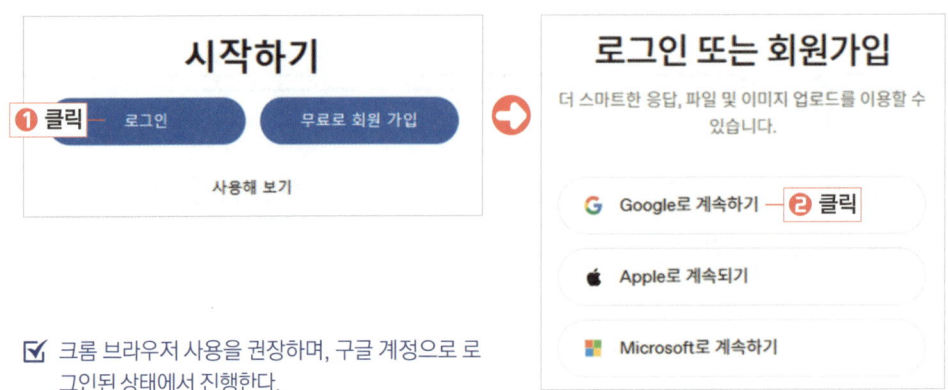

☑ 크롬 브라우저 사용을 권장하며, 구글 계정으로 로그인된 상태에서 진행한다.

03 소라 작업 화면은 처음엔 구버전 인터페이스로 열린다. 소라 2는 "사용자 초대 코드"를 통해야만 사용할 수 있기 때문이다. 사용자 초대 코드를 통해 소라 2를 시작하기 위해 하단의 [Join New Sora]를 클릭한다.

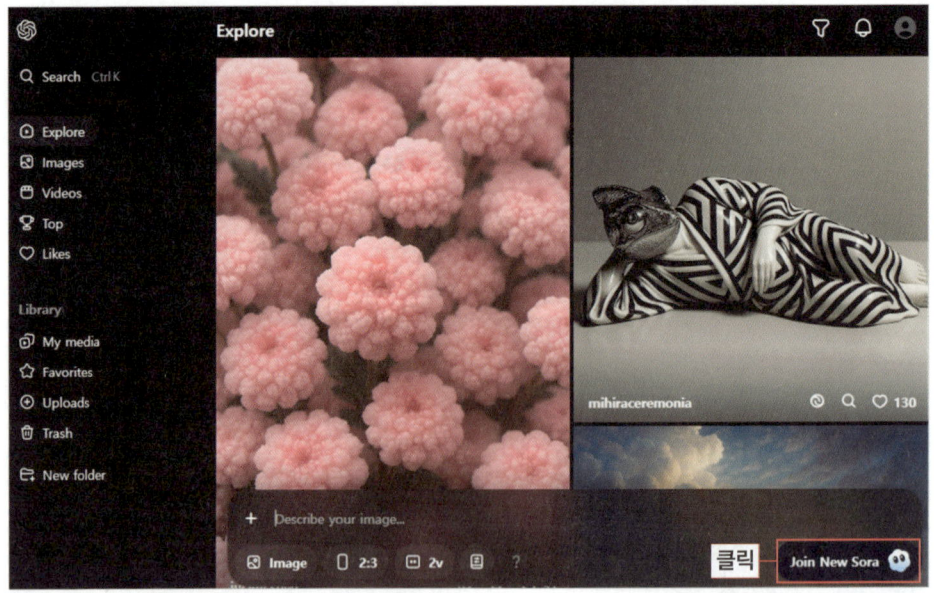

04 다음과 같은 창이 열리면 ❶[Enter invite code]를 클릭한 후 초대 코드를 입력한다. 그리고 ❷[Join New Sora]를 클릭한다.

📢 소라 2 사용자 초대 코드는 소라 2 사용자에게 직접 받아야 하며, 초대 코드를 통해 인증 받은 사용자는 자신의 코드로 다른 4명에게 사용권(초대 코드)을 부여할 수 있다.

05 초대 코드가 정상적으로 인증됐다면 다음과 같이 [시작하기] 버튼을 누르면 된다.

💡 **소라 2 초대 코드 받기**

소라 2 초대 코드는 사용자마다 4명에게만 허락된다. 그러므로 이미 공개된 타인의 초대 코드로 인증을 받는 게 쉽지 않다. 하지만 다음과 같이 디스코드의 오픈 AI 그룹 채팅에서는 실시간으로 초대 코드를 업로드해주기 때문에 어렵지 않게 초대 코드를 받을 수 있다. 인터넷 브라우저 주소 창에 [discord.com]을 입력하여 디스코드 웹사이트를 열고, [웹브라우저에서 디스코드 열기]를 한다. "로그인" 과정을 거쳐 디스코드에 들어 오면 좌측 사이드바의 [찾기]를 통해 [OPEN AI]를 검색하여 오픈 AI 그룹에 들어온다. 그다음 [openai-verification] - [Verify with Open AI] - [사이트 방문하기] - [Start Verification] - [승인] - [사용자 계정으로 로그인] 후 오픈 AI의 디스코드 인증이 완료(필자는 16시간 걸렸음)될 때까지 기다린다. 이후 인증이 완료되면 디스코드 사이드바에 [sora-2-codes] 항목이 뜨는데, 이 항목을 클릭하면 소라 2 사용자들이 자신의 초대 코드를 공개한다. 이 공개된 코드를 신속하게 자신의 소라 초대 코드로 사용하면 된다.

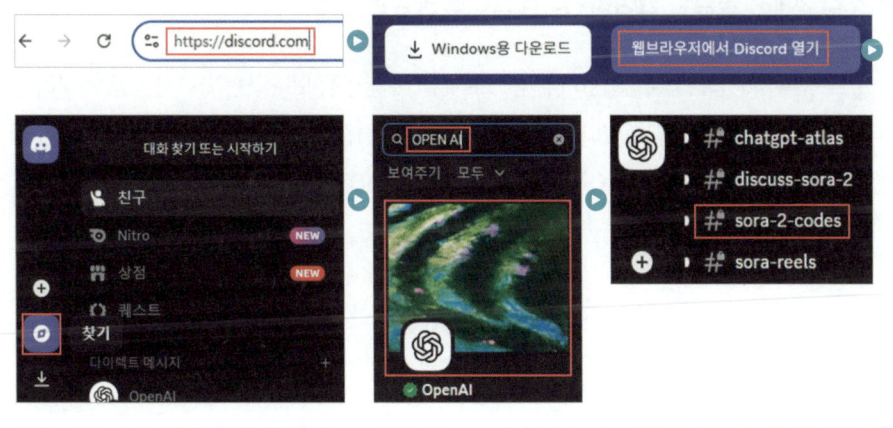

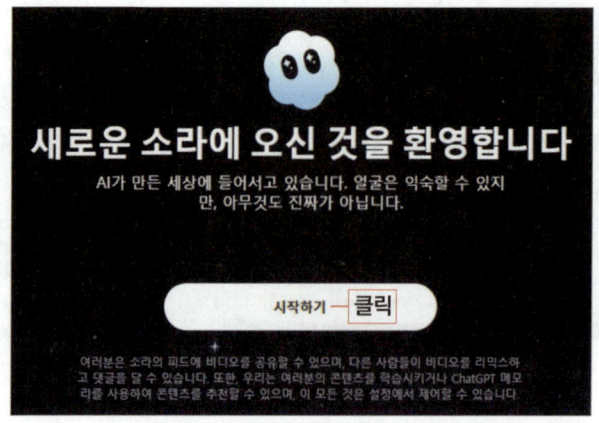

06 초대 코드는 다른 사람에게 부여할 수 있다. 소라 2 화면 좌측 하단의 ❶[… 더 보기] - ❷ [Invite friends]를 선택하면 타인에게 전달할 수 있는 자신의 초대 코드가 나타나는데, 이 코드를 통해 4명이 소라 2를 사용할 수 있다.

◆ 소라 2에서 동영상 생성하기: 텍스트로 동영상 생성

01 소라의 사용법은 아주 간단하다. 앞으로 배울 AI 동영상 도구와는 다르게 처음 시작하는 사용자도 쉽게 접근할 수 있다. 소라 2의 메인 화면 하단에 ❶[프롬프트]에 다음과 같이 입력 (한글 입력 가능)한 후 화면 비율을 설정하기 위해 ❷[Settings]를 클릭한다.

> 셰프가 피자 반죽을 던지다 너무 높이 던져서 하늘을 나는 드론에 달라붙는 장면. 아주 유머러스한 장면.

☑ 프롬프트 사용 시 위쪽에 여러 사람들의 얼굴이 뜨는데, 이 것은 카메오(Cameo) 기능으로, 선택한 사람(얼굴)이 프롬프트의 주인공이 되도록 해준다. 즉, 방금 입력한 프롬프트 중 "셰프"가 카메오로 선택한 사람이 되어, 생성된 동영상에 인물(주인공)로 등장하게 된다.

1 **홈 피드** 모든 소라 사용자들이 만든 AI 영상이 실시간으로 표시(저장하여 학습 자료로 사용 가능)

2 **검색** 키워드를 입력하여 영상, 프롬프트, 사용자 검색

3 **알림** 자신이 생성한 영상이나 프롬프트에 대한 반응 보기

4 **프로필 관리** 사용자 프로필 관리 및 팔로우, 카메오, 좋아요 등의 정보 확인

5 **업로드** 외부 이미지/동영상을 가져와 참조 소스로 사용(최초 사용 시 업로드되는 콘텐츠에 대한 초상권, 개인정보 보고, 저작권 규정 동의 창이 열림)

02 설정 메뉴가 열리면 ❶[화면 비율(가로/세로)]과 생성되는 ❷[동영상 길이(10~15)초]를 설정한 후 ❸[Create video] 버튼을 눌러 동영상을 생성한다. 생성된 영상은 ❹[프로필 관리]의 게시물에서 확인할 수 있다.

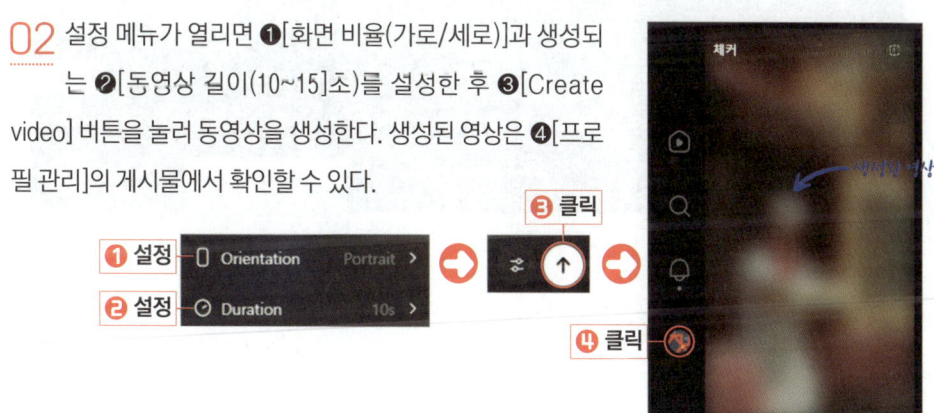

03 생성된 영상을 보면 셰프가 던진 피자 반죽이 드론에 부딪혀 떨어지는 것을 알 수 있다.

📢 위 장면은 피자 반죽이 드론에 붙어있지 않고 그냥 떨어졌고, 반죽의 움직임도 어정쩡하게 표현되었다. 소라의 프롬프트는 매우 구체적인 설명과 문장도 자연스럽게 연결되어야 정확한 표현이 가능하다.

04 이번엔 보다 구체적인 내용의 ❷[프롬프트]를 작성하여 동영상을 ❶[생성]해 보자.

✈ 올림픽 스키 점프 선수 한 명이 눈 덮인 램프 위에서 출발을 준비한다. 카메라는 선수의 집중한 눈빛과 헬멧 속 표정을 담은 미디엄 샷으로 시작한다. 선수가 활강을 시작하자 카메라는 따라 움직이며 중간 거리 샷으로 전환되고, 눈발이 흩날리며 슬로모션으로 속도감을 표현한다. 마지막에는 풀샷(롱샷)으로 전환되어, 거대한 설산과 관중의 환호 속을 가르는 장엄한 점프 장면이 펼쳐진다.

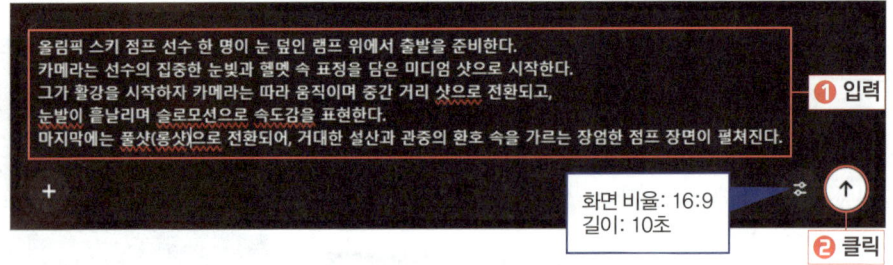

05 결과를 보면 스키 활강 장면이 여러 앵글로 연출된 것을 알 수 있으며, 장면에 맞는 내레이션도 적용되었다. 하지만 점프하는 지점은 물리적으로 맞지 않으며, 선수 등에 걸쳐진 스키가 눈에 거슬린다.

06 이번엔 추억 속 장면, 배우 이소령(브루스 리)의 영화 속 액션 씬을 표현해 본다.

1970년대 홍콩의 도장에서 펼쳐지는 복고풍 무술 장면. 노란 트레이닝복을 입은 결의에 찬 무술가가 서 있고, 어두운 조명 속 그의 눈빛과 호흡이 강조된다. 북소리가 울리며 카메라는 클로즈업으로 전환되어 손놀림과 긴장감이 담긴 순간을 포착한다. 이내 와이드 샷으로 넘어가며, 빠른 발차기와 쌍절곤 액션이 폭발하듯 펼쳐진다. 부서지는 나무 판자와 빛바랜 햇살, 슬로모션으로 표현된 강렬한 무술 장면이 이소령의 전설적 에너지를 재현한다.

◆ 소라 2에서 동영상 생성하기: 카메오가 등장하는 동영상 생성

01 소라 2의 카메오 기능은 저작권/초상권에 문제가 없는 다른 사람의 얼굴(음성)을 사용하여 영상을 만들 수 있게 해준다. 살펴보기 위해 프롬프트 위에 나타나는 ❶[카메오를 선택]해 본다. 필자는 남녀 두 명을 선택하였다. 그다음 카메오들이 등장하는 장면과 어울리는 ❷[프롬프트]를 입력한 후 동영상을 ❸[생성: Create video]해 본다.

> @ijustine과 @thomasdimson이 네온 불빛이 반짝이는 미래형 주방에서 요리 대결을 펼친다. 두 사람은 하이테크 앞치마를 입고 공중에 떠 있는 홀로그램 재료들을 다룬다. @ijustine은 빛나는 면을 던지고, @thomasdimson은 실수로 로봇 셰프를 폭발시켜 소스가 사방으로 튄다. 결국 두 사람은 웃음을 터뜨리며 엉망이 된 요리를 수습하고, 관객들이 환호하는 코믹한 장면으로 마무리된다.

02 결과는 다음과 같이 앞서 선택한 남녀 카메오가 등장하는 영상이 생성되었다.

📢 영상에 불필요한 장면이나 요소(객체 및 사운드)가 포함되면 더 구체화된 프롬프트 작성 및 프롬프트 맨 뒤쪽에 부정 프롬프트(Negative prompt)를 입력하여 해결할 수 있다. 예를 들어 "no extra people, no vehicles, no animals" 등과 같은 부정 키워드를 사용하는 것이다.

📖 399페이지 [피카 기본 사용법] 참고

◆ 소라 2에서 동영상 생성하기: 참조 이미지로 동영상 생성

01 AI 동영상 생성의 핵심은 참조 이미지이다. 텍스트 표현의 한계를 참조 이미지로 해결할 수 있기 때문이다. 소라 2에서도 참조 이미지를 활용하여 동영상을 생성할 수 있다. 살펴보기 위해 프롬프트 좌측에 있는 ❶[+ 업로드] 버튼을 클릭한다. 최초 사용 시 나타나는 저작권, 초상권 등의 사용 규정에 동의하기를 ❷[모두 체크]하고 ❸[Accept] 버튼을 누른 후 사용할 참조 이미지 파일을 가져온다.

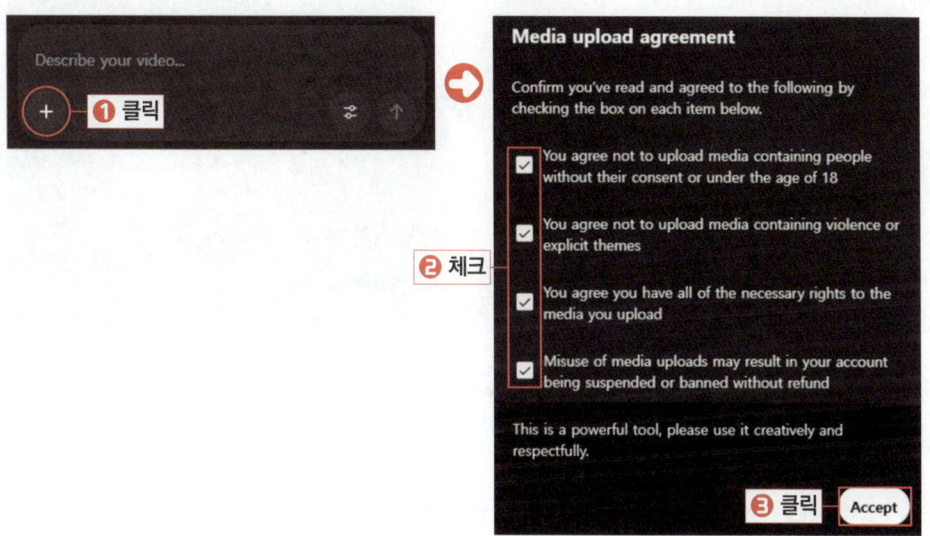

02 이미지가 적용됐다면 다음과 같이 ❶[춤을 추는 아기 유니콘, 춤추는 유니콘을 여러 각도로 보여준다.]라는 프롬프트를 입력한 후 동영상을 ❷[생성]해 본다.

03 생성된 장면을 보면 유니콘이 귀엽게 춤을 추는 장면과 장면에 맞는 신나는 배경음악도 함께 표현된 것을 알 수 있다.

📢 현재 소라 2는 초상권 문제로 실제 인물과 같은 느낌이 포함된 이미지 업로드는 할 수 없다.

◆ **소라 2에서 동영상 생성하기: 타인의 작품 리믹스하기**

01 소라의 리믹스 기능을 활용하면 홈 피드에 등록된 타인의 작품을 재구성하여 새로운 동영상으로 만들 수 있다. 살펴보기 위해 리믹스할 작품에서 [Remix]를 클릭한다.

02 선택한 작품의 리믹스 창이 열리면 ❶[프롬프트]를 입력한 후 동영상을 ❷[생성]한다.

> 맨 앞쪽에 있는 고양이만 썬글라스를 쓰고 빨간색 머플러를 휘날리는 불독 강아지로 바꾸기

03 리믹스로 재구성된 결과물은 다음과 같이 앞쪽 '고양이'만 '불독'으로 바뀌었고, 썬글라스와 빨간색 머플러도 정확하게 표현된 것을 알 수 있다.

※ 예제: 아이스크림 광고 영상 만들기

살펴본 것처럼, 소라를 활용하면 다양한 장르의 영상을 제작할 수 있다. 이번 예제는 광고 분야에서 소라가 보여주는 표현력을 주목해 볼 수 있을 것이다. 챗GPT를 통해 다음과 같은 "아이스크림 광고" 프롬프트를 생성하고, 소라 2에 적용하여 영상을 제작하였다. 결과는 장면의 구성과 색감, 질감 표현 면에서 매우 만족스러웠다. 다만 타이틀(자막) 부분에서는 다소 아쉬움이 남았다. 특히 한글 자막이 일부 깨지는 현상은 향후 소라가 해결해야 할 중요한 과제로 보인다. 그럼에도 불구하고, 예제를 통해 소라가 광고 영상 제작 도구로서 잠재력과 완성 능력이 있다는 것을 확인할 수 있었다.

▶ 학습자료 → 프롬프트 → Sora 2 아이스크림 광고

> **Sora 2 프롬프트 (한국어 내레이션 & 자막 버전)**
>
> **Prompt:**
> "15초 분량의 프리미엄 체리 아몬드 아이스크림 광고 영상.
> 장면은 매크로 클로즈업으로 시작해, 부드럽게 녹아내리는 핑크빛 아이스크림 표면이 천천히 드러난다.
> 조명이 은은하게 반사되며 시럽이 천천히 흐르고, 카메라는 크림 질감을 따라 슬로모션으로 위로 이동한다.
> 붉은 체리와 아몬드 조각이 반짝이며 떨어지고,
> 배경은 핑크에서 골드로 그라데이션되어 따뜻한 여름의 감성을 연출한다.
>
> **카메라 워킹:**
> - 0~5초: 매크로 클로즈업, 천천히 위로 팬업(pan-up)
> - 5~10초: 시럽이 흐르는 순간을 슬로모션으로 360° 회전
> - 10~15초: 줌아웃하며 전체 구도를 비추고 브랜드 로고 노출
>
> **배경음:**
> - 잔잔한 피아노와 부드러운 로파이 리듬 (70BPM)
> - 체리 시럽이 흐르는 순간마다 은은한 '팅' 소리로 포인트
>
> **한국어 내레이션:**
> "하루의 끝, 당신을 위한 달콤한 위로.
> 체리의 향, 아몬드의 고소함, 그리고 부드러운 온도.
> 지금, 당신의 입안에 행복이 녹아듭니다."
>
> **디자인 자막 타이밍:**
> - (0~5초) "하루의 끝, 달콤한 위로가 필요할 때" — 흰색 산세리프체, 투명 핑크 배경
> - (6~10초) "Cherry Almond Bliss" — 고급스러운 금빛 그라데이션 자막
> - (11~15초) "당신의 입안에, 행복이 녹아듭니다" — 손글씨체, 중앙 하단에 서서히 사라짐
>
> **비주얼 스타일:**
> - 4K 해상도, 시네마틱 조명, 따뜻한 핑크 톤
> - 표면 질감: creamy, glossy, realistic texture
> - 분위기: 감성적, 달콤함, 따뜻함, 고급스러움
>
> **Length:** 15초
> **Aspect ratio:** 16:9
> **Lighting:** softbox studio lighting with warm reflections
> **Tone:** elegant, emotional, cinematic food commercial

▶ 학습자료 → 이미지 → 제품 17

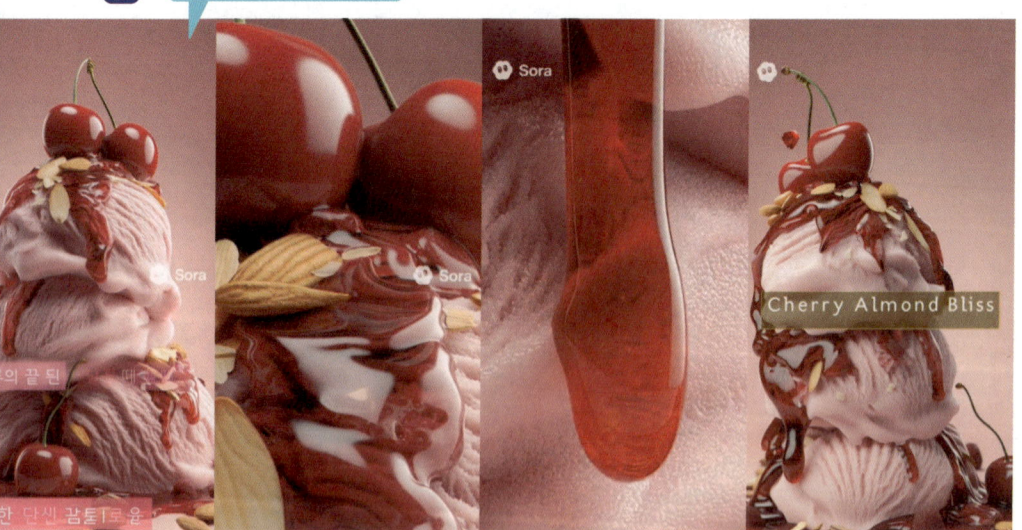

※ 예제: 썬크림 광고 영상 만들기

이번엔 "썬크림 광고" 영상을 만들어 보자. 역시 챗GPT에서 프롬프트를 생성하여 소라에 그대로 적용했다. 결과는 '아이스크림 광고'보다 한층 자연스럽고 안정적인 장면으로 완성되었다. 특히 한글 내레이션과 자막 표현이 매끄럽게 적용되어, 실제 광고 영상에 가까운 퀄리티를 보여주었다. 하지만 소라에서 모든 요소를 완벽히 마무리하기보다는, 최종 편집 단계에서 자막 위치 조정, 로고 삽입, 내레이션 보정 등을 진행하는 것을 권장한다. 소라는 영상의 기반을 만들어 주고, 이후의 편집 과정이 브랜드 완성도를 높여주는 단계이기 때문이다.

▌ 학습자료 → 프롬프트 → Sora 2 썬크림 광고

☀ Sora 2 프롬프트 | 썬크림 광고 (한국어 내레이션 & 자막 버전)

Prompt: 💬 ChatGPT에게 묻기

"15초 길이의 감각적인 여름 썬크림 광고.
장면은 햇살이 반짝이는 해변의 클로즈업으로 시작된다. 부드럽게 밀려오는 파도와 모래 위에 오렌지빛 썬크림이 놓여 있다.
카메라는 **로우 앵글에서 부드럽게 패닝(panning)**하며 바람에 흔들리는 야자수 잎 사이로 햇빛이 반사된다.
썬크림 튜브 위로 물방울이 맺히고, 파도가 살짝 닿으며 시원한 여름의 감각을 전한다.

카메라 워킹:
- 0~5초: 파도와 모래 입자를 슬로모션 매크로 클로즈업
- 5~10초: 썬크림에 닿는 햇살과 수분 방울 줌인 + 반사광 강조
- 10~15초: 줌아웃하며 'Avene' 로고와 "자연에서 온 피부 보호" 문구 등장

배경음:
- 부드러운 파도 소리, 은은한 피아노 멜로디, 여름 바람의 잔향
- 중간 부분에서 미세한 벨 사운드(햇빛 반사 타이밍에) 삽입

한국어 내레이션:
"강한 햇살 속에서도, 당신의 피부는 편안해야 하니까.
순한 보호, 깊은 보습.
아벤느 선 프로텍션으로, 여름의 하루를 지켜보세요."

디자인 자막 타이밍:
- (0~4초) "뜨거운 여름, 피부는 더 민감해진다" — 얇은 흰색 고딕체, 투명한 블루 음영
- (5~9초) "자연에서 온 진정한 보호" — 손글씨체, 파도와 함께 나타나는 효과
- (10~15초) "Avene Sun Protection — 피부의 안식, 여름의 자신감" — 중앙 하단, 은은한 빛 반사 효과

비주얼 스타일:
- 4K 시네마틱, 따뜻한 햇빛 + 청량한 블루 톤
- 표면 반사 표현: real water drops, glossy texture
- 색감 톤: orange (#F37032), beige sand, turquoise sea
- 조명: natural daylight, soft reflection from ocean

분위기 톤:
- 여름, 청량함, 자연, 보호, 신뢰감

길이: 15초
화면 비율: 16:9

▶ 학습자료 → 이미지 → 제품 20

지금까지 소라 2에서 동영상을 생성하는 다양한 방법에 대해 살펴보았다. 살펴본 것처럼 소라는 텍스트(문장)의 의미를 깊이 이해하고, 여러 참조 이미지를 조합해 복잡한 장면을 구성하는 데에는 아직 한계가 있다. 그러나 누구나 손쉽게 접근할 수 있는 AI 영상 생성 도구라는 점에서, 처음으로 AI 영상을 접하는 사용자에게는 충분히 흥미롭고 실험적인 경험이 되었을 것이다. 다음 학습에서는 보다 전문적이고 실무적인 작업이 가능한 런웨이(Runway), 피카(Pika), 클링 AI(Kling AI) 등의 AI 영상 생성 도구에 대해 알아보고, 각 도구의 특징과 사용법에 대해 살펴볼 것이다.

💡 영상에 삽입된 워터마크 제거하기

소라(Sora)나 앞으로 학습할 베오(Veo)와 같은 AI 영상 생성 툴의 결과물은 워터마크(Watermark)가 자동으로 삽입된다. 이는 해당 영상이 AI를 통해 생성된 콘텐츠임을 명시하기 위한 표시이자, 이 상태로는 상업적 사용에 제약이 있음을 의미하는 것이다. 영상의 워터마크를 제거하기 위해서는 "언워터마크(Unwatermark)"라는 온라인 도구를 활용할 수 있다.

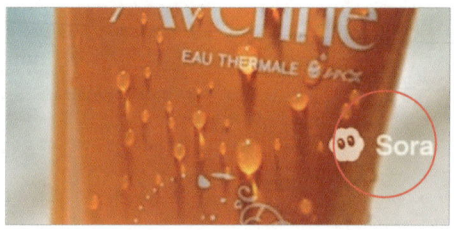

사용 방법은 [unwatermark.ai] 웹사이트에 접속한 뒤 [Features] - [Video Watermark Remover] 메뉴를 선택하고 [Upload Video] 버튼을 눌러 영상을 업로드하여 이후 안내에 따라 편집을 진행하면 워터마크가 제거된 영상을 얻을 수 있다. 자세한 사용법은 해당 웹사이트의 매뉴얼이나 인터넷에 게시된 활용 가이드를 참고한다.

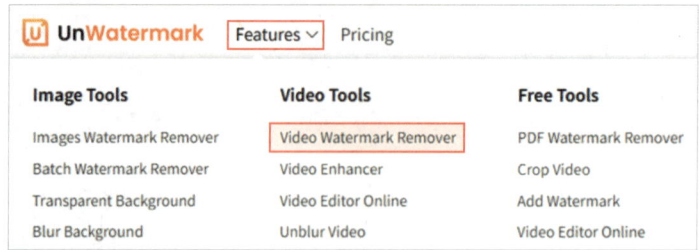

☑ 참고로 "프리픽"의 "AI 동영상 생성기"처럼 타 AI 생성 모델을 사용할 수 있는 'AI 통합 플랫폼'에서는 소라 모델을 사용하여 만든 영상에 워터마크가 표시되지 않는다.

08 | 런웨이의 젠(Gen) 활용하기

런웨이(Runway)는 텍스트와 이미지로 고품질 동영상 생성 및 편집할 수 있는 AI 크리에이티브 툴로, 특히 젠(Gen) 모델 시리즈는 업계 최고 수준의 품질과 속도로 텍스트 프롬프트 기반의 영상을 생성할 수 있다고 알려져 있다. 특히 최신 버전인 Gen-4는 사실적인 디테일과 부드러운 모션, 뛰어난 장면 일관성을 자랑하며, 여러 장면에서도 일관된 캐릭터, 위치, 요소를 정확하게 생성할 수 있어, 광고/영화/SNS 콘텐츠/교육 영상 등 다양한 실무 환경에 활용된다.

런웨이(Runway) 기본 사용법

젠(Gen) 시리즈는 런웨이(Runway) 웹 플랫폼에서 사용 가능하며, 별도의 프로그램 설치 없이 웹브라우저만 있으면 동영상 생성과 편집을 진행할 수 있다. 살펴보기 위해 구글 검색기에 ❶[런웨이]라로 입력한 후 그림처럼 화살표 모양의 아이콘(로고)과 Runwayml.com이라고 표시된 웹사이트 주소가 있는 ❷[Runway]를 클릭한다.

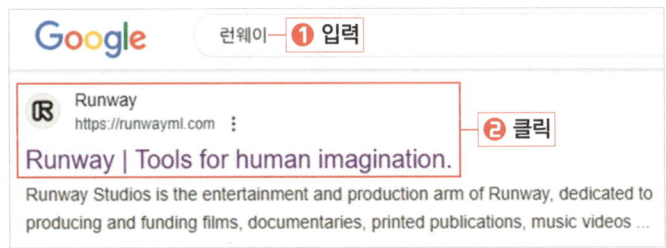

☑ 크롬 브라우저 사용을 권장하며, 구글 계정으로 로그인된 상태에서 진행한다.

01 **런웨이 계정 만들기** 런웨이 첫 화면이 나타나면 우측 상단의 [시작하기]를 클릭한다.

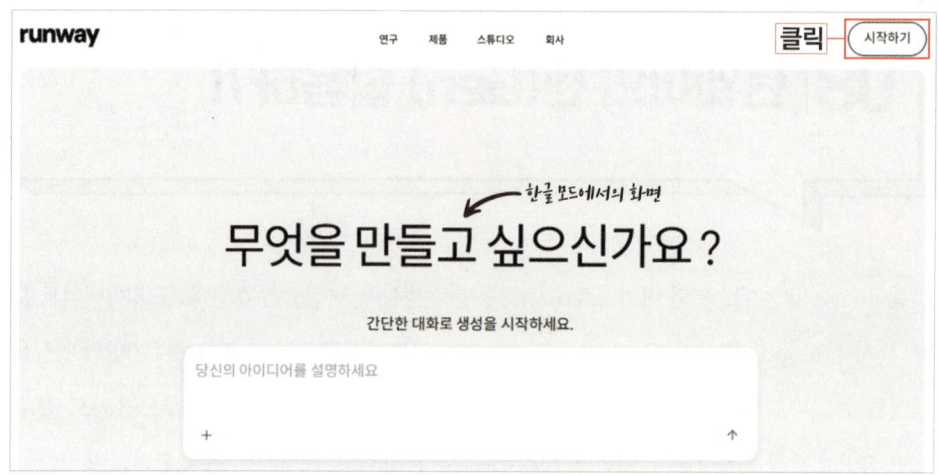

02 계정(회원가입)을 만들기 위해 ❶[Sign up with Google]을 클릭한 후 구글 계정 목록이 나타나면 ❷[사용자 계정]을 선택한다.

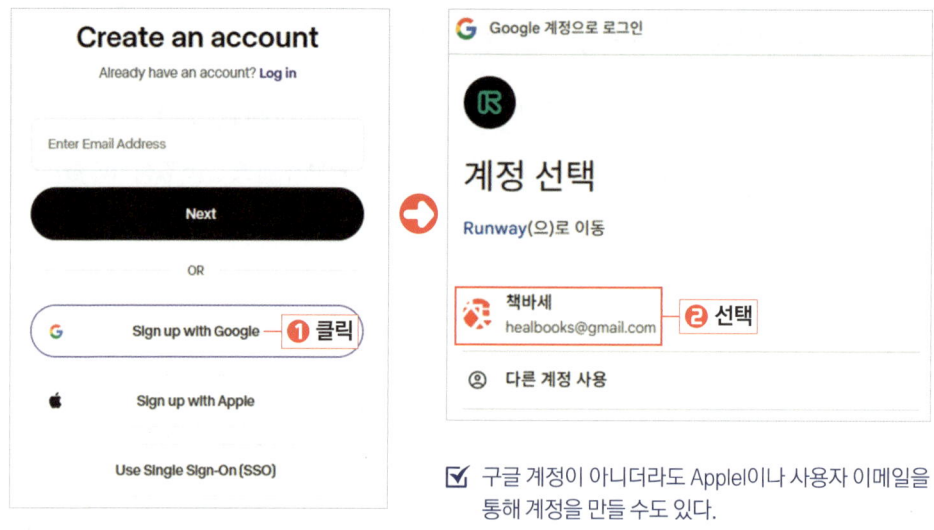

☑ 구글 계정이 아니더라도 Apple이나 사용자 이메일을 통해 계정을 만들 수도 있다.

03 방금 선택한 계정을 계속 사용할 것인지 묻는 창에서 ❶[계속] 버튼을 누른다. 그다음 뜨는 창에서는 일단 구독(Subscribe)은 하지 말고 ❷[Skip] 버튼을 누르고 나온다. 이어서 런웨이를 소개하는 화면이 나타나면 우측 ❸[x] 버튼을 눌러 창을 닫는다.

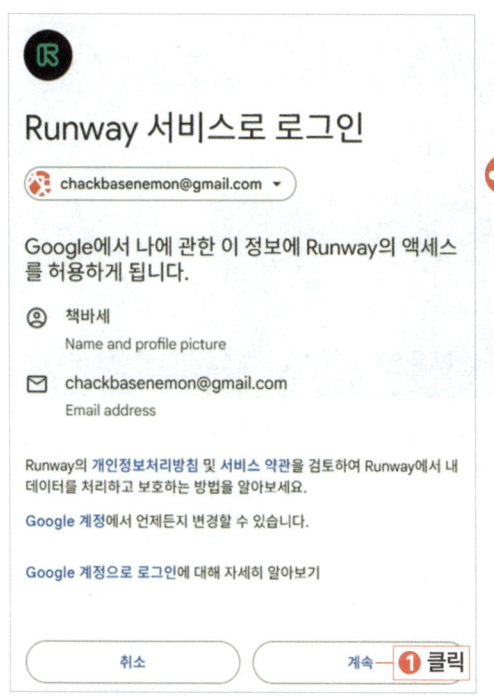

04 **동영상 생성하기** 런웨이 메인화면 우측 상단을 보면, 첫 계정을 만든 사용자에게 125 크레딧(변경될 수 있음)을 제공하는 것을 알 수 있다.

05 이제 런웨이에서 첫음으로 동영상을 하나 생성해 보자. 메인화면에서 다음과 같은 ❶[프롬프트]를 입력한 후, 생성 모델을 ❷[Runway only]로 선택하고 ❸[보내기] 버튼을 누른다.

> a cinematic shot of a lone traveler walking through a quiet city street at sunrise, warm golden light, soft fog, realistic lighting
>
> # 조용한 도시 거리를 홀로 여행하는 사람

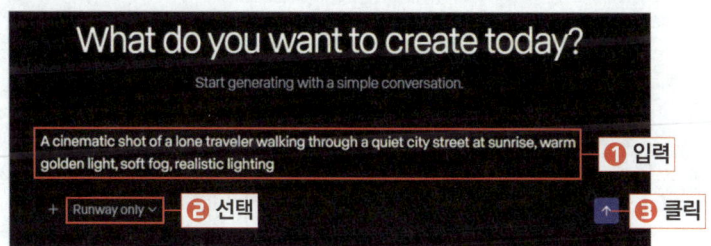

06 이미지가 생성되었다. 지금 생성된 이미지는 동영상 생성을 위한 참조 이미지(Reference Image)로 사용된다. 이제 동영상을 만들기 위해 좌측 상단 2개의 화살표 모양 [툴 모드] 버튼을 클릭한다.

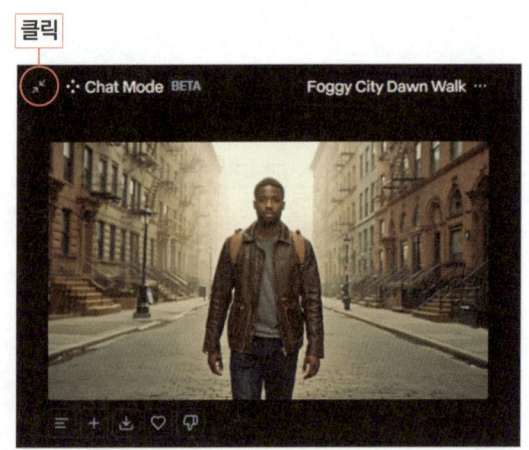

07 툴 모드 화면이 나타나면 먼저 앞서 생성한 이미지를 동영상을 만들기 위한 참조 소스로 사용하기 위해 ❶[Input for video] 버튼을 누르고, ❷[Video] 생성 모드로 전환한다. 그다음 원하는 모션을 위한 ❸[프롬프트(참조 이미지 생성에 사용한 프롬프트를 그대로 사용)]를 입력한 후 ❹[Generate] 버튼을 누른다.

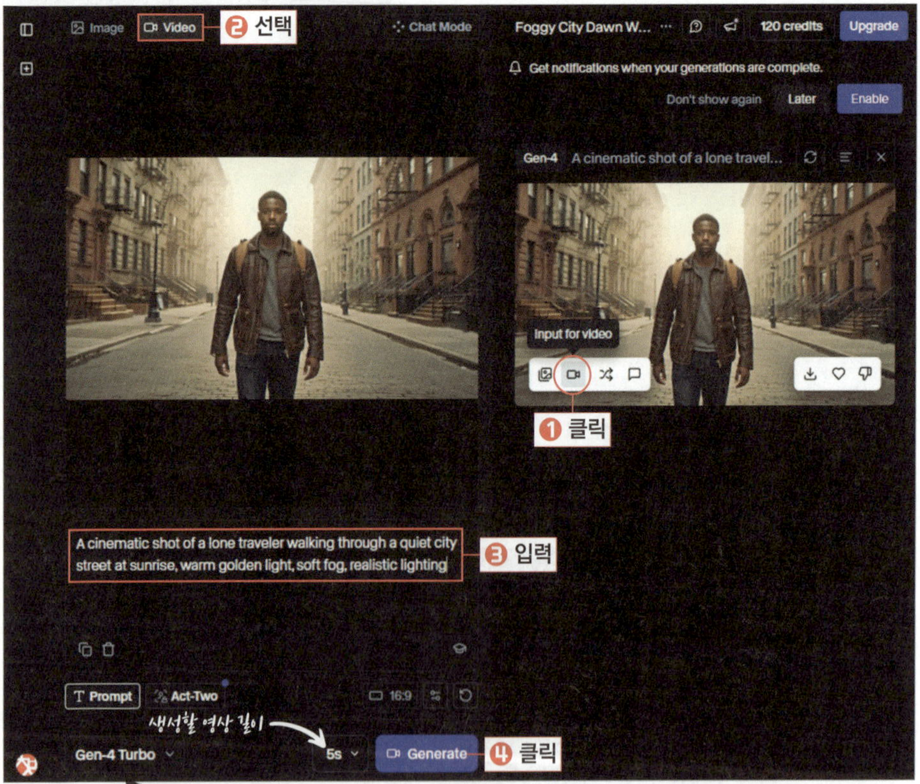

08 동영상이 생성되었다. 화면 위쪽은 앞서 생성한 참조 이미지이고, 아래쪽이 방금 생성된 동영상이다. [플레이] 버튼을 눌러 확인(프롬프트가 정적이라 많은 움직임이 없음)해 본다.

살펴본 것처럼 런웨이는 참조 이미지와 텍스트(프롬프트)를 통해 동영상(모션)을 표현한다. 이제부터 런웨이를 통한 다양한 동영상 생성 및 편집 방법에 대해 자세해 알아보자.

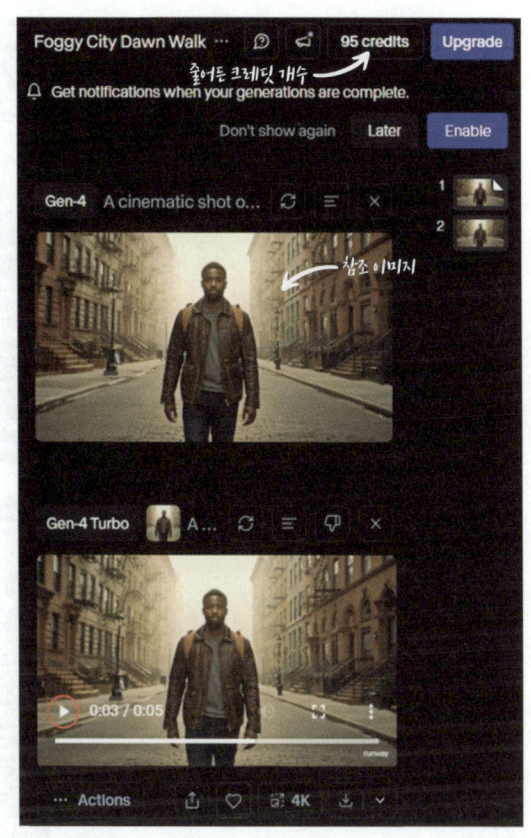

◆ 런웨이 유료 구독과 해지

01 무료 구독자는 초기 크레딧만 지급된다. 사용한 후 필요 시 유료 구독으로 전환해야 한다. 우측 상단 ❶[Upgrade] 버튼을 누르면 한 단계 상위 유료 구독자로 전환할 수 있는 창이 뜨는데, 일단 전체 구독에 대해 알아보기 위해 맨 아래쪽 ❷[View all plans & details] 버튼을 누른다.

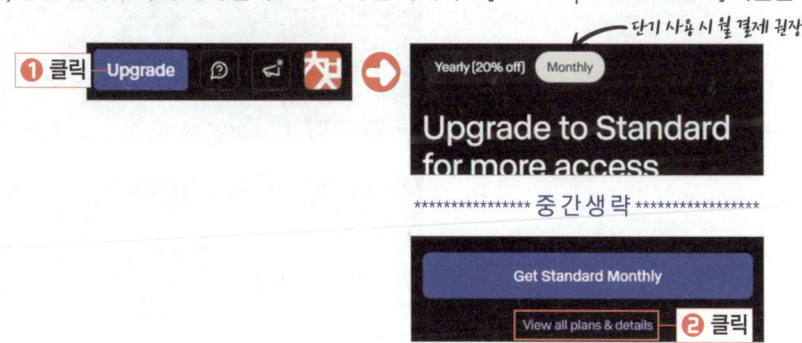

02 런웨이 구독에 대한 전체 플랜 창이 뜨면 자신에게 맞는 플랜을 선택하면 된다. 일단 가장 저렴한 [Standard] 플랜에서 한 단계씩 업그레이드하는 것을 권장한다.

1. Free (무료)

가격 $0 (일회성 125 크레딧 제공)

주요 기능
- Generative Video (텍스트-to-비디오)
- Generative Image (텍스트-to-이미지)
- 3개의 동영상 편집 프로젝트
- 5GB 에셋 저장 공간

제한 사항 Gen-4 모델로 동영상 생성 불가

2. Standard (스탠다드)

가격 $144/년 (매달 625 크레딧 제공)

주요 기능 (무료 플랜 포함)
- 동영상 해상도 업스케일
- 모든 동영상 모델에 대한 워터마크 제거
- 매달 크레딧 갱신
- 100GB 에셋 저장 공간
- 무제한 동영상 편집 프로젝트기술 지원

3. Pro (프로)

가격: $336/년 (매달 2250 크레딧 제공)

주요 기능 (스탠다드 플랜 포함)
- 립싱크 및 텍스트-음성 변환 맞춤 음성 생성
- 500GB 에셋 저장 공간

4. Unlimited (언리미티드)

가격 $912/년 (매달 2250 크레딧 제공)

주요 기능 (프로 플랜 포함)
- 탐색 모드(Explore Mode) 제공
- Aleph, Gen-4 Turbo 모델까지 속도 무제한 생성

5. Enterprise (엔터프라이즈)

가격 $2,000/년 (맞춤 크레딧 제공)

주요 기능 (프로 플랜 포함)
- 싱글 사인온 (Single Sign-On)
- 워크스페이스 분석
- 에셋을 분류하고 정리하기 위한 팀 스페이스 설정
- 기업 전체 온보딩 지원우선 지원

※ 런웨이 정책에 따라 달라질 수 있음

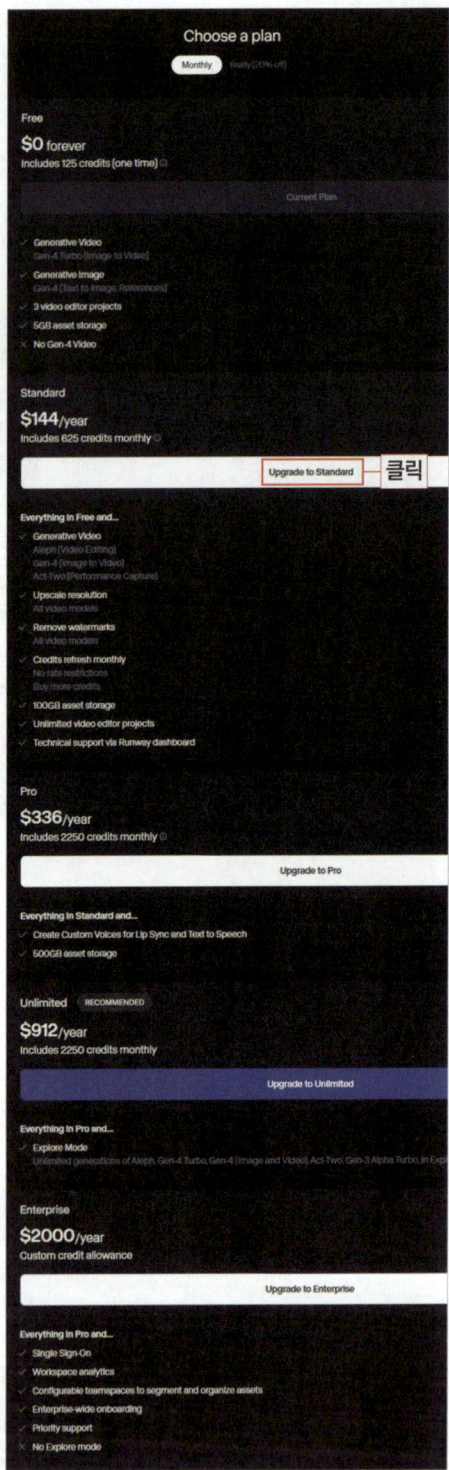

03 결제를 위한 창이 열리면, 사용자가 원하는 [❶결제 방식]을 선택한 후, 런웨이(Runway)의 이용약관 및 개인정보 보호 정책에 대한 동의를 구하는 내용을 ❷[체크]하고, 구독하기 버튼을 클릭하여 결제가 정상적으로 이루어지면 해당 구독 조건에 맞게 작업을 할 수 있다.

하지만 여기에서는 일단 정기 구독 결제에 대한 정보를 얻기 위해 ❸[Cancel] 글자를 클릭하여 구독 관리 페이지를 열어 놓은 후 ❹[구독하기] 버튼을 클릭한다.

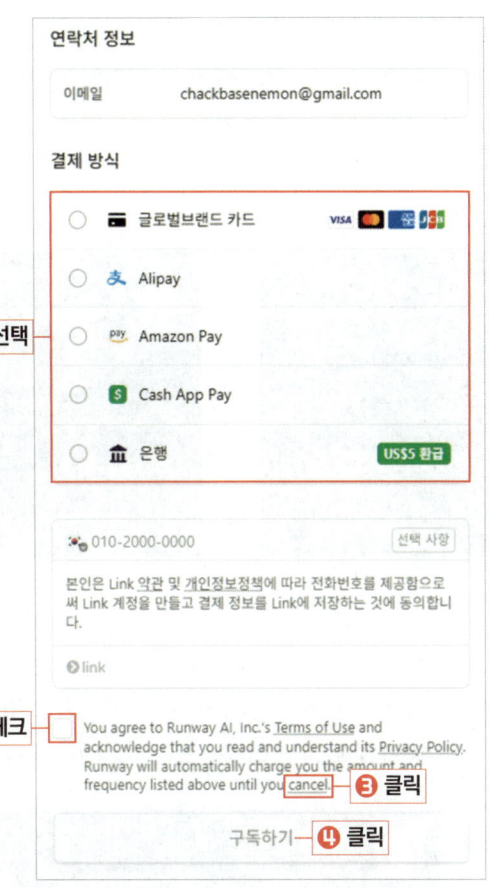

04 구독 관리 페이지를 보면 런웨이 구독에 대한 정보를 볼 수 있다. 아래쪽 "구독 취소" 항목을 보면 [작업 공간 설정] - [요금제 및 결제] - [요금제 관리]를 통해 요금제 취소를 할 수 있다고 되어있다.

런웨이(Runway) 기본 사용법 •••• 309

05 이제 정기 구독 해지를 위해 런웨이 작업 화면으로 돌아간 후, 좌측 사이드바(메뉴) 상단의 ❶[Dashboard]를 클릭한다. 런웨이 메인화면이 열리면 화면 좌측 상단에 로고가 보일 것이다. 이 로고가 사용자 설정 메뉴이다. ❷[사용자 로고]가 보이는 곳을 클릭하여 메뉴를 열고, ❸[Plans and Billing]을 선택한다.

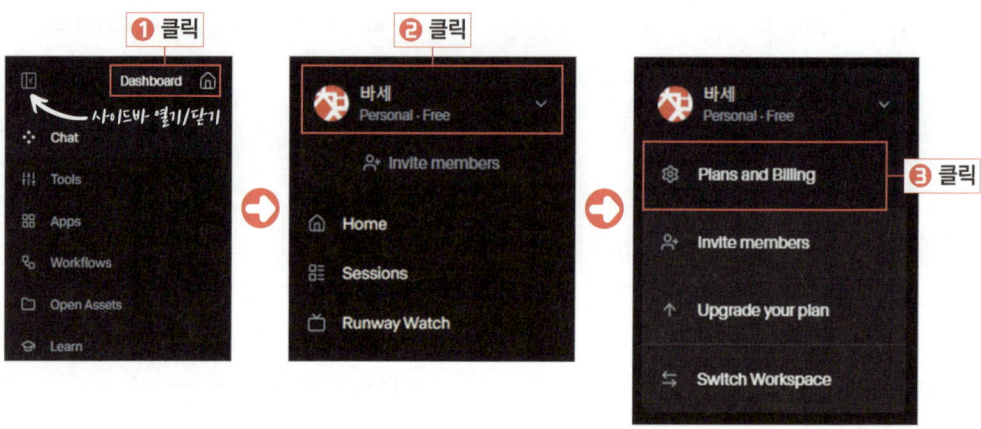

06 Plans and Billing(요금제 관리) 페이지 항목이 열리면 Subscription(구독)의 Free(무료 구독)의 [Upgrade] 버튼을 클릭한다. 그러면 결제일이 지난 후부터 무료 구독으로 전환된다.

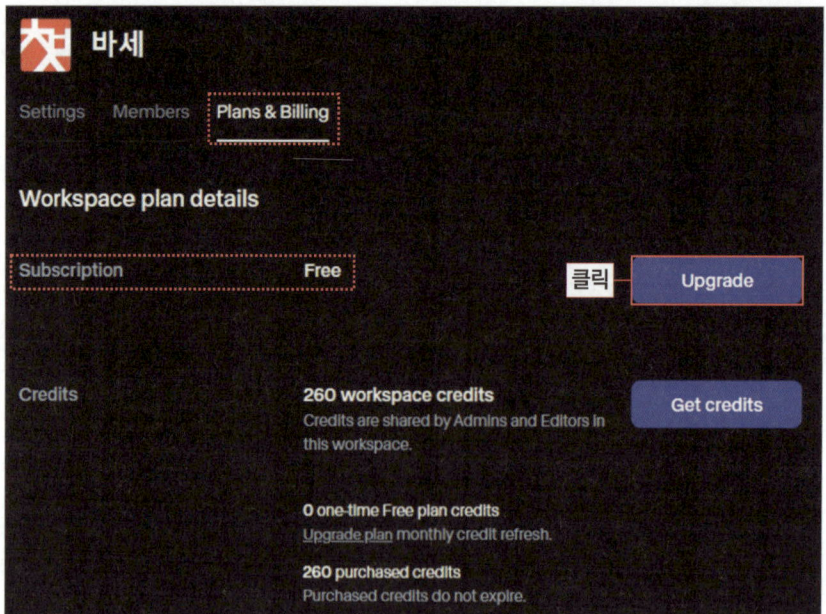

런웨이 메뉴 살펴보기

런웨이는 이미지/동영상 생성 및 오디오, 립싱크, 모션 트래킹 등의 기능들을 제공하여 다양하고 디테일한 작업을 할 수 있다. 이렇게 다양한 기능을 상황에 맞게 사용한다면 보다 효율적인 작업을 할 수 있기 때문에, 처음 런웨이를 시작하는 사용자는 어떤 메뉴가 어떻게 사용되는지에 대한 정보는 알아 둘 필요가 있다. 여기에서는 런웨이 메뉴들을 여섯 개 영역으로 나눠 살펴본다.

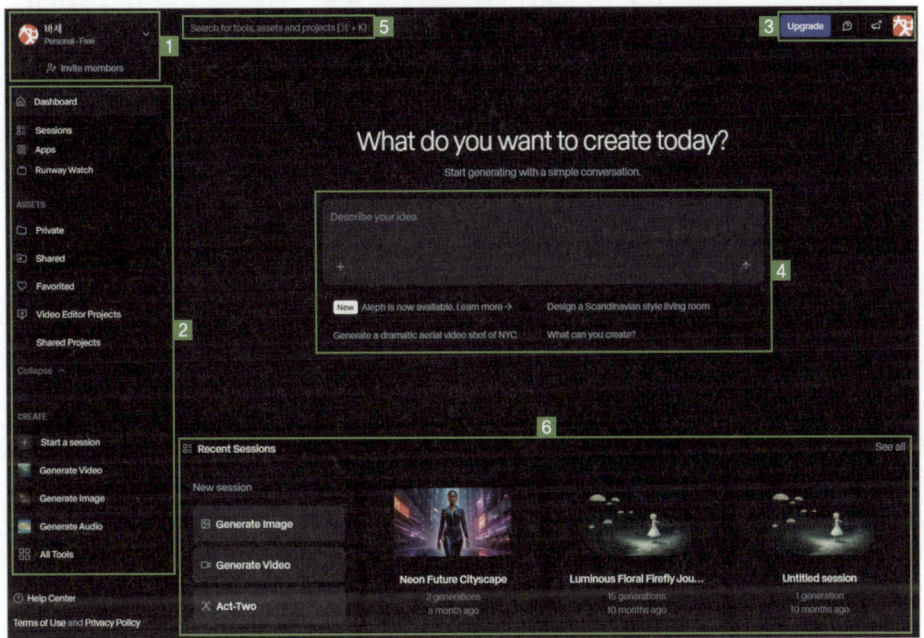

1 상단 바 메뉴

현재 계정 정보와 다른 사용자를 초대하는 버튼, 검색기, 그리고 유료 플랜으로 업그레이드할 수 있는 버튼(Upgrade) 등 런웨이 전반에 걸쳐 사용되는 핵심 기능들을 제공한다.

Plans and Billing(플랜 및 결제) 현재 사용 중인 구독 플랜을 확인하고, 결제 내역과 청구 정보를 관리할 수 있는 메뉴

Invite members(멤버 초대) 다른 사람을 작업 공간(Workspace)으로 초대하여 함께 프로젝트를 진행할 수 있는 메뉴

Upgrade your plan(플랜 업그레이드) 현재 사용 중인 플랜보다 더 많은 기능과 혜택을 제공하는 상위

플랜으로 업그레이드하거나 반대로 다운그레이드할 수 있는 메뉴

Switch Workspace(작업 공간 전환) 여러 개의 작업 공간을 만들었을 경우, 다른 작업 공간으로 손쉽게 전환할 수 있는 메뉴

2 사이드바 메뉴

주요 페이지 이동 메뉴와 사용자가 생성한 에셋을 관리하는 메뉴, 그리고 새로운 작업을 시작하는 메뉴 등 런웨이의 모든 기능에 접근하는 데 사용되는 핵심 기능들을 제공한다.

Dashboard(Home) 런웨이 메인화면(대시보드)으로, 새로운 프로젝트 시작 및 최근 작업 내역 확인

Sessions 사용자가 작업했던 모든 세션(작업 기록) 확인

Apps 런웨이에서 제공되는 다양한 재생성 도구와 모델 선택

Runway Watch 런웨이에서 제공하는 튜토리얼 영상이나 다른 사용자가 만든 작품을 시청하는 공간

ASSETS (에셋) 사용자가 업로드하고 생성한 모든 파일과 프로젝트 관리를 위한 메뉴 항목

- **Private** 사용자만 볼 수 있는 비공개 파일 저장 및 관리
- **Shared** 팀원 또는 다른 사용자와 공유된 파일 목록 제공
- **Favorited** 즐겨찾기 한 파일 목록 제공
- **Video Editor Projects** 동영상 편집기로, 작업한 프로젝트 목록 제공
- **Shared Projects** 다른 사람과 공유한 프로젝트 목록 제공

CREATE (생성) 새로운 작업을 시작하는 메뉴 항목

- **Start a session** 새로운 작업 세션 시작하기
- **Generate Video** 텍스트나 이미지로 동영상 생성
- **Generate Image** 텍스트로 이미지 생성(참조 이미지에 사용)
- **Generate Audio** 텍스트로 오디오 생성하기

All Tools 런웨이의 제공되는 모든 도구 목록 제공

3 사용자 설정 메뉴

현재 구독에 대한 정보 및 전환하기, 런웨이에 관한 문의(채팅), 알림(Notification), 사용자 설정에 관한 기능을 제공한다.

Upgrade 현재 구독 플랜에서 한 단계 상위 플랜으로 전환

🗨 Help Center 궁금한 점이 있거나 문제 발생 시 질문하고 해결책을 찾을 수 있는 고객 질문 채팅

🔔 알림 서비스의 새로운 업데이트, 이벤트, 중요 정보 등을 사용자에게 전달

My Account(내 계정) 개인 계정 정보를 수정 및 관리(사용자 이름 및 로고 바꾸기 등)

Workspace Settings(작업 공간 설정) 협업 멤버 권한, 공유 설정 등 작업 공간에 대한 설정 변경

Manage your plan(플랜 관리) 현재 구독 중인 요금제와 결제 정보를 확인 및 관리

Runway API(런웨이 API) 개발자를 위한 메뉴로, 런웨이의 기능을 외부 애플리케이션과 연동할 수 있는 API 문서 및 개발자 포털에 접근 가능(예: 컴피UI에서 런웨이 API 노드로 동영상 생성 가능)

Update Plan(플랜 업데이트) 클릭하면 현재 요금제를 변경하거나 업그레이드 가능

Logout(로그아웃) 현재 사용자 계정에서 로그아웃

4 이미지(동영상) 생성 프롬프트

텍스트(프롬프트)와 참조 이미지(동영상) 파일로 새로운 이미지 및 동영상을 생성할 수 있는 프롬프트 입력 창이다. 런웨이 프롬프트는 텍스트 프롬프트, 이미지, 짧은 영상, 오디오 파일 등을 모두 입력값으로 활용 가능한 멀티모달이 지원되어 "한글" 프롬프트도 가능하다.

➕ Add media 동영상 생성에 필요한 참조 소스로 사용할 미디어 파일(jpg, jpeg, png, gif, avif, heic, heif, webp, mp4, mov, webm) 가져오기

New Aleph is now available(새로운 AI 모델 알림) 새로운 AI 모델이 출시되었음을 알려주는 공지 사항으로 'Learn more'를 통해 더 자세한 정보 확인

Design a Scandinavian style living room(이미지 생성 프롬프트 예시) 텍스트를 입력하여 이미지를 생성하는 기능의 예시 보기

Generate a dramatic aerial video shot of NYC(동영상 생성 프롬프트 예시) 텍스트를 통해 동영상을 생성하는 기능의 예시 보기

What can you create?(자유로운 창작 유도) 사용자가 런웨이로 무엇을 만들고 싶은지 자유롭게 아이디어를 입력하도록 유도하는 질문

5 이미지(동영상) 생성 프롬프트

런웨이의 검색 창으로, 사용자가 필요한 도구나 파일, 프로젝트를 빠르게 찾을 수 있도록 도와준다.

Tools(도구) Generate Video, Generate Image, Generate Audio와 같은 다양한 AI 도구를 검색하여 바로 실행

Assets(에셋) 사용자가 업로드했거나 생성한 이미지, 영상, 오디오 등 모든 파일을 검색

Projects(프로젝트) 과거에 작업했던 프로젝트의 제목을 검색하여 찾기

단축키 Ctrl + K 또는 Cmd + K를 누르면 검색기가 바로 열려 편리하게 사용

6 최근 세션

최근에 작업했던 프로젝트들이 미리 보기와 함께 표시되어, 이전에 진행했던 작업을 쉽게 찾아 작업을 이어갈 수 있도록 하는 사용자의 작업 대시보드 역할을 한다.

Generate Image(이미지 생성) 이미지 생성 작업 화면으로 이동

Generate Video(동영상 생성) 동영상 생성 작업 화면으로 이동

Act-Two 동영상 스토리텔링을 위해 여러 장면을 이어붙이거나 특정 동작을 제어하는 등의 동영상 시퀀스를 생성

 런웨이 작업 화면 밝기 설정하기

런웨이는 사용자 취향이나 작업 환경에 따라 화면의 밝기를 선택할 수 있다. 우측 상단의 프로필 아이콘(사용자 아이콘)을 클릭한 후 [Theme] 메뉴에서 밝게 하기(Light) 혹은 어둡게 하기(Dark)를 선택할 수 있다.

런웨이(Runway) 고급 사용법

런웨이는 텍스트 프롬프트로 동영상을 생성하는 기본 방법 외에도, 원하는 장면의 구성과 스타일, 카메라 워크의 세밀한 조정이 가능하여 전문가 수준의 창의적인 결과물을 만들 수 있는 고급 기능들을 제공한다. 고급 사용법은 마치 베테랑 감독처럼 AI를 활용하여 시각적 스토리텔링의 완성도를 높이는 과정이라고 할 수 있다.

나만의 이미지 스타일 만들기: 참조 이미지와 스타일 활용

런웨이에서는 이미지 스타일을 만들어, 지속적으로 활용할 수 있다. 스타일을 만들기 위해서는 스타일에 사용할 참조 이미지를 가져오거나 런웨이에서 제공되는 스타일을 사용할 수 있으며, 또한 스케치 모드에서 직접 그려서 스타일에 반영할 수 있다.

01 메인화면인 ❶[Dashboard]에서 다음과 같은 ❷[프롬프트(한글)]를 입력한 후 이번엔 생성 모델을 ❸[All]로 선택하여 이미지를 ❹[생성]해 보자. 런웨이는 다양한 언어, 이미지, 동영상 등의 여러 정보(데이터)를 동시에 처리하고 이해하는 멀티모달(Multimodal)이 지원되기 때문에 "한글" 프롬프트를 사용할 수 있다.

> 무대 위에서 우아하게 춤추는 발레리나, 순백의 발레 슈즈 착용, 부드러운 조명, 고품질 사진

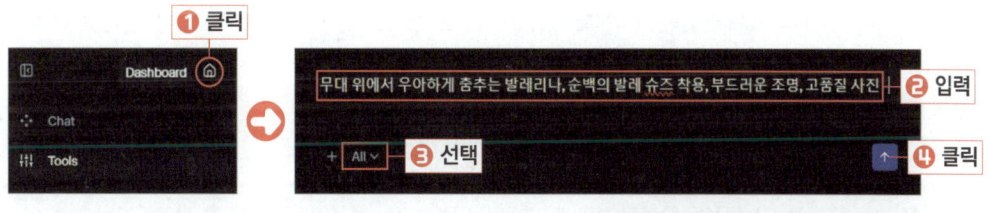

- 런웨이는 최근 구글 Flash 2.5(나노 바나나)와 Veo 3 모델을 지원하여 더욱 다채로운 이미지와 동영상을 생성할 수 있게 되었다. 생성 모델을 All로 설정하면 프롬프트 내용을 분석하여 생성되는 이미지(동영상)에 적합한 모델을 자동 선택하여 생성한다.

- 좌측 사이드바 하단에 있는 CREATE 항목의 Generate Video/Image/Audio를 사용하면 스타일 설정을 위한 프롬프트 작업을 처음부터 시작할 수 있다.

02 모델 방식을 AI로 설정하여 생성된 이미지는 'Flash 2.5' 모델이 사용되었다. 이미지가 생성되면 그림처럼 생성된 그림을 새롭게 변경하거나 다운로드(저장) 등을 할 수 있는 챗 모드로 전환된다. 여기에서 [View full prompt] 버튼을 눌러 잠시 해당 기능에 대해 살펴보기로 하자.

📢 Flash 2.5 모델로 생성된 이미지 창의 기능은 다음과 같다. 모델에 따라 생성된 이미지(동영상)의 기능은 다르지만, 대부분 비슷한 기능을 제공하기 때문에 아래에 설명된 기능을 참고하면 도움이 될 것이다.

1 **View full prompt** 생성된 이미지에 대한 프롬프트, 화면 비율, 해상도 등의 정보 제공

2 **Use as reference** 생성된 이미지를 참조(레퍼런스) 이미지(에셋)로 추가

3 **Input for video** 생성된 이미지를 동영상 생성을 위한 참조 이미지로 등록

4 **Sketch on image** 생성된 이미지를 기반으로 그림(간단한 스케치)을 그릴 수 있는 작업 창 열기(여기서 그려진 그림은 원본 그림과 함께 새로운 이미지를 생성하는 참조 이미지로 사용)

5 **Download** 현재 이미지를 파일로 저장

6 **Like** 결과물이 마음에 들 때 '좋아요' 버튼

7 **Send feedback** 생성된 이미지 결과에 대한 의견 전달(기능 개선에 대한 피드백 전달하기)

◆ 참조(References) 이미지로 스타일 만들기

01 이미지 생성 창에서는 기본적으로 텍스트(프롬프트) 및 참조 이미지를 통한 스타일을 만들 수 있다. 먼저 ❶[Image]를 클릭한 후 ❷[Assets] 버튼을 눌러본다.

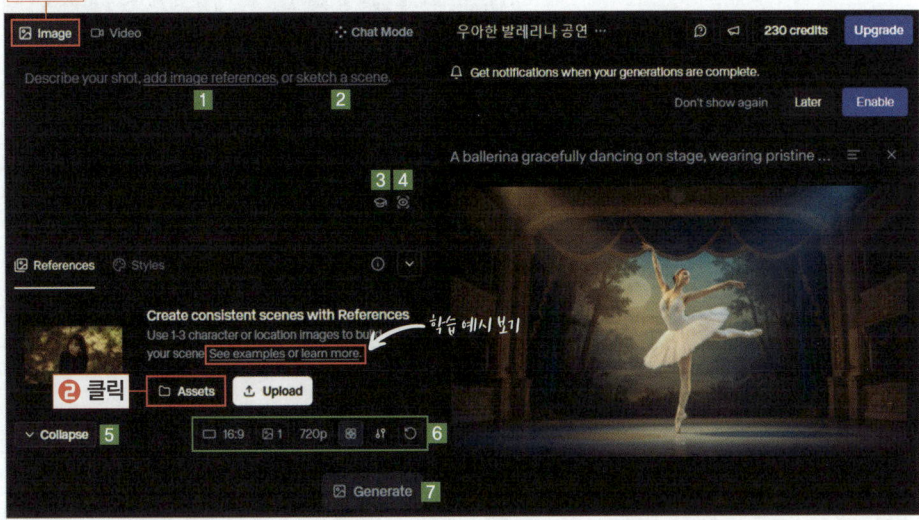

1. **add image references** 스타일을 만들기 위한 참조 이미지 추가(에셋 버튼과 같은 기능)

2. **sketch a scene** 사용자가 직접 스케치(그림 그리기)를 하여 이미지 생성

3. **프롬프트 가이드** 프롬프트 작성에 대한 가이드 제공

4. **Generate prompt from image** 외부 이미지를 가져오면 적용된 이미지를 분석하여 이미지에 대한 프롬프트(텍스트) 생성

5. **Collapse** 프롬프트 입력 창 확대/축소

6. **Settings** 생성될 이미지 비율, 개수, 크기, 미적 범위 등에 대한 설정

    화면 비율(16:9) 생성될 이미지의 비율을 21:9~16:9까지 선택

    이미지 생성 개수 생성될 이미지 개수를 1~4까지 선택

    해상도(702p) 생성될 동영상 해상도를 720p~1080p까지 선택

    미적 범위(Aesthetic Range) 여러 이미지를 참조 이미지로 사용할 경우 미적 범위를 설정(참조 이미지 사용 시 사라짐)

    설정(Settings) 지정(Fixed seed)된 특정 시드 넘버에 대한 이미지 생성

    리셋(Reset all settings) 모든 설정 값을 초기 상태로 전환

7. **Generate** 프롬프트와 참조 이미지가 설정된 후 이미지 생성을 위한 버튼

02 에셋(Assets)을 선택하면, 런웨이에서 사용했던 미디어(이미지, 동영상 등) 프라이빗(Private)파일들이 나타난다. 여기에 있는 에셋들을 참조 스타일 데이터로 사용할 수 있으며, 사용하고자 하는 에셋을 [더블클릭]하면 프롬프트에 추가된다.

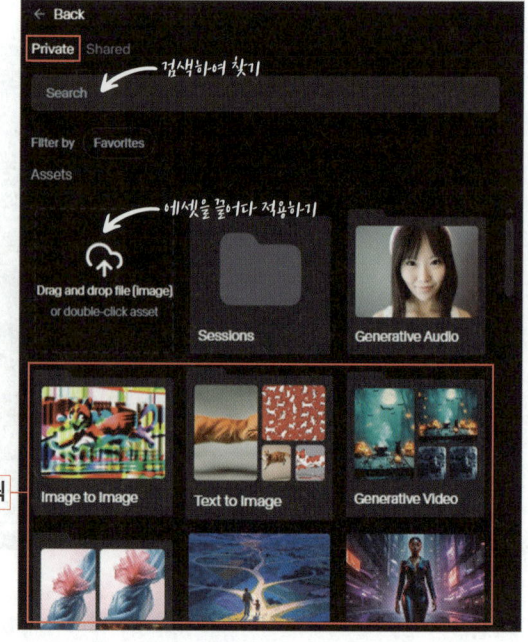

03 공유된 에셋이 있다면 Shared 항목에서 찾아 사용할 수 있다. 현재는 공유 파일이 없기 때문에 비어 있는 상태로 나타난다. [Back] 버튼을 눌러 다시 이전 화면으로 돌아간다.

04 여기에서는 학습자료에 준비된 이미지를 참조 에셋으로 사용하기 위해 ❶[Upload] 버튼을 누른다. 파일 열기 창이 열리면 ❷[학습자료] - ❸[이미지] 폴더에서 다음과 같이 참조 스타일로 사용할 ❹[3개의 이미지]를 선택하여 ❺[가져]온다. 참고로 가져온 3개의 이미지는 미니멀 라인 아트 스타일로, 참조 스타일 이미지들은 비슷한 스타일 사용을 권장한다. 사용할 수 있는 참조 스타일 이미지는 최대 3개이다.

05 3개의 참조 스타일 파일(나열된 순서는 의미 없음)이 적용됐다. 이제 간단히 ❶[프롬프트(우아한 자태로 춤을 추는 발레리나)]를 입력한 후 ❷[Generate] 버튼을 누른다.

06 생성된 이미지를 살펴보면 참조 이미지 3개의 상징적인 악보와 조명, 색상 톤이 반영된 것을 알 수 있다.

07 이번에는 앞서 입력한 프롬프트 뒤에 ❶[미니멀 라인 아트]라는 키워드를 추가한 후 ❷[생성]해 본다. 그러면 그림처럼 라인 아트 스타일로 생성된 것을 알 수 있다. 이렇듯 참조 스타일 이미지와 프롬프트(키워드)는 결과물에 중요한 역할을 한다.

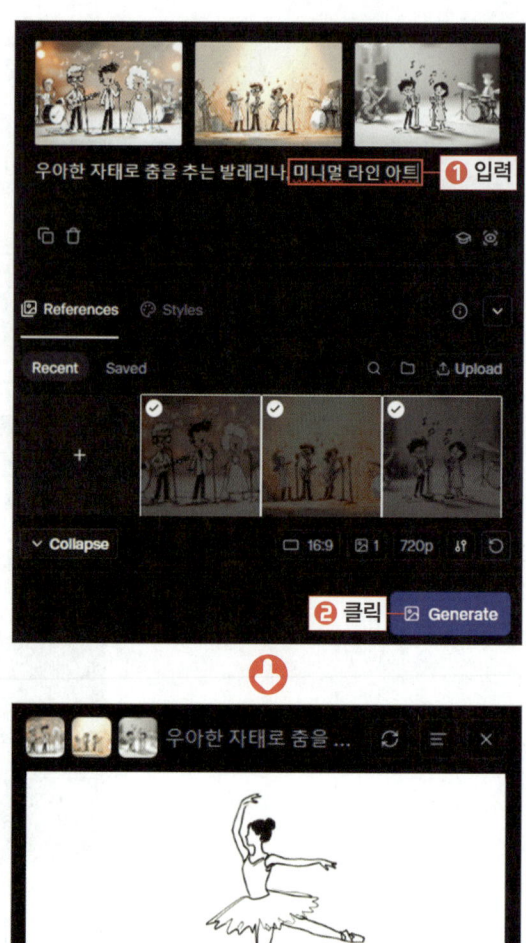

08 **이미지 변주하기** 생성된 이미지는 베리에이션(Variation) 기능으로 원본 이미지에 변화를 줄 수 있다. 생성한 이미지에 마우스 커서를 갖다놓고, 도구들이 나타나면 [Vary(ation)] 버튼을 클릭한다. 그러면 다음과 같이 원본을 바탕으로 새로운(동작) 형태의 이미지가 생성된다. 이와 같은 방법으로 마음에 드는 이미지를 완성할 수 있다.

◆ 스타일(Styles) 에셋으로 이미지 생성하기

01 이번엔 런웨이 기본 스타일로 이미지를 생성해 본다. ❶[Styles] 항목은 선택한 후 아래 목록에서 사용할 ❷[스타일]을 선택(필자는 흑백 이미지를 만들기 위해 B&W를 선택했음)한 후 ❸[Generate] 버튼을 클릭한다. 프롬프트는 앞서 사용했던 것을 그대로 사용한다. 이렇듯 스타일을 사용하면 스타일 목록에 있는 스타일로 쉽게 이미지를 생성할 수 있다.

02 **사용자 스타일 만들기** 사용자 스타일을 새롭게 등록할 수도 있다. 스타일 항목에서 스타일 추가 [+] 버튼을 클릭한다.

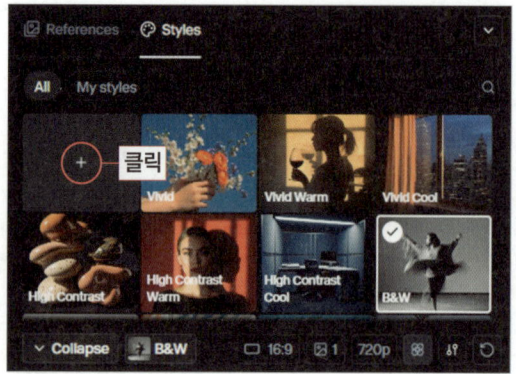

03 스타일 생성 창이 열리면 참조 스타일 이미지를 가져오기 위해 ❶[image]를 클릭한다. ❷ 그다음 [학습자료] - [이미지] 폴더에서 그림처럼 ❸[신카이 스타일 01]를 선택하여 ❹[적용]한다.

04 가져온 이미지에 대한 분석이 완료되면 다음과 같이 스타일 이미지에 대한 프롬프트가 자동으로 생성된다. 이 프롬프트를 통해 미드저니 및 컴피UI, 클링AI, 피카 등에서 새로운 이미지 생성을 할 수 있다. 이제 스타일로 사용할 ❶[이름]을 입력한 후 ❷ [Create] 버튼을 누른다.

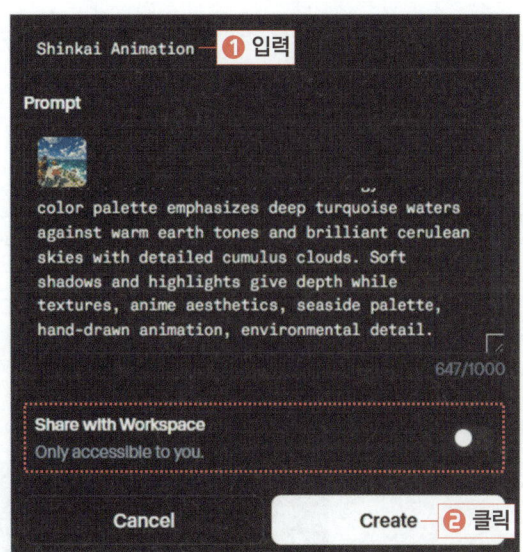

☑ Share with Workspace(Only accessible to you)를 활성화하면 현재 스타일을 다른 사용자가 사용할 수 있도록 공유된다.

05 스타일 목록에 새로운 목록으로 등록되었다. 등록된 스타일을 사용해 보기 위해 ❶[선택]해 본다. 그다음 ❷[Generate] 버튼을 클릭한다. 프롬프트는 앞서 사용했던 것을 그대로 사용한다. 생성된 이미지를 보면 선택한 신카이 애니 스타일로 생성된 것을 알 수 있다. 이렇듯 즐겨 사용하는 스타일은 사용자 스타일로 등록해 놓을 것을 권장한다.

◆ 스케치 씬(Sketch a scene)으로 이미지 생성하기

스케치 씬 기능은 간단한 도형과 그림(예: 바다, 땅, 구름, 건물, 인물 등)으로 장면(요소)을 스케치한 후, 이를 바탕으로 사실적인 이미지를 생성하는 도구로, 텍스트 프롬프트 없이도 직관적으로 구도와 구성을 시각화할 수 있다.

01 아무런 텍스트가 없을 때 프롬프트에 나타나는 다음의 텍스트에서 ❶[sketch a scene] 글자를 클릭한다. 처음으로 스케치 레이아웃 창이 열리면 ❷[Got it] 버튼을 눌러 작업 창을 활성화한다.

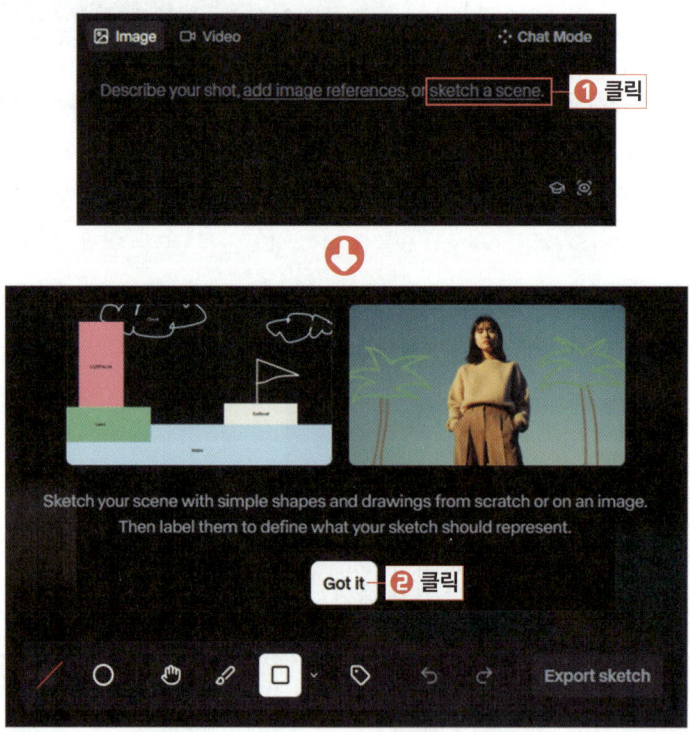

02 이제 하단에 있는 스케치 도구(원, 브러시, 다각형, 라벨 등)를 활용하여 그림을 그려보자. 필자는 아담한 집 한 채와 옆으로 꽃 한 송이를 그려볼 것이다. 먼저 ❶[사각형 도구]를 이용하여 집의 몸통을 그려보자. ❷[클릭 & 드래그]하여 만들어 주면 된다.

03 이번엔 지붕을 그리기 위해 ❶[Draw paths: 브러시] 도구를 사용하여 실제 그림을 그리듯 ❷[드로잉]하여 그려준다.

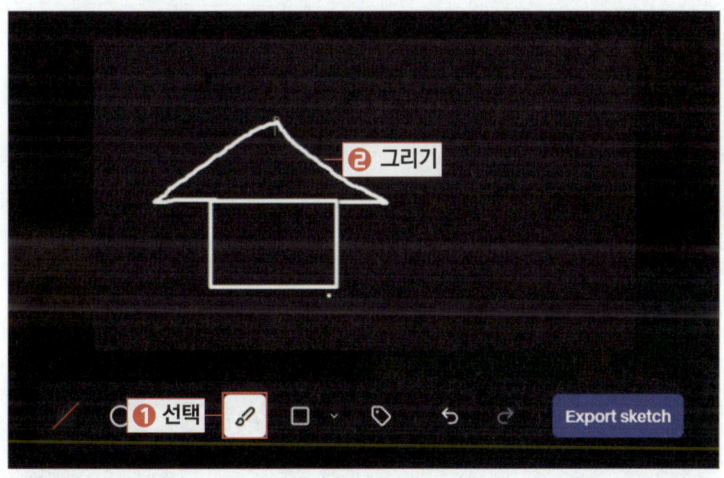

04 이제 그려진 집에 라벨을 붙여보자. ❶[White labels] 도구를 선택한 후 그림처럼 집이 그려진 곳을 클릭하여 ❷[나의 집]이라고 입력한다. 참고로 글자가 잘 못 입력되어 수정을 해야 한다면 "Undo/Redo(실행 취소/복귀)" 버튼을 누르면 된다.

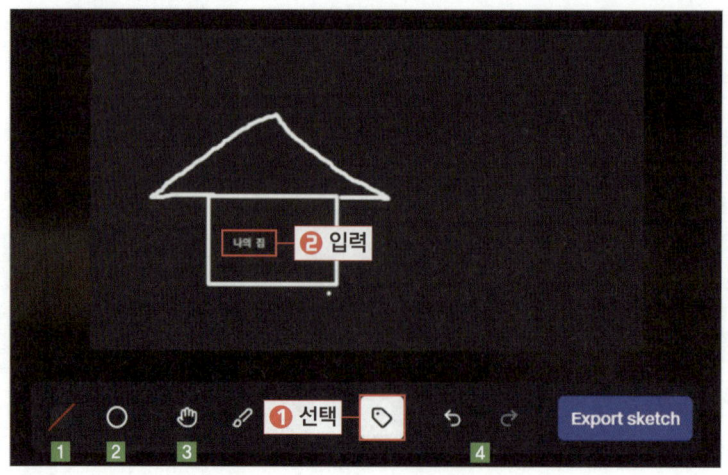

1 Fill color(채우기 색상) 도형(그림) 안쪽에 색을 채워 줄 때 사용

2 Stroke color(선 색상) 그림의 선 색상 선택

3 Grab 그려진 도형(그림)의 위치 변경(그림 위에 마우스 커서를 갖다 놓으면 파란색 사각형이 나타남)

4 Undo/Redo 작업 이전으로 이동 및 다시 원래 작업 구간으로 이동

05 마지막으로 ❶[원형] 도구와 [Draw paths: 브러시] 도구를 사용하여 그림처럼 ❷[꽃(해바라기)]을 그려준다. 원형 도구는 사각형 도구 우측 [∨] 부분을 클릭하여 선택할 수 있다.

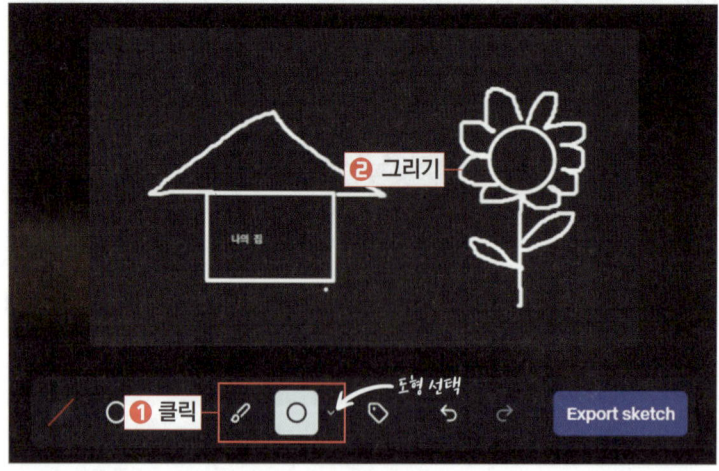

06 그림이 완성됐다면 [Export sketch] 버튼을 누른다. 그러면 참조(References) 목록에 추가된다.

07 앞서 그린 그림이 참조 스타일로 적용된 상태에서 다음과 같은 ❶[프롬프트(동심이 담겨있는 크레파스로 그린 그림)]를 입력한 후 이미지(그림)를 ❷[생성]해 보자. 결과는 스케치한 그림보다 훨씬 더 잘 표현되었다.

08 이번에는 ❶[실제 입체감(3D) 있는 건축 사진으로 표현]이란 프롬프트와 함께 스타일

(Styles)를 ❷[3D Cartoon]으로 선택한 후 이미지를 ❸[생성]해 보자. 그러면 단순한 스케치 그림이 입체적인 그림으로 표현된 것을 알 수 있다. 보다 사실적인 건축(아키텍트) 스타일을 사용했다면 실제 건축물처럼 표현됐을 것이다. 살펴본 것처럼 스케치 씬 기능을 활용하면 사용자가 직접 장면을 스케치로 구성하여 동화와 같이 이야기가 연결되는 이미지(삽화)나 건축과 같은 사실적인 장면을 표현할 수 있다.

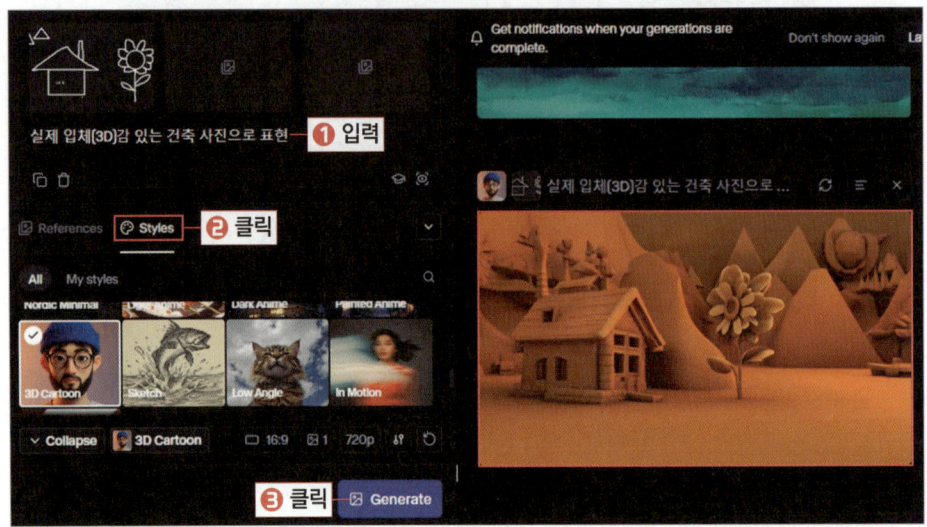

모델 일관성 유지하기: 시드(Seed) 활용법

AI 영상 제작에서 동일한 인물이나 공간을 여러 장면으로 이어 나갈 때 인물의 형태를 유지하는 것은 매우 중요한 과제다. 특히 스토리텔링이 있는 영상에서는 캐릭터의 얼굴이나 배경 요소가 장면마다 달라지면 몰입감이 깨지게 된다. 런웨이에서는 이러한 문제 해결법을 시드(Seed) 값에서 찾을 수 있다.

◆ 시드(Seed)란 무엇인가?

시드는 AI가 무작위성을 기반으로 이미지를 생성할 때 사용하는 초기 숫자 값이다. 시드를 고정하면 일관된 이미지 스타일(얼굴, 의상 등)을 재현할 수 있다.

예시로 이해하기

프롬프트: "숲 속의 빨간 집"

시드 12345 → 통나무집, 굴뚝 있음, 아침 햇살

시드 67890 → 벽돌집, 정원 있음, 저녁 노을

시드 12345 → 다시 똑같은 통나무집 생성

이처럼 시드(Seed)는 AI 이미지 생성 과정에서 사용되는 난수 생성의 시작점 역할을 하는 숫자로, 같은 프롬프트라도 시드 값에 따라 완전히 다른 이미지가 생성된다. AI는 무작위성을 통해 창의적인 이미지를 생성하지만, 이 "무작위"는 실제로는 복잡한 수학적 알고리즘이며, 시드는 이 알고리즘의 출발점을 결정하는 번호인 것이다.

◆ 외형(얼굴)이 같은 이미지 반복 생성하기

01 이미지 생성 프롬프트에서 다음과 같은 ❶[프롬프트]를 작성하여 참조/스타일 없는 이미지를 ❷[생성]한다.

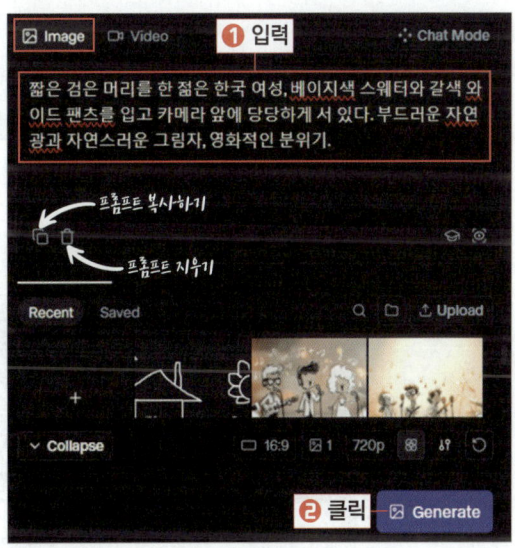

> 짧은 검은 머리를 한 젊은 한국 여성, 베이지색 스웨터와 갈색 와이드 팬츠를 입고 카메라 앞에 당당하게 서 있다. 부드러운 자연광과 자연스러운 그림자, 영화적인 분위기

02 다음과 같은 이미지가 생성되었다. 랜덤한 결과물을 생성하는 AI 특성 상, 결과는 사용자마다 다를 것이다. 생성된 이미지의 시드 넘버를 확인하기 위해 이미지를 ❶[클릭]한다. 이미지의 정보 창이 열리면 ❷[Seed 복사] 버튼을 눌러 현재 이미지의 시드 값(3404552061)을 복사한

후 ❸[창]을 닫아 준다.

 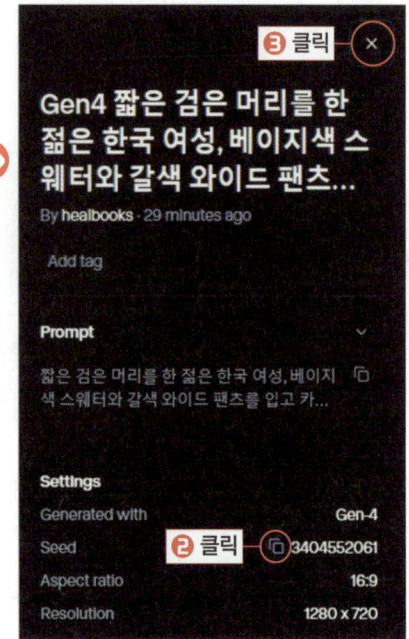

03 다시 이미지 프롬프트 창에서 하단에 있는 ❶[Settings]를 클릭(자물쇠 모양으로 바뀜)한 후 시드를 고정하기 위해 ❷[Fixed seed]를 켜준다. 그다음 앞서 복사한 시드 넘버를 ❸[붙여 넣기(Ctrl+V)]한다. 이것으로 일관된 이미지 생성을 위한 준비가 끝났다.

04 이제 고정된 시드 값에 의한 이미지를 몇 개 더 생성해서 비교해 보자. 다음은 배경만 다른

바닷가 장면, 카페 장면, 눈밭 장면으로 한 프롬프트를 작성해서 생성한 이미지들이다. 의상이나 스타일이 원본(시드)과 거의 일관성을 유지하는 것을 알 수 있다. 다만, 모델의 얼굴은 완전히 일치하지 않는 다는 것은 아쉬운 부분이다.

원본 시드

🗨️ 짧은 검은 머리를 한 젊은 한국 여성, 베이지색 스웨터와 갈색 와이드 팬츠를 입고 <u>바닷가 방파제</u>에 서 있다. 푸른 파도와 하늘, 부드러운 빛과 영화적인 연출

🗨️ 짧은 검은 머리를 한 젊은 한국 여성, 베이지색 스웨터와 갈색 와이드 팬츠를 입고 <u>아늑한 카페 창가</u>에 앉아 있다. 따뜻한 햇살이 창으로 들어오고, 자연스러운 그림자와 영화적인 무드

🗨️ 짧은 검은 머리를 한 젊은 한국 여성, 베이지색 스웨터와 갈색 와이드 팬츠를 입은 채 <u>눈 덮인 들판</u>에 서 있다. 얼굴과 상반신이 클로즈업으로 잡히며, 차가운 겨울 햇살이 눈 위에 반사되어 부드러운 빛과 그림자를 만든다. 영화적인 분위기

☑️ 시드 고정으로도 안 되는 얼굴의 변화는, 얼굴이 명확하게 표현된 참조 이미지를 활용하거나 앞서 학습한 '프리픽'의 '시드림' 모델을 활용하면 일관된 얼굴을 유지할 수 있다.

동작(춤/표정/말)하는 캐릭터 만들기: Act-Two의 활용

액트-투(Act-Two)는 동영상 속의 퍼포먼스, 즉 영상 속 객체의 움직임을 분석하여, 이미지 속 '캐릭터'에 움직임을 만들어 주는 기능이다. 이 기능을 통해 사용자가 직접 움직임을 제어하여 애니메이션 제작이나 캐릭터에 생동감을 불어넣는 AI 영상을 만들 수 있게 해준다. Act-Two 기능을 사용하기 위해 ❶[동영상 생성(Gnerate Video)] 모드로 이동한 후 하단의 ❷[Act-Two]를 클릭한다. Act-Two는 유료 스탠다드 버전부터 사용이 가능하다.

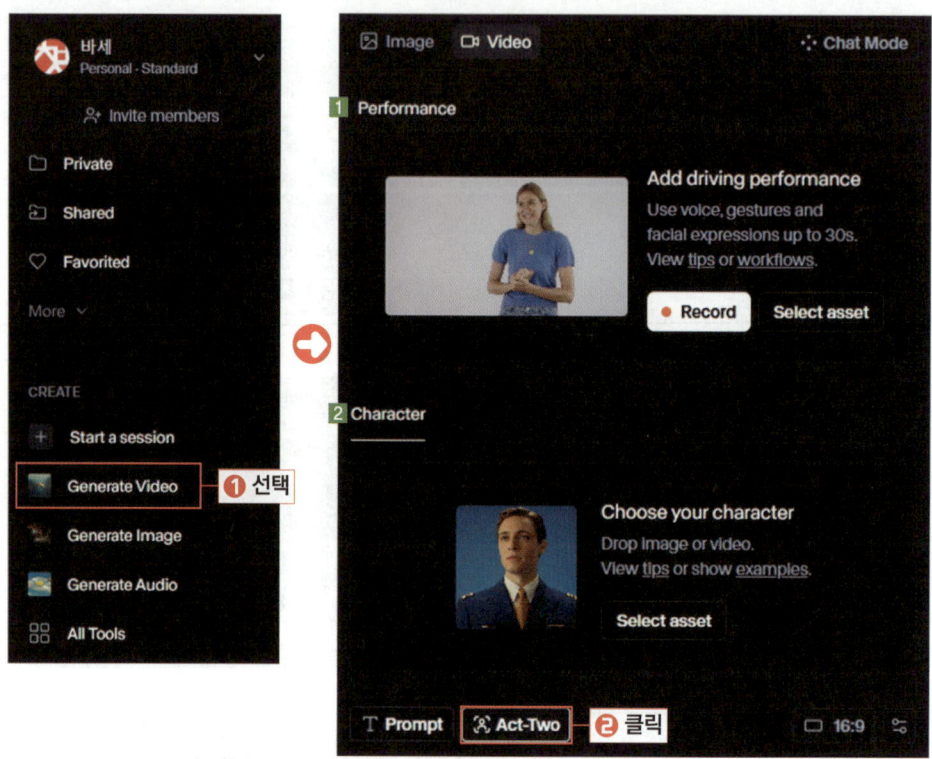

■ **Performance(퍼포먼스)** 사용자가 직접 춤을 추거나, 말을 하거나, 표정을 짓는 영상을 촬영하거나, 'Select asset'을 눌러 기존에 녹화된 퍼포먼스 영상(최대 30초)을 업로드

■ **Character(캐릭터)** 퍼포먼스의 동작에 반응하는 에셋을 업로드(애니메이션 캐릭터 이미지나 실사 인물의 이미지 사용)

01 먼저 참조 동작에 사용할 퍼포먼스 에셋을 가져오기 위해 [Select asset] 버튼을 클릭한다. 참고로 Record 기능은 PC 캠(웹캠)을 통해 사용자가 직접 퍼포먼스를 촬영하는 방식이다.

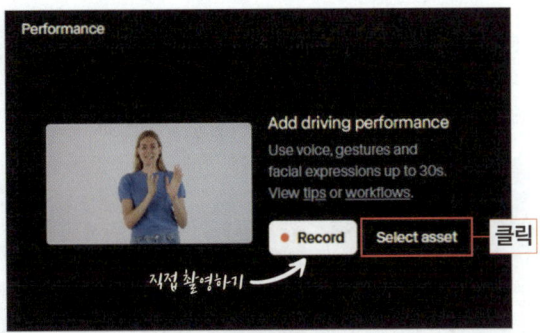

02 가져오기 창이 열리면 [Drag and drop file(video)]에 퍼포먼스 에셋으로 사용될 [동영상 파일]을 갖다 놓는다.

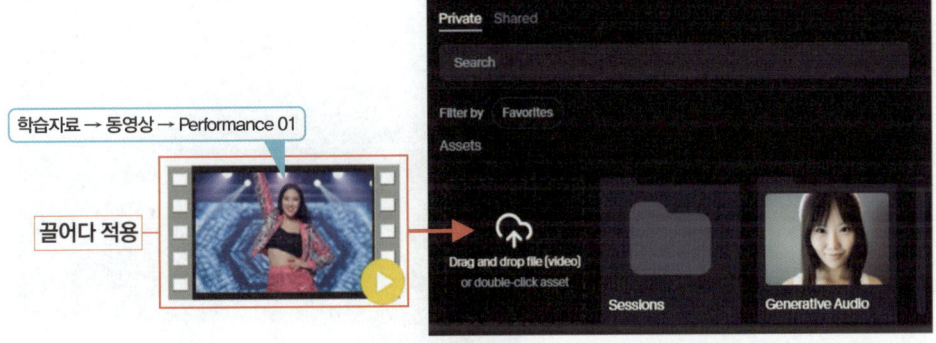

03 이번엔 퍼포먼스에 반응할 캐릭터를 가져오기 위해 Character의 [Select asset] 버튼을 클릭한다.

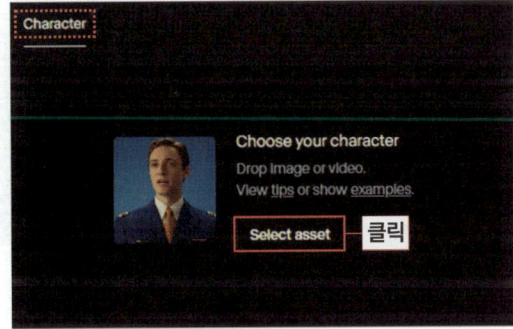

04 가져오기 창이 열리면 마찬가지로 [Drag and drop file(video)]에 퍼포먼스 에셋으로 사용될 [이미지 파일]을 갖다 놓는다.

학습자료 → 이미지 → 3D 애니 캐릭터 17

끌어다 적용

05 퍼포먼스와 캐릭터에 에셋이 모두 적용됐다면 ❶[표정과 동작] 값을 설정한 후 ❷[Generate] 버튼을 누른다.

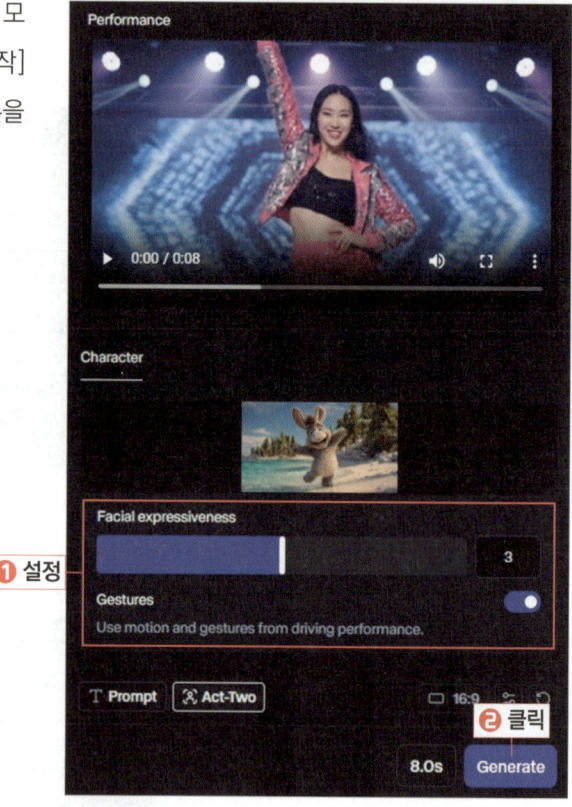

❶ 설정

❷ 클릭

Facial expressiveness(얼굴 표현력) 캐릭터 얼굴에 감정을 표현하는 옵션으로, 값이 낮으면 표정이 자연스럽고(무표정에 가까움), 값이 높으면 웃음, 놀람, 분노 등 감정이 과장되어 표현

Gestures(제스처) 원본 퍼포먼스 영상에서 추출한 동작(손짓, 몸짓, 움직임)을 캐릭터에 반영하는 옵션으로, 켜져 있을 때는 제스처가 캐릭터에 반영되고, 껐을 때 캐릭터는 얼굴만 연기하고, 손이나 몸의 움직임은 최소화

06 결과는 다음과 같이 익살스러운 표정으로 참조 퍼포먼스 에셋의 장면(댄스와 표정)을 완벽하게 재현한 것을 알 수 있다. 살펴본 것처럼 'Act-Two'를 활용하면 특정 동영상의 동작을 다양한 캐릭터에 반영한 퍼포먼스 장면을 만들 수 있다.

시작 효과(VFX) 장면 만들기: 알레프(Aleph)의 활용

알레프(Aleph)는 이미 존재하는 영상(장면)에 강력한 AI 기반의 편집과 변형을 적용할 수 있는 혁신적인 기능으로, 장면 안의 요소들을 조작하거나 추가하고, 새로운 시점이나 스타일 효과를 적용하는 등의 작업을 간단한 프롬프트 하나로 가능하게 해준다.

알레프로 할 수 있는 주요 작업

기존 장면에 새로운 카메라 앵글 생성
장면 내 특정 대상, 객체 또는 배경 수정
영상 내 특정 피사체, 객체 또는 환경 편집
영상에 VFX(시각 효과) 추가
기존 영상의 조명 방향 또는 색감 조정

◆ 밤하늘에 별똥이 떨어지는 장면 만들기

01 알레프(Aleph) 사용법은 아주 간단하다. 첫 번째 학습 예제는 "맑은 밤 하늘에 별똥이 떨어지는 장면"이다. 먼저 동영상 생성을 위해 [Video]를 클릭한 후 다음과 같이 [밤하늘이 담긴 장면]을 갖다 적용한다.

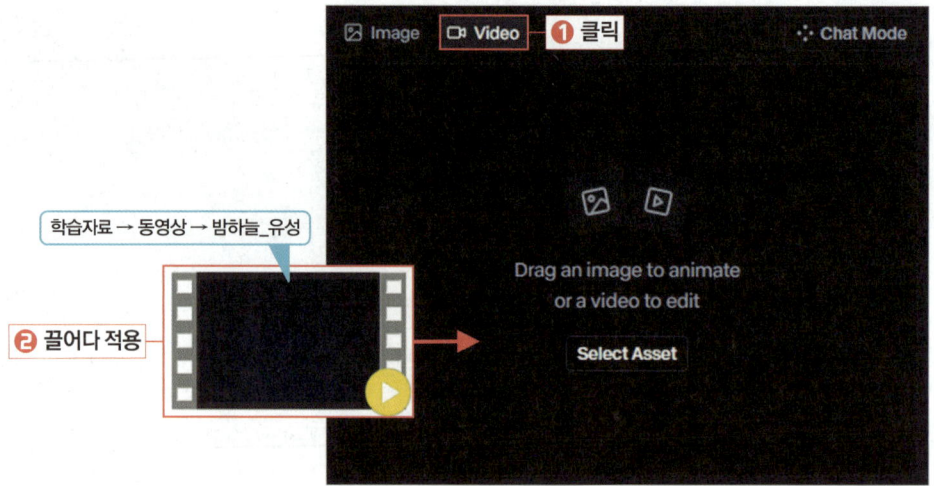

☑ 알레프는 이미지 파일을 사용해도 되지만, 동적인 장면이 있는 영상을 사용하는 것이 더 극적인 효과를 얻을 수 있기 때문에 이미지보다 비디오 에셋을 권장한다.

02 동영상 파일이 적용되면 다음과 같은 환경으로 전환된다. 런웨이에서 작업할 수 있는 길이(5초)가 넘는 영상일 경우에는 위쪽 재생 버튼 우측에서 원하는 ❶[장면(구간)]을 조절할 수 있으며, 아래쪽은 ❷[참조 에셋]을 가져올 수 있는 기능이 있다. 또한, 마우스 커서를 갖다 놓으면 외부에서 가져오거나 스케치 씬으로 직접 그려서 참조 에셋을 만들 수 있다.

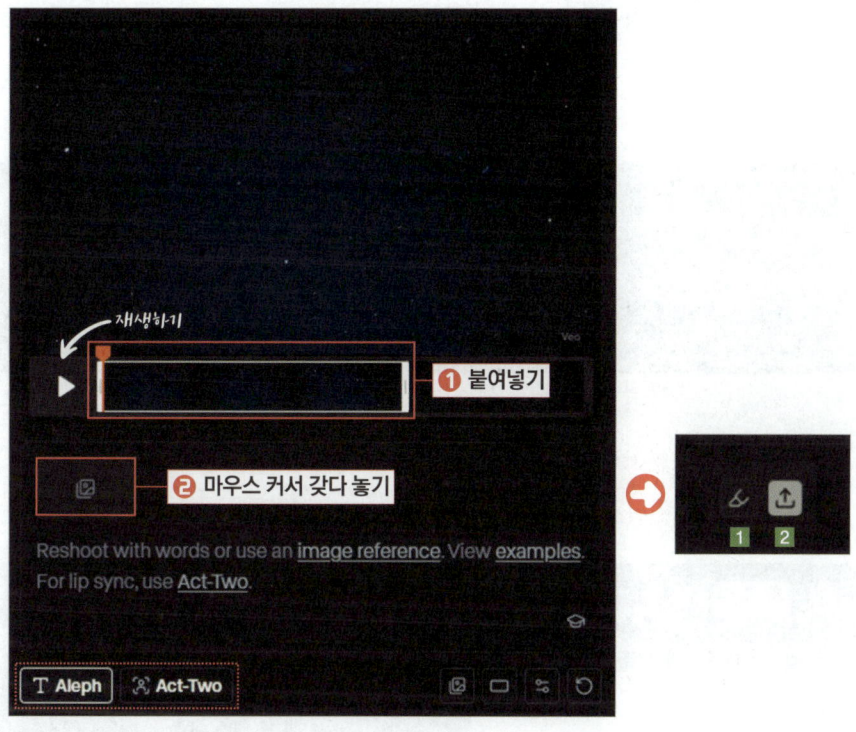

☑ 동영상 생성 작업 시 에셋이 적용되면 현재 학습에 사용될 알레프(Aleph)와 앞서 학습했던 Act-Two로 전환할 수 있는 버튼이 활성화된다.

1 스케치 씬 스케치(도형, 드로잉)를 통해 참조 이미지 생성

2 추가 외부에서 참조 이미지 가져오기

03 이제 알레프를 통해 첨부된 영상에 장면(효과)를 추가해 보자. ❶ [별똥별 하나가 길게 꼬리를 만들며 떨어진다.]란 프롬프트를 입력한 후 ❷ [Generate] 버튼을 클릭한다.

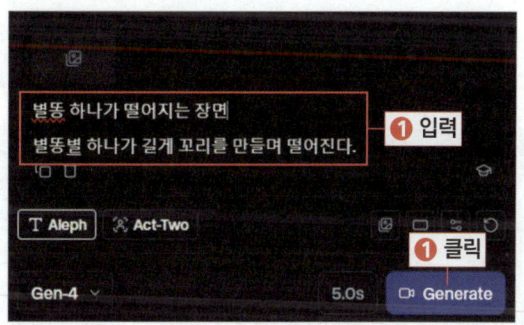

04 결과를 보면 별똥이 떨어지는 간단한 프롬프트로도 기존 밤하늘 장면에 별똥이 떨어지는

장면이 표현되었다. 하지만 우리가 흔히 알던 그런 별똥별이라기보다는 하늘에 폭죽이 터지는 효과와 더 가까워 보인다.

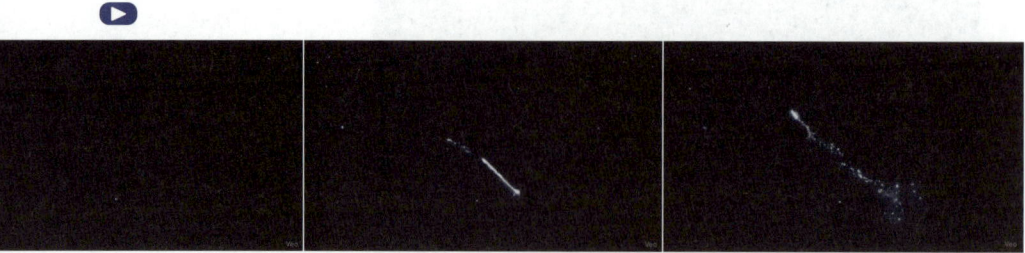

05 보다 디테일한 표현이 필요하다. 이번에는 참조 에셋을 활용해 보자. ❶[추가] 버튼을 클릭한 후 [별똥별] 이미지를 가져온 후 동영상을 ❷[생성]해 본다.

06 이제야 제대로 된 별똥별 장면이 표현되었다. 이것으로 단순히 텍스트 프롬프트에만 의존하는 것보다 참조 에셋을 활용한 결과가 훨씬 명확하게 표현된다는 것을 알 수 있다.

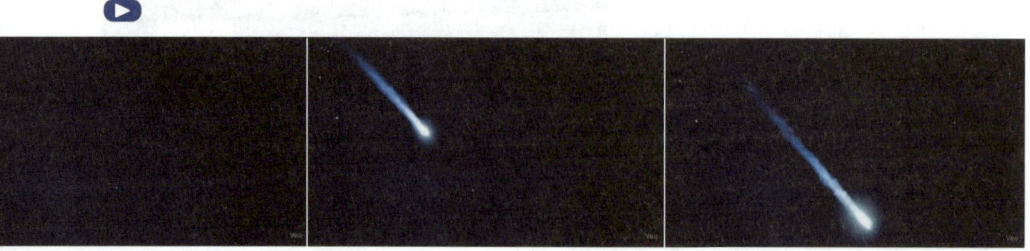

☑ 참조 에셋 이미지는 런웨이보다 '미드저니'나 '프리픽'과 같은 예술적 섬세함을 표현해 주는 AI 도구에서 미리 생성해 놓기를 권장한다.

◆ 할로윈 호러 장면 만들기

01 두 번째 학습 예제는 "할로윈 데이 번개 치는 밤"이다. 동영상 생성을 위해 동영상 생성 창에서 [으스스한 밤의 저택이 담긴 장면]을 적용한다.

02 동영상이 적용되면 이번에는 참조 에셋 없이, 간단하게 ❶[할로윈 데이 호러, 번개가 치는 장면]이란 프롬프트를 입력한 후 ❷[Generate] 버튼을 클릭한다.

03 할로윈 데이 느낌의 으시시한 분위기와 번개가 치는 장면이 표현되었다. 이렇듯 AI가 제대로 해석할 수 있는 단어와 문장을 잘 사용하면 참조 에셋 없이도 정확한 표현이 가능하다.

💡 첨부 동영상 길이 편집하기

첨부한 동영상의 길이가 런웨이에서 가능한 5초보다 길 경우, 다음과 같이 장면(클립)의 시작/끝점을 이동하여 조절할 수 있으며, 우측 상단의 "Trim video"를 사용하여 조절된 구간의 장면만 사용(컷)할 수 있다.

◆ 폭우가 내리는 익스트림 스포츠 장면 만들기

01 세 번째 학습 예제는 "폭설이 내린 산에서 펼쳐지는 익스트림 스포츠 장면"이다. 이번에는 다음과 같이 ❶[산악 자전거를 타는 장면]을 사용한다.

학습자료 → 동영상 → 산악 자전거 경주

동영상이 적용되면 참조 에셋 없이 ❷[폭우와 우박이 내리는 산]이란 프롬프트를 입력한 후 ❸[Generate] 버튼을 클릭한다.

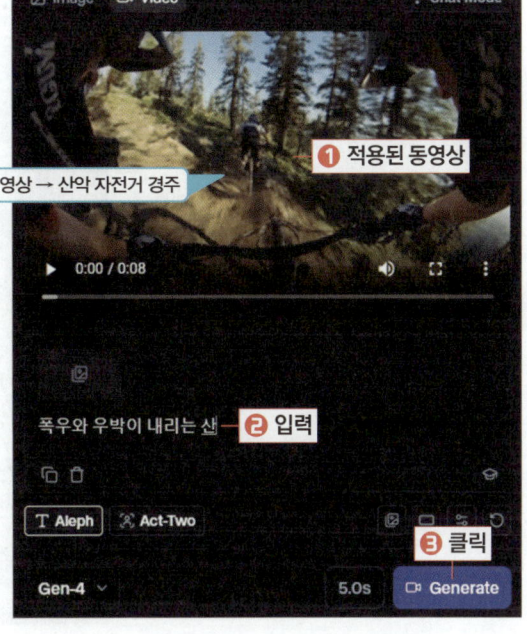

02 폭우와 우박이 떨어지는 강렬한 익스트림 스포츠 장면이 표현되었다. 두 번째 장면은 [산에는 눈과 얼음이 있다.]라는 프롬프트로 생성된 결과물이다.

런웨이(Runway) 고급 사용법 •••• 341

◆ 달리는 KTX 설국 열차 장면 만들기

01 마지막 번째 학습 예제는 "폭설이 내리는 철로를 달리는 설국 열차"이다. 이번에는 다음과 같이 [철로를 달리는 열차 장면]을 사용한다.

동영상이 적용되면 이번에도 참조 에셋 없이 간단하게 ❶[눈이 내리는 멋진 설경]이란 프롬프트를 입력한 후 ❷ [Generate] 버튼을 클릭한다.

02 경이로운 설경 속을 힘차게 달리는 열차 장면이 완성되었다. 이제 알레프(Aleph)를 통해 비현실적인 멋진 장면들을 만들어 보자.

그밖에 유용한 런웨이 AI 도구 활용법

런웨이에서 생성한 미디어(이미지, 동영상, 오디오) 혹은 외부에서 가져온 미디어의 길이를 연장하고, 속도를 조절하며, 해상도를 높이는 작업과 캐릭터 립싱크, 배경 제거, 업스케일링, 모션 트래킹 등의 그밖에 런웨이의 유틸리티 도구들은 사용자의 아이디어를 더욱 빠르고 효율적으로 시각화할 수 있다.

런웨이 액션 도구 사용하기: 미디어 고급화하기

런웨이의 유틸리티 도구들은 런웨이에서 생성한 미디어(이미지, 동영상) 파일에 직접 사용되는 도구와 개별로 실행하여 사용되는 도구로 구분된다. 먼저 런웨이에서 생성한 미디어에 직접 사용을 하는 방법에 대해 살펴본다. 살펴보기 위해서는 홈 화면(Dashboard)이나 작업 리스트를 통해 유틸리티 도구들을 사용할 ❶[미디어(이미지/동영상)]를 선택한 후 ❷[See full prompt]를 클릭해야 한다.

선택(클릭)한 동영상의 프롬프트, 시드 등의 정보를 확인할 수 있는 화면이 열리면, 동영상이 재생되는 장면 하단에 다양한 유틸리티 도구들이 있다. 이 도구들을 통해 립싱크, 화면 크기 조정, 업스케일링 등의 작업을 수행할 수 있다.

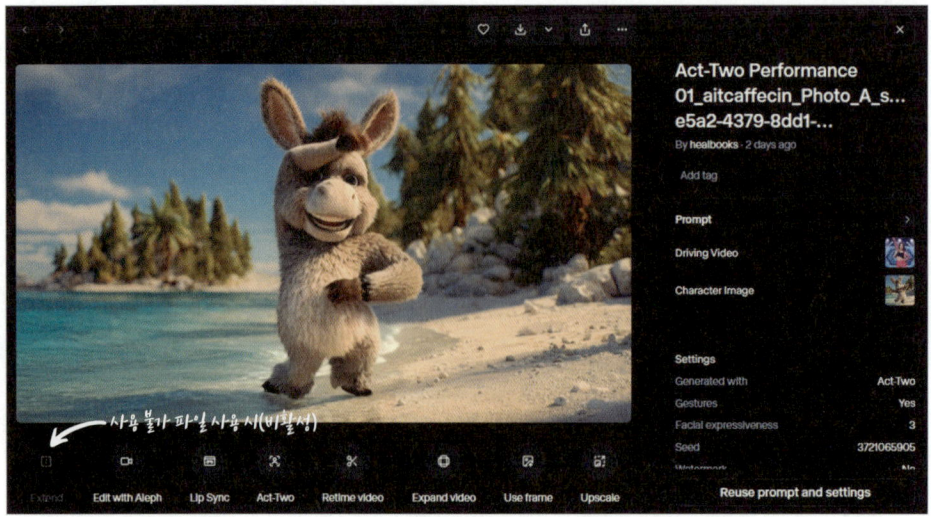

Extend(연장) 영상의 마지막 장면 이후에 이어질 새로운 프레임을 생성하여 영상의 길이를 늘릴 때 사용하는 기능으로, 짧은 영상의 길이를 늘려 더 긴 콘텐츠를 만들거나, 특정 장면의 분위기를 유지하면서 시간을 벌고 싶을 때 유용(액트-투, 알레프로 생성된 동영상은 사용 불가)

Edit with Aleph(알레프로 편집) 영상의 특정 부분(영역)을 바꾸거나, 스타일을 변경하는 등 세밀한 AI 편집 작업에 사용

Lip Sync(립싱크) 영상 속 인물의 입 모양을 음성에 맞춰 동기화(싱크)해 주는 기능으로, 영상 속 인물의 대사를 변경하거나, AI가 생성한 인물이 특정 대사를 말하는 것처럼 만들 때 사용

Act-Two(액트-투) 퍼포먼스 영상과 캐릭터 이미지를 결합해 새로운 영상을 만드는 기능으로, 캐릭터에 생동감을 불어넣거나, 직접 연기한 내용을 바탕으로 원하는 캐릭터 영상을 만들 때 사용

Retime video(영상 시간 재조정) 슬로 모션(느리게)이나 패스트 모션(빠르게)을 자연스럽게 적용할 수 있는 기능으로, 영상의 특정 부분을 강조하거나, 속도감을 조절해 시각적 효과를 더할 때 사용

Expand video(영상 확장) 기존 영상의 가로(16:9)/세로(9:16) 비율을 AI가 확장하여 새로운 프레임을 생성

Use frame(프레임 사용) 영상 속 특정 프레임(한 장의 이미지)을 선택하여 이를 바탕으로 새로운 이미지를 생성하거나, 다음 영상을 만들 때 참조 이미지로 사용

Upscale(업스케일) 화질이 낮은 영상을 고화질로 변환하거나, 더 선명한 결과물을 만들 때 사용

각 유틸리티 도구들 중 앞선 학습에서 살펴본 도구는 해당 학습을 참고하기 바라며, 여기에서는 살펴보지 않은 주요 유틸리티에 대해서만 살펴보기로 한다.

◆ 캐릭터(인물) 립싱크하기

립싱크(Lip Sync) 도구를 사용하면 음성 파일을 업로드하거나 직접 녹음하여, 동영상 또는 이미지 속 캐릭터가 말하는 것처럼 자연스러운 입 모양 동작을 표현해 준다. 이번 학습은 런웨이 모든 기능을 사용할 수 있는 "젠-3(Gen-3) 모델"을 사용해 본다.

01 동영상 생성을 위해 ❶[Video]에서 다음과 같이 ❷[마녀] 모습의 이미지를 적용한 후 ❸[프롬프트]를 작성한다. 그다음 ❹[Gen-3 Tubo] 모델을 선택하여 ❺[5초] 길이의 동영상을 ❻[생성]한다.

💬 겁내지 말거라, 난 단지 피부관리 실패한 요정일 뿐이야

☑ Gen-3는 Add Keyframe을 통해 여러 개의 이미지나 프롬프트를 '키프레임'으로 설정하여, AI가 그 키프레임들 사이를 자연스럽고 부드럽게 연결하는 영상을 만들어 줄 수 있다.

① **Text to Image** 텍스트 프롬프트를 바탕으로 이미지 생성

② **Camera Control** 가상 카메라 워킹(핸드 헬드로 촬영된 카메라의 움직임)을 제어하는 도구로 줌인/아웃, 팬, 틸트 등 다양한 카메라 효과 적용

③ **Preset** 자주 사용하는 카메라 컨트롤 스타일을 저장해 놓은 템플릿

④ **Act-One** 영상 속 객체의 움직임을 분석하여, 이미지 속 '캐릭터'에 움직임을 만들어 주는 기능

⑤ **Expand video** 영상의 프레임을 가로 또는 세로로 확장하여 영상의 비율을 변경

⑥ **비율** 가로 또는 세로 비율 설정

⑦ **Settings** 영상의 가로/세로 비율 설정 및 시드(Seed) 값 고정

8 **Reset all settings** 모든 설정 값을 초기 상태로 되돌리기

9 **Duplicate** 적용된 이미지 에셋 복제

10 **Crop image** 적용된 이미지의 크기(영역) 자르기

11 **Replace image** 적용된 이미지를 다른 이미지로 교체

12 **Remove image** 적용된 이미지 제거

02 생성된 동영상은 다음과 같이 "카메라 워킹 효과가 적용된 장면"이 연출된 것을 할 수 있다. 이로써 립싱크 작업을 위한 장면이 완성되었다.

📢 입모양이 명확하지 않으면 립싱크 에러가 발생된다. 런웨이를 포함한 대부분의 AI 립싱크 기능은 수많은 사람의 얼굴과 음성 데이터를 기반으로 훈련된다. 그러므로 사람이 아닌 동물이나 만화 캐릭터 등은 입/턱/입술의 움직임의 복잡성 때문에 재현하기 매우 까다롭다.

03 이제 립싱크 작업을 하기 위해 ❶ [Actions] – ❷[Lip Sync] 메뉴를 선택한다.

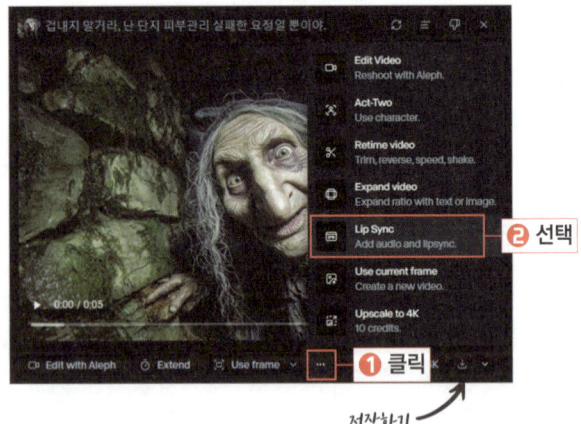

04 립싱크 비디오 창이 열리면 준비된 음성 파일을 외부에서 가져오기(Upload audio file)와 사용자가 직접 레코딩(Record audio)하기 두 가지 방식을 통해 사운드(음성)를 적용할 수 있다. 현재는 준비된 오디오 파일도 없고, 레코딩 환경도 갖춰지지 않았기 때문에 새로운 음성 파일을 생성해야 한다.

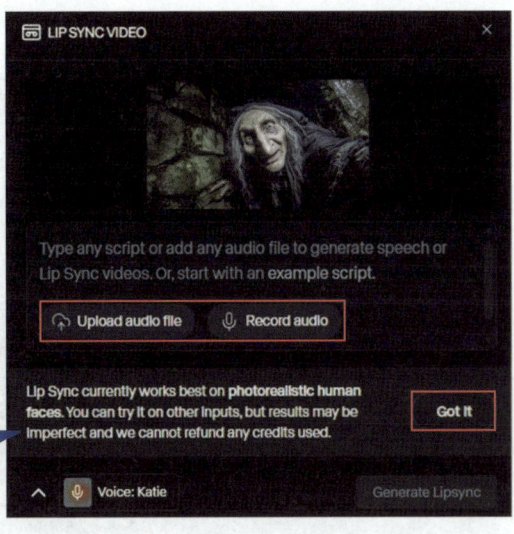

사진처럼 사실적인 사람 얼굴에 가장 잘 작동된다는 메시지(생성 후 크레딧 환불은 안됨)로, 참고 후 [Got it]을 클릭한다.

05 **립싱크 음성 만들기** 립싱크 음성을 만들기 위해 좌측 상단의 ❶[Dashboard]를 클릭한다. 홈 화면이 열리면 사이드바 아래쪽에 있는 Create의 ❷[Generate Audio]를 선택한다.

06 제너레이트 오디오 창에서는 Voice를 통해 준비된 샘플 음성을 듣고 선택할 수 있다. 플레이 버튼을 통해 듣고 마음에 드는 음성을 선택하면 된다. 또한, 위쪽 Generate Speech에서는 음성으로 만들 대사를 텍스트로 입력하거나 Record audio를 통해 직접 내레이션할 수 있다.

오디오 생성에 앞서 오디오에 대한 몇 가지 기능에 대해 살펴보기 위해 ❶[Styleze Speech]를 선택해 본다. 스타일라이즈 스피치에서는 새로운 오디오 스타일을 생성할 수 있다. 예를 들어, "Select from Assets"을 통해 에셋 목록에 있는 오디오 스타일을 선택하거나 "Record Audio"를 통해 사용자 목소리(혹은 성우)를 직접 녹음하여 새로운 스타일로 제너레이트(생성)할 수 있다.

이 부분은 직접 사용해 보기 바라며, 다시 ❷[Generate Speech]로 이동한다.

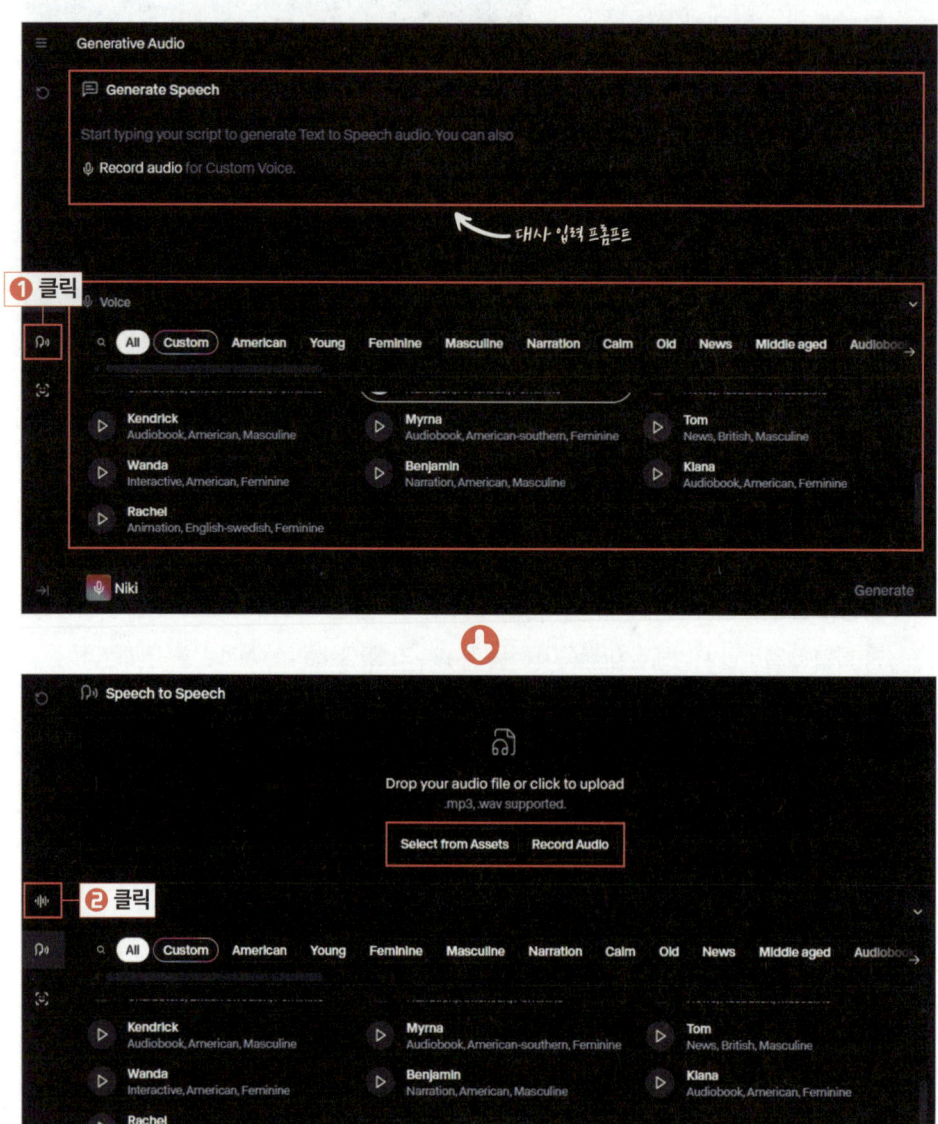

07 이제 오디오 생성을 해보자. 이번에는 립싱크 대상과 어울리는 고운? 음성을 선택해 보자. 필자는 ❶[Klana]를 선택하였다. 대사(프롬프트)는 ❷[겁내지 말거라, 난 단지 피부관리 실패한 요정일 뿐이야.]라고 입력한 후 ❸[Generate] 버튼을 눌러 오디오 파일을 생성한다.

08 생성된 음성을 들어본다. 한글 텍스트를 제대로 인식한 듯하지만, 실제 내레이션의 한글 발음은 완벽하지는 않았다. 한글 내레이션은 샘플 음성에 따라 차이가 있으니 다른 음성도 테스트해 본다. 그후 만족스런 결과가 나오면 [다운로드] 버튼을 눌러 저장한다.

09 생성된 오디오를 립싱크 파일로 사용하기 위해 다시 ❶[Lip Synk]를 선택한다. 이 과정에서 앞서 적용된 영상이 사라졌기 때문에 다시 ❷[동영상]을 적용한다.

10 ❶[Upload audio]를 클릭하여 립싱크로 사용할 오디오 파일을 적용한다. 그리고 ❷[Generate] 버튼을 클릭하여 영상과 오디오의 립싱크 결과 영상을 생성한다.

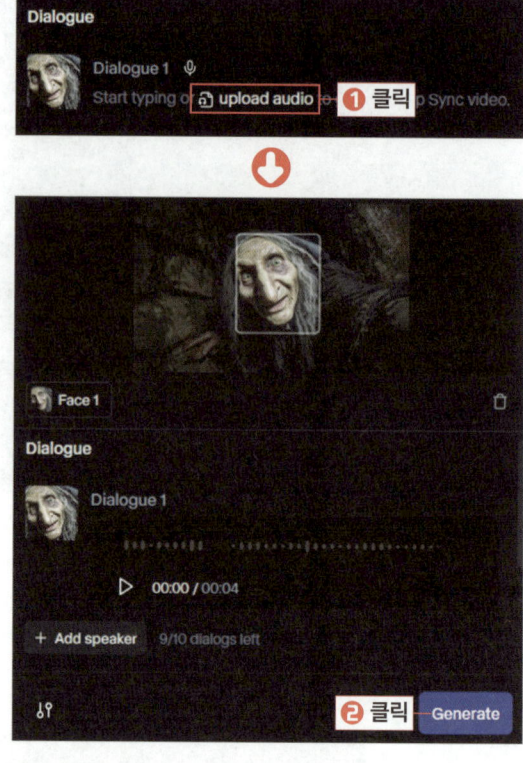

☑ 몇 번의 립싱크 작업 실패를 경험한 후의 결과물이다. 립싱크 작업의 완성도는 명확한 얼굴과 입모양의 중요성을 강조한다. 참고로 영상의 길이보다 립싱크 오디오가 짧거나 길 경우에는 오디오 길이에 맞게 자동 조절된다.

11 립싱크 결과 영상은 다음과 같이 제법 그럴싸한 립싱크 장면이 표현되었다.

▶

💡 무료 립싱크(더빙) 파일 생성 도구

립싱크(더빙) 작업을 위해 사용되는 AI 도구 중 무료로 사용할 수 있는 도구로는 "네이버의 클로바 더빙"과 "구글의 클라우드 TTS(Text-to-Speech)"가 대표적이다. 여기에서는 국산 툴인 클로바 더빙에 대해 간략하게 살펴보기로 한다. 네이버에서 [클로바 더빙]을 검색하여 들어간다. [약관]에 동의하고 [확인]한다.

 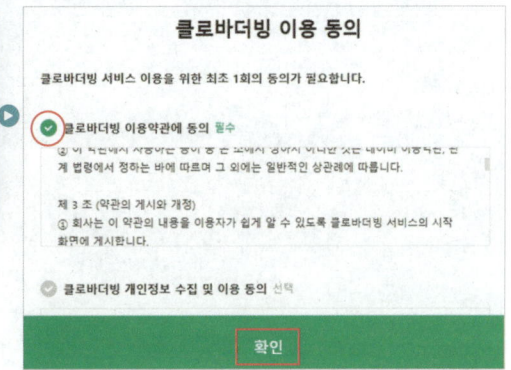

개인 정보 수집에 [동의]한 후 [알림을 받을게요]를 클릭한다. 내 프로젝트 창이 열리면 [+ 새 프로젝트]를 클릭한다.

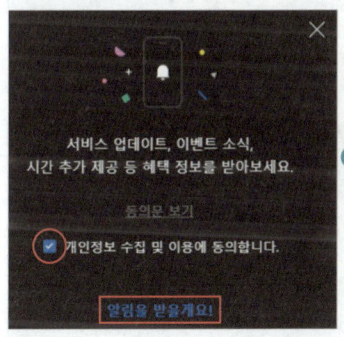 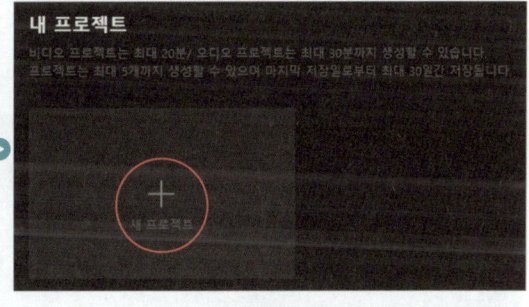

오디오 더빙 작업을 위해 [오디오]를 체크하고 [생성] 버튼을 누른다.

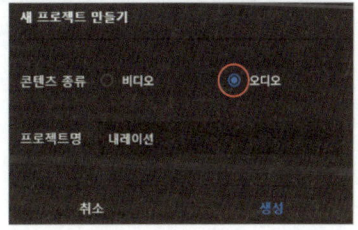

내레이션 작업 창이 열리면 사용하고자 하는 [목소리]를 선택한 후 [대사(대본)]를 입력한다. 우측 보이스 옵션을 통해 생성될 음성을 설정한다. 그다음 [저장] 버튼을 누른다.

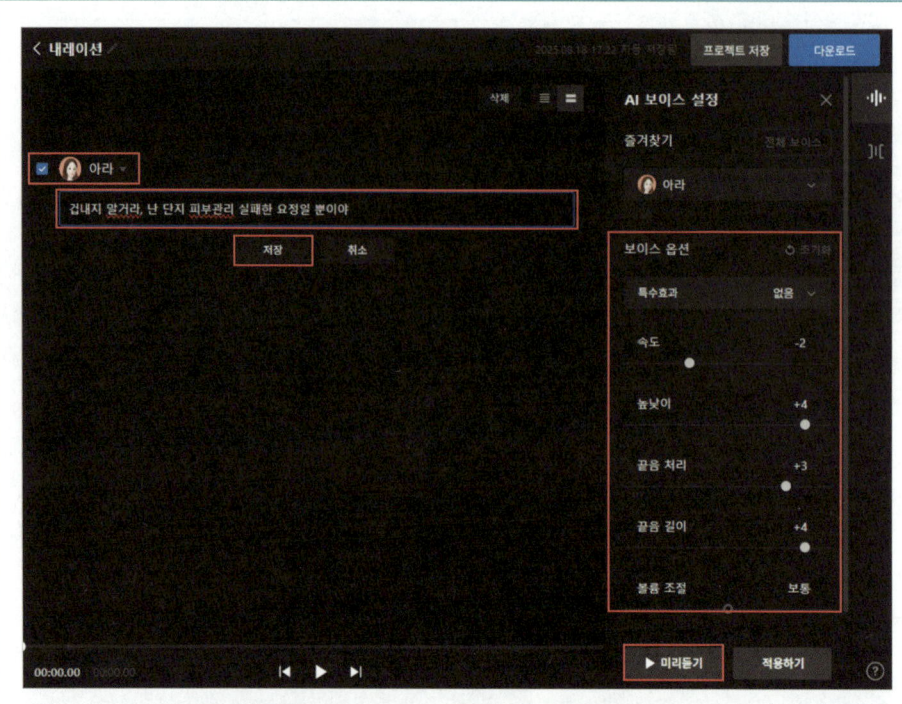

내레이션 설정이 모두 끝나면 [다운로드] 버튼을 클릭하여 저장한다.

주의 사항 안내 창이 열리면 [체크] 후 [확인] 버튼을 누른다.

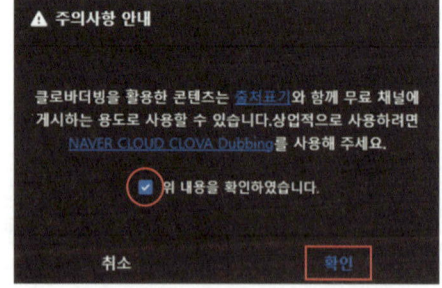

다운로드 창에서는 현재 작업이 하나밖에 이루어지지 않았기 때문에 전체 더빙을 1개의 파일로 저장을 위한 [전체 음원 파일]을 선택한다. 만약 여러 개의 작업을 한 후 개별 파일로 만들고자 한다면 "개별 문단 파일"을 선택하면 된다. 음원 형식은 고압축 형식인 [MP3 파일로 저장]을 체크하고 [다운로드]한다. 참고로 고음질 음원을 원한다면 "WAV" 형식으로 저장한다. 사용자 피드백은 하지 않아도 되지만 필자는 해당 AI 도구의 발전을 위해 별점과 사용자 의견을 작성한 후 [보내기]를 하였다.

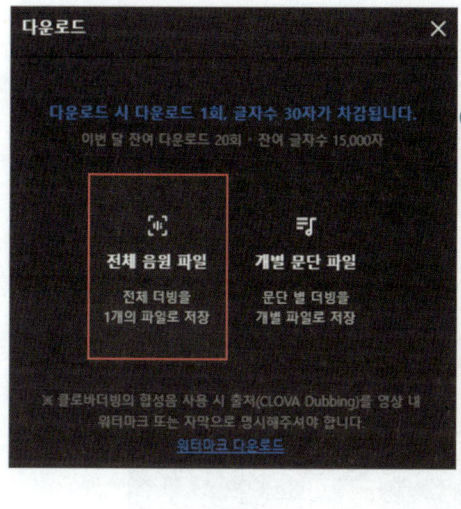
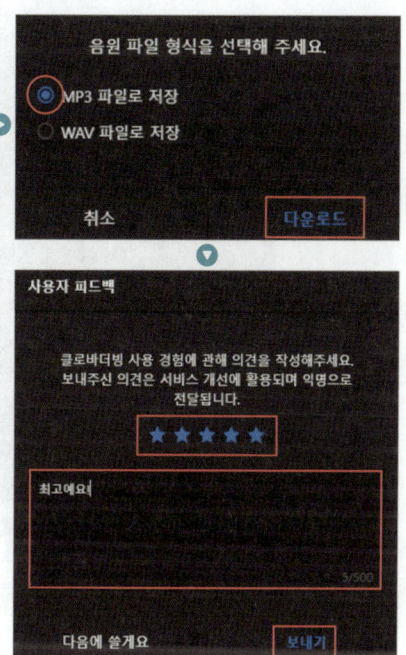

앞선 립싱크 학습에서 사용한 오디오 파일(마녀 음성)은 클로바 더빙에서 생성된 오디오 파일이다. 캐릭터가 연기하는 대사 톤을 제대로 살리지 못했지만, 일반적인 내레이션에는 문제없이 사용 가능할 수 있다.

참고로 [학습자료] - [오디오] 폴더에 있는 "겁내지 말거라, 난 단지 피부관리 실패한 요정일 뿐이야_레코딩 및 런웨이.mp3" 파일은 필자가 연기 톤으로 녹음한 후 런웨이의 샘플 음성을 사용하여 생성한 파일이다. 들어보면 알 수 있듯, 녹음만 잘 한다면 런웨이에서도 웬만한 더빙 작업은 충분히 가능하다.

◆ 동영상(장면) 길이 늘리기: Edit Video의 활용

런웨이에서 생성된 동영상은 장면의 길이를 줄이거나 늘릴 수 있다. 만약 길이를 늘릴 경우에는 늘어난 만큼 새로운 장면을 AI가 자연스럽게 만들어 준다. 살펴보기 위해 앞서 생성한 립싱크 동영상을 활용해 보자. ❶[Actions] - ❷[Edit Video]를 선택한다.

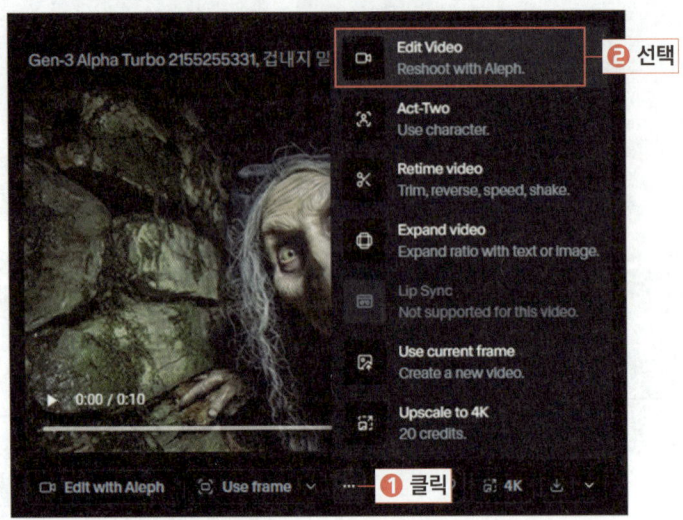

📢 편집 비디오 기능은 액트-투 및 알레프로 생성된 동영상은 사용 불가하다.

비디오 생성 화면이 열리면 ❶[Gen-3 Turbo] 모델을 선택하고, ❷[Generate] 버튼을 클릭한다. 참고로 프롬프트는 앞서 사용했던 것과 동일하게 사용했지만, 사용자가 원하는 프롬프트를 사용해도 상관없다.

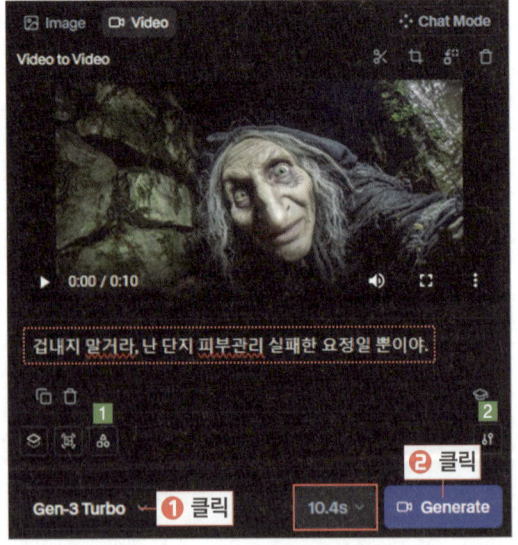

☑ 어떤 내용이 담긴 장면이냐에 따라 조절되는(늘어나는) 길이에 차이가 생긴다.

1 **Structure transformation** 원본 영상이나 이미지의 구조를 얼마나 변형할지에 대한 가중치 조절을 하는 옵션으로, 수치가 낮을 수록 원본의 인물, 배경, 구도 등을 그대로 유지하면서 스타일만 살짝 바뀌고, 높을수록 원본의 구조 자체가 크게 변형

2 **Settings** 가로/세로 비율, 시드 고정, 해상도 등을 설정

생성된 동영상을 보면 원본과는 사뭇 다른 스타일로 표현된 것을 알 수 있다. 지금은 Structure transformation 값에 의해 영향을 더 받았기 때문이다.

◆ **장면의 속도/떨림/역재생 설정하기: Retime video의 활용**

Retime video(영상 시간 재조정)는 영상의 재생 속도와 카메라 움직임을 조절하는 기능들을 사용할 수 있다. 살펴보기 위해 앞서 생성한 동영상에서 [Actions] - [Retime video]를 선택한다. 리타임 비디오 설정 창이 열리면 불필요한 장면을 편집하거나 속도 조절, 카메라 흔들림, 역재생 등의 설정을 할 수 있다.

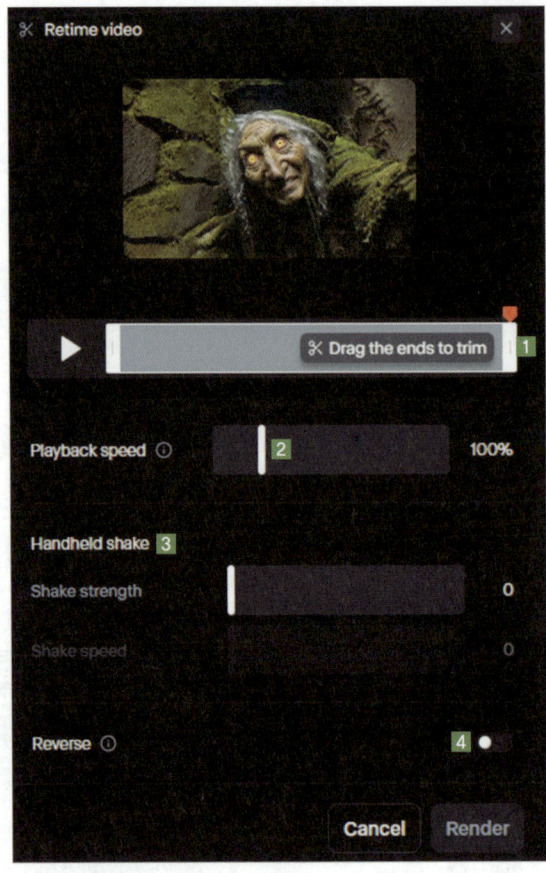

1. **Drag the ends to trim(양쪽 끝을 드래그하여 자르기)** 영상의 양쪽 끝에 있는 시작점과 끝점을 조절하여 원하는 부분만 남기고 자르기

2. **Playback speed(재생 속도)** 영상의 재생 속도를 조절하는 기능으로, 슬라이더를 왼쪽으로 옮기면 속도가 느려지는 슬로 모션 효과를, 오른쪽으로 옮기면 속도가 빨라지는 패스트 모션 효과를 적용 (100%일 때 정상 속도)

3. **Handheld shake(손떨림 효과)** 손으로 카메라를 들고(핸드 헬드 방식으로) 촬영한 것처럼 영상에 자연스러운 흔들림 효과 추가

   Shake strength(흔들림 강도) 흔들림 효과의 세기 조절 옵션으로, 값이 높을수록 더 격렬하게 흔들림

   Shake speed(흔들림 속도) 흔들림이 발생하는 속도 조절 옵션으로, 값이 높을수록 흔들림이 더 빠르게 반복

4. **Reverse(역방향 재생)** 토글 버튼을 켜면 영상의 끝 장면이 시작 장면으로 역재생

◆ 영상의 가로/세로 비율 확장하기: 숏폼 영상 제작

Expand video(영상 확장)는 영상의 가로 또는 세로 비율을 확장할 때 사용한다. 확장된 영상의 바깥쪽 영역은 원본 영상의 장면을 반영하여 자연스럽게 연결되는 장면으로 채워진다. [Actions] - [Retime video] 메뉴로 실행할 수 있으며, 확장 비율은 원본과 반대 비율로 설정된다.

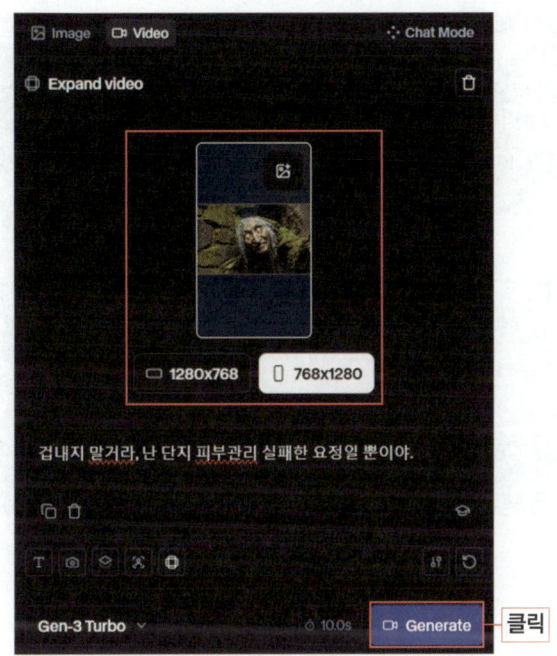

결과를 보면 다음과 같이 확장된 빈 영역이 자연스럽게 채워진 것을 알 수 있다.

◆ **특정 장면을 새로운 참조 이미지로 만들기**

Use current frame(현재 프레임 사용)은 영상의 특정 프레임을 새로운 영상 생성의 시작점, 즉 참조 이미지(에셋)로 활용하여 새로운 영상을 생성할 수 있다. 방법은 참조 이미지로 사용할 ❶[장면(프레임)으로 이동]한 후 ❷[Actions] – [Use current frame] 메뉴를 선택하면 된다.

설정된 현재 프레임은 비디오 생성 작업 창에 자동으로 적용되고, 프롬프트를 작성하여 새로운 동영상(장면)을 생성할 수 있다.

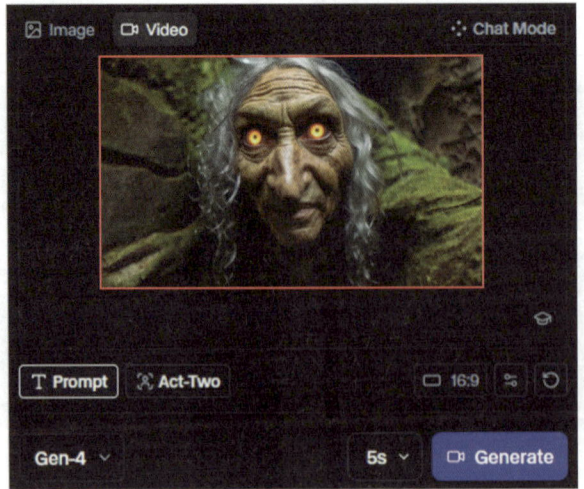

◆ **영상 해상도 높이기: 업스케일의 활용**

Upscale to 4K(4K로 업스케일)는 동영상 혹은 이미지의 해상도를 4K(3840x2160)로 끌어 올릴 때 사용된다. 이미지와 동영상 모두 사용할 수 있으며, 업스케일은 결과물을 생성 과정이 아닌 주로 생성된 결과물을 최종적으로 저장할 때 적합하다. ❶[Actions] - ❷[Upscale to 4K] 메뉴를 사용하며, 메뉴를 선택하면 별도의 설정 없이 자동으로 업스케일링 변환 작업이 진행된다.

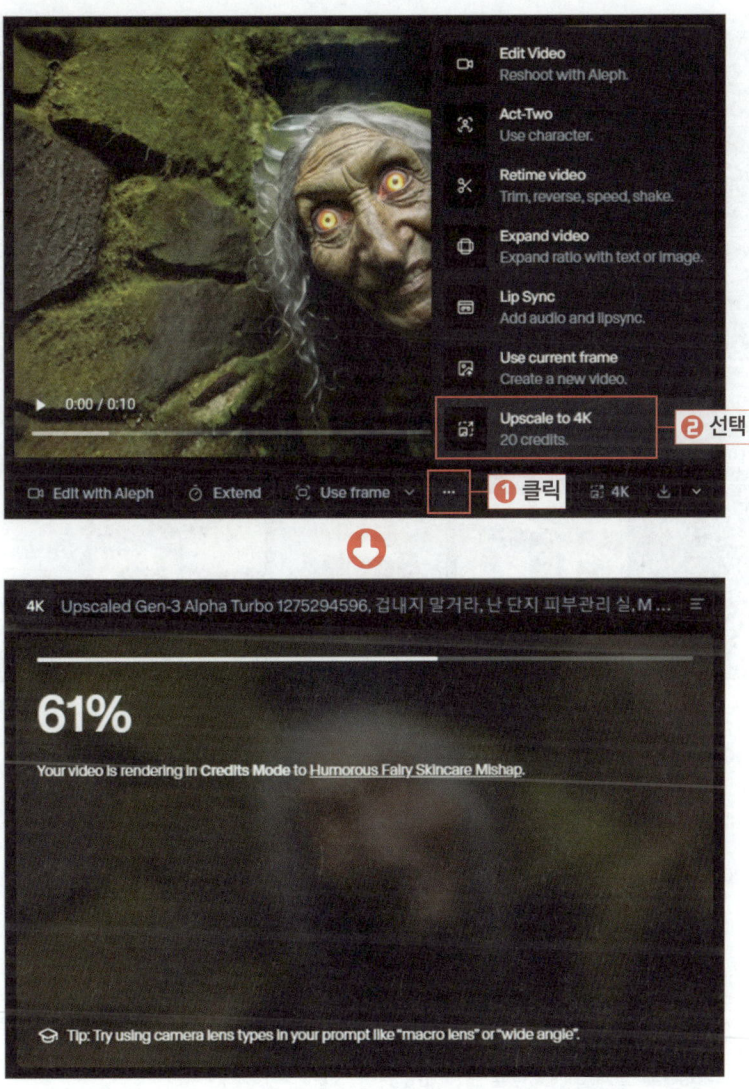

런웨이 독립 도구 사용하기: 고급 편집 도구의 활용

런웨이는 다양한 영상, 이미지, 오디오를 생성하고 편집하는 통합 AI 도구들을 제공한다. 이 도구들은 독립된 형태로 사용되며, Video tools(영상 도구), Image tools(이미지 도구), Audio tools(오디오 도구)로 구분된다. 통합 AI 도구는 홈 화면(Dashboard)의 [All Tools]를 클릭하여 사용할 수 있다. 이번 학습에서는 앞서 살펴본 도구들을 제외한 그밖에 주요 도구에 대해 살펴보기로 한다.

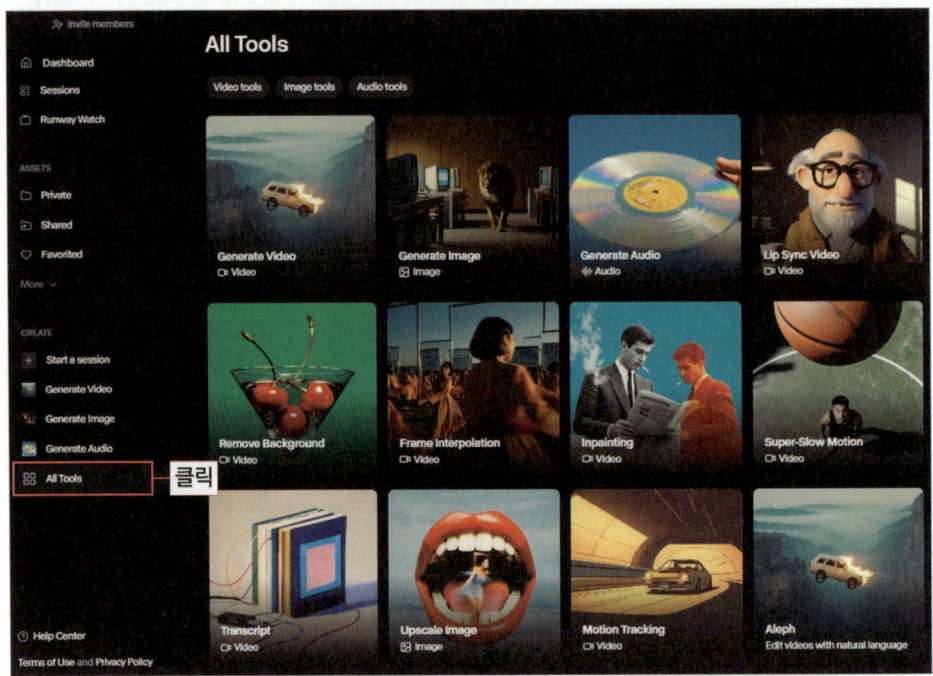

Video tools

- Generate Video 텍스트나 이미지를 이용해 새로운 영상 생성
- Remove Background 영상에서 배경을 제거하여 투명하게 처리
- Frame Interpolation 여러 이미지 속의 장면을 연속되는 장면이나 자연스러운 합성 장면 생성
- Inpainting 영상 속 특정 부분을 지우거나 특정 요소(객체)로 대체
- Super-Slow Motion 영상을 매우 느리게 만들어 극적인 효과 표현
- Transcript 영상 속 음성을 텍스트로 변환하여 자막 생성
- Motion Tracking 영상 속 특정 객체를 추적하여 효과나 텍스트가 따라가게 하기

Aleph 프롬프트를 사용해 영상(장면)에 효과(변화)가 적용된 영상 생성

Lip Sync Video 영상 속 인물(캐릭터)에 맞춰 립싱크된 영상 생성

Image tools

Generate Image 텍스트를 이용해 이미지 생성

Upscale Image 이미지의 해상도를 높여 화질 개선(동영상 사용 불가)

Audio tools

Generate Audio 텍스트를 이용해 효과음이나 음악 생성

◆ **Remove Background로 배경 제거 및 합성하기**

리무브 백그라운드는 동영상이나 이미지에서 피사체(사람, 동물, 사물 등)만 남기고 배경을 제거하는 도구로, AI 기반으로 인식하기 때문에 크로마키(그린/블루스크린) 영상이 아니라도 배경 제거가 가능하다. 제거된 영역은 다른 영상이나 이미지로 합성할 수 있다.

01 Remove Background를 클릭하면 배경 제거를 위한 에셋을 가져오기 위한 화면이 열린다. [Drag an drop file]을 클릭하여 사용할 영상을 가져오거나 직접 끌어다 놓으면 된다. 이번에는 [블루스크린으로 촬영된 영상]을 사용해 본다.

02 적용된 영상처럼 배경과 모델(피사체)의 대비가 뚜렷하면 배경 제거 작업이 쉽다. 모델의 [얼굴 부분을 클릭]해 본다. 그러면 모델 전체 모습과 배경이 분리되어 선택된다.

1 Mask 피사체(전경)와 배경을 분리하기 위한 마스크 영역 지정(기본 도구)

2 **Pan** 작업할 영역으로 화면 이동(머리카락, 손가락 사이처럼 세밀한 작업을 위한 화면 확대 시 유용)

3 **View Shortcuts** 런웨이에서 사용할 수 있는 키보드 단축키 목록

4 **Share** 작업한 영상을 다른 사람과 공유

5 **Export** 최종 결과를 영상 파일(MP4, MOV 등)로 내보내기

6 **Done Masking** 마스킹(배경 제거) 작업을 완료하고 다음 단계로 넘어가기

7 **Controls(마스크 조정)**

　　Mode 브러시로 선택(마스크)된 영역을 어떻게 처리할 것인지 결정하는 모드로, Include는 선택 영역으로 포함(보여줄 영역)하고, Exclude는 선택 영역에서 제거(숨길 영역)하기

　　Refine 선택(마스크) 영역 가장자리를 브러시로 세밀하게 다듬기(가장자리 디테일 보정)

　　Feather 마스크(전경과 배경의 경계) 가장자리를 부드럽게 만들기(값이 높아질수록 경계가 부드러워짐)

8 **View(마스크 뷰 설정)**

10 **Mode** 마스크가 어디까지 적용됐는지 확인하기 위한 Overlay, Black(투명 영역), White(불투명 영역) 등 다양한 표시 모드 선택

　　Transparency 마스크 영역의 투명도 조절 기능으로, 수치를 높일수록 투명해 지며, 마스크와 원본이 겹쳐 보임(실제 결과물의 투명도가 아닌 작업의 도움을 주기 위한 투명도)

9 **Done Masking?(마스크 후 추가 편집)**

　　Add effects 마스크된 영역에 시각효과 추가(예: 색감, 스타일 변화)

　　Blur background 배경만 흐리게 처리하여 인물/피사체를 강조

　　Replace Background 기존 배경을 교체(새 이미지 삽입 가능)

　　Trim video 영상 길이 자르기(앞뒤 장면 기준, 필요 없는 장면 삭제)

03 **효과 적용하기** 마스킹 작업으로 피사체의 모습만 효과를 적용해 보자. 우측 하단에서 [Add effects]를 클릭한다.

04 효과 편집 작업 전 단계 화면이 열리면 그림처럼 타임라인에 모델의 모습만 표현(불투명 영역)되고 나머지 영역은 투명하게 처리된 것을 알 수 있다. 이제 효과 편집 및 설정 작업을 위

해 [Go to Project] 버튼을 클릭한다.

05 효과 편집 작업 창이 열리면 우측에 효과(Effects) 목록이 나타난다. 마우스 커서를 효과 위로 갖다 놓으면 해당 효과의 결과물을 미리 볼 수 있다. 적용을 하기 위해서는 [Add] 버튼을 누르면 된다. 타임라인을 보면 위쪽(V2: 비디오 2 트랙)에 마스크가 처리된 비디오 클립이 있고, 아래쪽에 원본 비디오 클립이 자동 배치된다. 즉, 모델의 모습만 마스크 처리된 위쪽 비디오 클립에만 효과가 적용되기 때문에 투명한 영역은 원본의 모습이 나타나는 방식이다.

1 왼쪽 툴바(Side Toolbar)

    Upload 로컬(내 PC)에서 이미지/영상 파일 가져오기

    Assets 런웨이 프로젝트 내 저장된 자료(이미지, 영상, 오디오)에서 파일 가져오기

    Text 텍스트 삽입(자막, 타이틀 등)

    Solid 단일 색상 배경 클립(매트)을 타임라인에 삽입

    Templates 텍스트 및 오브젝트 모션 프리셋 템플릿 사용

    Help 도움말 및 가이드 확인

2 **Timeline Controls(타임라인 컨트롤)** 재생/일시정지, 현재 재생 위치/전체 길이 표시(타임코드), 첫 번째/마지막 프레임 이동, ←/→ 키로 한 프레임씩 앞/뒤로 이동

3 **Split layer at playhead** 플레이헤드가 위치한 지점의 장면(클립)을 2개로 자르기(선택된 비디오 클립에 반영됨)

4 **Add animation to layer** 선택된 동영상(이미지) 클립에 모션을 주기 위한 키프레임 생성(시간에 따라 변화되는 장면 표현)

5 **Adjust timeline zoom** 타임라인의 시간자 간격을 확대/축소

6 **Fit** 타임라인이 크기(너비)에 맞게 비디오 클립을 확대/축소하여 맞춤

7 **Collapse/Expand Tracks** 타임라인의 크기(높이)를 확대/축소

8 **Timeline settings** 타임라인 설정 기능으로, 클립과 클립을 자동 맞추기(Enable Snapping)와 비디오(이미지) 클립을 단일 색으로 표시할지, 장면(프레임)을 표시할지 설정

9 **Move(이동)** 선택된 동영상(클립)의 위치 이동 및 크기 조절(그림처럼 크기와 위치를 조절하여 다채로운 장면을 연출할 수 있음)

06 효과를 적용하면 최종 파일 만들기(Export) 기능과 적용된 효과 설정 및 동영상(이미지) 클립의 위치, 크기, 회전, 속도, 마스크 설정 등에 대한 기능을 사용할 수 있다. 각 옵션들을 직접 설정하여 어떠한 변화가 생기는지 확인해 본다.

Replace Media 선택된 클립을 다른 미디어 클립으로 교체

Position 선택된 미디어(동영상/이미지) 클립의 위치 설정(키프레임으로 애니메이션 가능)

Size 선택된 미디어 클립의 크기 조절(키프레임으로 애니메이션 가능)

Rotation 선택된 미디어 클립을 회전(키프레임으로 애니메이션 가능)

Align 선택된 미디어 클립을 상하좌우, 가운데로 정렬

Blend Mode 위/아래 미디어 클립의 색상, 밝기, 채도 등을 분석하여 다양한 방식으로 혼합

Speed 선택된 동영상 클립의 속도(장면의 속도) 조절

Crop 선택된 미디어 클립의 크기를 상하좌우로 자르기

AI Tools 현재 작업에서 사용할 수 있는 AI 도구 선택(아래쪽은 사용된 AI 도구(마스크 작업)에 대한 세부 설정)

Green Screen Mask 마스크가 적용된 클립에만 나타나며, 마스크 가장자리를 부드럽게 하기(Feather), 마스크 영역 반전(Invert), 마스크 효과의 보이기/숨기기를 위한 적용(Apply), 마스크 다시 편집(Edit Mask) 기능 제공

Effects and Filters 미디어 클립에 적용된 효과 설정

Motion effects 선택된 미디어 클립이 시작되고 끝나는 모션(애니메이션) 효과 적용

Export clip 선택된 클립을 별도의 동영상 파일로 저장

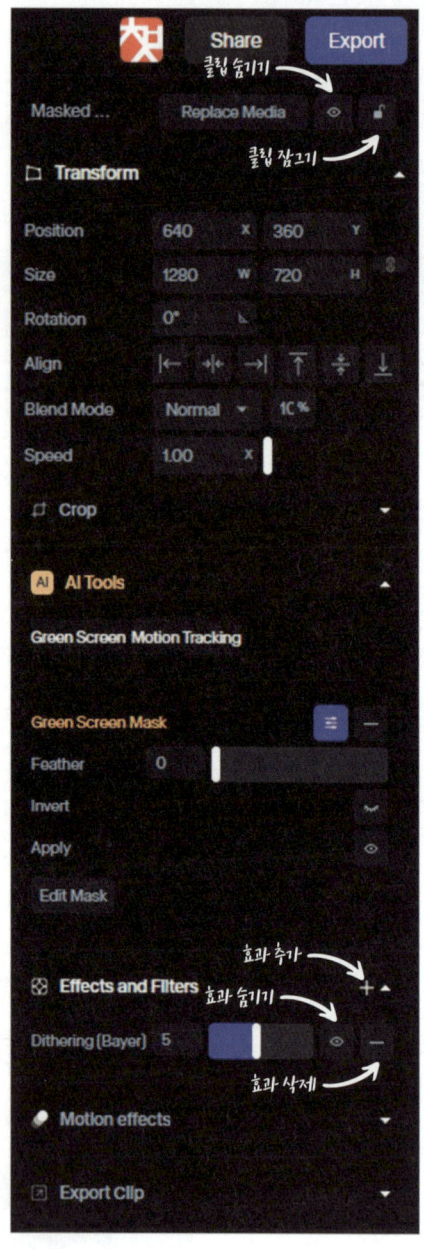

07 **배경 바꾸기** 배경을 바꾸는 방법은 다양하다. 먼저 바꾸고자 하는 ❶[미디어 클립을 선택(아래쪽 클립)]한 후, 우측 설정 패널 상단의 ❷[Replace Media] 버튼을 클릭해 보자. 그러

면 미리보기 모니터 창에 "Drag and Drop new asset"이란 글자가 나타난다. 이때 "Upload" 버튼이나 "Assets" 버튼을 눌러 교체할 미디어 클립을 가져오면 된다.

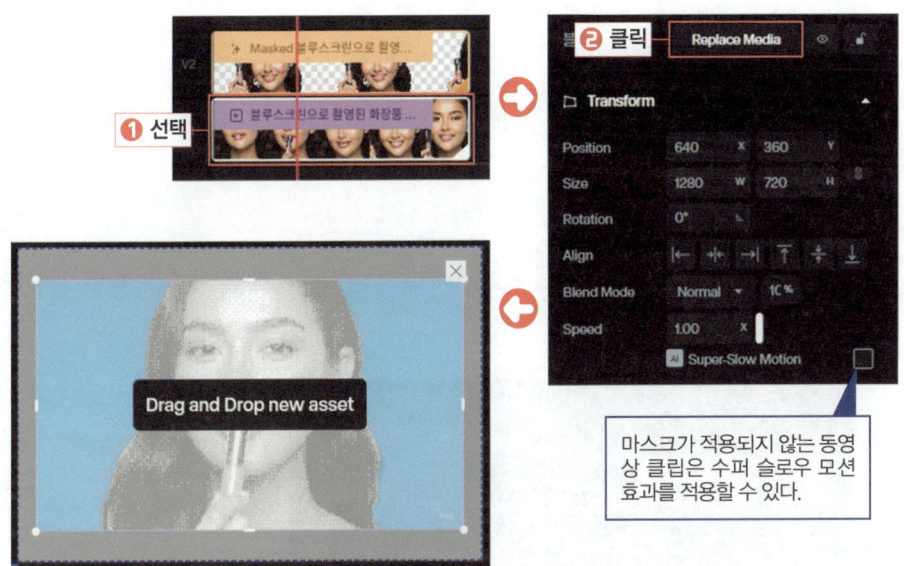

☑ 위 방법은 교체되는 클립과 교체할 클립의 속성이 같아야 한다. 즉, 동영상 클립을 교체할 경우 동영상 클립만 가능하다.

08 필자의 경우에는 타임라인에 직접 교체하고자 하는 클립을 가져와 교체하는 방법을 사용할 것이다. 교체할 클립 위에서 ❶[우측 마우스 버튼 클릭] - ❷[Delete]를 선택한다.

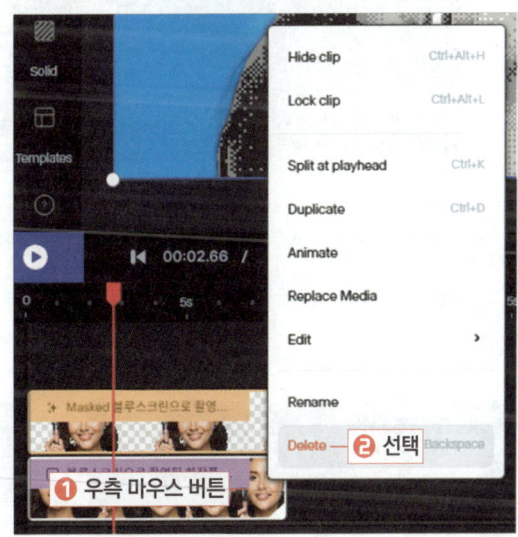

Hide/Lock clip 선택한 클립 숨기기/잠그기

Split at playhead 플레이헤드가 있는 지점에서 장면 자르기(선택된 클립만 잘려짐)

Duplicate 선택된 클립의 복제본 생성

Animate 선택된 클립을 애니메이션 만들기(키프레임을 활용한 모션)

Replace Media 선택된 클립 교체

Edit 선택된 클립 편집(마스크 편집 및 삭제)

Rename 선택된 클립 이름 바꾸기

09 이제 대체할 클립(이미지/동영상 파일 관계없음)을 타임라인에 갖다 놓는다. 여기에서는 [배경 관련 이미지]를 사용한다.

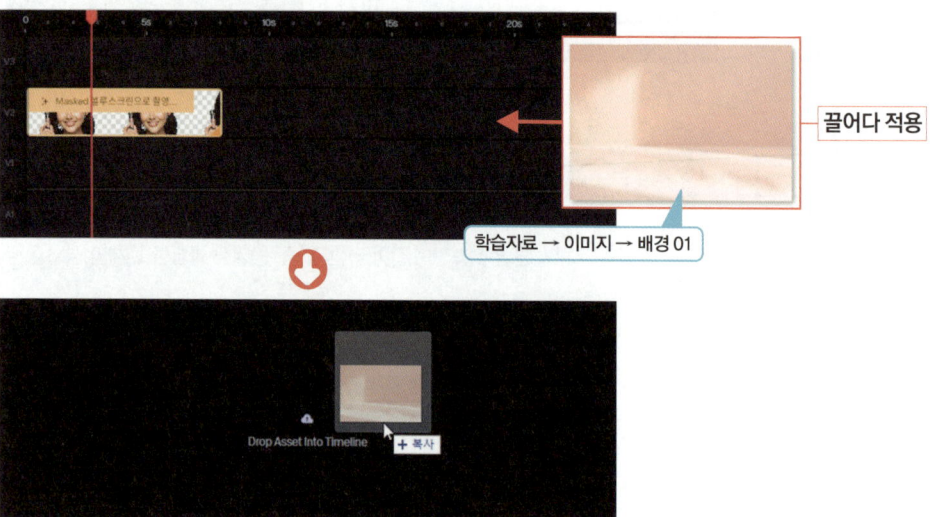

10 적용된 미디어 클립은 위쪽 V3(비디오 3) 트랙에 배치된다. 이제 이 클립을 끌어다 아래쪽 ❶[빈 트랙(V1)으로 이동]한 후, ❷[아웃점(끝 부분)]을 끌어서 위쪽 동영상 클립의 길이에 맞춰준다.

11 결과를 확인해 본다. 필자는 원본 모습으로 확인하기 위해 우측 설정 패널에서 Effects and Filters의 [Hide]를 클릭하여 적용된 효과를 숨겨놓았다. 배경이 바뀐 모습은 원본보다 훨씬 세련되고 자연스러운 것을 알 수 있다. 하지만 오른쪽(모델 기준 왼쪽) 머리카락에 이물질(빠지지 않은 영역)이 남아있는 것이 아쉽다. 이제 이 부분을 수정해 보자.

12 **마스크 수정하기** 머리카락 부분을 수정하기 위해 [Edit Mask] 버튼을 클릭한다.

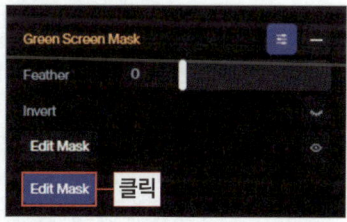

13 다시 마스크(배경 제거) 작업 창이 열리면 ❶[Include]를 선택한 후 Refine의 ❷[브러시]를 선택한다. 그리고 머리카락 중 어깨 부분에 생긴 ❸[공간]을 칠해서 채워준다. 화면을 확대/이동해가면서 디테일한 작업을 한다.

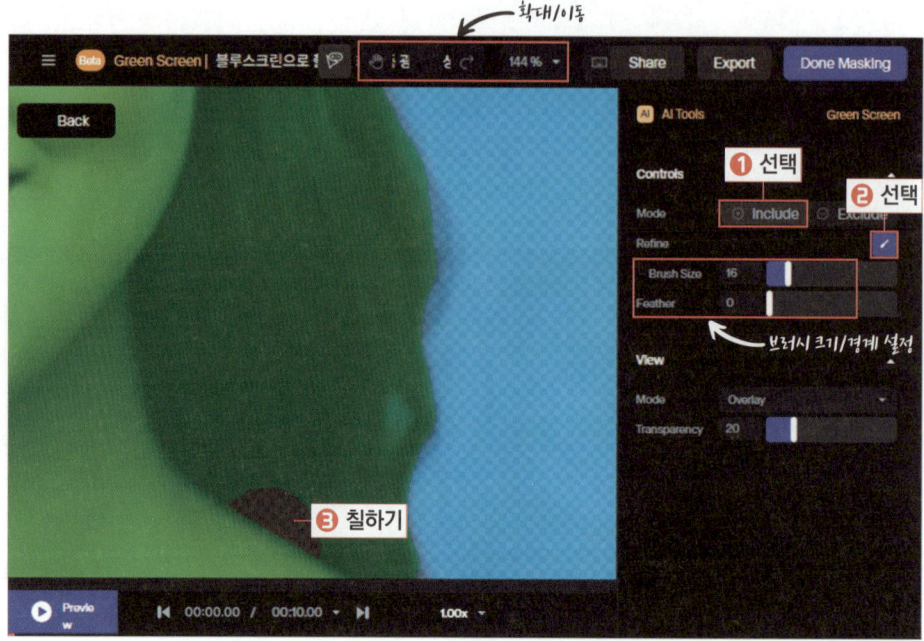

01 이번엔 영역을 빼기 위해 ❶[Exclude]를 선택한 후 그림처럼 빼야 할 영역에 ❷[칠]을 한다. 그러면 칠한 부분이 지워(투명)진다. 작업이 끝나면 ❸[Go to Project(Back 버튼을 눌러도 됨)] 버튼을 눌러 최종 작업 구간으로 돌아온다.

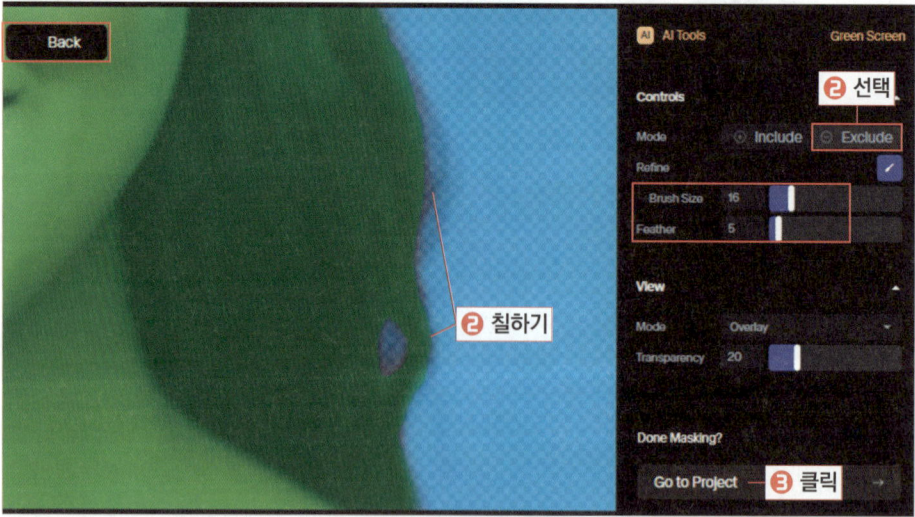

14 결과를 확인해 보면 이전보다 훨씬 깨끗(완벽하지는 않지만)하게 처리된 것을 알 수 있다. 지금까지 학습한 배경 제거 및 교체 작업은 자주 사용되기 때문에 충분히 실습을 한다. 참고로 최종 결과는 파일로 저장해 놓는다.

☑ 작업된 내용을 계속 사용하기 위해서는 프로젝트를 저장해야 한다. 화면 좌측 상단의 [확장] 메뉴에서 [Project] - [Save project] 메뉴를 선택하여 저장하면 언제든 다시 실행(사용)할 수 있다.

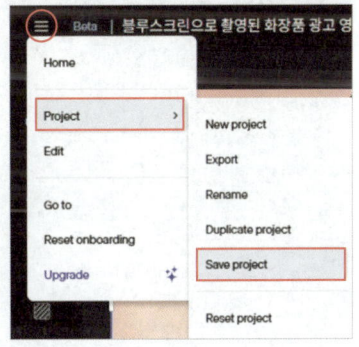

◆ **장면과 장면 사이에 새로운 장면 만들기: 몰핑 기법**

Frame Interpolation프레임 인터폴레이션)은 프레임 보간법으로 두 장면(프레임) 사이에 새로운 중간 장면을 자동으로 만들어 주는 도구이다. 쉽게 말해, 원래의 두 프레임(장면 A, 장면 B)의 차이를

그밖에 유용한 런웨이 AI 도구 활용법 •••• **371**

계산하여, 그 사이에 존재하지 않는 중간 프레임(장면 C)을 알고리즘으로 생성하는 것이라고 이해하면 된다. 이 도구를 사용하면 몰핑 기법(Morphing effect)을 표현할 수 있다.

주요 기능과 장점

슬로모션 제작 이미지 속 움직임이 뚝뚝 끊기지 않고 부드러운 슬로우 모션 구현

장면 전환 보강 컷과 컷 사이의 전환에서 중간 프레임을 추가하여 "뚝 끊김" 페이드 효과 구현

몰핑 애니메이션 제작 A의 모습이 점차 변형되며 B의 모습으로 이어지는 듯한 효과를 연출

01 Frame Interpolation를 실행한 후 그림처럼 준비된 이미지(스카이 다이버 01~07)를 차례대로 적용한다.

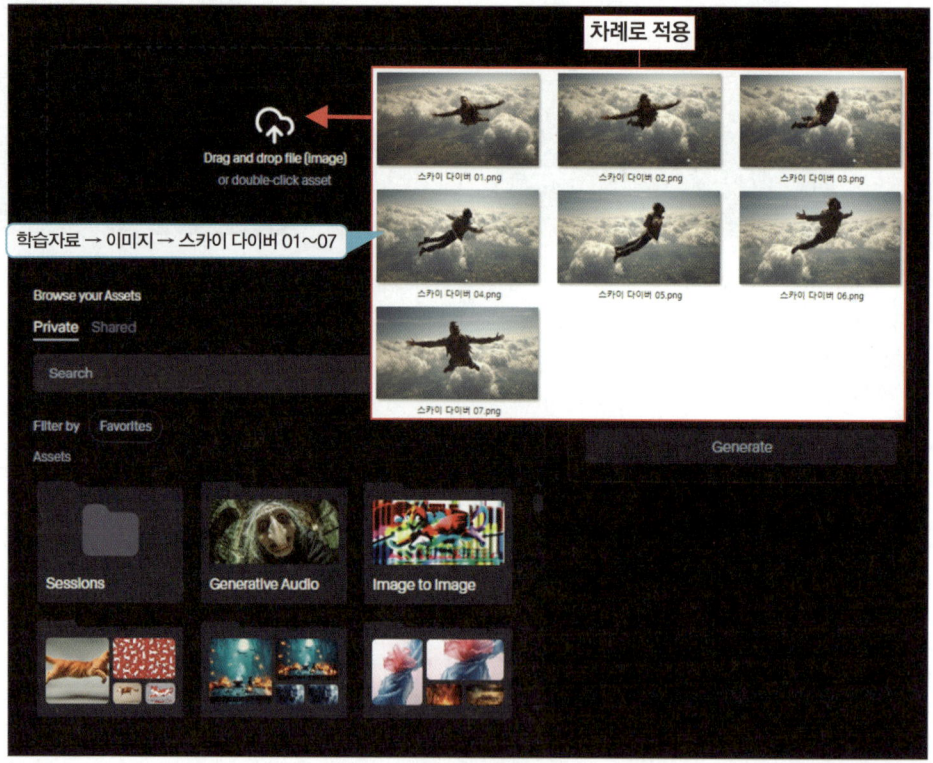

📢 Frame Interpolation에서 사용할 수 있는 이미지 최대 개수는 20개로 제한되며, 각 이미지들은 유사한 장면(캐릭터)의 연속성을 가진 파일을 권장한다.

02 사용할 이미지를 모두 적용했다면 일단 별도의 설정 없이 [Generate] 버튼을 누른다.

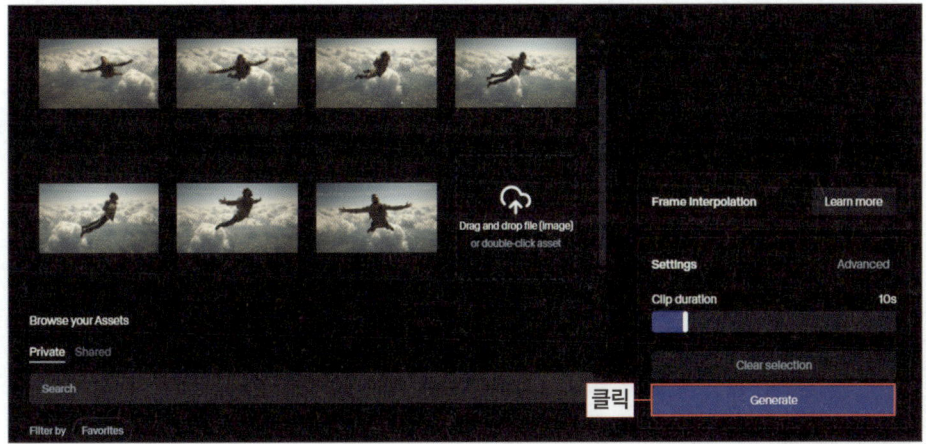

☑ 불필요한 이미지는 이미지 위에 마우스 커서를 갖다 놓았을 때 나타나는 [x] 버튼을 눌러 삭제할 수 있다.

03 설정 창이 열리면 ❶[Advance] 버튼을 클릭하여 설정 옵션을 열어준다. ❷[Clip duration을 40초] 정도로 증가, ❸[Transition time은 100%]로 설정한 후 ❹[Re-Generate] 버튼을 눌러 설정된 값의 새로운 장면을 생성(에셋에 등록)한다.

Clip duration 최종 영상의 전체 길이를 설정(현재 설정 값은 40.5초 길이의 영상 생성되며, 영상 길이가 길수록 슈퍼 슬로우 비디오 표현)

Transition time 각 이미지 간의 전환(트랜지션)에 사용되는 시간 설정(100%는 두 장면 사이가 부드럽게 이어지는 "몰핑 효과"가 극대화됨)

Edit selected images 이미지를 수정하거나 교체할 수 있는 작업 화면으로 전환

Export 생성된 영상을 동영상(MP4, MOV)으로 저장

04 결과는 다음과 같이 매끄럽고 자연스러운 장면 전환으로 완성된다. 두 장면 사이의 간극이 사라지고, 인물과 배경이 부드럽게 이어지며 마치 실제 촬영된 연속 동작처럼 보인다. 이처럼 Frame Interpolation은 이미지를 이어붙이는 수준을 넘어, 시간의 흐름을 시각적으로 재구성하여 슬로우 모션, 장면 전환, 캐릭터 움직임 등 다양한 연출에 활용할 수 있다.

☑ 에셋에 등록된 장면은 화면 우측 하단의 [확장 메뉴] - [Download]를 통해 저장할 수 있다.

▶ 프레임 인터폴레이션에서 생성한 몰핑 효과(예시: 패션쇼)

◆ 영상 속 빌런(불필요한 요소) 제거하기: Inpainting의 활용

영상 속에는 종종 원치 않는 인물이나 사물, 혹은 작은 잡티와 같은 요소들이 등장해 작품의 완성도를 떨어뜨리곤 한다. 인페인팅(Inpainting)은 이러한 불필요한 부분을 지우고, 그 자리를 주변 배경과 자연스럽게 이어지도록 채워줄 수 있다. 이 기능은 광고 영상, 인터뷰, 여행 브이로그 등 다양한 영상 제작 현장에서 배경에 우연히 잡힌 행인이나 현수막, 카메라 장비 등의 방해 요소를 제거하여 핵심 피사체와 메시지에 더욱 집중할 수 있는 영상을 만들 수 있게 해준다.

01 인페인트를 실행한 후 ❶[Upload 또는 Assets]를 통해 사용할 동영상 파일(MP4, MOV)을 가져온다. 적용된 파일은 ❷[더블클릭]하여 작업 창(타임라인)에 적용한다.

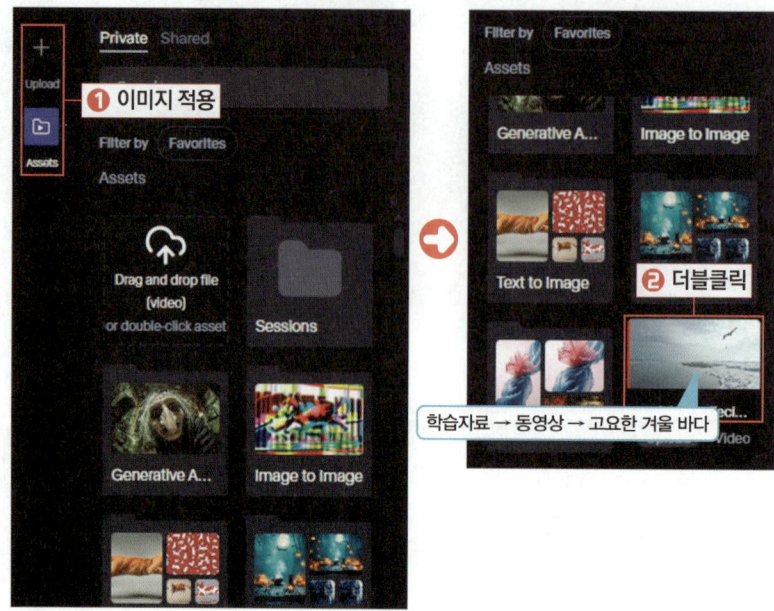

02 동영상 파일이 적용되면 ❶[Include]를 선택한 후 ❷[첫 번째 프레임]에서 제거할 요소를 브러시로 ❸[칠]하면 된다. 필자는 앞쪽에 있는 갈매기에 색을 칠하였다. "Include"는 지울 영역을 칠할 때, "Exclude"는 칠한 영역을 지울 때 사용된다.

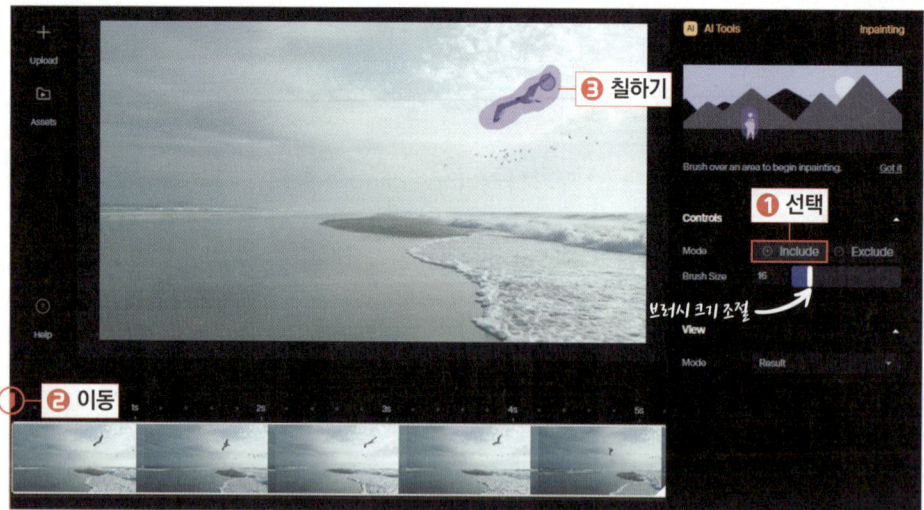

03 페인팅 된 결과를 보면 앞쪽 갈매기의 모습이 감쪽같이 제거된 것을 알 수 있다.

☑ 베오-3, 소라 2와 같은 AI 도구에서는 생성된 동영상(이미지)에 워터마크가 적용되는데, 런웨이 인페인트를 사용하면 워터마크를 깨끗하게 제거할 수 있다.

04 인페인팅 작업이 끝난 후 텍스트 및 효과(색상, 밝기, 채도 등) 적용 등의 작업을 이어가고자 한다면 우측 하단의 "Go to Project" 버튼을 누르면 된다.

◆ 초고속 카메라 효과 표현하기: Super Slow Motion의 활용

물방울이 튀는 찰나, 무용수가 공중에서 선을 그리는 동작, 운동선수가 결정적인 순간에 내딛는 발걸음 등은 모두 너무 짧고 빨라 놓치기 쉽다. 이럴 때 Super Slow Motion 기능을 사용하면 초고속 카메라로 촬영한 듯, 짧은 순간들을 선명하고 극적으로 담아낼 수 있다. AI 기반의 프레임 보간 기술이 영상의 중간 장면을 부드럽게 채워 넣어, 고가의 장비 없이도 CF의 한 장면처럼 디테일이 살아있는 초고속 카메라(수퍼 슬로우 모션) 효과를 완성해 준다.

01 Super Slow Motion 도구를 실행한 후 [Drag and drop file]에 작업에 사용할 동영상 파일을 적용한다.

02 수퍼 슬로우 모션 작업 창이 열리면 다음과 같이 "Speed" 값을 조절하여 원하는 속도로 만들어 줄 수 있다. ❶[0.25(4배로 늘려짐)] 정도로 설정한 후 ❷[Process] 버튼을 누른다.

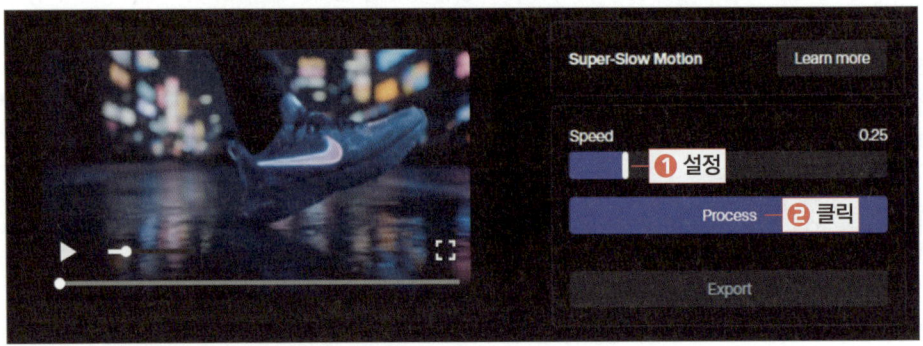

☑ 1.0 = 원래(정상) 속도 / 0.5 = 2배 느림 / 0.25 = 4배 느림 / 2.0 = 2배 빠름

03 결과를 보면 영상이 끊기지 않고 자연스러운 슬로우 모션 장면이 표현된 것을 알 수 있다.

◆ 영상 속 음성을 텍스트로 만들기: Transcript의 활용

트랜스크립트(Transcript)는 영상(유튜브, 틱톡 등) 속 음성 또는 오디오 파일에서 음성을 인식하여 텍스트로 변환해 준다. 이 기능을 활용하면 영상 편집자가 빠르게 스크립트를 확인하거나, 외국어 음성을 번역해 다국어 자막으로 확장할 수 있다. 교육 콘텐츠, 인터뷰 영상, 다큐멘터리 제작에서 특히 유용하며, 청각 장애인을 위한 접근성 개선에도 도움이 된다.

01 Transcript 도구를 실행한 후 [Drag and drop file]에 작업에 사용할 음성이 포함된 동영상 또는 오디오 파일을 적용한다.

02 트랜스크립트 작업 창이 열리면 번역할 ❶[언어]를 선택한 후 ❷[Generate] 버튼을 누른다. (2025년 11월 현재, 한글 지원이 되지 않음)

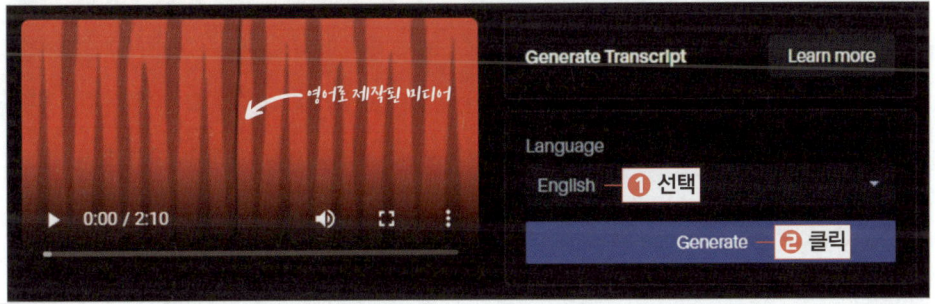

03 영상 속 음성(영어)이 정확하게 영문으로 번역(시간과 번호 적용)된 것을 알 수 있다. 이 텍스트는 "Download"를 통해 일반적인 자막 파일(SRT)로 사용할 수 있다. 참고로 생성된 텍

스트를 수정하기 위해서는 [Edit.srt] 버튼을 누르면 된다.

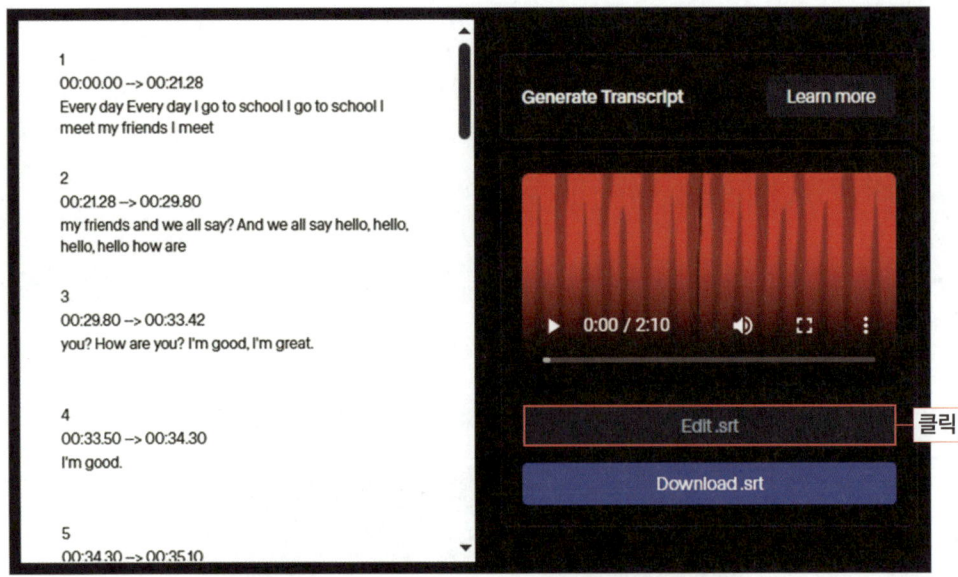

04 자막 수정 창이 열리면 문제가 있는 부분을 수정한 후 "Update Transcropt" 버튼을 클릭하여 최종 출력(다운로드) 창으로 돌아갈 수 있다.

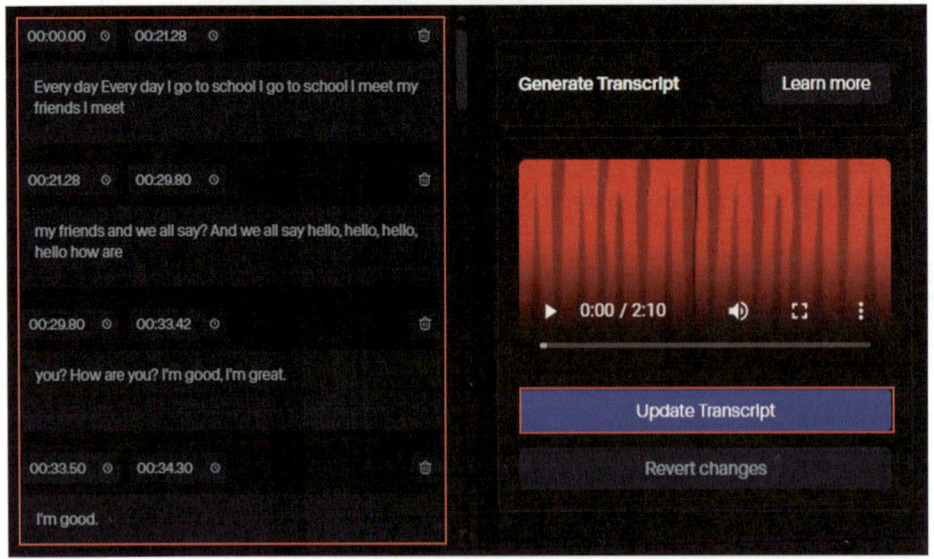

◆ 장면 속 특정 요소(캐릭터) 따라가기 : Motion Tracking의 활용

모션 트래킹(Motion Tracking)은 영상 속 움직이는 캐릭터나 사물을 자동 인식/추적해 텍스트나 그래픽 요소를 자연스럽게 배치할 수 있게 해준다. 예를 들어, 달리는 캐릭터 머리 위에 이름표가 함께 움직이게 하거나, 특정 소품에 이펙트를 입혀 시각적 강조를 줄 수 있다. 뮤직비디오/광고/VFX 등에서 "움직임에 붙는 오브젝트" 효과로 완성도를 높일 수 있다.

01 Motion Tracking 도구를 실행한 후 ❶[Drag and drop file]에 작업에 사용할 동영상(우산을 들고 걸어가는 남자) 파일을 가져와 ❷[더블클릭]하여 적용한다.

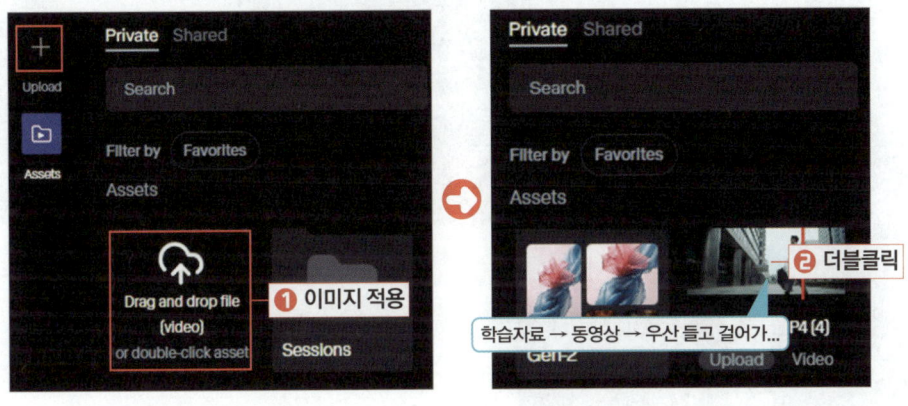

02 모션 트래킹 작업 창이 열리면 ❷[움직임을 추적할 곳]을 클릭하여 트래킹 포인트를 지정한다. 이때 첫 장면부터 트래킹해야 하므로 ❶[플레이헤드]가 시작 프레임에 있어야 한다.

03 트래킹 포인트가 적용되면 플레이를 해본다. 그러면 트래킹 포인트(빨간색 원)가 지정된 영역(얼굴)을 따라 움직이는 것을 알 수 있다.

04 트래킹 작업을 하기 위해 우측 상단의 [Done Tracking] 버튼을 누른다.

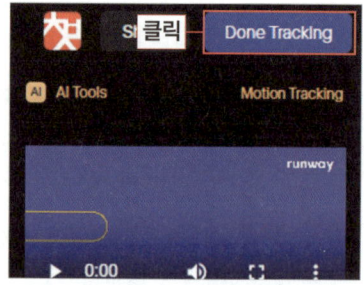

05 이제 트래킹 포인트를 따라가는 요소를 만들어 보자. 먼저 글자를 입력하기 위해 ❶[Text] 툴을 선택한 후 화면에 ❷[글자를 입력]한다. 화면을 클릭한 후 입력하면 된다. 한글을 입력하기 위해서 ❸[Upload font] 버튼을 눌러 ❹[한글 지원 폰트(글꼴)]을 가져온다. 필자는 [학습자료] 폴더에 있는 "휴먼태가람체"를 사용하였다.

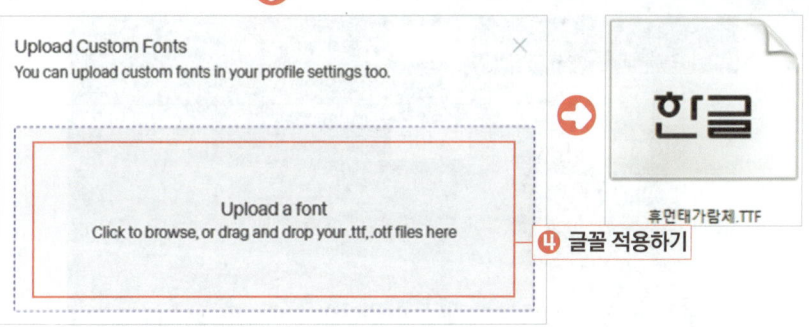

Font 텍스트에 사용할 글꼴 변경

Size 텍스트의 크기 조절

Spacing(자간/행간) 글자 간격(자간, Letter Spacing)과 줄 간격(행간, Line Spacing)을 조절(가독성과 디자인적 배치를 위한 핵심 기능)

Alignment(정렬) 텍스트를 좌측, 가운데, 우측, 양쪽으로 정렬

Color 텍스트 색상 지정(단색, 그라디언트, 투명도 조절)

Background 텍스트 배경에 색상 박스 넣기(자막 가독성을 높이거나 특정 강조 효과)

Stroke 텍스트에 외곽선 추가

Shadow 텍스트에 그림자 효과 적용(입체감과 가독성 증가)

06 입력한 글자가 트래킹 포인트를 따라가도록 하기 위해 "글자 클립"이 선택된 상태에서 우측 설정 패널의 ❶[Tracking]을 모션 트래킹 소스로 사용되는 ❷[동영상] 클립으로 바꿔준다.

07 그러면 글자 클립이 트래킹 포인트에 맞춰진다. ❶[이동 툴]을 사용하여 기서 ❷[글자]를 남자 모델의 뒷쪽으로 이동한다. Transform의 Position으로도 위치 이동이 가능하다.

📢 클립의 위치를 조정할 때 "플레이헤드"의 위치는 매우 중요하다. 플레이헤드가 시작 프레임을 벗어난 상태에서 클립을 이동(회전, 크기, 투명도 등)을 하게 되면 해당 지점에 키프레임이 생겨 모션(애니메이션) 효과가 만들어지기 때문이다. (다음 페이지 학습 참고)

08 이제 플레이를 하여 확인해 보면, 글자가 모션 트래킹 포인트(남자 모델의 얼굴)에 맞춰 따라 이동하는 것을 알 수 있다.

09 이번에는 외부에서 이미지를 가져와 트래킹 요소로 사용해 보자. 그림처럼 [오렌지] 이미지를 끌어다 타임라인(V3 트랙이 자동 추가됨)에 갖다 놓는다.

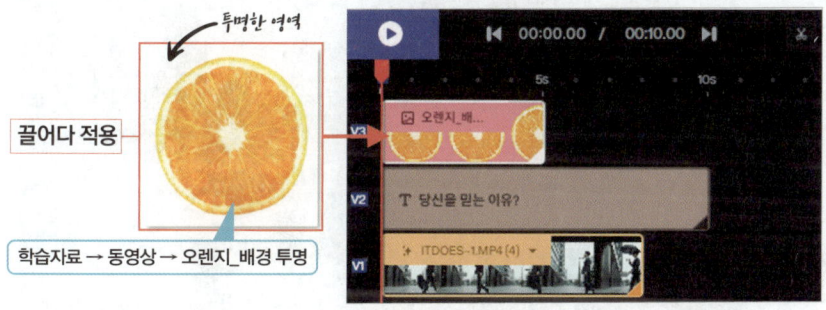

10 적용된 오렌지 이미지 클립의 [크기]를 그림처럼 조절한다. "이동(Move)" 툴을 사용하거나 설정 패널의 위치, 크기 값을 설정하면 된다. (위치는 적당한 곳으로 이동해 놓으면 됨)

11 이번에도 역시 Tracking을 모션 트래킹 소스로 사용되는 [동영상] 클립으로 바꿔준다.

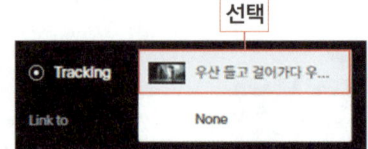

12 플레이를 하여 확인해 보면 오렌지가 남자 모델의 얼굴로 배치되어 따라가는 재밌는 장면이 연출됐다. 이렇듯 모션 트래킹을 사용하면 움직이는 특정 피사체를 따라 움직이는 장면을 연출할 수 있다. 뒤쪽 빌딩 옥상에 있는 간판, 우산을 따라가는 장면, 그밖에 캐릭터 머리 위 네임 태그, 차량/드론 추적 자막과 광고판, 스포츠 장면 분석, 소품 강조 효과 등 다양한 장면에 효과적으로 활용할 수 있다.

◆ 모션(애니메이션) 자막 만들기: 키프레임의 이해

자막은 단순히 글자를 보여주는 것을 넘어, 움직임과 리듬을 담아낼 때 더욱 강력한 메시지를 전달할 수 있다. 런웨이의 타임라인에서는 키프레임(Keyframe)을 활용해 자막에 애니메이션을 연출할 수 있다. 키프레임은 특정 시점에서의 속성(위치, 크기, 색상 등)을 기준으로, 그 사이 구간을 자동으로 계산해 자연스러운 움직임이 이어지도록 만들어 준다.

01 키프레임 애니메이션을 만들기 위해서는 타임라인을 활용해야 한다. 이번에는 타임라인이

제공되는 여러 도구 중 배경을 제거해 주는 "Remove Background"를 사용하여 모션(애니메이션) 작업을 해본다. 리무브 백그라운드가 실행되면 화면 좌측 상단의 ❶[Upload]를 통해 다음과 같은 동영상을 가져온 다음 ❷[더블클릭]하여 타임라인에 적용한다.

02 영상 속 하얀색 드레스를 입은 [여인을 클릭]한다. 그러면 인물의 움직임과 배경의 차이를 분석하여 인물은 전경으로, 배경은 투명한 영역으로 분리된다.

03 이제 타임라인에서 모션 작업을 하기 위해 ❶[Trim video] 클릭한 후 다음 화면의 ❷[Go to Project]를 클릭한다.

04 이번엔 자막 이미지 파일을 사용해 보자. 그림처럼 [자막 이미지]를 타임라인에 적용한다.

05 자막 클립이 ❶[선택]된 상태에서 ❷[Add animation to layer] 버튼을 클릭한다. 자막 클립에 대한 애니메이션 작업을 할 수 있는 상태로 전환되면, ❸[시작 프레임]으로 이동하여 위치(Position)와 크기(Scale), 투명도(Opacity)에 대한 모션을 만들어 보자.

06 키프레임 애니메이션(모션)에서 프리셋을 사용하면 인/아웃 장면을 간편하게 적용할 수 있다. 이번에는 시작 장면(프레임)에만 사용해 보자. 우측 설정 패널에 있는 Presets의 ❶ [Animation in]에서 ❷[slide left]를 클릭한다. 그러면 타임라인의 플레이헤드가 있는 지점에 위치(Position)와 투명도(Opacity) 설정을 위한 키프레임이 생성된다.

 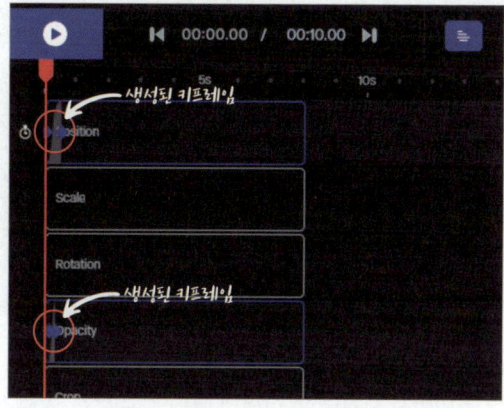

07 플레이해 보면 자막이 우측에서 좌측으로 나타나는 애니메이션이 만들어진 것을 알 수 있다.

💡 키프레임(Keyframe)이란?

키프레임(Keyframe)은 영상이나 애니메이션에서 특정 시점의 속성값(위치, 크기, 불투명도, 색상 등)을 저장해 두는 기준점이다. 예를 들어, 시작 프레임과 1초 뒤 프레임에 서로 다른 키프레임을 설정하면, 그 사이의 변화를 자동으로 계산(Interpolation)해 자연스럽게 이어지는 움직임을 만들어 준다. 그림처럼 Position(위치)과 Opacity(투명도)에 각각 2개의 키프레임이 있을 경우, 두 값의 차이를 기준으로 시간이 흐르면서 점진적인 변화가 일어난다. 또한, 키프레임 간의 간격은 움직임의 속도를 의미한다. 간격이 좁을수록 빠르게, 간격이 넓을수록 느리게 변화하며, 이를 통해 부드럽고 리듬감 있는 애니메이션 효과를 연출할 수 있다.

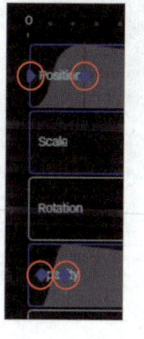

08 이번엔 직접 모션 작업을 해보자. 시간을 ❶[5초] 정도로 이동한 후 Scale의 ❷[Add animation]을 클릭한다. 그러면 5초에 크기(Scale) 설정을 위한 키프레임이 생성된다.

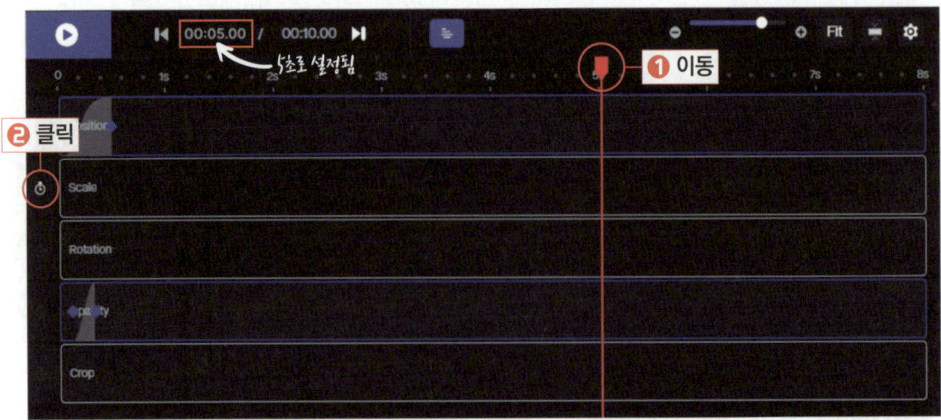

09 이어서 시간을 ❶[장면의 끝]으로 이동한 후 ❷[Size] 값을 줄여서 그림처럼 자막이 작아지도록 한다. 이것으로 이전 키프레임부터 현재 키프레임(값을 변경하면 자동 추가됨)까지 서서히 작아지는 자막 애니메이션(모션)이 만들어졌다.

10 **자막을 뚫고 지나가는 장면 만들기** 여성이 앞으로 걸어갈 때 자막을 지나치는 장면을 표현해 보기 위해 다시 ▣ "타임라인 편집 작업 모드"로 전환한다. 키프레임 작업을 위해 선택했던 08번 과정의 "Add animation to layer" 버튼을 누르면 된다. 시간이 ❶[5초인 상태에서 ❷[Split layer at playhead] 버튼을 누른다. 그러면 두 클립이 모두 같은 시간(5초)에 잘린다. 이때 자르고자 하는 클립(자막과 마스크 작업을 한 두 클립)이 선택되어 있어야 잘린다.

11 잘린 우측 2개의 클립 위치를 서로 바꿔준다. 먼저 ❶[위쪽 자막 클립]을 위로 이동한다. 그러면 자동으로 트랙(V4)이 생성되면서 이동된다. 그다음 ❷[두 클립의 위/아래 위치]를 서로 바꿔준다. 그러면 현재 시간부터는 여성의 모습이 자막 앞쪽에 나타나게 된다.

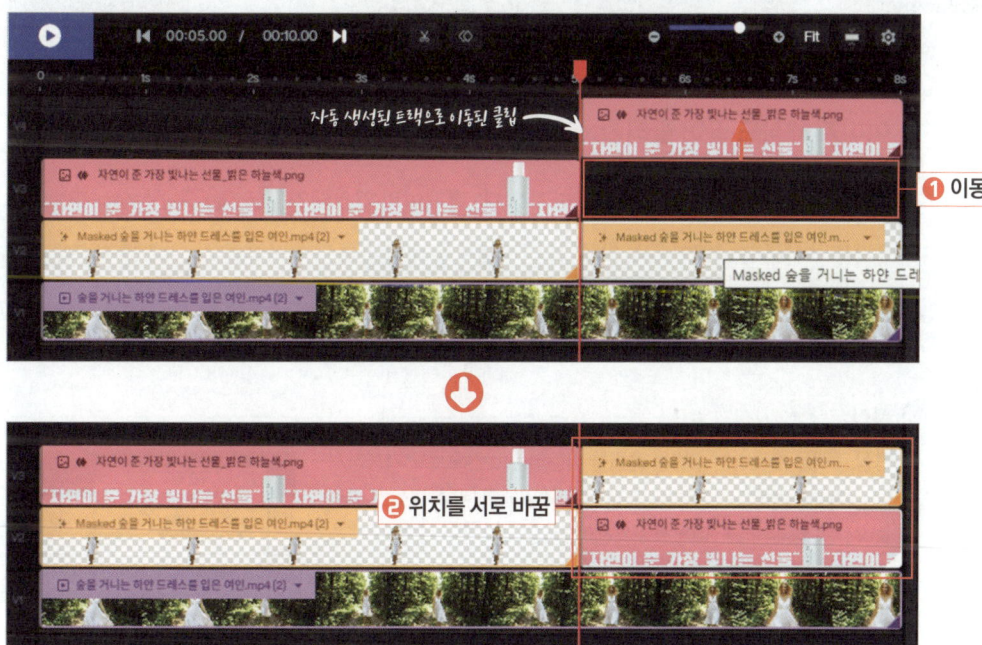

12 결과를 확인해 보면 5초 전까지 여성의 모습은 자막 뒤쪽에서 나타나지만, 5초 이후부터는 자막이 여성 뒤쪽에 나타나는 것을 알 수 있다. 여성이 앞으로 걸으면서 자막을 뚫고 나오는 것처럼 장면이 표현되었다.

◆ 이미지 해상도 끌어 올리기: 업스케일링 이미지의 활용

저화질 이미지는 디자인 작업에 적합하지 않다. 런웨이의 업스케일(Upscale) 도구는 AI 기반으로 이미지를 분석하고 디테일을 복원해, 작은 이미지를 대형 출력물로 활용할 수 있게 해주기 때문에 광고/영상 제작 과정에서도 고품질의 결과물을 얻을 수 있다.

> 💡 **편집 트랙 추가/삭제**
>
> 편집 트랙을 추가하는 방법은 클립을 이동하는 것만으로도 가능하지만, 삭제하는 방법은 삭제하고자 하는 트랙 위에서 [우측 마우스 버튼 클릭] - [Delete track] 메뉴를 사용해야 한다.

01 Upscale Image 도구를 실행한 후 [Upload]를 통해 다음과 같은 [저화질 인물 사진] 이미지를 가져온다.

02 적용된 이미지의 크기는 616 x 616으로 아주 작다. 이 이미지를 고해상도 이미지로 업스케일링하기 위해 ❶[Scale을 4K(3840)]로 설정한 후 ❷[Process] 버튼을 클릭한다.

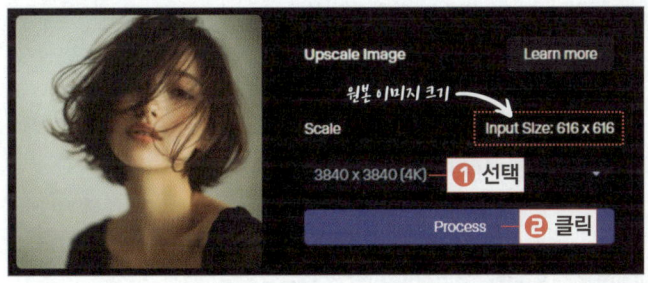

03 그러면 작은 원본 이미지가 6~7배로 업스케일된 이미지가 생성된다. 아래 두 이미지는 원본(왼쪽)과 업스케일(오른쪽)된 이미지의 해상도 차이를 비교하기 위한 것이다.

04 업스케일된 이미지 위에 마우스 커서를 갖다 놓으면, 저장 및 동영상 생성에 관한 다양한 도구를 사용할 수 있다.

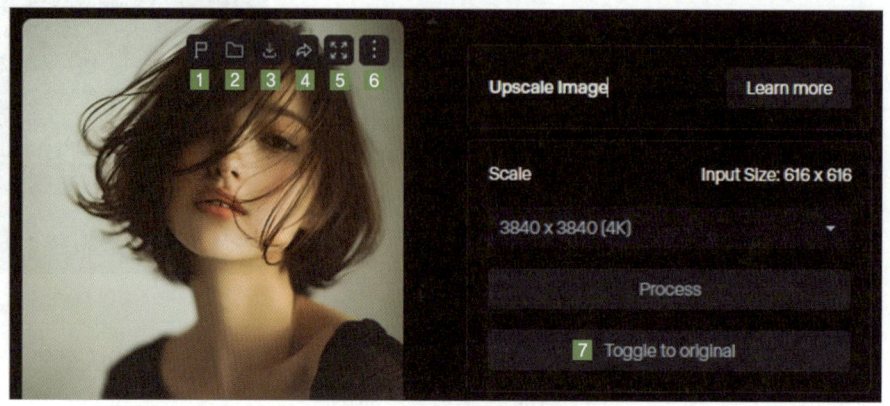

1 **Report Content** 문제가 있는 이미지나 부적절한 콘텐츠를 신고할 때 사용
2 **Save to Assets** 업스케일된 이미지를 런웨이 에셋 목록에 저장
3 **Download** 업스케일된 이미지를 다운로드(저장하기)
4 **Share** 업스케일된 이미지를 다른 사람과 공유(링크 복사)
5 **Expand** 이미지를 확대하여 전체 화면으로 보기
6 **Open in AI Runway tool** 업스케일된 이미지를 AI 동영상으로 생성
7 **Toggle to original** 업스케일 전의 원본 이미지로 전환(다시 업스케일된 이미지로 전환 가능)

이것으로 런웨이의 주요 기능 소개와 예제를 통한 학습이 끝났다. 이제는 도구를 이해하는 수준을 넘어, 실제 프로젝트에 어떻게 적용할 수 있을지를 고민할 차례이다. 여기서 중요한 것은 기능 하나하나를 완벽하게 아는 것이 아니라, 필요한 순간에 적절히 선택하고 활용하는 능력이다.

이제 자신만의 영상 스타일과 스토리텔링 방식에 맞추어 런웨이를 창의적으로 활용해 보자. 이러한 작은 실험을 반복할수록 새로운 표현법이 발견되고, 더 나아가 독창적인 작품 세계를 만들어 갈 수 있다. 결국 런웨이는 단순한 편집 툴이 아니라, 아이디어를 현실로 구현하는 창작 파트너가 되는 것이다.

09 | 피카(Pika) AI 활용하기

런웨이가 영상 제작과 편집에 최적화된 올인원 플랫폼이라면, 피카(Pika AI)는 한 단계 더 진화된 "AI 영상 생성 전문 툴"로 주목받고 있다. 간단한 텍스트 프롬프트만으로도 애니메이션이나 고품질 동영상을 만들 수 있으며, 최근에는 영화/광고/게임 분야에서도 실무 활용 사례가 빠르게 늘고 있다. 피카의 강점은 자연스러운 카메라 무빙과 사실적인 장면 연출에 있다. 덕분에 기존 영상 제작자뿐 아니라, 영상 제작 경험이 전혀 없는 초보자도 쉽고 직관적으로 창의적인 영상을 만들어 낼 수 있다.

피카(Pika) 기본 사용법

피카는 웹 기반의 AI 영상 생성 도구로, 별도의 복잡한 설치 과정 없이 피카 공식 웹사이트에 접속해 바로 사용할 수 있다. 텍스트 프롬프트나 이미지를 입력하면 자동으로 애니메이션이나 영상을 생성해 주며, 직관적인 인터페이스 덕분에 초보자도 쉽게 접근할 수 있다. 구글 검색기에 [❶피카]라고 검색한 후 [❷Pika(www.pika.art)]를 클릭하여 공식 피카 웹사이트를 열어줄 수 있다.

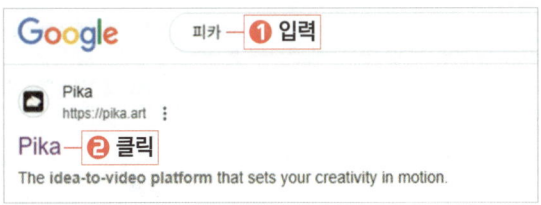

☑ 크롬 브라우저 사용을 권장하며, 구글 계정으로 로그인된 상태에서 진행한다.

01 공식 피카 웹사이트가 열리면 최초 계정 만들기(회원 가입) 창이 열리는데, 구글 계정을 사용하기 위해 ❶[Sign In with Google]을 클릭한다. 사용자가 원하는 다른 계정 및 이메일로

회원 가입을 할 수도 있다. ❷[사용자 계정] 목록이 나타나면 클릭한다.

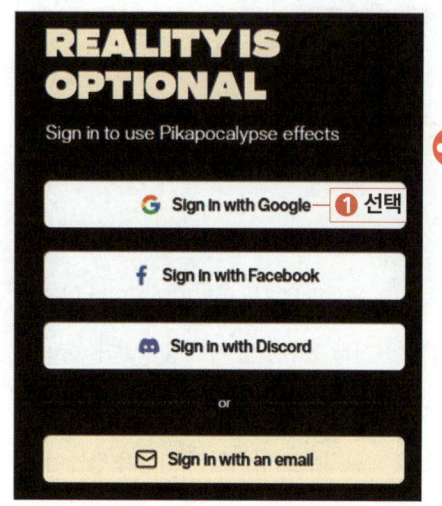
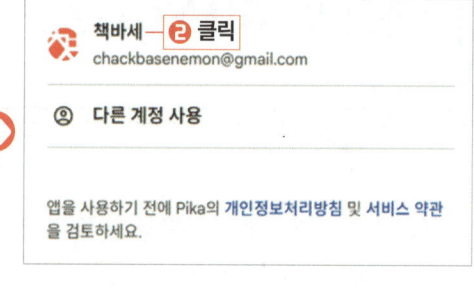

02 선택된 계정의 로그인 창이 열리면 방금 선택한 계정을 [계속] 사용하기 위해 클릭한다.

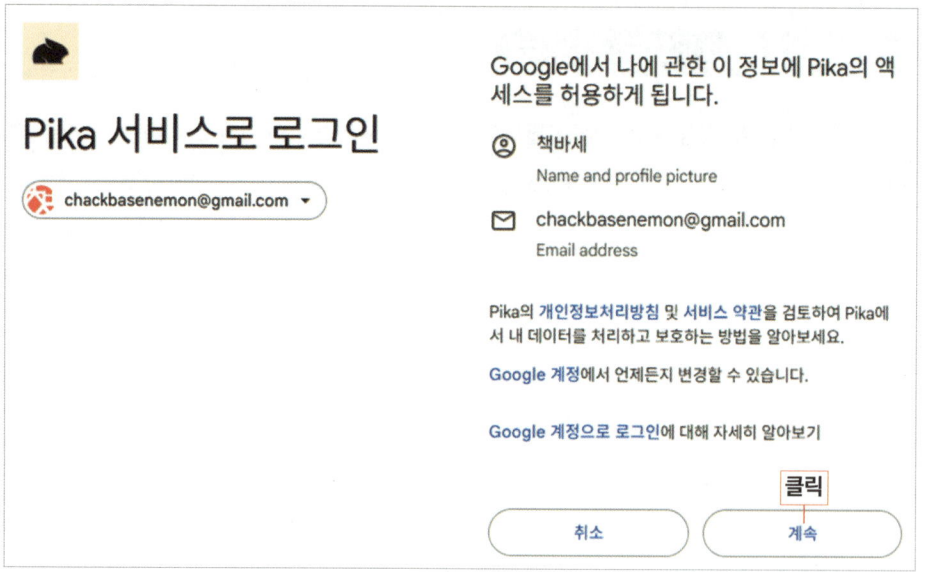

03 유료 구독 결제 창이 뜨면 프로(Pro) 플랜으로 구독하기 위해 ❶[Upgrade plan] 버튼을 누른다. 그다음 ❷[결제 방식 선택 및 정보] 입력을 한 후 ❸[구독하기] 버튼을 클릭한다.

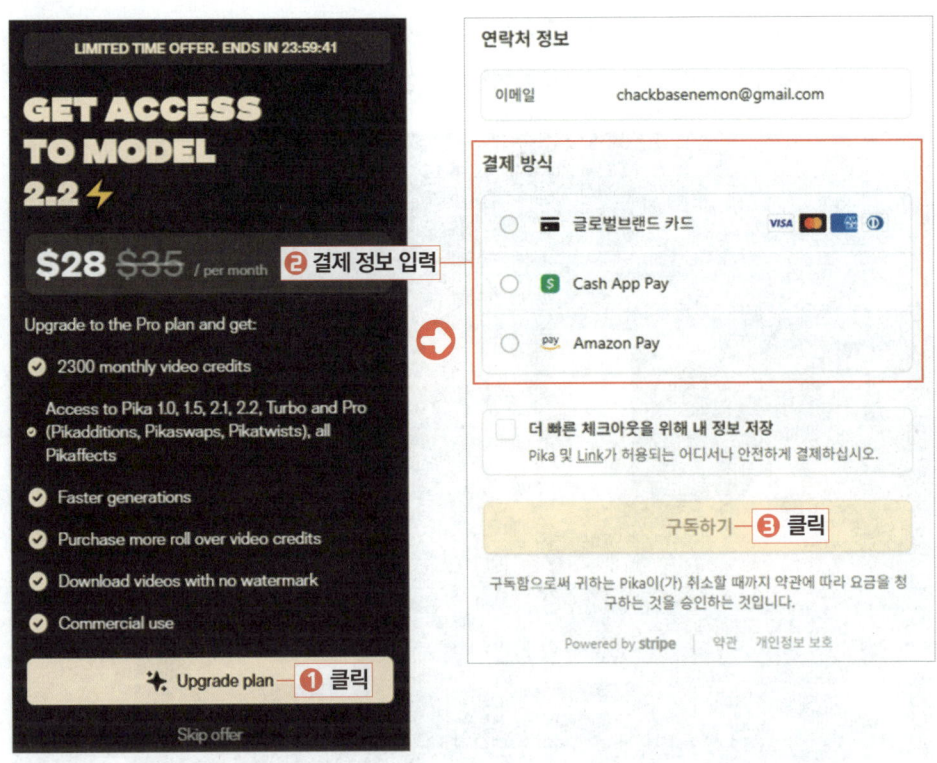

- ☑ "Pro 플랜"은 단순히 "크레딧이 많다"는 차원을 넘어, 최신 모델 + 워터마크 제거 + 상업적 권한 + 빠른 처리라는 4가지 핵심 이점 때문에 전문적인 실무/프로젝트/비즈니스 제작이 목적이라면 필수 선택이다.

- ☑ 결제 시 "비즈니스 목적으로 구매합니다"를 체크하면 사업자용 세금계산서 및 영수증이 발급되며, 생성한 영상을 광고/상업 영상/판매 목적 프로젝트에 사용 가능하다. 또한, 추후 "상업적 사용권 보장"에 대한 법적 분쟁 위험을 줄일 수 있다.

💡 **유료 계정 해지하기**

피카를 단기적으로 사용하기 위해서는 결제 후 유료 구독을 해지해야 한다. 메인화면 우측 상단의 [Upgrade] 버튼을 눌러 구독 방식 화면을 열고 0달러(프리: BASIC) 방식의 [Switch to Basic]을 클릭하여 무료 구독으로 전환할 수 있다.

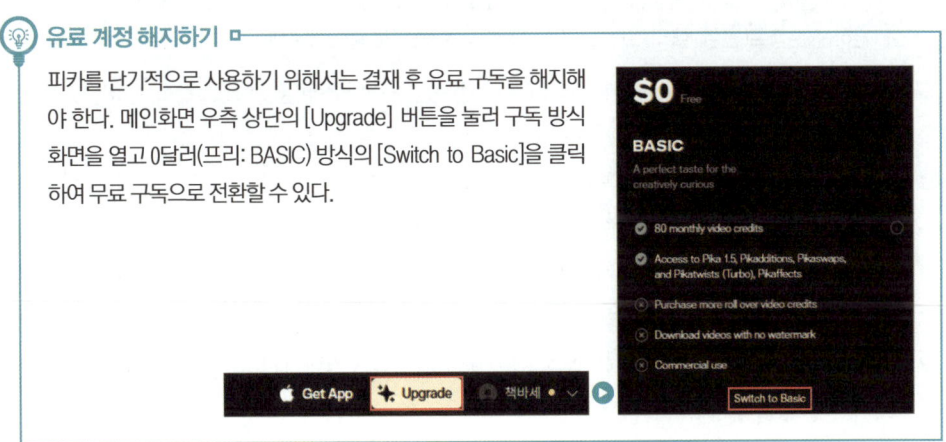

피카(Pika) 기본 사용법 •••• **397**

04 피카 메인화면은 비교적 단순한 구조로 되어있어 초보자도 쉽게 사용할 수 있다. 피카의 주요 기능에 대해 살펴본 후 본격적으로 동영상 생성 작업에 대해 알아보기로 하자.

1 **Inspiration/Pikaffects/Library** 다양한 예시 영상을 탐색하며 영감을 얻고, 새로운 AI 특수효과(Pikaffects)를 적용하거나, 사용자가 저장(생성)한 프로젝트(동영상) 관리

2 **카테고리 탭(All, Transformations, Selfies 등)** 효과와 스타일을 주제별로 분류해 한눈에 찾을 수 있으며, 원하는 콘셉트(변환, 셀피, 고전 스타일 등)에 맞는 효과를 빠르게 적용

3 **프롬프트(Describe your story)** 사용자가 만들고 싶은 영상이나 스타일을 텍스트로 입력하는 곳으로, 입력된 텍스트를 기반으로 영상이 생성

4 **Pikaframes** 업로드한 이미지나 특정 프레임을 기반으로 영상을 생성하는 기능으로, 이미지 속 장면을 동적으로 변환하고, 카메라 무빙이나 애니메이션 효과를 자동 추가

5 **Pikascenes** 여러 장면을 연결해 하나의 스토리텔링을 만드는 기능으로, 각기 다른 컷을 이어 붙여 단편 영상이나 광고 같은 시퀀스 구성

6 **Pikadditions** 기존 영상 속에 그래픽 요소(이미지 속 객체)를 추가하여 새로운 효과나 장면을 추가하는 기능으로, 비현실적인 장면 합성 작업에 유용

7. **Pikaswaps** 영상 속 인물의 얼굴이나 특정 대상을 다른 이미지로 교체하는 기능으로, 자연스러운 합성이나 대체 연출에 사용(딥페이크 효과)

8. **Pikatwists** 영상 속 요소(객체)에 다양한 변화(변형)을 주는 기능으로, 간단한 프롬프트로 '공중에 둥둥 떠있는 강아지', '자판기에서 동전이 쏟아지는 장면' 등의 마법과 같은 흥미로운 장면 생성

9. **길이 설정(5sec)** 생성할 영상의 기본 길이를 지정하는 기능으로, 짧은 5초부터 10초까지 프로젝트 목적에 따라 선택 가능

10. **모델 버전(2.2)** 현재 사용 가능한 피카(Pika AI)의 모델 버전을 선택하는 곳으로, 최신 버전을 선택할수록 더 사실적이고 퀄리티 높은 결과물 가능

11. **Settings** 세부 설정 메뉴로, *부정 프롬프트, 시드, 해상도, 화면 비율 등 영상의 최종 품질과 속성을 사용자 맞춤형으로 조정

텍스트로 동영상 생성하기: Text to Image의 활용

피카(Pika)의 가장 기본적인 영상 제작 방식은 "Text to Image"이다. 즉, 텍스트 프롬프트만 입력하면 원하는 장면의 이미지를 생성하고, 이를 참조하여 동영상으로 확장해 준다. "문장을 그림으로 바꾸고, 그림을 움직임으로 확장하는" 흐름이라고 이해하면 된다. 이 방식은 단순하지만 가장 직관적이며, 초보자도 쉽게 따라 할 수 있다. 예를 들어, "아침 햇살이 비치는 카페 테이블 위의 커피잔"이라는 문장을 입력하면 먼저 이미지를 얻을 수 있고, 피카는 여기에 카메라 무빙이나 움직임을 자동으로 추가하여 동영상으로 만들어 준다.

이제 한 장의 이미지와 텍스트(프롬프트)를 가지고 동영상을 생성해 보기 위해 프롬프트 우측의 [Image] 버튼을 클릭하여 이미지를 하나 가져온다.

> 💡 **부정 프롬프트(Negative Prompt)란?**
> 프롬프트에 "원하지 않는 요소"를 명시하여 결과물에서 배제하도록 지시하는 입력 방식으로, 쉽게 말해 "생성되는 결과물에 이건 절대 나오지 않게 해줘"라고 AI에게 알려주는 명령어라고 할 수 있다. 부정 프롬프트는 다음 페이지와 후반부에 있을 "컨피 UI"편에서 다양하게 다룰 예정이다.

사용할 이미지는 "자동차 한 대와 커피 잔"이 있는 이미지이다. 여기서 일단 간단한 ❶[프롬프트(a moving car)]를 입력한 후 ❷[Generate] 버튼을 누른다.

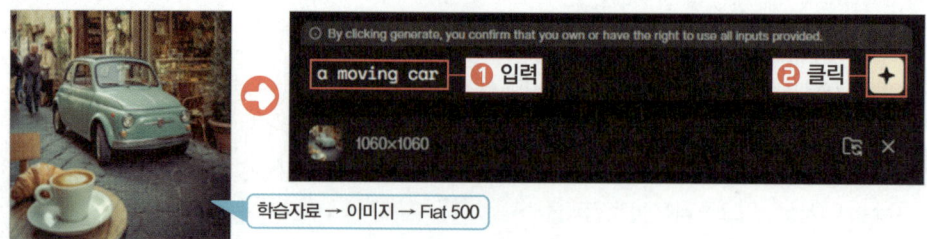

결과는 의도하지 않게 자동차가 후진하는 장면이 생성되었다. 이때 원본에는 없던 객체(사람)의 등장과 자동차가 후진할 때 뒤쪽에 있던 사람이 피하며 갑자기 사라졌다.

📢 피카와 같은 생성 AI의 특징은 프롬프트가 구체적이지 않고 간략할 때, AI 스스로가 상상하여 표현하는 경우가 종종 발생된다. 그러므로 프롬프트를 구체화하는 것이 필요하며, 갑자기 사라지거나 요소들이 겹치는 현상들도 구체적인 프롬프트나 부정 프롬프트를 사용하여 문제가 발생되지 않도록 해야 한다.

이제 문제를 해결해 보자. 이번엔 좀 더 구체적인 ❶[a car that starts to run to the right] 내용을 작성한 후 ❷[Settings] 버튼을 눌러 다음과 같은 ❸[부정 프롬프트(Negative prompt)]를 입력하고, ❹[Apply] 버튼을 누른다. 이어서 동영상을 ❺[생성]해 보자. 참고로 사용한 부정 프롬프트는 [사라지는 사람들, 자동차를 지나가는 사람들, 비현실적이거나 부자연스러운 움직임들]이다.

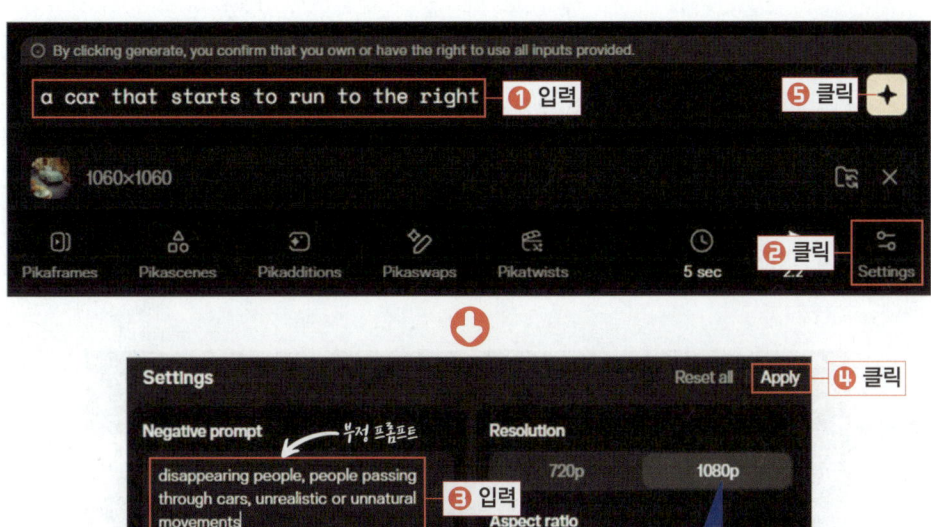

☑ 프롬프트 작성 시 움직임(앞으로 간다)에 대한 명령은 "going forward" 보다는 정확한 방향인 "run to the right"가 더 정확한 결과를 얻을 수 있기 때문에 단어(어휘) 선택이 중요하다.

생성된 결과를 보면 이번에는 앞으로(오른쪽으로) 움직이는 자동차가 정확하게 표현되었다.

이번엔 다음과 같이 더 구체적이면서 재미있는 장면 표현을 위한 [프롬프트]로 영상을 생성해 보자.

a cup of hot coffee on a small café table suddenly shakes and jumps, splashing slightly, then magically transforms into a freshly baked croissant with steam rising, playful and surreal animation, cinematic, whimsical atmosphere

작은 카페 테이블 위의 뜨거운 커피잔이 갑자기 흔들리며 살짝 튀어 오르고, 커피가 살짝 튀는 순간 신기하게도 김이 모락모락 나는 갓 구운 크루아상으로 변하는 장면, 유쾌하고 초현실적인 애니메이션, 영화적인 분위기

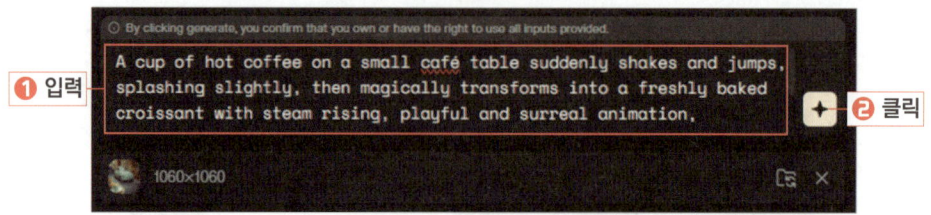

다음과 같이 프롬프트 요청한 것과 더불어 AI 상상력이 가미된 생뚱맞은 영상이 표현되었다.

◆ **피카 이펙트로 원클릭 영상 만들기: SF 영화 속 여전사로 변신**

피카 이펙트(Pikaffects)를 사용하면 이미지 한 장으로 영화/게임/광고 속 효과를 한 번에 표현할 수 있다. 이 기능은 프롬프트 없이도 원하는 장면을 누구나 쉽게 생성할 수 있다.

01 피카 메인 화면에서 ❶[Pikaffects]를 선택하면 그림처럼 수많은 이펙트 목록을 볼 수 있다. 여기서 마음에 드는 효과를 선택한다. 필자는 ❷[Epic Me]를 선택했다.

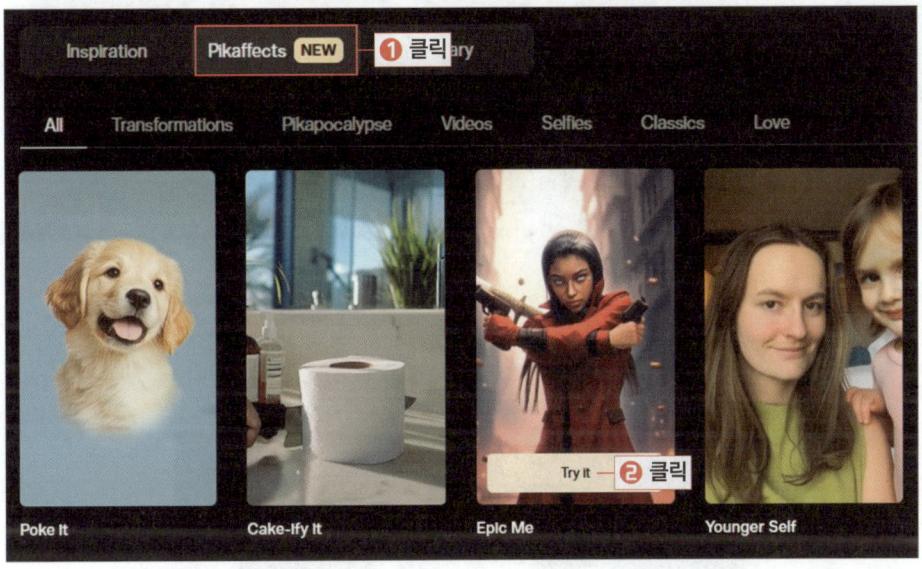

02 이미지 불러오기 창이 열리면 ❶[Upload image] 버튼을 눌러 사용할 이미지를 가져온다. 그다음 ❷[Generate] 버튼을 누른다.

03 결과는 다음과 같이 평범한 모습의 여자가 여전사로 변신하는 영상이 생성되었다. 배경음악이 포함된 것도 특이점이다. 이렇듯 피카 이펙트로 간편하게 장면을 만들 수 있다.

04 생성된 영상에 마우스 커서를 갖다 놓으면 해당 영상을 공유, 다운로드, 별점(즐겨찾기)을 줄 수 있으며, 그밖에 영상을 재생성하거나 삭제 등의 작업을 할 수 있다.

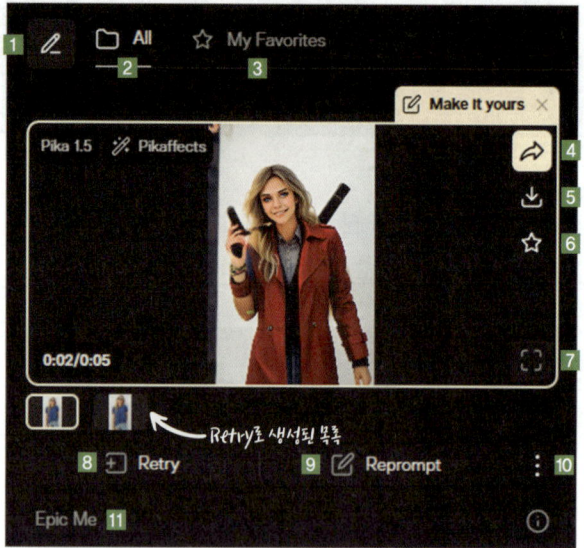

1 Create folder 새로운 폴더를 생성하여 목록 관리

2 All 모든 생성된 영상 목록 보기

3 **My Favorites** 즐겨찾기한 영상만 모아 보기

4 **Share** 생성된 영상을 외부로 공유

5 **Download** 생성된 동영상 파일(MP4)로 저장

6 **Favorite** 생성된 영상을 즐겨찾기에 추가

7 **Fullscreen** 생성된 영상 크게 보기(크게 보기 창에서도 위 기능들 사용 가능)

8 **Retry** 동일한 프롬프트로 다시 생성(같은 이미지로 재생성)

9 **Reprompt** 프롬프트를 수정해서 다시 생성(프롬프트로 생성된 영상일 경우에만 가능)

10 **더보기 메뉴** 해당 영상 삭제(Delete) 및 폴더에 추가하기

11 **Epic Me** 해당 효과를 프롬프트에 붙여 넣기(적용)해서 재사용

연속되는 장면 만들기: Pikaframes의 활용

피카프레임스(Pikaframes)는 업로드한 이미지를 기반으로 영상을 생성하는 기능으로, AI가 카메라 무빙(줌인/아웃/팬/트래킹)과 같은 동적 효과를 자동으로 추가해 몰핑(Morphing) 장면처럼 변환해 준다. 이 기능을 활용하면 서로 다른 2개의 이미지를 부드럽게 이어 붙여, 이어지는 장면을 표현할 수 있으며, Loop 기능으로 무한 반복 애니메이션을 만들거나, Transition(트랜지션)을 통해 2개의 이미지 사이를 자연스럽게 전환되는 표현도 가능하다.

01 살펴보기 위해 ❶[Pikaframes]를 선택한다. 그리고 2개의 Add frame 중 첫 번째 ❷[Add frame]을 클릭(또는 직접 끌어다)하여 다음과 같은 이미지를 가져온다.

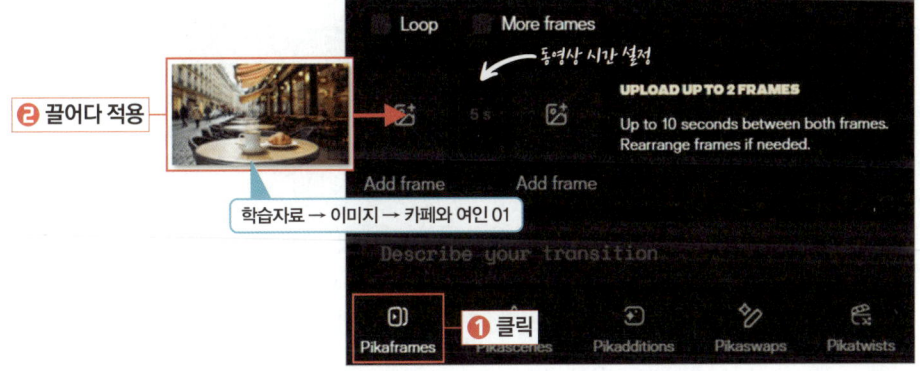

02 같은 방법으로 이번엔 두 번째로 사용할 이미지를 가져온다.

03 프롬프트는 다음과 같이 간단하게 [camera moving. a natural transition]이라고 입력하여 두 장면에 카메라 무빙 기법이 표현되도록 한다. 그리고 [Settings] 버튼을 누른다.

04 설정 창이 열리면 다음과 같은 ❶[부정 프롬프트(Negative Prompt)]를 입력한 후 ❷ [Apply] 버튼을 누르고 나온다. 입력한 부정 프롬프트는 일반적인 영상에 사용되는 프롬프트이므로 향후 작업에서도 사용하길 권장한다. 그다음 적용한 두 이미지를 자연스럽게 연결해 주는 동영상을 생성하기 위해 [Generate] 버튼을 누른다.

> blurry, distorted, deformed, extra limbs, missing limbs, unnatural body, broken anatomy, low resolution, pixelated, duplicated faces, unrealistic shadows, artifacts, glitch, unrealistic proportions, floating objects, disappearing people, people passing through objects, overlapping bodies, strange hands, twisted fingers, text artifacts, watermark, oversaturated colors, unnatural lighting

화질 문제, 신체 왜곡, 겹침 오류, 비현실적 요소 제거, 기타 등등

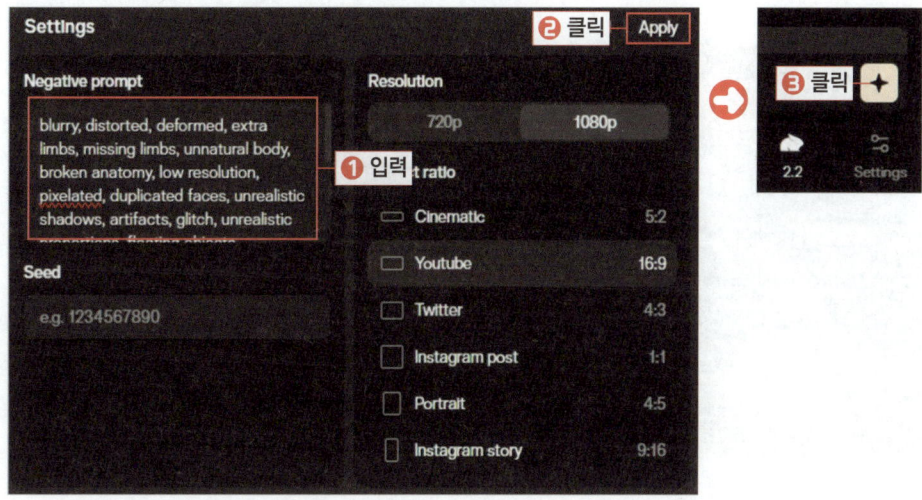

즐겨 사용되는 부정 프롬프트

화질 문제 blurry(흐림), low resolution(저해상도), pixelated(픽셀 깨짐)

신체 왜곡 deformed(변형), extra limbs/missing limbs(팔/다리 개수 오류), broken anatomy(인체 구조 오류)

겹침 오류 duplicated faces(얼굴 중복), overlapping bodies(겹친 인물), people passing through objects(물체/자동차를 뚫고 지나감)

비현실적 요소 floating objects(떠다니는 물체), disappearing people(사람이 사라짐), unnatural lighting(부자연스러운 조명)

기타 glitch(글리치), artifacts(잡티), text artifacts(글자 깨짐), watermark(워터마크), oversaturated colors(색감 과포화)

05 생성된 영상을 확인해 보면 두 장면이 카메라 무빙으로 촬영된 것처럼 자연스럽게 표현되었다. 참고로 두 이미지 사이에서 생성되는 자연스럽게 이어지는 장면 또한, 프롬프트의 역할(내용)이 중요하기 때문에 다양한 텍스트로 프롬프트를 작성해서 테스트해 본다.

06 이번에는 이미지를 하나 더 추가하여 3개의 이미지를 사용해 보자. ❶[More frames]를 체크한다. 새로운 이미지 가져오기 기능이 추가되면, 세 번째 장면에 사용할 ❷[이미지(커피잔만 있는 장면)]를 가져온 후 ❸[Generate] 생성 버튼을 클릭한다.

☑ 3개 이상의 이미지를 사용할 경우 프롬프트를 사용할 수 없으며, 총 5개의 이미지까지 사용할 수 있다.

07 생성된 영상을 보면 3개의 장면이 연결된 것을 알 수 있다. 다만, 사용자 프롬프트를 사용할 수 없기 때문에 피카(AI)가 분석하고 상상하는 결과에 만족할 수밖에 없다.

💡 반복되는 루프(Loop) 장면 만들기
영상의 시작과 끝을 반복 재생할 때 가능한 장면으로는 파도치는 바다, 회전하는 카메라, 깜빡이는 네온 사인 등 다양하다. Pikaframes의 "Loop" 옵션을 체크한 상태에서 영상을 생성하면 루프 장면을 쉽게 생성할 수 있다.

예시처럼 여러 장의 이미지를 활용해 자연스러운 장면을 만들 때는 어떤 참조 이미지를 사용하느냐가 중요하다. 같은 장소, 비슷한 구도, 조명 톤 등이 맞지 않으면, 일관된 장면을 얻기 쉽지 않기 때문이다.

참조 이미지가 중요한 이유

- **장면의 흐름 유지** 이미지 간의 구도가 달라지면 장면 전환 시 어색한 점프컷처럼 보이므로, 자연스러움을 유지하기 위해서는 비슷한 시점/배경의 이미지를 선택하는 것이 중요

- **색감/조명 일관성** 서로 다른 톤(예: 낮/밤, 따뜻한 조명/차가운 조명)을 가진 이미지를 사용하면 연결되는 장면이 부자연스럽게 느껴짐

- **피사체의 연속성** 인물/사물 위치가 갑자기 바뀌면 장면이 "튀었다"고 인식되므로, 같은 대상이 이어지는 듯한 참조 이미지 필요

- **프롬프트 제어 제한** 여러 장의 이미지를 사용하면 프롬프트 제어력이 줄어, 이미지에 의존해 생성하기 때문에 참조 이미지의 품질이 중요

08 장면 전환(Transition) 사용하기 모어 프레임스(More frames)를 사용할 때는 각 장면 사이에 장면 전환 효과를 사용할 수 있다. 첫 번째와 두 번째 사이에 있는 "T" 모양의 ❶[Add

Prompt] 버튼을 클릭한다. 프롬프트 창이 열리면 트랜지션(장면 전환) 용어인 ❷[Pan right]을 입력한 후 ❸[적용]한다.

09 이번엔 두 번째와 세 번째 사이에 있는 ❶[Add Prompt] 버튼을 클릭한다. 프롬프트 창이 열리면 트랜지션(장면 전환) 용어인 ❷[Zoom in]을 입력하고 ❸[적용]한다. 그리고 영상을 ❹[생성]해 본다.

10 결과를 보면 트랜지션 프롬프트를 사용했던 것처럼 첫 번째와 두 번째 장면은 오른쪽으로 카메라 무빙이 되는 Pan right로 전환됐고, 두 번째와 세 번째 장면은 커피잔으로 줌인(Zoom in)이 되는 것을 알 수 있다. 현재는 간단한 트랜지션 키워드만 사용하여 다소 매끄럽지 않을 수 있다. 그러므로 다음과 같은 예시처럼 보다 자연스런 장면을 표현하기 위해서는 좀 더 구체적인 트랜지션 프롬프트가 필요하다.

📨 트랜지션 프롬프트 예시

"fade out the city scene and morph into a mountain landscape"

"apply a glitch transition from the character's face to the futuristic city"

"whip pan left to reveal the next action scene"

◆ 장면 전환에 사용되는 용어(키워드)

기본 전환 키워드

Fade in/Fade out 화면이 서서히 나타나거나 사라짐(부드러운 시작/끝)

Cross dissolve 앞 장면과 뒷 장면이 겹치며 자연스럽게 전환

Cut 즉각적인 장면 전환(날카롭고 빠른 느낌)

Wipe left/right/up/down 화면이 특정 방향으로 밀려나며 전환

Slide 장면이 좌우 또는 상하로 밀려나며 교체

카메라 무빙 기반 전환

Zoom in/Zoom out 줌으로 전환(클로즈업 → 다음 장면)

Pan left/right 카메라가 수평 이동하며 장면 변경

Tilt up/down 위/아래로 이동하며 전환

Spin/Rotate 회전하면서 장면 전환(활기찬 효과)

스타일 전환

Flash transition 강한 빛 번쩍임 후 장면 변경

Blur in/out 흐려졌다가 선명해지며 전환

Glitch effect 디지털 오류처럼 깨지며 전환

Morphing 한 장면이 자연스럽게 다른 장면으로 변형

영화적 전환

Match cut 두 장면의 비슷한 형태/구도를 맞춰 연결

Whip pan 빠른 카메라 이동 후 다음 장면으로 연결

Film burn 필름이 타는 듯한 효과로 넘어감

Cinematic dissolve 영화적 분위기의 부드러운 디졸브

공간 이동형 전환

Zoom through/Push through 카메라가 화면 속으로 빨려 들어가듯 전환

Pull back transition 카메라가 뒤로 빠지며 다음 장면 등장

Portal transition 문, 창문, 거울 등을 통과하며 전환

Split screen transition 화면이 나뉘어 두 장면이 동시에 보였다가 교체

감각적 전환

Light leak transition 빛샘 효과 후 다음 장면

Smoke transition 연기나 구름을 통해 장면 변경

Water ripple transition 물결 파동처럼 흔들리며 전환

Fire/Flame transition 불꽃이 번지며 다른 장면으로 연결

여러 장면(이미지)을 시퀀스로 연결하기: Pikascenes의 활용

피카씬즈(Pikascenes)는 여러 장면(이미지)을 각각 다른 프롬프트로 생성해 하나의 영상 안에서 순차적으로 연결해 주는 기능으로, 프롬프트와 함께 여러 장면을 설정하면 카메라 무빙/인물/배경 등을 연속적으로 연결해 자연스러운 스토리 흐름의 영상을 만들 수 있다. 짧은 광고/뮤직비디오/스토리 영상처럼 스토리텔링이 필요한 작업에 유용하며, 장면 간 전환을 피카가 자동으로 처리하여 자연스럽고 영화적인 흐름을 연출할 수 있다.

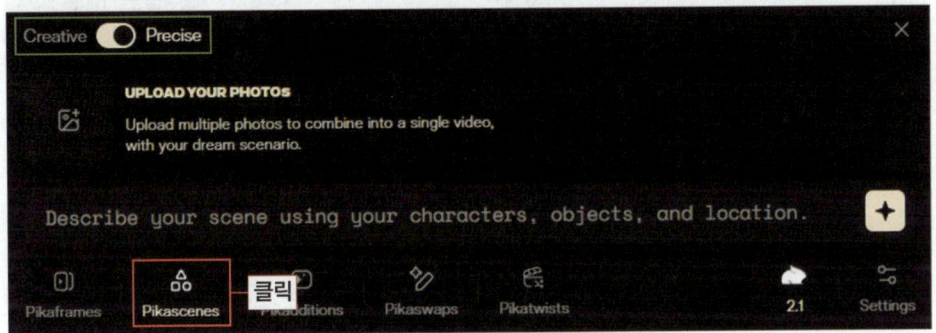

Creative/Precise 전환 토글

- **Creative** 적용된 이미지를 자유롭게 해석하여 창의적인 결과물을 생성
- **Precise** 프롬프트와 업로드한 이미지를 더 반영하여 결과물이 안정적이고 정확한 결과물 생성

◆ 이미지 프롬프트(Image to Prompt)로 장면 시퀀스 연결하기

먼저 여러 장면(이미지)를 가져와 프롬프트를 작성하여 각 장면들을 하나의 시퀀스로 이어 붙이는 'Precise'에 대해 알아보자. 다음 그림처럼 Pikascenes에서 ❶[6개의 장면]을 가져온 후 주제에 맞는 ❷[프롬프트]를 작성하고 ❸[최신 모델(2.2)]로 장면을 ❹[생성]해 본다.

> 📩 a 3d animated fantasy short film of a pure, little prince-like boy. he sits sadly on a swing while children laugh in the background, then runs tearfully into a dense magical forest. comforted by mystical light, he discovers an ancient violin glowing on moss. in a clearing, he plays with closed eyes, golden aura swirling and fireflies listening. as the music crescendos, the forest transforms with bioluminescent light, blooming flowers, and floating magical notes

☑ 영상의 길이는 5초이고, 설정(Settings)에서 사용된 부정 프롬프트(Negative Prompt)는 앞선 학습에서 사용한 기본 부정 프롬프트를 그대로 사용한 상태이다.

01 결과를 확인해 보면 6개의 장면(이미지가) 5초 동안 이어지는 하나의 시퀀스로 표현된 것을 알 수 있다. 마치 빠르게 전개되는 미리보기 영상을 보는 듯하다. 또한, 장면과 장면은 프롬프트 내용 그대로 반영된 것을 알 수 있다.

02 이번엔 사용된 이미지를 피카 AI가 상상해서 하나의 시퀀스를 만들어 주는 ❶[Creative]를 클릭한 후 ❷[Generate] 버튼을 클릭하여 장면을 생성해 본다. 이때 앞서 사용한 프롬프트와 6개의 이미지를 그대로 사용한다.

03 결과를 보면 앞서 생성한 장면과는 다른 느낌이다. 같은 프롬프트와 동일한 6장의 이미지를 사용해도 전반적인 내용과 구도는 유지되지만 카메라 움직임/조명 등의 디테일은 매번 조금씩 달라지기 때문인데, 이는 생성 과정에서 시드(Seed)와 샘플링이 매번 달라지기 때문이다. 따라서 동일한 결과를 반복해서 얻고 싶다면 시드 값 고정을 해야 한다.

> 💡 **피카에서 동영상 시드 값 확인하는 방법**
>
> 피카에서 일관된 장면을 얻기 위해 사용되는 시드(Seed) 번호는 생성된 영상 하단의 [정보: 느낌표 모양] 버튼을 누르면 나타나는 파라미터(Parameters) 창에서 확인할 수 있다.
>
>

피카(Pika) 기본 사용법 •••• **415**

영상에 새로운 요소(객체) 등장시키기: Pikadditions의 활용

피카디션즈(Pikadditions)는 기존 영상 위에 새로운 인물이나 사물, 캐릭터를 자연스럽게 추가할 수 있는 기능이다. 단순히 배경 색감만 바꾸는 것이 아니라, 전혀 없던 요소를 등장시켜 영상의 스토리와 생동감을 확장한다. 예를 들어, 도시 영상에 작은 드래곤을 날게 하거나 카페 장면에 고양이를 추가하는 식이다. 추가된 캐릭터의 움직임은 원본 영상의 흐름과 자동으로 맞춰져, 현실과 상상을 결합한 독창적인 장면을 쉽게 만들 수 있다.

◆ 도심 한복판에 나타나 하늘을 나는 드래곤: 가상현실 효과

01 ❶[Pikadditions]에서 다음과 같이 ❷[VIDEO]에는 동영상 파일, ❸[IMAGE]에는 이미지 파일을 가져온다. 그다음 장면에 포함될 이미지(드래곤)에 대한 동작(행위)을 ❹[프롬프트]로 작성한 후 ❺[Generate] 버튼을 눌러 영상을 생성한다.

> suddenly, a small but majestic emerald dragon bursts through the clouds and soars above the skyscrapers
>
> # 갑자기 나타난 작지만 장엄한 에메랄드 빛, 드래곤이 구름을 뚫고 고층 빌딩 위로 솟아오름

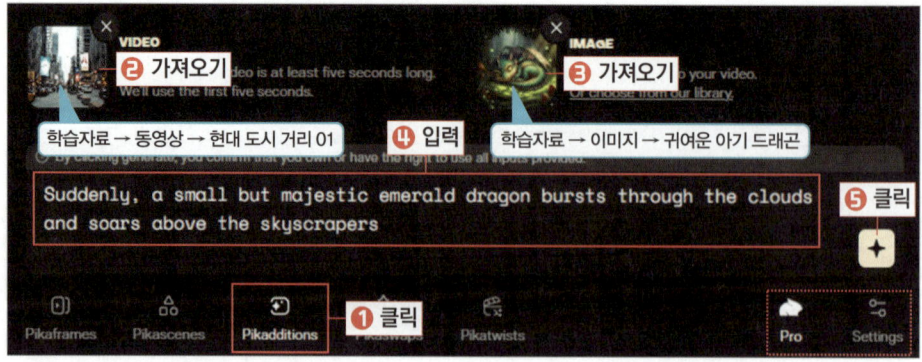

02 결과를 보면 사람들이 걸어 다니는 도심 한복판에 참조 이미지 에셋으로 사용된 초록색 드래곤이 나타나 날아다니는 장면이 생성되었다. 여기서 아쉬운 것은 드래곤의 그림자가 표현되지 않으며, 동영상 속 사람들의 변화(표정이나 동작)가 없다는 것이다. 이러한 점을 감안하여 작업하면 실제 공간에서 펼쳐지는 듯한 초현실적인 장면을 표현할 수 있다.

◆ 미래 도시의 횡단보도를 걷는 만화 캐릭터: 일상에 끼어든 AI 만화 캐릭터

01 이번에도 역시 ❶[VIDEO]에는 동영상 파일, ❷[IMAGE]에는 이미지 파일을 적용한다. 이어서 장면에 포함될 이미지(만화 캐릭터)에 대한 동작(행위)을 ❸[프롬프트]로 작성한 후 ❹[Generate] 버튼을 눌러 영상을 생성한다.

suddenly, a cyberpunk female character with neon-colored armor and purple short hair appears in the crowd. she looks around in confusion, emits a subtle light from her eyes and scans her surroundings. one hand stays on the hologram wrist device, and a flashing digital code is projected into the air

사이버펑크 스타일 여성 캐릭터, 네온 조명, 홀로그램 손목기기, 미래 도시 거리

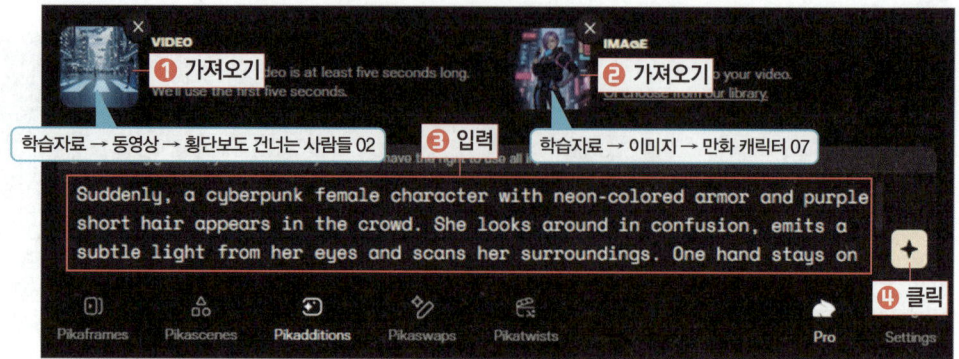

02 생성된 영상에는 도심의 횡단보도 영상 속에 사이버펑크 스타일의 여성 캐릭터가 자연스럽게 등장한다. 캐릭터는 네온빛이 감도는 갑옷과 보라색 단발머리를 하고 있으며, 주변 인물들과 동일한 조명과 반사광 속에 조화롭게 녹아들어 있다. 특히 카메라 움직임과 인물의 시선, 배경의 깊이감이 잘 맞물려 있어, 실제 공간에서 촬영된 듯한 입체적 장면이 연출되었다.

다만, 원본 영상의 인물들은 그대로 유지되고 캐릭터만 추가되었기 때문에, 완전한 상호작용은 이루어지지 않는다. 하지만 이러한 한계를 감안하더라도, 현실 공간에 가상의 캐릭터가 공존하는 독창적인 비주얼 스토리텔링을 쉽게 구현할 수 있다는 것은 좋은 예시라 할 수 있다.

Pikaswaps로 영상 속 요소(캐릭터/얼굴) 교체하기: 딥페이크 기법

피카스왑스(Pikaswaps)는 영상 속의 특정 객체(캐릭터/얼굴)를 교체하는 기능이다. 예를 들어, 원본 영상 속 사람을 만화 캐릭터로 바꾸거나, 들고 있는 물건을 전혀 다른 아이템으로 교체할 수 있다. 또한, 요즘 논란이 되고 있는 사람의 얼굴을 바꾸는 딥페이크(Deepfake)도 가능하다. 다만, 이 기능은 주로 인물 합성보다는 창작/엔터테인먼트적 연출에 적합하도록 설계되었다.

◆ **오토바이를 타고 달리는 동물 캐릭터 장면 만들기**

01 첫 번째 학습으로 오토바이트를 타고 질주하는 사람을 3D 고양이 캐릭터로 바꿔본다. ❶[Pikaswaps]에서 다음과 같이 오토바이트를 타고 달리는 ❷[동영상]을 적용한 후 아래쪽에는 대체될 ❸[객체(고양이 캐릭터)] 이미지를 적용한다. 그다음 ❹[a cat riding a motorcycle while cheering with its hands down] 프롬프트를 입력한 후 동영상을 ❺[생성]한다.

02 오토바이를 타던 사람이 귀여운 3D 고양이 캐릭터로 자연스럽게 교체된 장면이 완성된다. 고양이는 실제 도로를 달리듯 역동적으로 움직이며, 원본 영상의 동작과 표정이 정밀하게 이어진다. 특히 바람에 흔들리는 귀와 옷자락까지 표현되어 실사 속에 캐릭터가 자연스럽게 녹아든 듯한 사실감을 준다.

◆ **액션 무비 속 여주 얼굴 바꾸기: 딥페이크 기법**

01 이번에는 액션 장면 속 배우의 얼굴을 다른 배우의 얼굴로 교체해 본다. 먼저 ❶[액션 무비] 영상을 적용한 후 아래쪽에는 영상 속 여배우 얼굴을 대체할 ❷[얼굴 이미지]를 적용한다. 그다음 영상 속 대체 영역(대상)을 지정해 주기 위해 ❸[use brush]를 클릭하여 브러시 모드로 전환한다. 브러시 모드로 전환되면 그림처럼 영상 속 여배우의 ❹[얼굴(머리 전체) 영역]에 칠을 한다. 이 영역은 다른 요소(얼굴)로 대체될 영역으로 사용된다. 피카스왑스 영역이 지정됐다면 이제 프롬프트 없이 동영상 ❺[생성]을 한다.

02 다음과 같이 액션 장면 속 여배우의 얼굴이 다른 인물의 얼굴로 자연스럽게 교체된 영상이 완성된다. 새로운 얼굴은 머리 움직임과 시선, 표정 변화에 따라 부드럽게 반응하며 원본

영상의 동작과 완벽하게 일치한다. 특히 조명과 그림자, 피부 질감이 원본 환경에 맞춰 자동으로 조정되어 실제 촬영된 배우처럼 자연스럽고 사실적으로 표현된 것을 알 수 있다.

영상 속 요소(객체) 변형하기: Pikatwists의 활용

피카트위스츠(Pikatwists)는 영상(동영상) 속 요소(객체)에 변화를 주는 기능으로, 간단한 프롬프트로 '공중에 떠있는 강아지', '자판기에서 쏟아지는 동전' 등 마법과 같은 장면을 생성할 수 있다.

01 **딸기를 토마토로 바꾸기** 먼저 ❶[Pikatwists]에서 ❷[딸기] 영상을 적용한 후 ❸[Strawberries Change to Cherry Tomatoes] 프롬프트를 입력하고, 동영상을 ❹[생성]해 본다.

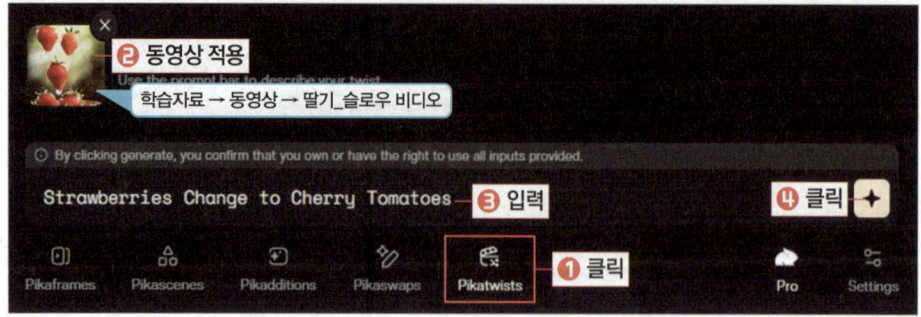

02 결과를 보면 딸기(들)이 떨어지면서 방울 토마토로 변화는 장면이 만들어진 것을 알 수 있다. 이렇게 간단한 프롬프트로 원하는 결과를 얻을 수 있었다.

▶

03 **공중에서 떨어지는 개** 이번엔 ❶[가족과 개가 함께 노는 장면] 영상을 적용한 후 ❷[a dog tumbles in midair while training] 프롬프트를 입력하고 동영상을 ❸[생성]한다.

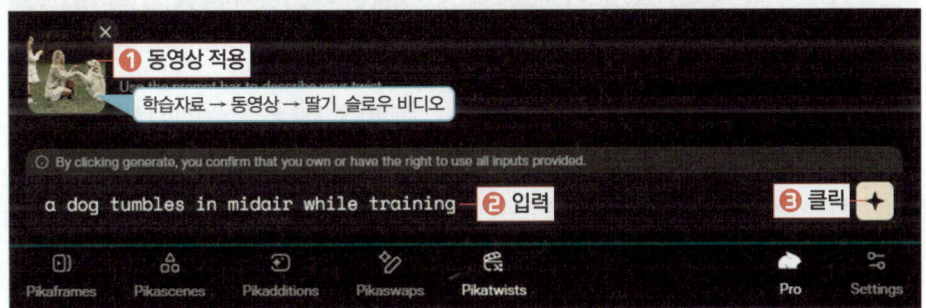

04 결과를 확인해 보면 단순히 개의 앞 발을 잡고 있는 것이 전부였던 개가 높게 점프를 하는 장면이 연출된 것을 알 수 있다. 그런데 지금 사용한 영문 프롬프트를 구글 번역기로 번역해 보면 "훈련 중 개가 공중에서 떨어진다"라고 번역된다. 이렇듯 피카트위스츠가 자연어 문장을 이해하는 능력은 비교적 떨어지는 듯한 느낌이다.

05 **공중에 뜨는 개** 피카의 자연어 해석 능력을 다시 한번 테스트해 보기 위해 이번엔 ❶[As soon as a dog grabs a woman's hand, it slowly rises into the air]라는 프롬프트를 입력한 후 동영상을 ❷[생성]해 본다.

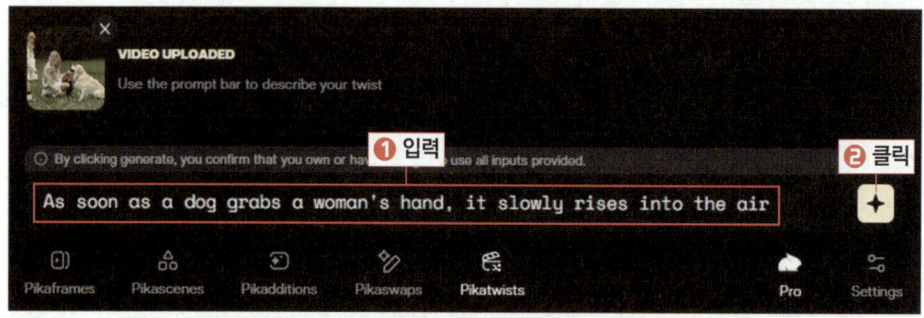

06 결과를 확인해 보면 단순히 개의 앞 발을 잡고 있는 여자가 개로 변하면서 천천히 공중으로 솟아오르는 장면이 연출된 것을 알 수 있다. 지금 사용한 영문 프롬프트는 "개가 여자의 손을 잡자마자 천천히 공중으로 솟아오른다."이다. 그런데, 개가 아닌 사람이 개로 변하고 공중으로 솟아오르는 장면이 만들어진 것이다. 결과는 재밌지만 심각한 오역이다.

07 피카트위스츠의 자연어 해석 능력을 높이기 위해서는 간결하면서 명확한 프롬프트를 작성하는 것이다. 방법은 문장을 바꿔가면서 여러번 시도해 보는 수밖에 없지만, "Inspiration"에 있는 피카트위스츠 샘플 영상에 사용된 프롬프트가 어떻게 작성됐는지 살펴보는 것도 많은 도움이 될 것이다.

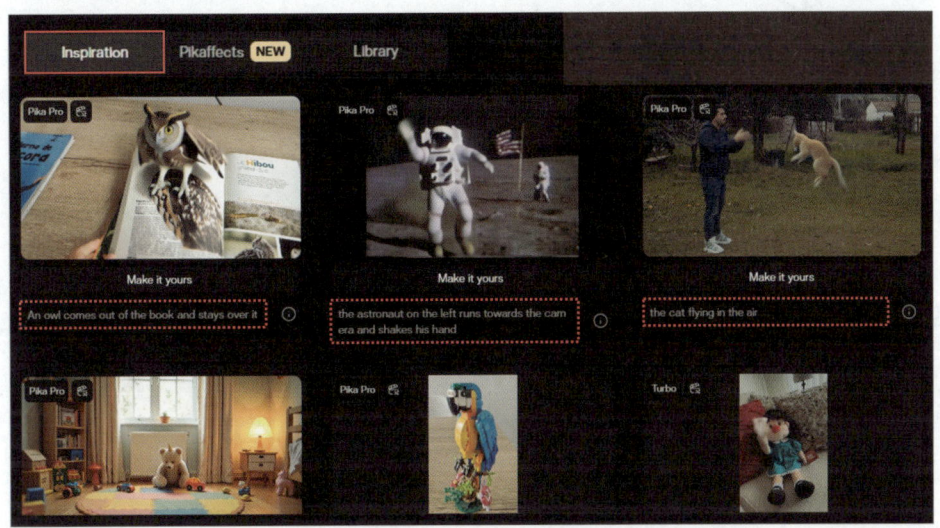

피카(Pika)는 단순한 영상 생성 도구가 아니라 상상을 시각화하는 창작 AI 도구이다. 텍스트 한 줄로 장면을 만들고, 이미지 간의 흐름을 자연스럽게 연결하며, 현실과 상상을 결합한 새로운 영상을 손쉽게 제작할 수 있다. 핵심은 기술이 아니라 창의적 프롬프트 설계와 표현력이다. 명확한 문장과 부정 프롬프트, 그리고 참조 이미지를 적절히 활용하면 피카에서 원하는 결과물을 구현할 수 있을 것이다. 이제 중요한 것은 단순한 학습이 아닌 활용으로, 피카의 장점을 극대화해 자신만의 상상력을 영상으로 표현해 보자.

10 | 플로우의 베오(Veo) 활용하기

플로우(Flow)는 텍스트나 이미지로 고품질 영상을 생성할 수 있는 구글 딥마인드의 베오(Veo) 모델을 활용하여 AI 동영상을 생성하는 툴이다. 최신 모델인 Veo 3(3.1)은 장면의 디테일과 움직임, 색감까지 정밀하게 표현할 수 있어, 영화/광고/홍보/숏폼 영상이나 창의적인 실험 프로젝트 장면과 분위기를 프롬프트 또는 참조 이미지를 통해 제작할 수 있다. 또한, 장면 전환과 카메라 움직임, 배경음까지 생성해 주기 때문에 전문 촬영 장비 없이도 전문가 수준의 결과물을 얻을 수 있다.

◆ 제미나이(제미니)를 활용한 베오(Veo) 모델 사용법

베오는 제미나이(Gemini) 플랫폼 또는 구글 딥마인드(Google DeepMind)에서 바로 사용할 수 있다. 다만 고해상도 생성이나 빠른 처리 속도를 원한다면 구독 요금제(Pro 또는 Ultra)를 이용해야 한다. 구글 검색기에 ❶[구글 베오 3]으로 검색한다. 검색된 것 중 'Gemini'와 'Google DeepMind'가 공식적으로 베오를 사용할 수 있는 플랫폼이다. 베오를 사용하기 위해서는 제미나이 유료 계정이 필요하므로 먼저 ❷[Gemini]를 통해 살펴보기로 한다.

☑ 크롬 브라우저 사용을 권장하며, 구글 계정으로 로그인된 상태에서 진행한다.

01 **제미나이 결제하기** 제미나이 홈 화면이 나타나면 [Veo 사용해 보기] 버튼을 클릭한다.

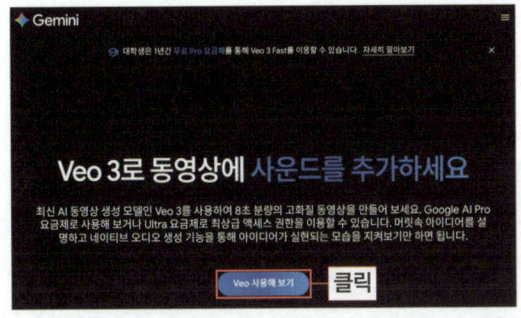

02 베오(Veo)를 사용하기 위해서는 Google AI Pro 이상의 구독이 필요하다. 일단 가볍게 사용해 보기 위해 가장 저렴한 [Google AI Pro]의 ❶[시작하기] 버튼을 클릭한다. 이어서 선택한 구독 결제 페이지가 열리면 ❷[Google AI Pro 가입하기] 버튼을 누른다.

03 결제를 위한 창이 열리면, 사용자의 ❶[결제 수단]을 선택한 후 ❷[정기 결제] 버튼을 클릭한다. 결제가 정상적으로 이루어지면 ❸[Gemini Pro로 이동]한다.

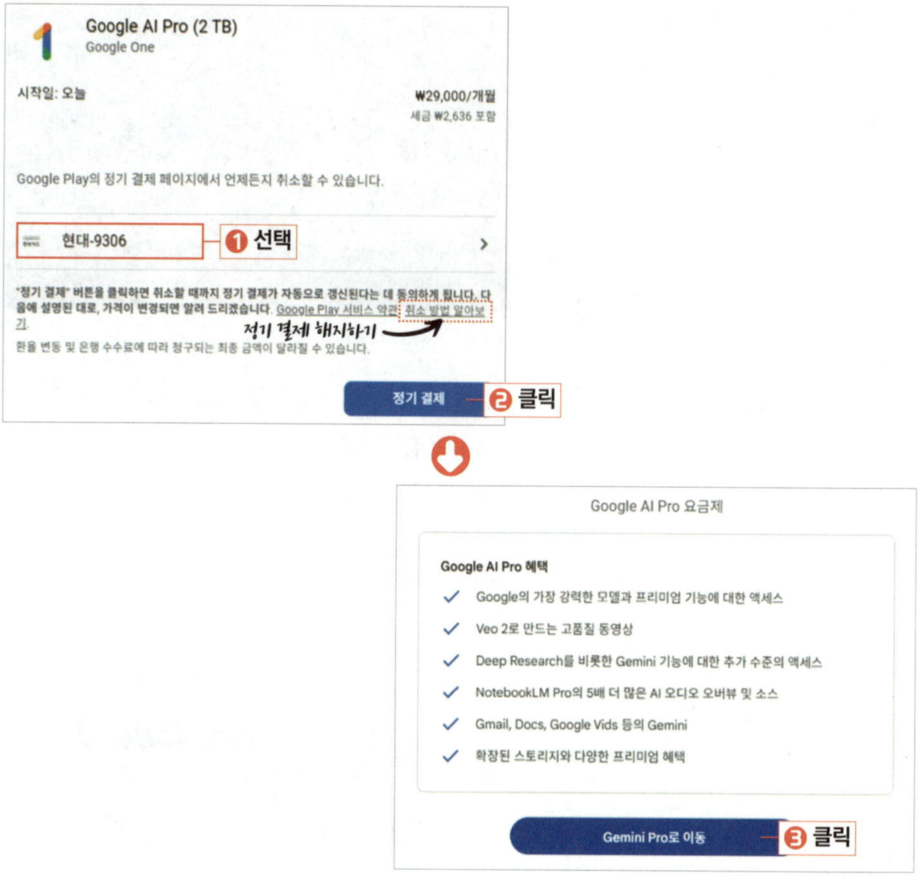

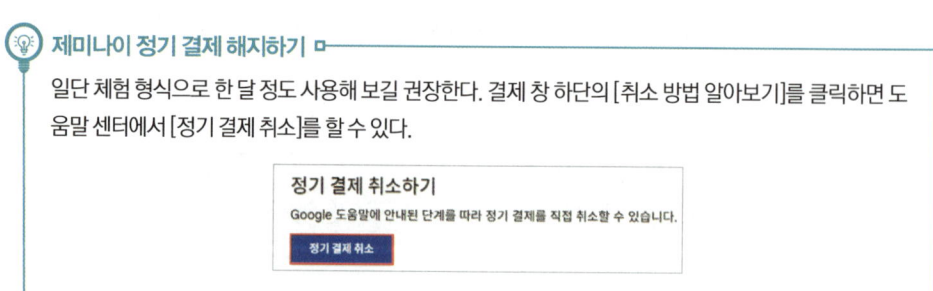

04 **제미나이에서 동영상 생성하기** 제미나이 홈 화면이 열리면 챗GPT와 유사한 인터페이스를 가진 것을 알 수 있다. 먼저 동영상을 하나 생성해 보자. 프롬프트 창 하단의 ❶ [도구] 메뉴에서 ❷[동영상 생성]을 선택한 후 한글로 ❸[투명한 컵에 우유를 따르는 장면 생성해 줘.]라고 입력한다. 그다음 ❹[보내기(제출)] 버튼을 클릭한다.

💡 **제미나이 정기 결제 해지하기**

일단 체험 형식으로 한 달 정도 사용해 보길 권장한다. 결제 창 하단의 [취소 방법 알아보기]를 클릭하면 도움말 센터에서 [정기 결제 취소]를 할 수 있다.

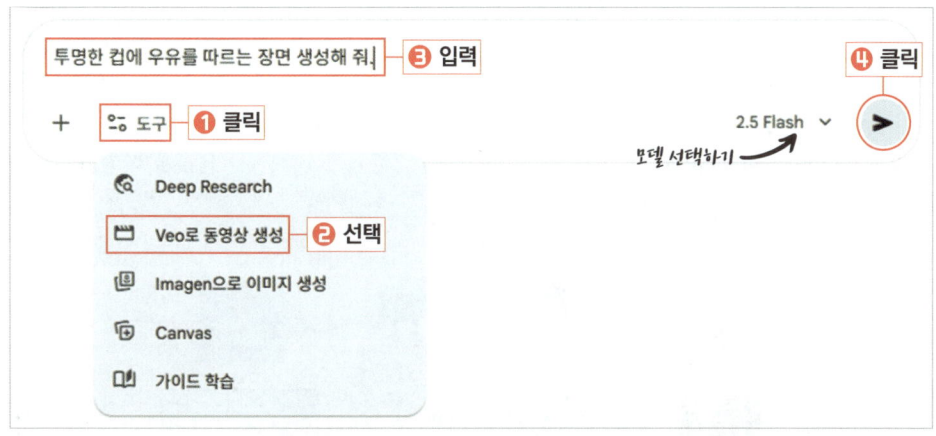

05 결과는 프롬프트 명령에 맞는 영상이 생성된 것을 알 수 있다. 플레이를 해보면 사운드(우유를 따르는 소리, 마지막 한 방울)까지 생성된 것을 알 수 있다.

06 **참조 이미지로 동영상 생성하기** [사진 추가] 버튼을 클릭하여 이미지를 하나 가져와 보자. ❶[파일 추가]를 클릭한 후 ❷[파일 업로드]를 선택한다. 다음 학습자료 이미지 폴더에서 앞서 '프리픽'에서 생성해 놓은 ❸[딸기_푸딩젤리]를 선택하고 ❹[열기]를 한다.

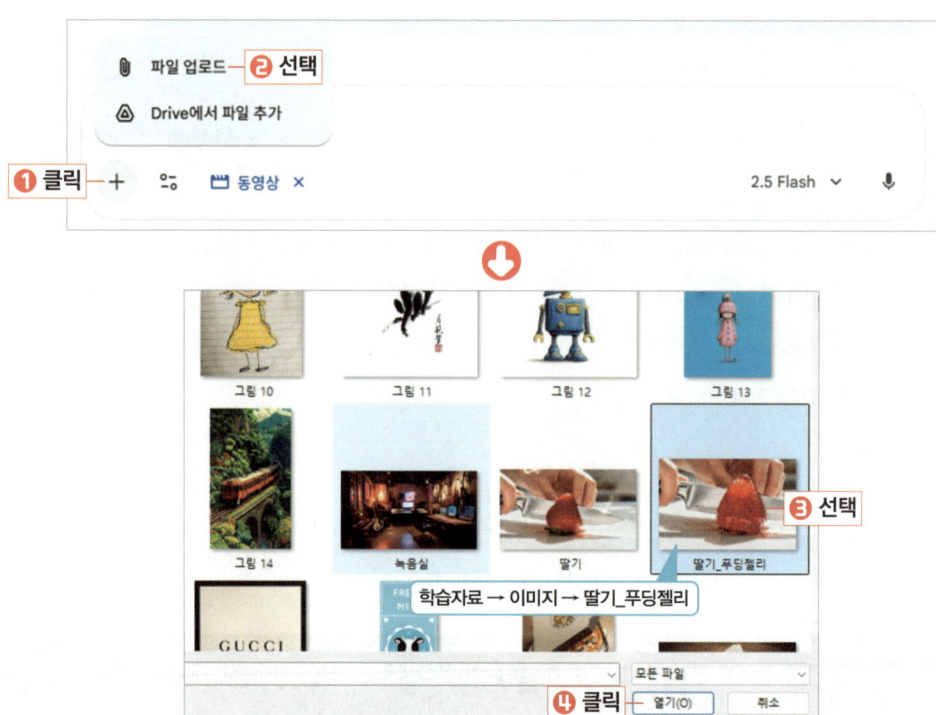

07 이미지가 적용되면 적당한 ❶[딸기 푸딩젤리를 자르는 장면]이란 간단한 프롬프트를 입력한 후 [❷보내기(제출)] 버튼을 누른다.

💡 **동영상 다운로드하기**

생성된 동영상(이미지)을 파일로 받기 위해서는 생성된 동영상 우측 상단의 [다운로드] 버튼을 클릭하면 된다.

08 결과는 다음과 같이 요즘 SNS 숏폼에서 많이 볼 수 있는 반투명한 탱글탱글한 딸기 푸딩젤리가 잘려 나가는 장면(사운드 효과 포함)이 표현된 것을 알 수 있다.

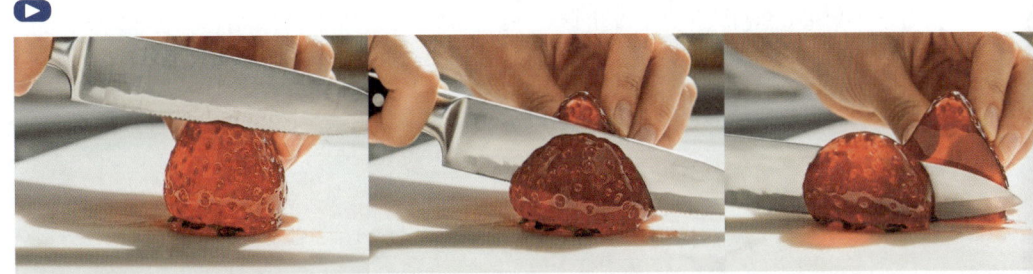

09 이번엔 요즘 유행하는 피규어 캐릭터 영상을 만들기 위해 관련 ❶[피규어 이미지]를 가져온 후 ❷[앞쪽 피규어 캐릭터는 회전하고, 뒤쪽 모니터 속 캐릭터의 망토가 휘날리는 장면. 사운드 없음]이라 프롬프트로 영상을 ❸[생성]한다. 결과는 사운드 효과 없이 피규어가 회전하는 동영상이 생성된 것을 알 수 있다.

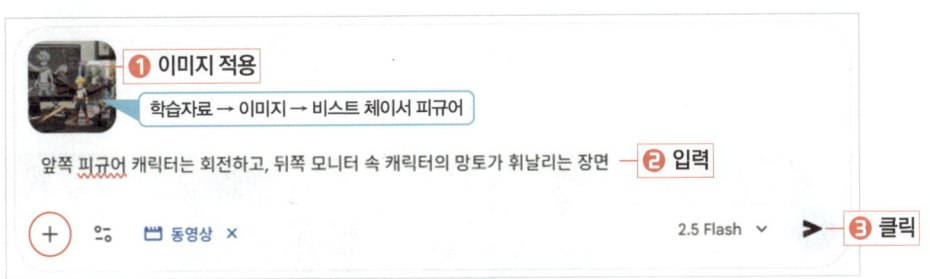

☑ 제미나이에서 동영상을 생성할 수 있는 회수는 1일 3개이다.

◆ 한국어 립싱크하기

제미나이에서 생성된 동영상에 효과음까지 삽입해 준다. 그렇다면 언어까지 가능할까? 결론은 '가능하다'이다. 살펴보기 위해 여기에서는 한국어로 말하는 외국인의 모습을 표현해 보자.

01 먼저 텍스트로 표현해 보자. 다음과 같은 ❶[프롬프트]를 작성한 후 동영상을 ❷[생성]해 본다.

> 라틴계 여성이 예쁜 카페에 앉아 커피를 마시며, 다음 대사를 말한다. "한국에서 마시는 커피는 아주 달콤해요." 이 대사를 한국어로 해줘. 자막 없이.

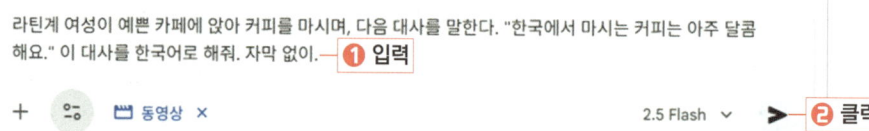

02 생성된 동영상을 보면 "한국에서 마시는 커피는 아주 달콤해요."라는 대사를 한국로 정확한 발음과 입모양으로 표현하는 것을 알 수 있다.

03 계속해서 이번엔 참조 이미지 속 모델이 말을 하는 장면을 표현해 보자. 준비된 ❶[이미지]를 추가한 후, 다음과 같은 ❷[프롬프트]로 동영상을 ❸[생성]해 본다.

> "그동안 경험할 수 없었던 아주 특별한 경험을 해보세요."라고 한국어로 말한다.

04 결과는 첨부 이미지 속 모델이 한국인처럼 완벽하게 한국어로 대사를 하는 것을 알 수 있다.

살펴본 것처럼 제미나이에서의 베오(Veo) 모델은 단순한 기능만 제공하지만, 고품질 동영상을 생성할 수 있다는 것을 알 수 있다. 제미나이 사용자라면 베오 모델은 아주 매력적인 요소가 될 것이다.

플로우를 활용한 베오(Veo) 모델 고급 사용법

구글 딥마인드가 개발한 플로우(Flow)는 베오 모델 기반의 AI 동영상 제작 툴로, 제미나이 구독자에게 제공된다. 이 AI 도구는 카메라 컨트롤, 장면 편집 및 확장 등 제미나이보다 전문적이고 세부적인 제어 기능을 제공하며, 생성된 영상에 맞는 효과음과 배경음악을 자동으로 추가해 완성도를 더 높여 줄 수 있다. 앞서 검색했던 [구글 베오 3] 결과에서 이번엔 ❶[Google DeepMind: Veo]를 클릭한다. 그다음 베오(Veo) 화면에서 ❷[플로우에서 시도해 보세요(Try in Flow)] 버튼을 클릭한다.

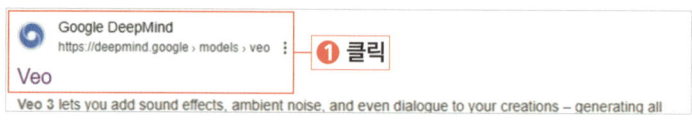

플로우(Flow) 첫 화면이 뜨면 하단의 [❶Create with Flow] 버튼을 클릭하여 작업 화면으로 이동한 후 작업 화면이 열리면 시작하기 위해 [❷+ New project]를 클릭한다.

새로운 프로젝트 작업 화면이 열리면 화면 하단의 "프롬프트 입력(채팅)" 창에서 동영상 생성 작업을 할 수 있다. 작업에 앞서 주요 기능을 살펴본다. 먼저 프롬프트 좌측 상단에 있는 [메뉴]를 클릭해 보면 방식이 다른 3개의 동영상 생성 메뉴가 나타난다.

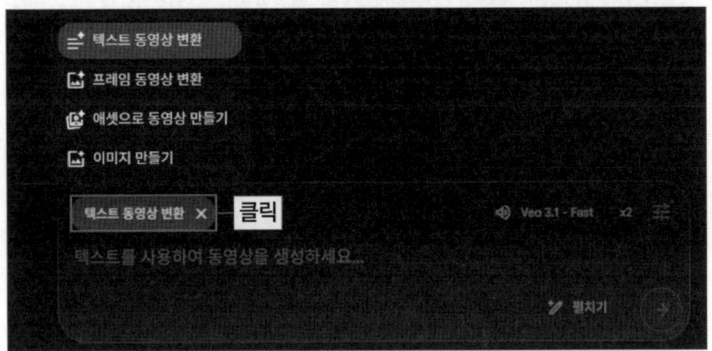

텍스트 동영상 변환 사용자가 입력한 텍스트 프롬프트를 바탕으로 새로운 동영상을 생성하는 가장 기본적인 기능. 예를 들어, "노을 지는 해변가를 걷는 사람의 모습을 만들어 줘"와 같이 원하는 영상에 대한 설명을 구체적으로 입력하여 동영상을 생성

프레임 동영상 변환 업로드한 하나의 '이미지(프레임)'를 기반으로 동영상을 생성하는 기능으로, 참조 이미지에 생동감있는 장면을 생성. 이미지 업로드 후, "사진 속 인물이 고개를 살짝 돌리도록 만들어 줘"와 같이 프롬프트를 입력하여 이미지에 추가하고 싶은 동작 요청 가능

에셋으로 동영상 만들기 동영상을 만드는 데 여러 개의 이미지 파일(에셋)을 참조 소스로 활용하는 기능으로, 여러 장의 사진을 업로드하고 "이 사진들을 자연스럽게 연결해서 영상으로 만들어 줘"라고 요청하거나, 기존 동영상 클립을 "이 영상의 스타일을 유화 느낌으로 바꿔줘"와 같이 편집 요청 가능

이미지 만들기 텍스트 프롬프트나 참조 이미지를 가져와 다양한 스타일의 이미지를 생성하는 기능

이번에 우측 상단 [설정] 메뉴를 클릭해 본다. 설정에서는 생성될 동영상의 개수와 사용할 베오(Veo) 모델(최신 모델 권장)을 선택할 수 있다. 만약 [프롬프트당 출력]을 '2'로 설정하면 최종 동영상은 프롬프트 명령 범위인 2개의 동영상이 생성된다. 많은 출력 개수는 여러 개의 결과물을 비교해 볼 수 있는 장점을 가지고 있다. 살펴본 것처럼 플로우의 구조는 아주 심플하기 때문에 초보자도 간편하게 사용할 수 있다.

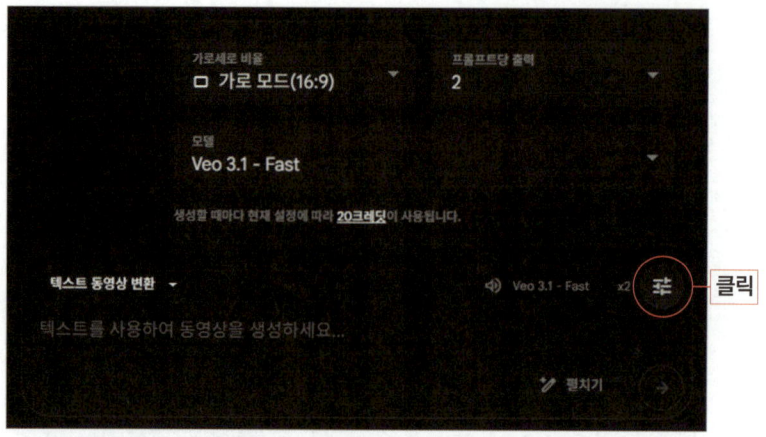

텍스트로 동영상 생성하기: 간단한 밀크 음료 광고 장면 만들기

먼저 텍스트로 동영상 생성을 해보자. 의미 없는 영상보다는 실제로 사용할 수 있는 주제를 잡는다. 이번 주제는 [밀크 음료 광고] 콘셉트이다. 참고로 동영상의 전체 구성은 챗GPT나 제미나이를 통해 구체화할 수 있다.

01 프롬프트에 한글로 [시원하고 달콤한 우유 음료 한 잔 마시는 장면]를 입력한 후 [보내기] 버튼을 누른다. '베오 3.1' 모델부터는 한글 프롬프트가 지원된다.

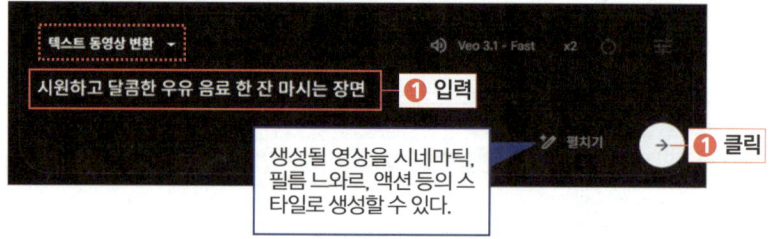

02 생성된 영상을 보면 한 명의 여자가 우유를 마시는 모습이 2개 생성됐으며, 우유를 마시는 소리와 컵 속에 얼음이 부딪히는 효과음까지 삽입된 것을 알 수 있다. 생성된 영상을 다운로드받고자 한다면 해당 [영상 위에 마우스 커서]를 갖다 놓은 후 나타나는 몇 가지 메뉴 중 [다운로드]를 선택하여 원하는 해상도를 선택하면 된다.

1. **장면에 추가** 해당 장면을 편집을 위한 장면 빌더에 추가(또는 삭제)하는 기능으로, 장면 빌더에서는 간단한 컷 편집 작업 가능

2. **수정** 생성된 영상의 프롬프트를 수정하여 동영상을 재생성

3. **즐겨찾기** 생성된 영상을 즐겨찾기로 등록하여 쉽게 재사용 가능

4. **다운로드** 해당 장면을 동영상 파일로 저장하는 기능으로, 애니메이션 GIF(270p)는 GIF 애니메이션 파일, 원본 크기(720p)는 MP4 형식의 생성된 동영상 크기, 업스케일(1080p)는 두 배로 업스케일링된 후 다운로드 가능

5. **전체 화면** 해당 장면을 전체 화면으로 재생

6. **더 보기 메뉴** 해당 영상에 부적절한 게 있을 경우 출력 신고 요청 및 삭제

04 이번엔 구체적인 내용으로 프롬프트(영문 프롬프트)를 작성해서 밀크 음료 장면을 표현해 보자. 필자는 다음과 같이 "하얀색 원피스를 입은 여인", "한국인 여자", "바닷가", "우유를 마시는 모습을 쳐다보는 강아지"를 키워드로 하여 동영상을 생성해 보았다.

> the scene shows a korean woman wearing a flowing white one-piece dress, sitting on the sandy beach under the warm afternoon sunlight. she takes a refreshing sip of a cool and sweet milk drink, her hair gently swaying in the sea breeze. a small, fluffy dog sits nearby, gazing up at her with curious eyes, as gentle waves roll in the background and the sound of the ocean blends with the moment.

05 생성된 결과는 다음과 같이 프롬프트 내용처럼 배경인 바닷가의 시원한 파도 소리까지 삽입된 것을 알 수 있다. 이와 같이 환경과 설정을 구체화하면 사용자가 원하는 장면이 더 명확하게 표현된다.

06 이번엔 다음과 같은 키워드들을 넣은 더욱 구체화된 프롬프트를 작성하여 장면을 표현해 보자. 그러면 다음과 같은 구체화된 장면을 얻을 수 있다.

주요 사물 두 개의 투명한 유리잔(two clear glass cups)
음료 내용물 우유 기반 음료(milk-based drink), 핑크빛 보라색 시럽(pinky purple syrup), 밀크 아이스크림 한 스쿱(a scoop of creamy milk ice cream), 베리류(berries), 블루베리(blueberries)

상황 공중에 떠 있음 (suspended mid-air), 서로 건배하는 것처럼 가까이 위치(close together, like cheering), 우유가 튀는 역동적인 모습(dynamic splashes of milk erupt)

추가 요소 유리잔에 물방울(water droplets on a glass), 공중에 떠 있는 10개의 블루베리(10 Floating blue blueberries)

촬영 스타일 하이퍼리얼리즘 제품 사진(hyper-realistic product photography), 부드러운 조명(soft light), 연보라색 또는 흰색 배경(light purple or white background), 시네마틱 조명(cinematic lighting), 풀프레임 구도(full-frame composition)

> two clear glass cups of drinks suspended mid-air, close together, like cheering diagonally each other, almost touching one slightly behind and higher than the other. both cups of visible milk and purple syrup layers at only 1/6 of the glass of the bottom, have water droplets on a glass. big dynamic splashes of milk erupt from the contact area between the two cups, as if frozen in a moment of motion. the one cup is a transparent glass cup of filled with a milk-based drink, layered with pinky purple syrup at only the bottom. on top, a scoop of creamy milk ice cream and a mix of berries (berries containing 10% raspberries and 90% blueberries) delicately placed, and lots blueberries falling around. the other cup is a glass cup of filled with a milk-based drink, layered with purple syrup at only 1/6 of the glass of the bottom.10 floating blue blueberries surround them in mid-air. hyper-realistic product photography, soft light purple or white background, cinematic lighting, full-frame composition with both drinks clearly visible and closely positioned.

사진으로 동영상 생성하기: 세상에 하나뿐인 패션쇼 장면 만들기

이번엔 이미지로 동영상을 생성하는 "프레임 동영상 변환" 기능을 활용해 보자. 주제는 [세상에 하나뿐인 패션쇼]이다. 먼저 하나의 이미지를 참조 이미지로 사용해 본다.

01 프롬프트에서 ❶❷[프레임 동영상 변환]을 선택한다. 그다음 첫 번째 [❸+(가져오기)] 버튼을 누른다. [업로드] 버튼을 눌러 다음과 같은 ❹[이미지]를 가져온다.

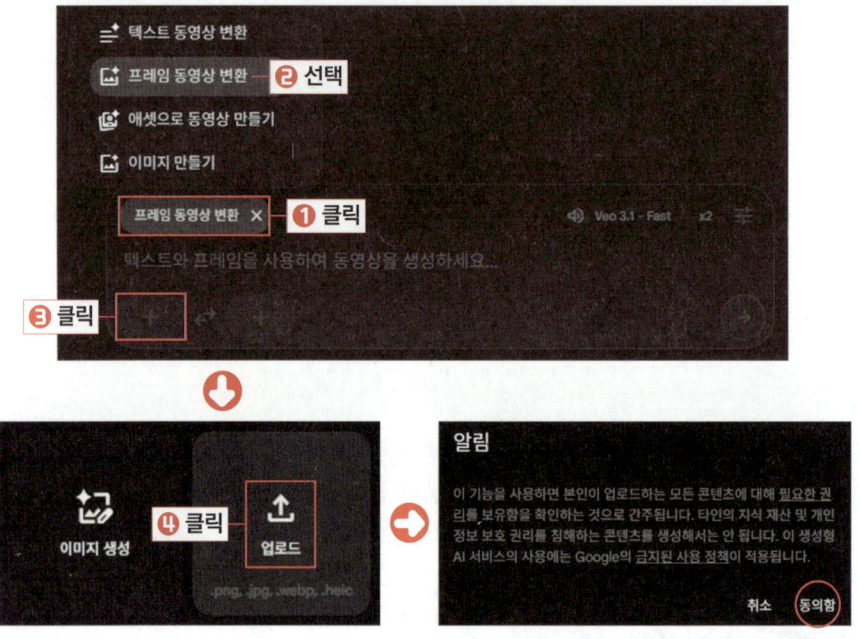

02 이미지를 가져오면 자르기 창에서 사용할 영역을 자른 후 [자르기 및 저장] 버튼을 눌러 적용한다.

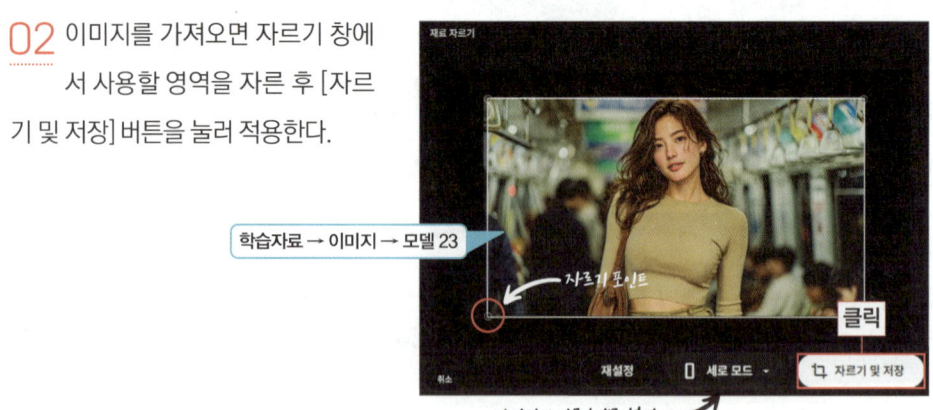

03 이미지가 적용되면 다음과 같은 ❷[프롬프트]를 입력한 후 동영상을 ❶[생성]한다.

> a confident young korean woman with natural beauty stands in the middle of a moving subway train. wearing a stylish beige ribbed crop top and carrying a brown leather shoulder bag. her wavy hair sways gently as the train moves, and she looks directly into the camera with a poised and alluring expression. the background is softly blurred with commuters sitting and standing, colorful advertisement panels above, and warm cinematic lighting that enhances her skin tone. the camera slowly dollies forward for a close-up, then gently circles around her to capture her from different angles, evoking a high-fashion lifestyle commercial in an urban setting.

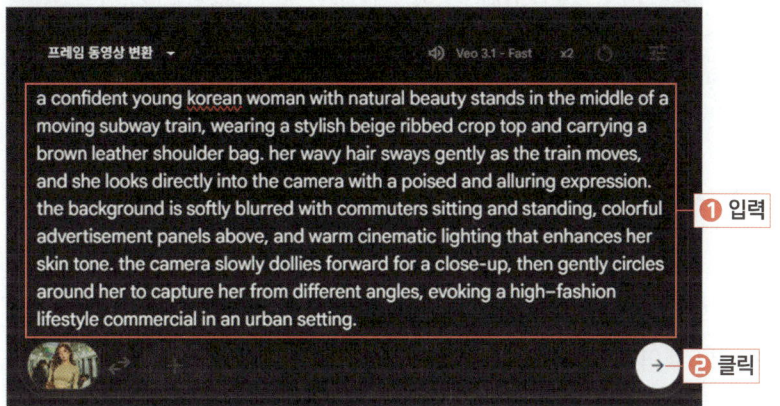

04 지하철 안에서 모델이 자연스럽게 움직이며 시선을 주는 패션 필름 스타일의 영상이 인물의 다양한 각도를 담아내며, 도시적이고 세련된 감성이 강조되었다.

05 이번엔 이미지를 하나 더 사용하여 2개의 이미지(장면)가 연속되는 영상을 만들어 보자. [+] 버튼을 눌러 ❶[2개의 이미지]를 적용한다. 그다음 ❷[앞서 사용한 프롬프트]를 그대로 입력한 후 동영상을 ❸[생성]해 본다.

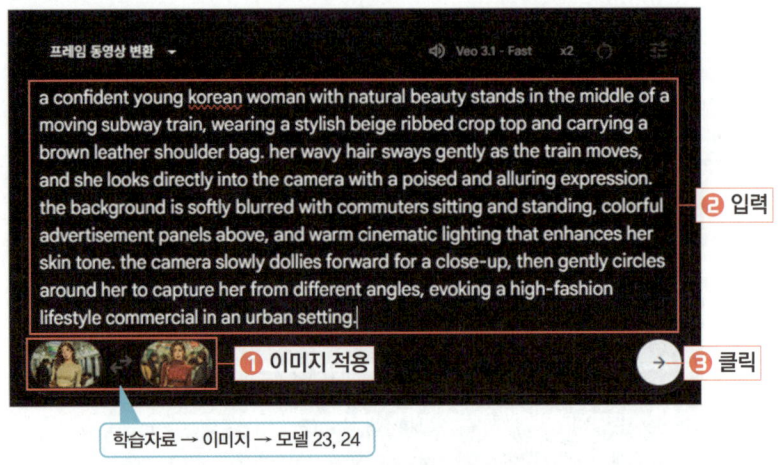

학습자료 → 이미지 → 모델 23, 24

06 결과는 두 이미지의 장면이 자연스럽게 전환되며 하나의 패션 필름처럼 표현되었으며, 모델의 시선과 포즈가 부드럽게 이어지고, 전환이 자연스러워 실제 지하철 속 패션 광고 장면 같은 느낌을 준다.

07 마지막으로 다음과 같이 같은 모델 이미지 2개를 적용한 후 ❷[a woman who walks through the city]라는 프롬프트를 입력한 후 동영상을 ❸[생성]해 본다.

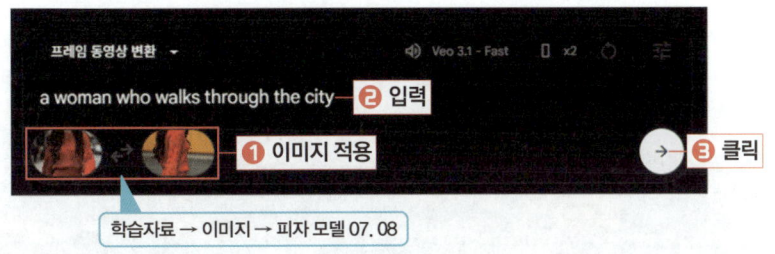

08 결과는 다른 공간에서 촬영된 모델의 배경이 자연스럽게 연결되면서 걷는 장면이 완성되었다. 이렇게 베오 모델의 이미지 해석력과 카메라 워크 기술로, 모델이 실제 거리를 걷는 듯한 자연스러운 장면을 만들 수 있다.

에셋으로 동영상 생성하기

여러 이미지의 장면을 자연스럽게 전환되도록 해주는 "에셋으로 동영상 만들기"는 최대 3개의 이미지를 사용할 수 있다. 특히 광고의 컷 효과처럼 장면을 이어나갈 때 유용하다.

◆ **3개의 에셋으로 연속되는 장면 만들기: 람보르기니 우라칸의 질주**

01 3개의 에셋(이미지)를 사용하여 각각의 장면을 표현해 보자. 다음 3개의 이미지는 이번 학습에 사용될 이미지로 각각 다른 앵글과 배경(시간)으로 촬영되었다.

02 ❶[에셋으로 동영상 만들기]에서 다음과 같이 ❷[3개의 이미지]를 순서대로 가져온 후 다음과 같이 간단한 장면을 상징하는 ❸[Lamborghini, gallop through the city.]란 프롬프트를 입력한 후 장면을 ❹[생성]한다.

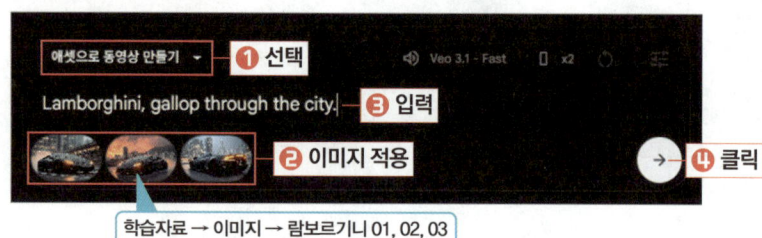

03 생성된 영상을 보면 3개의 각 이미지를 분석하여(1번 에셋 기준으로) 자연스럽게 연결되는 하나의 씬이 완성된 것을 알 수 있다. '에셋으로 동영상 만들기'의 장면 전환은 '프레임 동영상 변환'에서와는 다르게 각 장면을 컷 형태로 전환되는 것이 특징이다.

장면 빌더로 장면 편집하기

플로우에서 생성된 영상은 "장면 빌더"로 간단한 컷 편집 및 새로운 장면을 추가한 후 확장된 동영상 파일로 만들어 줄 수 있다. 생성한 장면에 마우스 커서를 갖다 놓고, [장면에 추가] 버튼을 누르면 해당 장면이 장면 빌더의 편집 라인(타임 라인)에 적용된다.

장면 클립의 시작/끝(인/아웃) 점(손 모양으로 바뀔 때)을 좌/우로 조절하여 필요한 만큼의 장면으로 컷편집을 할 수 있다.

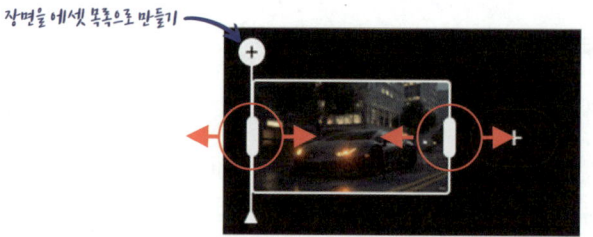

- 장면 빌더에서의 컷 편집 예 -

◆ 동영상 추가 및 삭제하기

01 장면 빌더로 다른 동영상을 추가하기 위해 좌측 상단의 [프로젝트 이름(Aug 08 - 1437)]을 클릭한다.

02 프로젝트 작업 화면으로 이동하면 추가할 동영상에 마우스 커서를 갖다 놓고, [장면에 추가] 버튼을 누른다. 그러면 첫 번째 장면 뒤쪽에 추가된다.

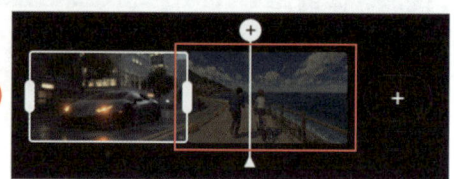

03 불필요한 장면(동영상)은 프로젝트 작업 화면으로 돌아간 후 삭제할 장면에 마우스 커서를 갖다 놓고, [장면에서 삭제] 버튼을 누르면 된다.

◆ 장면 순서 바꾸기

01 여러 개의 장면 사용 시 장면의 순서를 조정해야 할 때가 있다. 살펴보기 위해 편집 라인 우측의 [정렬] 버튼을 누른다.

02 정렬 환경이 활성화되면 장면을 ❶[원하는 위치로 이동]한다. 그다음 ❷[완료] 버튼을 누르면 장면 순서가 바뀌게 된다.

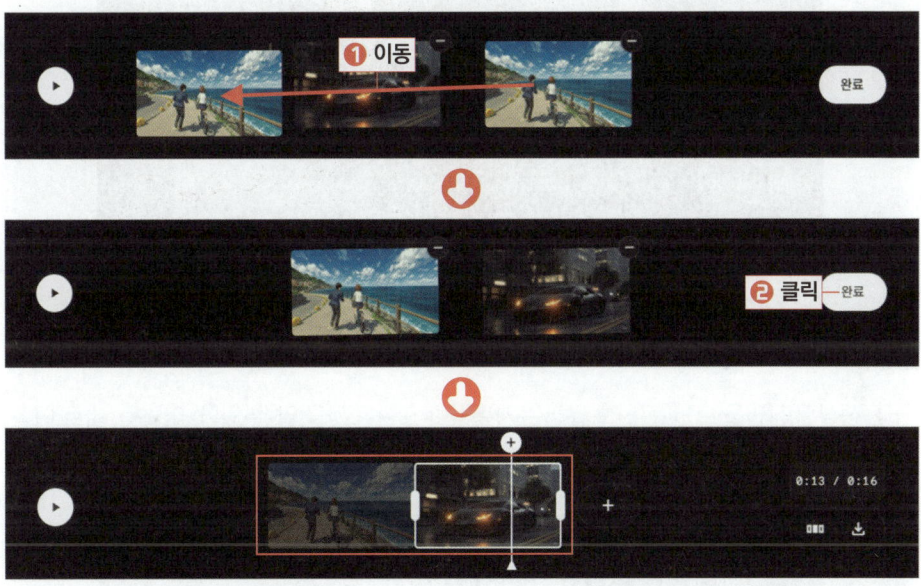

◆ 새로운 장면 생성 후 추가하기

01 특정 장면 뒤쪽에 새로운 장면을 추가할 수도 있다. 추가하기 위해 ❶[+] 버튼을 클릭한다. 메뉴 목록이 열리면 먼저 ❷[바로 이동]을 선택한다.

02 이동 프롬프트 입력 창이 열리면, 해당 장면 이후에 삽입될 장면에 대한 ❶[프롬프트]를 작성한 후 ❷[보내기] 버튼을 클릭한다. 필자는 갑자기 눈 위를 달리는 간단한 자동차 씬 프롬프트를 사용하였다.

transformed into a car speeding along a snowy road

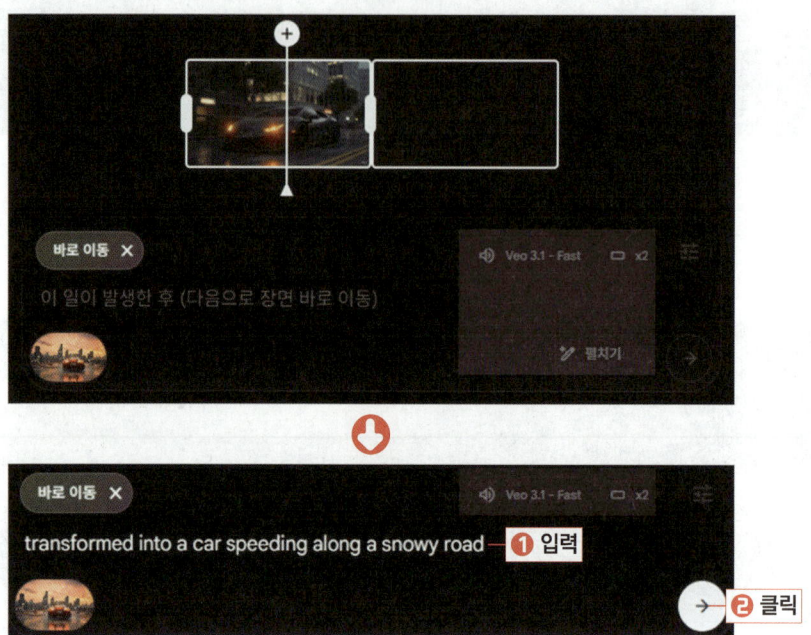

03 생성된 장면을 보면 눈 위를 달리는 자동차가 표현된 것을 알 수 있다. 이렇듯 "바로 이동" 방식은 새로운 씬을 추가할 때 유용하다.

04 다른 방법으로 장면을 추가할 수도 있다. 추가하기 위해 [❶+] 버튼을 클릭한다. 메뉴 목록이 열리면 먼저 [❷확장]을 선택한다. 이번에도 계속 [❸눈 위를 달리는 자동차]라는 프롬프트를 사용하여 [❹장면]을 연장해 본다.

05 생성된 장면을 보면 두 번째 장면과 이어지는 씬이 추가된 것을 알 수 있다. 살펴본 "확장" 방식은 장면이 길게 이어지는 작업에 유용하다.

지금까지 베오(Veo) 모델에 대해 살펴 보았다. 최신 모델인 베오 3.1은 품질 향상과 더불어 장면의 일관성을 유지하고, 섬세한 연출이 가능하기 때문에 시각화 영상, SNS 콘텐츠, 광고 등의 스토리보드 제작 분야에서 아이디어를 현실화하는 강력한 도구로 활용된다.

11 | 클링AI(KlingAI) 활용하기

클링AI(KlingAI)는 텍스트와 참조 이미지로 영화 수준의 고품질 영상을 생성할 수 있는 차세대 AI 툴이다. 콰이쇼우(Kuaishou)에서 개발한 이 모델은 인물의 움직임, 조명, 반사광, 카메라 워킹까지 실제 촬영처럼 표현할 수 있으며, 최대 2분(장면 연장 시) 길이의 영상을 생성할 수 있다. 장면의 분위기, 카메라 각도, 피사체 동작 등을 자연어로 입력하기만 하면, 현실감 있는 시네마틱 영상을 완성할 수 있다. 특히 인물의 표정과 움직임을 정밀하게 구현해 영화, 애니메이션, 광고, 교육 영상 등 다양한 분야의 제작 도구로 활용할 수 있다.

클링AI 사용법: 다양한 이미지 생성하기

클링AI는 런웨이와 피카처럼 텍스트(프롬프트)와 이미지를 활용해 동영상을 생성한다. 다만, 텍스트보다 참조 이미지를 기반으로 생성한 결과물이 더 안정적이기 때문에, 영상의 완성도를 높이려면 참조 소스(이미지)의 품질을 우선적으로 확보하는 것이 중요하다. 이번 학습에서는 클링AI에서 이미지 생성을 하는 다양한 사용법에 대해 알아 보자.

클링AI로 이미지 생성하기: 텍스트 생성 이미지의 활용

클링AI에서 이미지를 생성하는 방법은 텍스트 입력과 두 가지 형태의 참조 이미지를 활용하는 방식으로 나뉜다. 다만, 현재는 이미지 품질(결과물)이 동영상에 비해 다소 제한적이어서, 대부분의 사용자는 클링AI를 동영상 생성을 위해 활용한다. 그럼에도 불구하고 클링AI를 사용해야만 하는 특수한 경우라면, 이미지 품질을 최대한으로 높이기 위한 다양한 모색이 필요하다.

◆ 클링AI의 "텍스트 생성 이미지"로 이미지 생성하기

01 클링AI를 사용하기 위해 구글 검색기에서 ❶[클링]으로 검색한 후, ❷[Kling AI]를 클릭한다. 유사 사이트가 많기 때문에 로고와 웹사이트 주소(www.klingai.com)를 확인한다.

☑ 크롬 브라우저 사용을 권장하며, 구글 계정으로 로그인된 상태에서 진행한다.

02 클링AI 소개 화면(영상)이 나타나면 상단 메뉴 중 언어를 ❶[한국어]로 선택한 후 우측 상단 또는 화면 가운데에 있는 ❷[창작하기/창작하러 가기]를 클릭한다.

☑ 한국어 완벽 지원 클링AI가 v2.5(Turbo) 모델로 업그레이드되면서 한국어를 공식 지원하기 시작했다. 이제 사용자는 영문 프롬프트가 아닌, 한국어로 자연스럽게 장면을 설명하여 영상을 생성할 수 있다.

03 계정 등록하기 작업 시작은 화면 좌측 사이드바에서 원하는 작업 도구(기능)를 선택하면 된다. 화면 하단에서도 작업 선택이 가능하며, 다른 AI 도구에서 클링AI를 사용할 수 있는 API(개발자 플랫폼) 활용도 가능하다. 먼저 사용자 계정 등록을 위해 [로그인] 버튼을 클릭한다.

1. **더보기** 클링AI의 전체 기능과 이벤트, 최신 소식, 타인의 작품들을 한눈에 볼 수 있는 메인 메뉴
2. **에셋** 생성한 이미지/영상 파일을 관리하거나, 공개된 예시 작품을 둘러볼 수 있는 공간
3. **이미지 생성** 텍스트 프롬프트나 참조 이미지를 활용해 새로운 이미지 생성
4. **비디오 생성** 텍스트/참조 이미지를 기반으로 동영상을 생성하는 핵심 기능으로, 카메라 워킹, 조명, 인물 동작까지 표현 가능
5. **모든 툴** 특수효과, 립싱크, 사운드 효과 등 클링AI에서 제공되는 모든 도구 목록을 보기
6. **액티브 캔버스** 단일 프롬프트 방식과 달리, 노드 기반의 비주얼 창작 시스템으로 작동하는 AI 아이디어 보드형 이미지/영상 생성 기능
7. **공지/이벤트** 새로운 기능으로, 대회, 업데이트, 할인 정보 등을 안내하는 알림 기능 (로그인 후 활성)
8. **API 메뉴** (API)개발자용 기능으로, 클링AI를 다른 플랫폼이나 앱과 연동할 수 있는 API 접근 설정
9. **멤버십 가격 안내(맴버십 구독)** 클링AI 구독에 대한 안내로, 프리미엄 플랜 요금 및 혜택 안내. 고해상도 생성, 빠른 속도 등 추가 기능 제공
10. **개인 설정** 클링AI의 계정 정보와 사용자 환경(언어, 인터페이스, 프로필, 아이디, 계정 삭제 등)을 관리하는 메뉴
11. **생성 도구 바로가기** 하단 중앙의 빠른 실행기로, 이미지 생성, 비디오 생성, 오디오 생성, 설정 메뉴에 바로 접근할 수 있는 기능

04 로그인 창이 열리면 [구글 계정으로 로그인하기]를 클릭한다. 계정 선택 창에서 [사용자 구글 계정]을 선택한 후 "계속"을 선택한다.

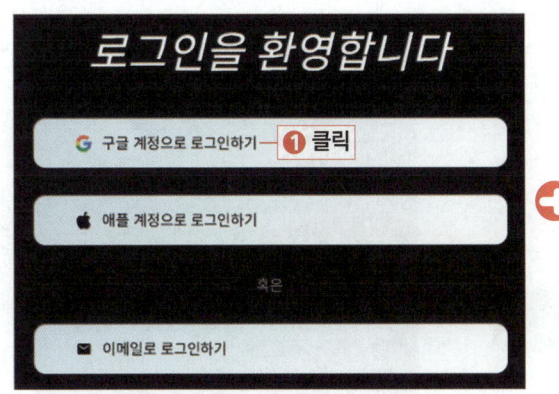 

☑ 처음으로 계정을 등록하면 클링AI 설문 창이 열리는데, 요구하는 설문에 응하거나 창을 닫는다.

05 **유료 구독하기** 신규 회원은 기본적으로 166 크레딧을 제공한다. 이 정도의 크레딧으로는 맛보기 정도밖에 사용하지 못하기 때문에 좀 더 다양한 학습을 위해 유료 구독을 해본다. 사이드바 하단의 [멤버십 구독] 버튼을 클릭한다.

06 구독 선택 화면이 열리면 일단 ❶[월간 구독]을 선택한 후 ❷[프로] 멤버십을 선택한다. 구독 방식은 각자 원하는 멤버십을 선택하면 된다.

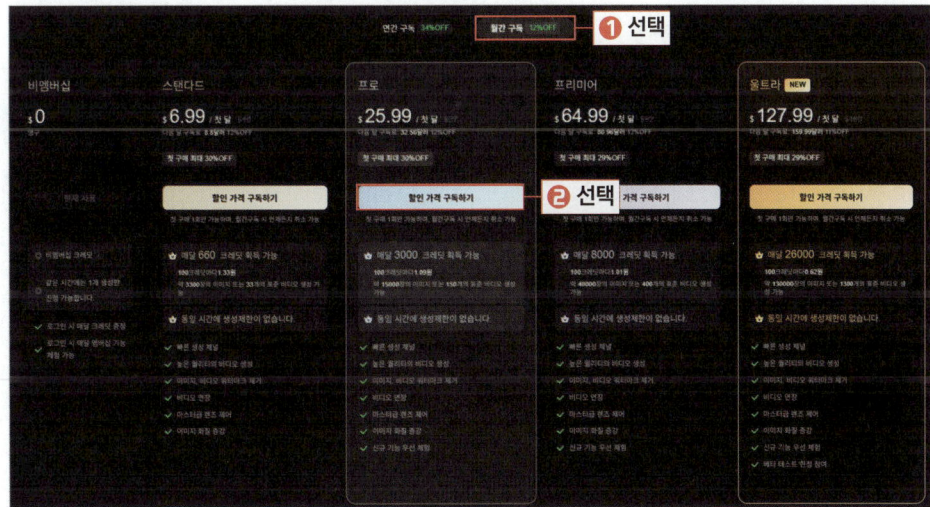

07 결제하기 창이 열리면 자신의 ❶[결제 수단]을 선택한 후 ❷[구독하기] 버튼을 클릭한다. 참고로 클링AI는 결제 후 '전용 초대 코드 받기'를 통해 크레딧을 획득할 수 있다.

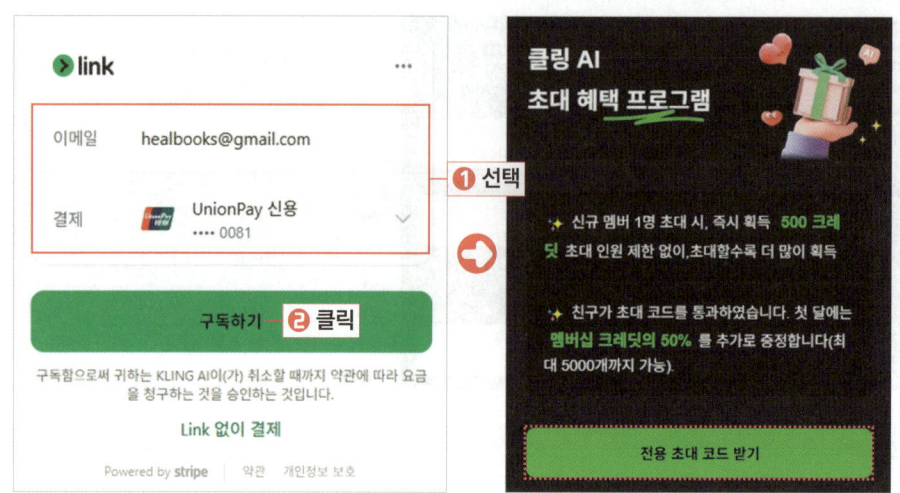

08 이제 이미지 생성을 위해 사이드바에서 ❶[이미지 생성] 도구를 클릭한다. 이미지 생성은 세 가지 방식이 있는데, 먼저 텍스트 생성 이미지에 대해 살펴본다. 프롬프트에 생성하고자 하는 이미지를 묘사한 ❷[프롬프트]를 입력한다. 그다음 ❸[이미지 비율, 생성 개수]를 설정한 후 ❹[생성] 버튼을 클릭한다.

> 달빛이 비치는 숲속에서 바이올린을 연주하는 소녀. 푸른빛 안개와 반짝이는 불빛이 주변을 감싸고, 부드러운 판타지 일러스트 스타일

클링AI 유료 멤버십 해지하기

클링AI 유료 멤버십을 해지하기 위해서는 '프로 월간 구독'의 [관리]를 클릭한 후 월간 구독 [자동 결제 취소] 버튼을 눌러 취소할 수 있다.

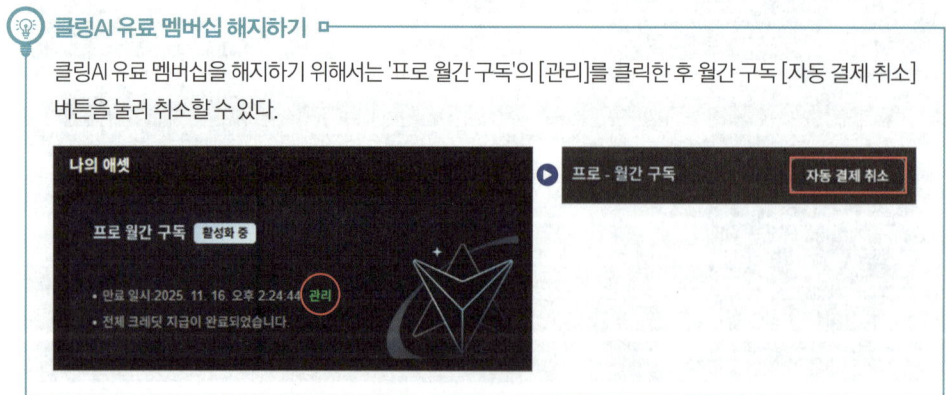

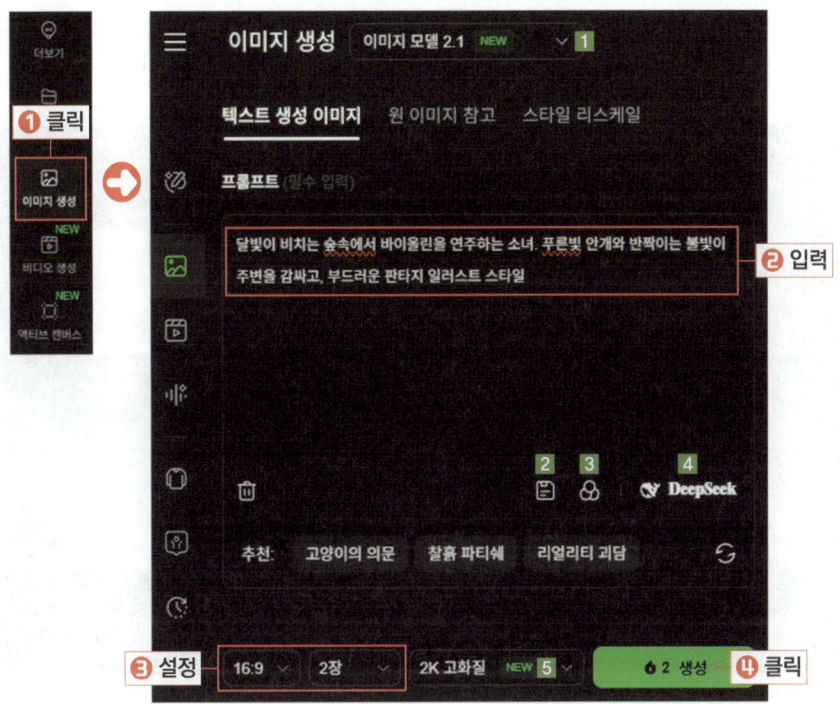

1 **모델 선택** 이미지/동영상 생성을 위한 클링AI의 모델 선택(최상위 모델 선택 권장)

2 **프롬프트 저장** 작성한 프롬프트를 콘셉트(스타일) 라이브러리에 저장하여 반복 사용 가능

3 **콘셉트 라이브러리** 자주 사용하는 이미지 콘셉트 스타일 목록을 통해 특정 스타일 이미지 생성

4 **DeepSeek 연동** 딥시크 AI가 프롬프트를 자동 보완해 주는 보조 기능(짧은 문장이라도 맥락을 확장해 풍부하고 세밀한 프롬프트로 변환해 줌)

5 **해상도 선택** 이미지/동영상 생성을 위한 해상도 선택

09 그러면 다음과 같이 일러스트 풍의 바이올린을 연주하는 소녀 이미지가 2개 생성된다.

클링AI 사용법: 다양한 이미지 생성하기 •••• **455**

10 생성된 이미지 위에 마우스 커서를 이동하면 다음과 같은 메뉴(기능)들이 나타난다. 이 메뉴를 통해 이미지 재생성, 수정, 지우기, 다운로드 등의 작업을 할 수 있다.

해당 이미지를 다운로드하거나 삭제 또는 다른 사용자가 볼 수 있도록 공개하는 등의 메뉴를 사용할 수 있다.

☑ 이미지를 클릭하면 해당 이미지를 풀화면으로 볼 수 있으며, 아래 설명한 메뉴를 공통으로 사용할 수 있다.

비디오 생성 선택한 이미지를 기반으로 AI가 자동으로 움직임과 카메라 워킹을 추가하여 동영상으로 변환

비슷하게 생성 현재 이미지를 참고하여 유사한 구도나 스타일로 새로운 이미지를 재생성

일부분 다시 그리기 이미지의 특정 영역(Inpainting)을 지정하여 지정된 부분만 재생성(인물 표정 변경, 손 모양이나 소품만 교체 가능)

이미지 확장 현재 이미지 크기를 확장해 보다 넓은 장면이나 프레임으로 재구성

지우개 원치 않는 객체(배경의 불필요한 요소, 텍스트, 그림자 등)를 간편하게 제거

커버 이미지로 사용하기 해당 이미지를 참조 이미지(원 이미지 참고)로 사용하여 이미지 재생성

화질 업그레이드 생성된 이미지를 더 높은 해상도(2K~4K)로 업스케일링하여 재생성(디테일 강화)

11 **일부만 다시 그리기** 여러 기능 중 이미지의 특정 부분을 수정(바꾸기)하는 방법에 대해 살펴보자. ❶[일부만 다시 그리기]를 클릭한다. 편집 창이 열리면 다음과 같이 ❷[바이올린 부분에 색(초록색)]을 칠한 후 프롬프트에 ❸[빨간색 바이올린으로 바꾸기]라고 입력한다. 그다음 최종 ❹[생성 이미지를 2개]로 설정한 후 ❺[다시 그리기] 버튼을 클릭한다.

12 **수정된 그림을 보면** 나무 질감의 바이올린이 빨간색 바이올린으로 바뀐 것을 알 수 있다. 이와 같은 방법으로 사용자는 이미지의 일부를 선택하여 색상, 소품, 배경, 조명 등 특정 요소만 세밀하게 수정(추가/삭제)할 수 있다.

13 **다운로드하기** 최종적으로 사용할 이미지를 저장하기 위해 [다운로드]를 클릭한다. 참고로 클링AI는 기본적으로 생성된 이미지(동영상)에 '워터마크'가 표시된다. 워터마크가 없는 이미지를 저장하기 위해서는 다운로드 시 [워트마크 없음]을 활성화해야 한다.

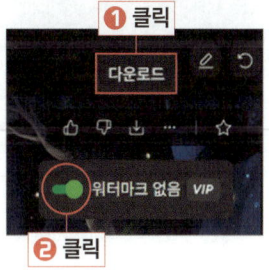

14 딥시크로 프롬프트 아이디어 얻기 이번엔 사용자가 입력한 프롬프트에 대해 챗GPT와 유사한 '딥시크 AI'로 다양한 프롬프트 아이디어를 얻는 방법에 대해 알아보자. 앞서 사용한 프롬프트가 입력된 상태에서 [DeepSeek]를 클릭한다. 그러면 우측에 다음과 같이 원본 프롬프트를 기반으로 여러 개의 프롬프트를 제안해 준다. 여기에서 마음에 드는 프롬프트는 "생성하기"를 통해 이미지를 생성할 수 있다.

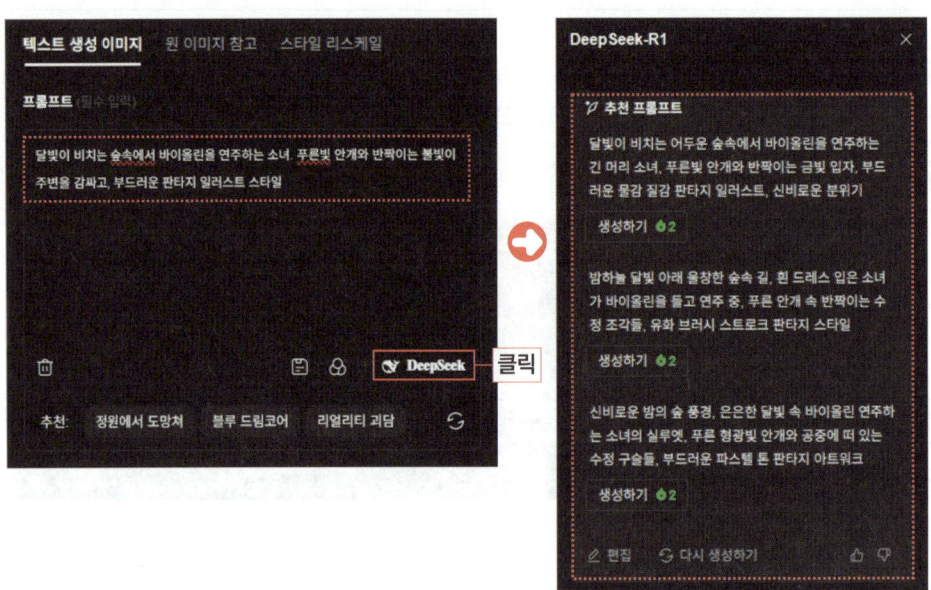

15 콘셉트 라이브러리로 생성하기 계속해서 미리 만들어 놓은 콘셉트를 통해 간편하게 이미지를 생성해 보자. ❶[콘셉(컨셉) 라이브러리]를 클릭한다. 그러면 우측 공간이 콘셉 라이브러리로 바뀐다. 여기에서 마음에 드는 ❷[콘셉트를 클릭]해 보자.

16 그러면 다음과 같이 프롬프트 뒤쪽에 방금 선택한 "Glass" 콘셉트 이미지 스타일이 적용된다. 이 상태에서 이미지를 [생성]하면 적용된 스타일의 이미지가 생성된다.

클링AI 사용법: 다양한 이미지 생성하기 ···· 459

클링AI로 이미지 생성하기: 원 이미지 참고의 활용

이미지 생성 방법 중 "원 이미지 참고"는 특정 이미지를 참고해 스타일/구도/캐릭터 특징을 일관되도록 유지하며 새 이미지를 생성할 때 사용된다. 이 방식은 텍스트만으로 생성할 때보다 결과가 더 안정적이며, 특히 동일 인물이나 일관된 시각적 분위기를 유지해야 하는 프로젝트에 유용하다.

◆ 단일 이미지 참고로 일관된 이미지(캐릭터) 생성하기

01 **캐릭터 특징 살리기** 인물이나 동물 등 특정 캐릭터의 외형적 특성을 유지하면서 새 이미지를 생성하기 위해 ❶[원 이미지 참고] – ❷[단일 이미지 참고] – ❸[캐릭터 특징]을 선택한다. 그다음 다음과 같이 준비된 ❹[참조(레퍼런스) 이미지]를 적용(클릭하여 선택 혹은 직접 끌어다 갖다 놓기)한다.

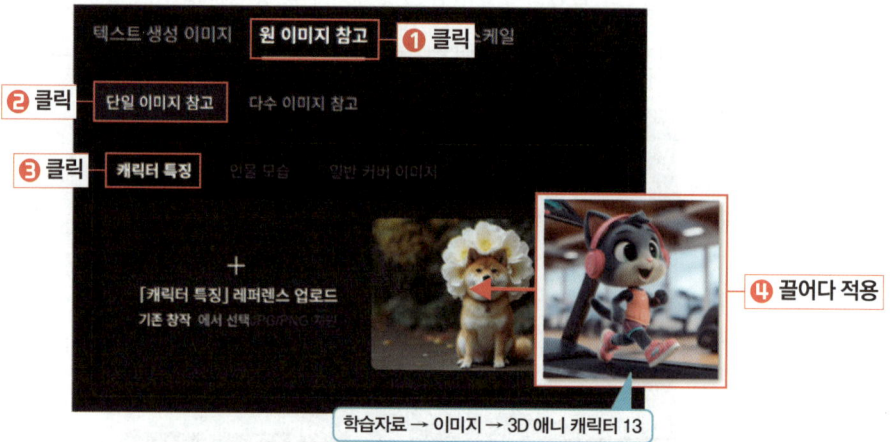

⚠ 참조 이미지 사용 시 타인의 권리 침해, 불법/비윤리적 이미지, 사용 권한에 대한 동의를 해야 한다.

02 캐릭터 이미지가 적용되면 다음과 같이 ❶[같은 캐릭터가 햇살이 내리쬐는 공원에서 스트레칭을 하고 있다.]라는 프롬프트를 입력한 후 비율을 ❷[1:1]로 설정하여 이미지를 ❸[생성]한다.

얼굴 참고(Face Reference) 업로드한 이미지 속 캐릭터나 인물의 얼굴 특징을 얼마나 일관되게 유지할지 결정 (수치가 높을수록 원본 얼굴의 형태/표정/색감이 그대로 반영)

주체 요소 참고(Object Reference) 원본 이미지의 전체적인 몸, 자세, 의상, 배경 톤 등의 구성 요소를 반영(수치가 높을수록 인물의 자세, 포즈, 배경 색감 등이 원본과 유사하게 재현)

03 생성된 결과를 보면 주변 환경이나 포즈는 프롬프트와 일치되지만, 캐릭터(고양이)의 얼굴은 완전히 다르게 표현되었다. 이것은 "얼굴 참고" 값을 100%로 설정한 후 생성해도 해결되지 않았다.

04 좀 더 만족스런 결과를 얻기 위해 딥시크 AI를 활용해 보자. ❶[DeepSeek]를 클릭하여 추천 프롬프트를 생성한다. 마음에 드는 프롬프트의 ❷[이미지 및 텍스트 사용하기]를 클릭여 프롬프트에 반영한다. 그다음 ❸[생성] 버튼을 클릭하여 이미지를 생성한다.

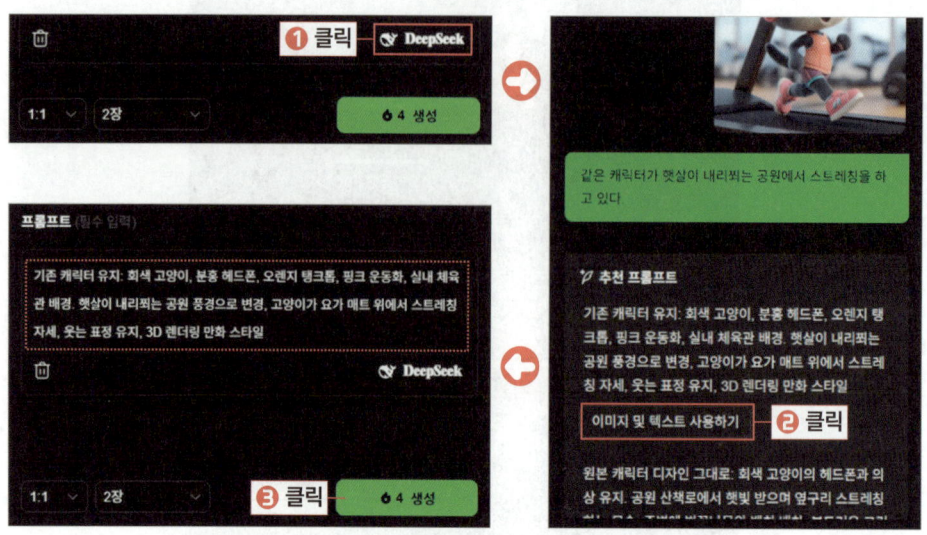

05 결과를 보면 참조 이미지 속 고양이 캐릭터가 전보다 훨씬 비슷해진 것을 알 수 있다. 이처럼 프롬프트를 어떻게 작성하느냐에 따라 결과물의 차이가 나는 것을 알 수 있다. 이럴 때 딥시크는 제법 유용하게 활용된다.

06 인물 얼굴 반영하기 이번에는 인물의 얼굴을 그대로 반영하고, 주변 환경이나 스타일에 변화를 주는 이미지 생성을 위해 그림처럼 ❶[인물 모습] 모드에서 준비된 ❷[이미지]를 적용한다. 그다음 ❸[강도 참고] 값을 50, 화면 비율을 ❹[1:1]으로 설정한 후, 다음과 같은 ❺[프롬프트]를 작성하여 이미지를 ❻[생성]해 보자.

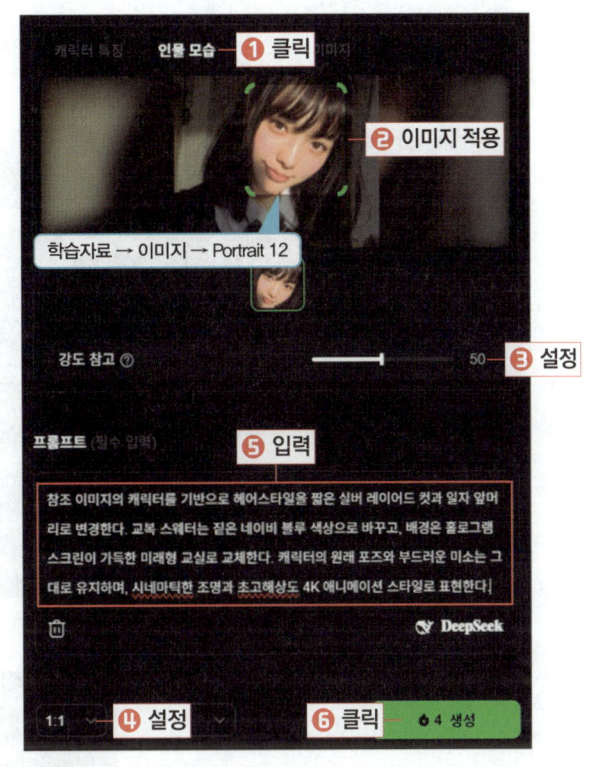

📢 참조 이미지의 캐릭터를 기반으로 헤어스타일을 짧은 실버 레이어드 컷과 일자 앞머리로 변경한다. 교복 스웨터는 짙은 네이비 블루 색상으로 바꾸고, 배경은 홀로그램 스크린이 가득한 미래형 교실로 교체한다. 캐릭터의 원래 포즈와 부드러운 미소는 그대로 유지하며, 시네마틱한 조명과 초고해상도 4K 애니메이션 스타일로 표현한다

📣 인물이 아닌 동물 캐릭터일 경우 얼굴 분석에 대한 확률이 현저히 떨어지기 때문에 참조 이미지 작업을 할 경우, 가능한 한 정면의 명확한 모습의 캐릭터나 인물 위주의 이미지 사용을 권장한다.

💡 **딥싱크로 외부 이미지 프롬프트 윤색하기**

AI 이미지(동영상) 생성 시 타인이 만든 이미지의 프롬프트가 궁금할 때가 있다. 이럴 때 클링 AI의 딥싱크(딥시크 기능 사용 시 하단에 나타남) 기능을 사용하면, 외부 이미지를 가져와 분석을 한 후 해당 이미지가 어떤 프롬프트를 사용했는지 예시를 보여준다.

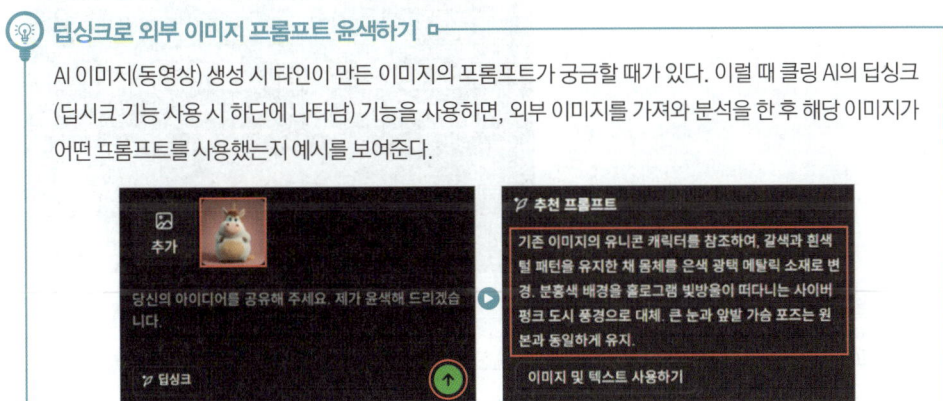

07 결과는 아래 두 이미지처럼 참조 이미지 속 인물의 얼굴은 그대로 반영하고, 스타일과 주변 환경만 새롭게 바뀐 새로운 이미지가 생성된 것을 알 수 있다.

08 **분위기/스타일 보존하기** ❶[일반 커버 이미지]를 활용하면 참조 이미지의 분위기와 스타일 특징(색감, 조명, 질감, 구도)이 새로운 이미지에 반영된다. 살펴보기 위해 준비된 ❷[이미지]를 적용하고, 다음과 같은 ❸[프롬프트]를 입력한 후 이미지를 ❹[생성]한다.

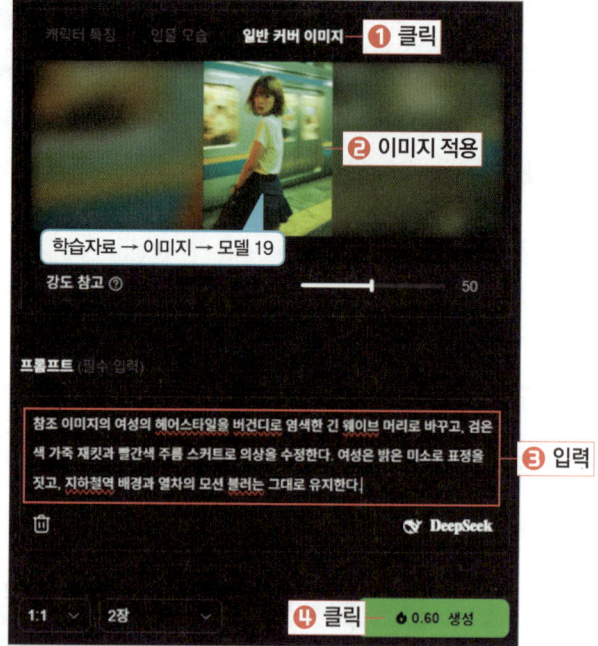

> 참조 이미지의 여성의 헤어스타일을 버건디로 염색한 긴 웨이브 머리로 바꾸고, 검은색 가죽 재킷과 빨간색 주름 스커트로 의상을 수정한다. 여성은 밝은 미소로 표정을 짓고, 지하철역 배경과 열차의 모션 블러는 그대로 유지한다.

09 결과는 참조 이미지 속 인물(캐릭터)의 포즈보다는 이미지 속 무드/스타일/컬러 톤을 계승한 상태로 새로운 이미지가 생성된 것을 알 수 있다. 지금의 방식을 사용하면 영상 썸네일,

포스터, 광고 이미지 등 시각적 통일성이 중요한 프로젝트에 유용하게 사용된다.

◆ **다수 이미지 참고로 합성된 이미지 생성하기**

01 클링AI에서도 여러 이미지를 가져와 각 이미지 속 주체, 장면, 스타일을 통합하여 하나의 공간에 있는 이미지를 생성할 수 있다. 살펴보기 위해 [다수 이미지 참고] 방식을 선택한다. 다수 이미지 참고는 그림처럼 기본적으로 3개의 이미지를 가져올 수 있으며, 필요에 따라 참조 이미지를 추가하여 합성된 이미지를 생성할 수 있다.

주체 이미지 인물 또는 캐릭터의 기본 형태와 포즈, 얼굴 구조를 반영할 이미지 적용(최대 4장까지 업로드 가능)

장면 이미지 생성될 이미지의 배경, 구도, 조명 방향 등에 사용될 이미지 적용

스타일 이미지 전체적인 색감, 질감, 예술적 톤, 표현 방식을 적용하는 이미지 적용

02 **주체 이미지 적용하기** 먼저 맨 위쪽의 ❶[주체 이미지]에 준비된 이미지를 적용(클릭하거나 직접 끌어서 적용)한다. 이번엔 2개의 주체를 사용하기 위해 ❷[또 하나의 이미지]를 더 적용한다. '참고 주체 선택하기' 창이 열리면 적용된 각 이미지에서 주체가 될 ❸[이미지 영역]만 지정하고 ❹[확인]한다.

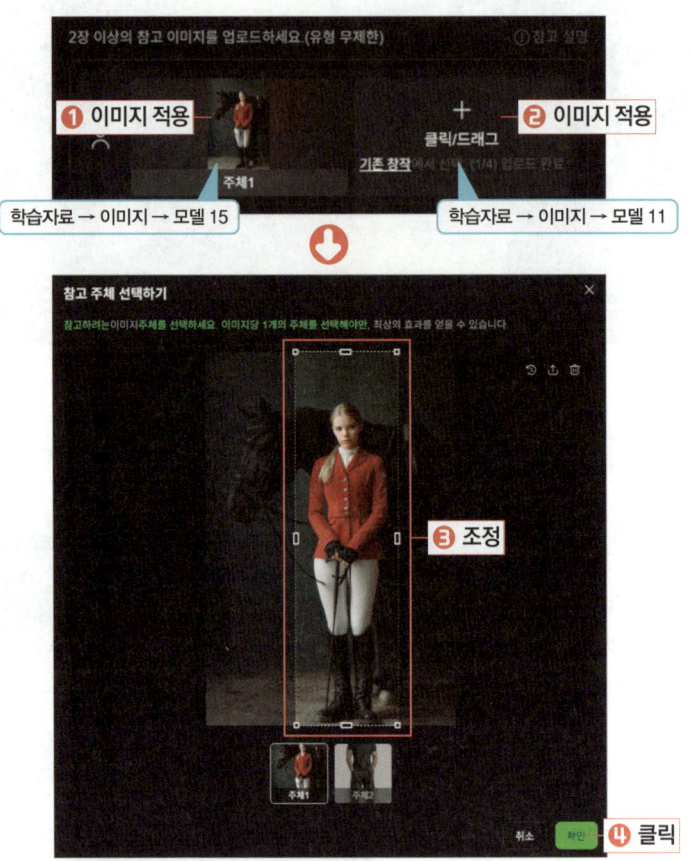

☑ '모델 15' 이미지에는 말이 있기 때문에 앞쪽 여성의 모습을 영역으로 지정했지만, '모델 11'은 아무 것도 없는 벽이기 때문에 별도의 영역 설정이 필요 없다.

03 계속해서 배경, 구도 등에 사용될 ❶[장면 이미지]와, 전체적인 색감, 질감, 톤 등에 사용할 ❷[스타일 이미지]를 적용한다. 그다음 다음과 같은 ❸[프롬프트]를 입력한 후 이미지를 ❹[생성]한다. 결과는 참조 이미지와 프롬프트 요청에 맞게 남녀가 스튜디오 공간에서 포즈를 잡고 있으며, 전체 스타일은 지브리 스타일로 표현된 것을 알 수 있다.

📢 남녀가 '장면 이미지' 스튜디오에서 포즈를 잡고 있다. 스타일은 '스타일 이미지'의 지브리 스타일로 표현한다.

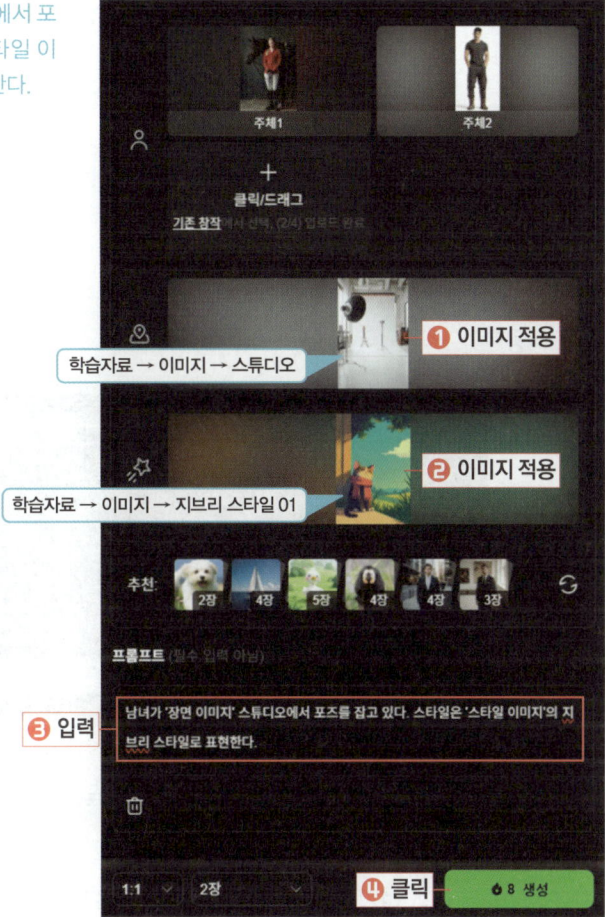

📢 프롬프트 없이 그냥 이미지 데이터만 사용하면 생각했던 것과 차이가 있는 결과물이 생성될 것이다. 그러므로 참조 이미지를 사용할지라도 프롬프트의 역할은 아주 중요하다.

클링AI 사용법: 다양한 이미지 생성하기 •••• 467

클링AI로 이미지 생성하기: 스타일 리스케일의 활용

'스타일 리스케일'은 원본 캐릭터 외형은 유지하면서 전혀 다른 화풍이나 분위기로 변환할 수 있는 기능이다. 형태, 구도, 인물은 그대로 보존하되 색감/조명/질감 등 스타일적 요소만 새롭게 재해석하기 때문에 원본의 완성도를 훼손하지 않으면서 다양한 예술적 변주를 시도할 수 있다.

01 살펴보기 위해 ❶[스타일 리스케일] 항목을 선택한 후 스타일 변경에 사용할 ❷[이미지]를 적용한다.

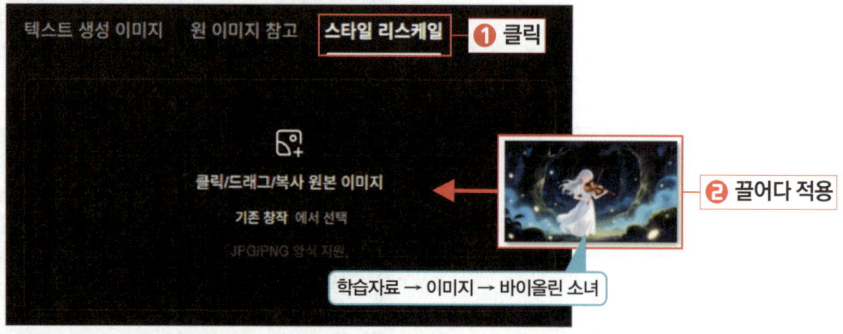

02 적용된 이미지 스타일을 변경하기 위한 프롬프트를 입력한다. 일단 간단하게 ❶[사이버 펑크 스타일]이라고 입력한 후 ❷[DeepSeek] 버튼을 클릭한다. 그러면 보다 구체화된 프롬프트를 작성해 준다. 여기서 마음에 드는 추천 프롬프트가 있다면 ❸[클릭(설명 사용하기)]하여 사용한다.

📩 **콘셉트(스타일) 변환 프롬프트 예시**

"지브리 풍으로 리스케일"
"사이버펑크 풍으로 리스케일"
"유화 질감의 인상주의 화풍으로 변환"
"시네마틱 네온 톤으로 리스케일"

📩 **복합형 프롬프트 예시**

"지브리 풍 + 수채화 질감"
"사이버펑크 + 시네마틱 조명"
"픽사 풍 + 부드러운 유화 질감"

03 추천 프롬프트가 적용되면 [생성] 버튼을 눌러 이미지를 생성한다. 생성된 이미지를 확인해 보면 프롬프트(사이버펑크, 네온사인, 미래지향적 요소)의 요청에 맞는 스타일이 변경된 이미지가 생성된 것을 알 수 있다.

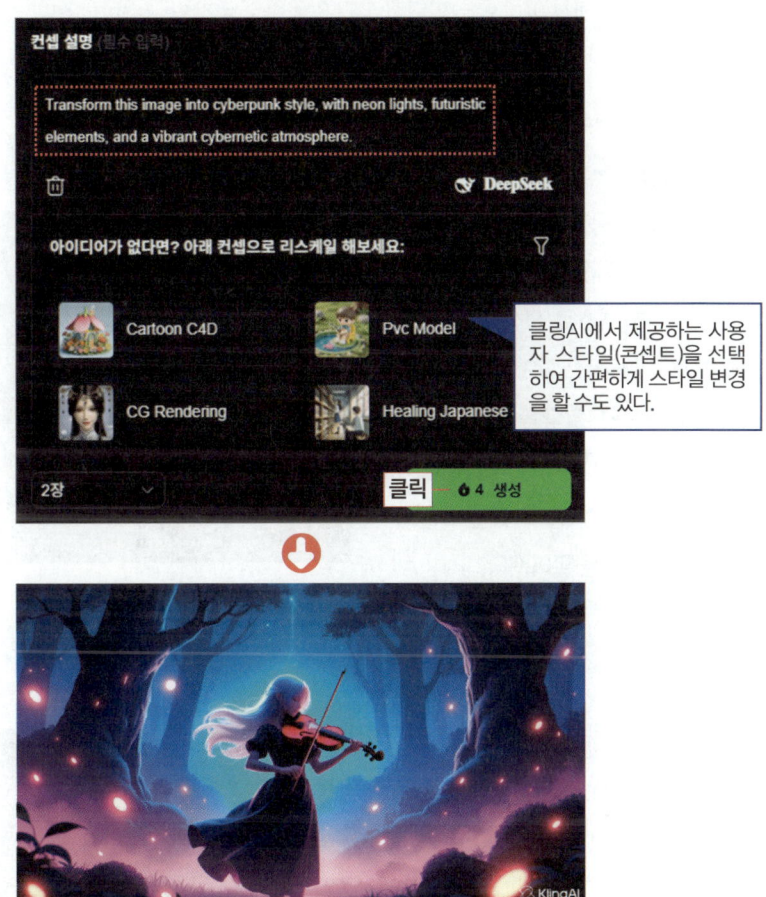

☑ 스타일 변경 시 생성되는 이미지 비율은 원본 이미지 비율을 반영된다.

🎬 클링AI 사용법: 고품질 동영상 생성하기

클링AI의 최신 버전인 "Kling 2.5 Turbo"는 인물의 자연스러운 모션과 카메라 워킹, 섬세한 조명, 물리 현상까지 가능하여 실사에 가까운 고품질 영상을 표현해 준다. 이번 학습에서는 영상의 콘셉트에 맞게 제작된 이미지를 기반으로 고품질 영상을 완성하는 방법에 대해 살펴본다.

클링AI로 동영상 생성하기: 텍스트 생성 비디오의 활용

클링AI의 '텍스트 생성 비디오'는 입력한 문장을 기반으로 장면, 움직임, 조명, 카메라 워킹까지 자동으로 만들어 준다. 간단한 프롬프트 또는 구체적인 묘사(시간, 분위기, 감정, 동작, 물리적 반응 등)를 통해 사실적이고 몰입감 있는 결과를 얻을 수 있다.

01 텍스트로 동영상을 생성하는 방법도 이미지를 생성할 때와 유사하다. 먼저 ❶[텍스트 생성 비디오]를 클릭한 후 아래 ❷[프롬프트]에 다음과 같이 입력해 보자. 그다음 ❸[프롬프트 & 사전 프리셋]을 클릭하여 카메라와 화면에 대한 설정을 할 수 있는 프롬프트 사전 & 프리셋을 열어준다.

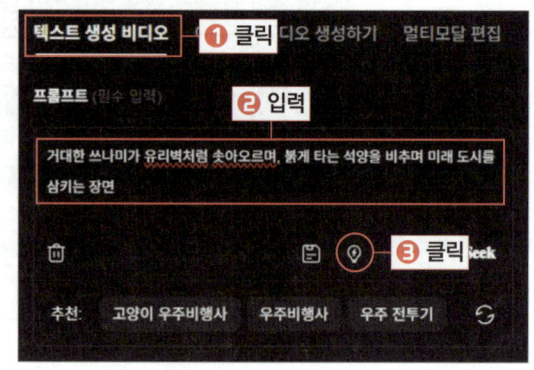

📢 거대한 쓰나미가 유리벽처럼 솟아오르며, 붉게 타는 석양을 비추며 미래 도시를 삼키는 장면

03 프롬프트 사전 창이 열리면 맨 위쪽의 렌즈를 ❶[줌인]으로 해주고, 카메라 이동 속도는 ❷[저속], 샷 종류는 ❸[드론 촬영]으로 선택한다. 이와 같은 방법으로 간편하게 카메라 설정을 할 수 있다. 그밖에 빛과 그림자, 화

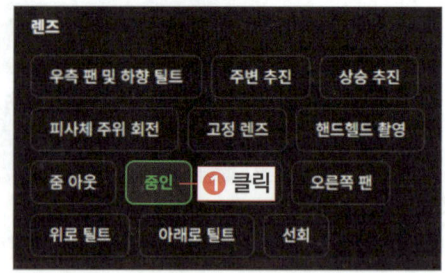

면, 분위기는 사용하지 않고 동영상을 생성해 본다.

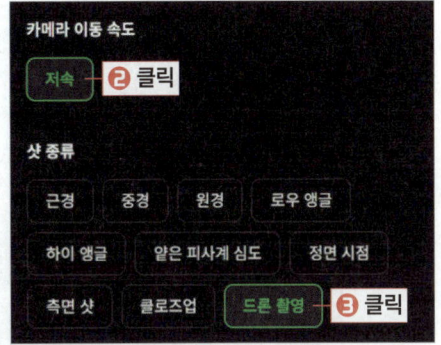

03 계속해서 사운드 효과를 적용하기 위해 ❶[사운드 효과]를 켜주고, ❷[고급 설정]에서 ❸ [사운드 효과]와 ❹[BGM]에 다음과 같은 효과를 입력한다. 그다음 생성될 ❺[영상의 길이]를 5초, 화면 비율 16:9로 설정한 후 동영상을 ❻[생성]한다.

📨 **사운드 효과 프롬프트 예시**
거대한 파도가 밀려오는 굉음, 공기를 찢는 바람소리

BGM 프롬프트 예시
긴장감 있는 오케스트라 스트링 + 드럼 앰비언스

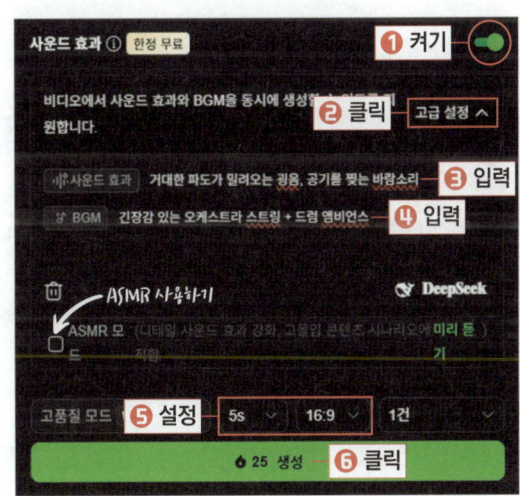

04 생성된 결과를 보면 다소 현실감은 떨어지지만 프롬프트의 내용과 같이 거대한 쓰나미가 유리벽처럼 솟아오르는, 마치 SF 영화 같은 느낌의 장면이 웅장한 사운드 효과와 BGM이 함께 포함된 상태로 생성된 것을 알 수 있다.

멀티모달 편집 텍스트, 이미지, 오디오 등 여러 요소를 교체/추가/삭제하여 장면을 세밀하게 보정하고 수정할 수 있는 멀티모달 편집기 열기

립싱크 인물(캐릭터)의 입 모양을 대사나 내레이션 음성과 자동으로 일치시켜 자연스럽게 말하는 장면 구현

사운드 효과 영상에 어울리는 효과음(SFX)과 배경음악(BGM)을 추가하기 위한 기능 열기

클링AI로 동영상 생성하기: 이미지로 비디오 생성하기의 활용

'이미지로 비디오 생성하기'는 이미지를 기반으로, 이미지 속 요소(캐릭터)의 움직임, 카메라 워킹, 프레임 전환을 추가해 영상으로 표현해 준다. 특히 클링AI에서는 여러 개의 이미지를 통해 자연스럽게 연결되는 장면과 특정 공간에 포함되는 합성 영상을 연출할 수 있다.

◆ 프레임으로 자연스럽게 이어지는 장면 만들기

01 **1개의 이미지 사용하기** 먼저 이미지 하나를 적용한 후 적용된 이미지 속 장면이 이어지도록 해보자. ❶ [이미지로 비디오 생성하기]를 클릭한 후 ❷[스타트 이미지]에 준비된 이미지를 적용한다. 그다음 프롬프트 없이 ❸ [생성] 버튼을 눌러 동영상을 생성해 보자.

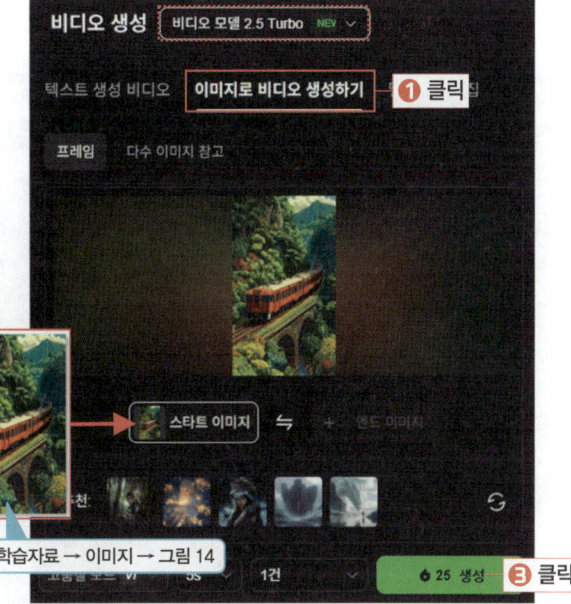

☑ 현재 '비디오 모델 2.5 Turbo'는 스타트 이미지 하나밖에 사용할 수 없다. 다음 모델 버전에서는 엔드 이미지까지 사용할 수 있게 되길 기대해 본다.

02 생성된 영상을 보면 한 장의 트레인 이미지였던 것이 달리는 트레인 영상으로 표현된 것을 알 수 있다. 이처럼 클링AI는 이미지 속 장면을 분석하여 예측한 장면을 표현해 준다.

☑ 생성된 장면은 프롬프트는 없지만, 클링AI가 자동으로 사운드를 생성하도록 한 결과이다.

03 **2개의 이미지 사용하기** 이번엔 2개의 이미지를 사용하여 장면이 이어지도록 해보자. 그러기 위해 모델을 ❶[비디오 모델 2.1]로 변경한 후 ❷[스타트 이미지]와 ❸[엔드 이미지]에 준비된 이미지를 적용한다. 그다음 이번에도 프롬프트 없이 이미지를 ❹[생성]해 본다.

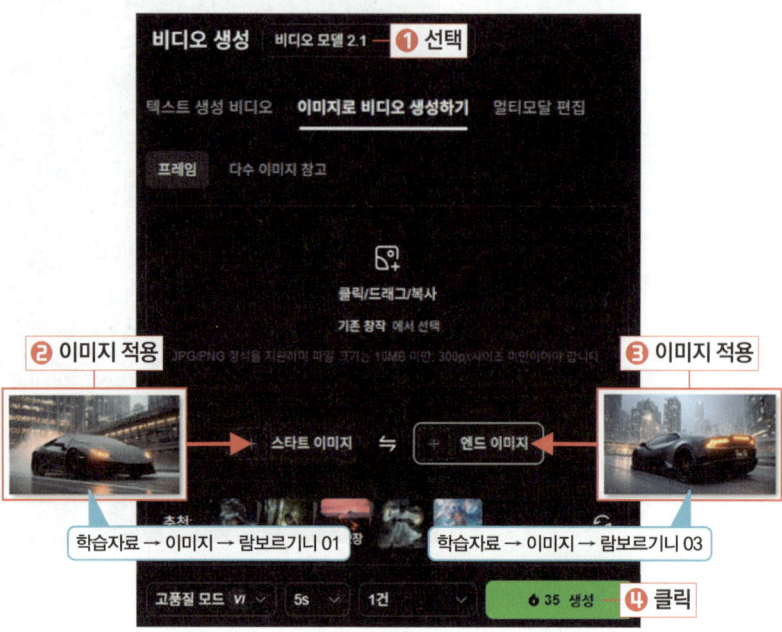

04 결과를 확인해 보면 스타트 이미지와 엔드 이미지 사이에 여러 장면들이 자동 추가되어 자연스럽게 연결되는 장면이 표현되었다. 이처럼 클링AI의 프레임 방식은 이미지 속 내용을 예측하여 자연스럽게 이어지는 장면을 연출해 준다.

◆ 프레임으로 타이틀 애니메이션 만들기

01 프레임 기능을 응용하면 타이틀 애니메이션을 표현할 수 있다. 타이틀 애니메이션에 사용될 이미지를 준비하는 과정부터 알아보자. 아래 이미지는 "청춘x도시"라는 다큐멘터리 방송 타이틀의 메인 이미지이다. 이제 이 이미지에 사용된 타이틀과 배경을 분리하여 2개의 이미지(스타트/엔드)로 사용해 보자.

— 출처: MZ studio 웹사이트 —

02 좌측 상단 ❶[삼선 메뉴]에서 ❷[더보기]를 선택한다. 초기 화면으로 이동하면 ❸[모든 툴]을 클릭한다. 클링AI의 모든 툴 목록이 나타나면 그중 ❹[이미지 편집]을 클릭한다.

03 객체 지우기 이미지 편집 화면이 열리면 ❶[지우개]를 선택한 후 준비된 ❷[타이틀 이미지]를 적용한다. 지우개 도구는 이미지 속 특정 요소(객체)를 지울 때 사용한다.

04 타이틀 이미지가 적용되면 ❶[브러시 사이즈]를 적당한 크기로 조절한 후 ❷[타이틀(글자)] 부분을 칠해 준다. 그다음 ❸[지우기 시작] 버튼을 클릭한다.

05 지우기가 끝나면 그림처럼 타이틀 부분이 깨끗하게 지워지고, 지워진 영역은 자연스러운 장면으로 채워진 것을 알 수 있다. 이제 [도출(다운로드)]를 클릭하여 저장해 준다.

06 타이틀 애니메이션 만들기 다시 "비디오 생성"의 "이미지로 비디오 생성하기"를 열어준 후 ❶[프레임] 방식에서 ❷[비디오 모델 2.1] 선택한다. 그다음 앞서 작업한 ❸[타이틀 이미지] 2개를 그림처럼 스타트와 엔드 이미지에 각각 적용한다.

계속해서 ❹[프롬프트]를 다음과 같이 입력하여 두 장면이 이어질 때의 효과를 상세히 표현한다.

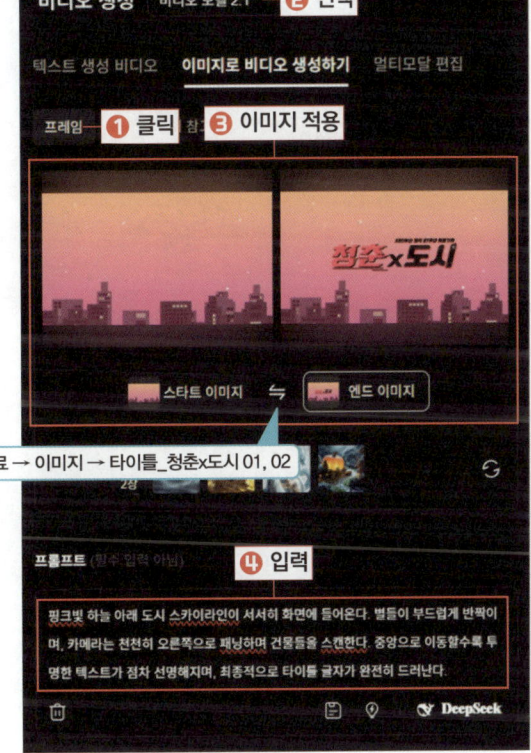

> 핑크빛 하늘 아래 도시 스카이라인이 서서히 화면에 들어온다. 별들이 부드럽게 반짝이며, 카메라는 천천히 오른쪽으로 패닝하며 건물들을 스캔한다. 중앙으로 이동할수록 투명한 텍스트가 점차 선명해지며, 최종적으로 타이틀 글자가 완전히 드러난다.

☑ 장면 전환 효과는 원하는 효과를 그대로 텍스트로 표현하면 되지만, 관련 용어 및 스타일은 초보자에게 어려울 수 있으므로 챗GPT나 제미나이 등에 도움을 받는다.

07 마지막으로 사운드 효과의 ❶[고급 설정]을 열고, 다음과 같은 ❷[사운드 효과]를 입력한 후 동영상을 ❸[생성]한다.

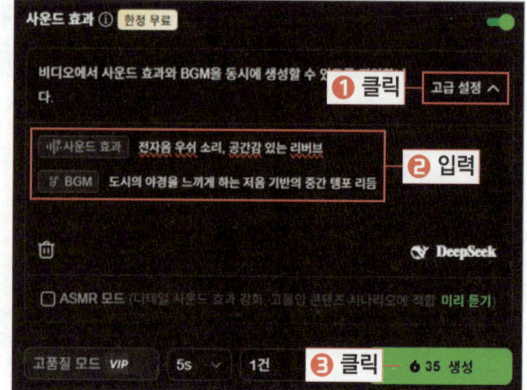

08 최종 결과를 확인해 보면 그림처럼 배경 이미지 위에 타이틀이 순차적으로 나타나는 애니메이션이 전계되는 것을 알 수 있다. 살펴본 것처럼 이미지로 비디오 생성하기의 프레임을 활용하면 일반적인 동영상뿐만 아니라 타이틀 애니메이션처럼 다양한 분야에 활용할 수 있다.

▶ 타이틀 예제 01

▶ 타이틀 예제 02

◆ 다수 이미지 참고로 영상 합성하기

01 '다수 이미지 참고'는 여러 장의 이미지를 참고해 하나의 통합된 영상을 생성해 준다. 최대 4장의 이미지를 업로드하면, 각 이미지의 구도/색감/스타일/객체 특징을 분석하여 자연스럽게 연결하고 조합하여 하나의 일관된 영상 시퀀스로 만들 수 있다. ❶[다수 이미지 참고]를 선택한 후 4개의 이미지 업로드 창이 열리면 먼저 다음과 같은 ❷[이미지]를 적용한다.

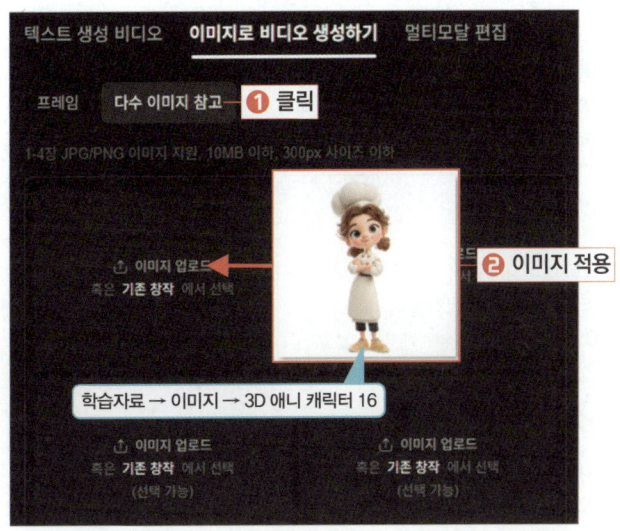

02 레퍼런스(참조) 업로드 창이 열리면 ❶[주체]를 클릭하여 여자 캐릭터를 주객체로 지정한 후 ❷[확인]을 한다. 다양한 방법으로 주체로 사용할 영역을 지정해 주면 된다.

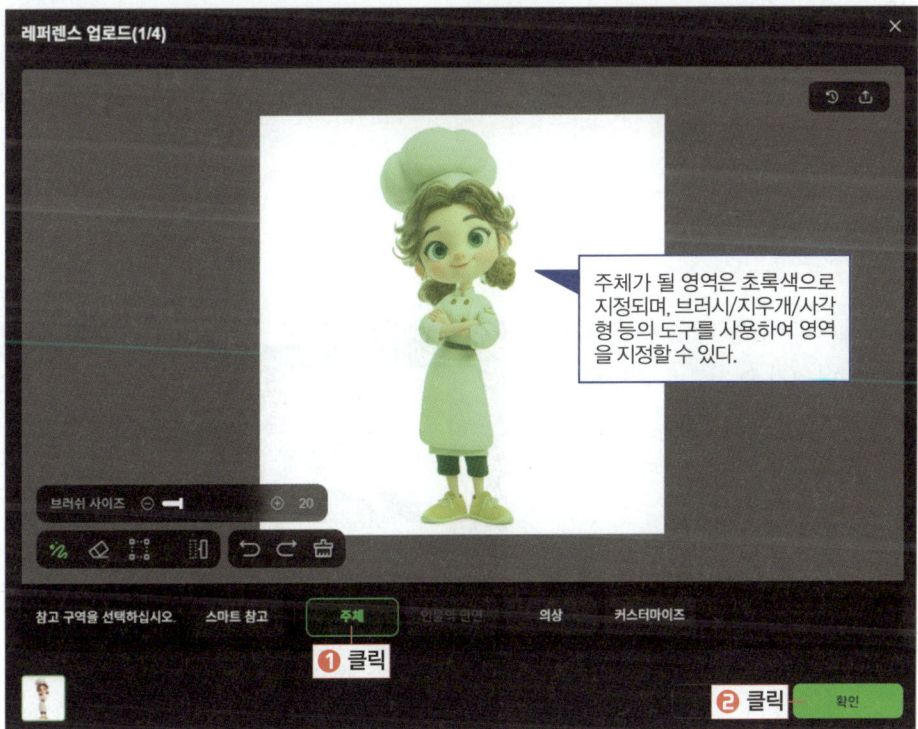

스마트 참고

역할 AI가 자동으로 이미지의 핵심 요소(주제/색감/구도)를 분석해 참고
활용 예시 전체 이미지의 분위기나 색조, 조명을 참고
특징 따로 영역을 지정하지 않아도 AI가 주요 피사체를 인식

주체

역할 인물/인물/사물 등 이미지의 중심 대상을 초록색 영역으로 직접 지정
활용 예시 특정 캐릭터의 포즈, 자세, 동작을 유지
특징 브러시/지우개/사각형 도구로 세밀하게 지정

인물의 안면

역할 인물의 얼굴 형태, 표정, 시선 방향 등을 집중적으로 참고하도록 지정
활용 예시 동일 인물의 얼굴 일관성을 유지하거나 표정을 재현
특징 다른 부분보다 얼굴 디테일을 우선 적용

의상

역할 인물의 복장 스타일이나 색상, 재질을 유지하거나 변경할 때
활용 예시 같은 캐릭터가 시즌별, 상황별로 다른 옷을 입을 때
특징 기존 옷의 질감, 주름, 색감 등을 사실적으로 재현

커스터마이즈

역할 인물의 복장 스타일이나 색상, 재질을 유지하거나 변경할 때
활용 예시 같은 캐릭터가 시즌별, 상황별로 다른 옷을 입을 때
특징 기존 옷의 질감, 주름, 색감 등을 사실적으로 재현

03 계속해서 2번과 3번에도 다음과 같이 각각 ❶[참고 주체]와 ❷[스마트 참고]로 설정하여 적용한다.

04 다음과 같은 ❶[프롬프트]를 작성한 후 화면 비율을 ❷[16:9]로 설정한다. 그리고 이번 작업에는 ❸[사운드 효과]는 사용하지 않고, 동영상을 ❹[생성]한다.

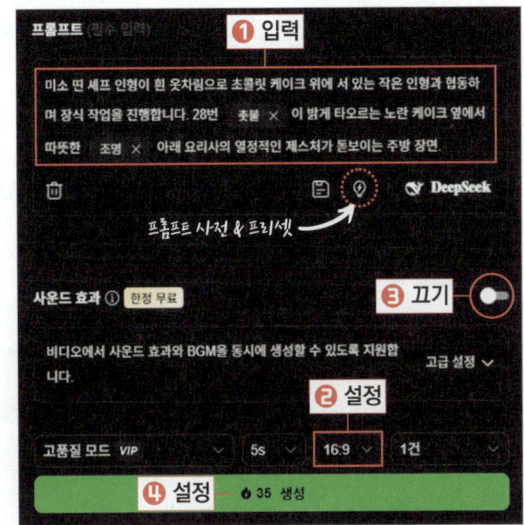

> 미소 띤 셰프 인형이 흰 옷차림으로 초콜릿 케이크 위에 서 있는 작은 인형과 협동하며 장식 작업을 진행. 28번 [촛불]이 밝게 타오르는 노란 케이크 옆에서 따뜻한 [조명] 아래 요리사의 열정적인 제스처가 돋보이는 주방 장면.

☑ 프롬프트 중간에 [촛불 X]와 [조명 X] 표시는 "프롬프트 사전 & 프리셋"을 통해 적용된 연출이다.

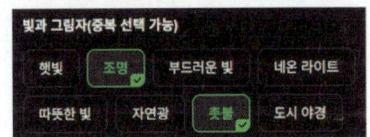

05 생성된 동영상을 보면 2개의 주체 이미지(여자 셰프, 촛불)가 케이크가 있는 스마트 참고 이미지에 자연스럽게 삽입된 장면이 표현되었다.

📣 다수의 이미지 참고로 동영상을 표현할 때 캐릭터의 "크기 비율" 설정은 프롬프트를 세부적으로 작성해도 원하는 비율로 만들기가 쉽지 않다. 그러므로 이와 같은 작업을 할 때는 사용할 비율의 캐릭터를 하나의 이미지로 만든 후 "비디오 모델 2.5 Turbo"로 동영상을 생성하는 것이 좋다.

클링AI로 동영상 생성하기: 멀티모달 편집하기의 활용

멀티모달 편집은 기존에 생성된 동영상의 특정 요소(객체)를 교체하거나 추가/삭제해서 영상의 완성도를 높이거나 새로 연출된 장면을 만들 때 사용된다.

◆ 동영상 속 엘리먼트(객체) 교체하기

01 첫 번째로 동영상 속 객체를 다른 객체로 바꿔주는 '엘리먼트 교체'에 대해 알아보자. ❶[멀티모달 편집] - ❷[엘리먼트 교체]를 클릭한다. 엘리먼트 교체 화면이 나타나면 ❸[위쪽에 원본 동영상 파일]을 적용한다.

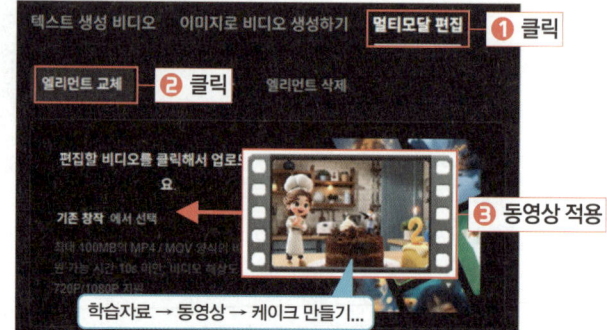

02 영역 지정 편집 창이 열리면 교체하고자 하는 ❶[지점(객체가 있는 곳)을 클릭]한다. 필자는 케이크 위에 있는 남자를 선택하였다. 영역이 모두 지정되었다면 ❷[확인] 버튼을 누른다.

03 계속해서 대체할 ❶[이미지(객체)]를 아래쪽에 적용한다. 레퍼런스 업로드 창이 열리면 대체될 남자 셰프의 전체 모습을 주체로 사용하기 위해 ❷[주체]를 클릭한 후 ❸[확인]한다.

04 이제 지정된 프롬프트를 다음과 같이 [@이미지1]의 [ ]에 대체할 객체 ❶[이름(모자)]을 입력하고, [@비디오]의 [ ]에는 영상 속 대체되는 영역(객체)의 ❷[이름(모자)]을 입력한다.

그다음 ❸[생성] 버튼을 누른다. 참고로 이번 작업에서는 사운드 효과는 사용하지 않는다.

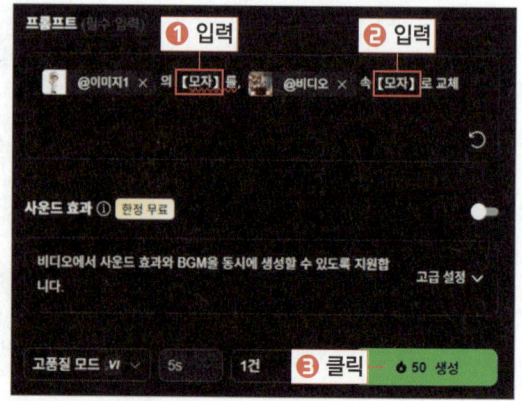

05 생성된 동영상을 확인해 보면 동영상 속, 케이크 위에 있던 미니어처 느낌의 남자 셰프가 대체 이미지 속 남자 셰프로 바뀐 것을 알 수 있다.

📢 엘리먼트(객체) 교체 작업을 할 때 영역 지정 및 프롬프트의 키워드 설정은 매우 중요하다. 맞다고 생각하는 키워드를 사용했는데, 다음의 키워드 처럼 "남자"라는 키워드를 입력했을 때 전혀 다른 결과가 나타날 수 있기 때문이다.

◆ 동영상에 새로운 엘리먼트(객체) 추가하기

01 이번에는 동영상에 새로운 객체를 추가하는 방법이다. 학습을 위해 ❶[엘리먼트 추가]를 클릭한다. 앞선 작업의 흔적이 그대로 남아있다면, 추가할 이미지만 바꿔보자. 앞서 사용했던 참고 주체 이미지를 ❷[삭제]한다.

02 추가할 새로운 이미지를 ❶[참고 주체로 적용]한 후 프롬프트의 [@이미지1]에서 [ ]에 ❷[커피잔]이라고 입력하고, [@비디오]의 [ ]에는 ❸[촛불 옆쪽]이라고 입력한다. 그다음 ❹[생성] 버튼을 누른다.

03 생성된 동영상을 보면 동영상 속, 케이크 옆에 커피잔이 새로 추가된 것을 알 수 있다. 여기서 중요한 것은 추가될 객체가 커피잔처럼 움직임이 없는 고정된 요소일 때 더 효과적이라는 것이다.

◆ 동영상 속 특정 엘리먼트(객체) 제거하기

01 동영상 속 특정 객체를 제거하는 것은 아주 간단하다. 살펴보기 위해 ❶[엘리먼트 삭제]를 클릭한다. 이전 작업 영상이 그대로 남아 있다면 여기에서 케이크 위쪽에 있는 남자 셰프를 제거해 보자. 프롬프트에 ❷[케이크 위에 있는 작은 남자]를 입력한 후 ❸[생성] 버튼을 누른다.

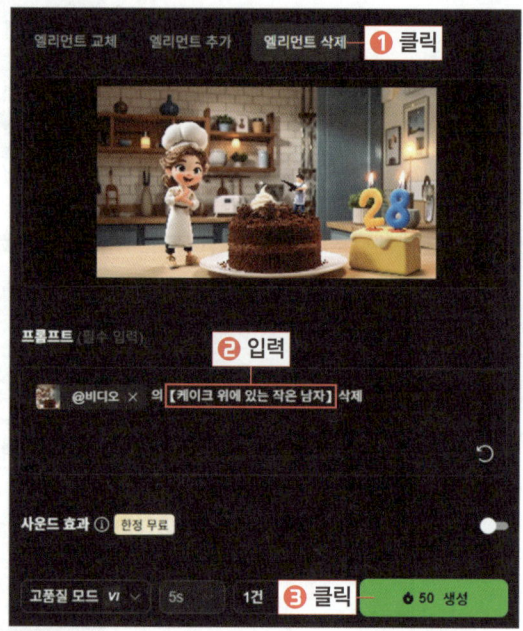

02 결과를 보면 프롬프트 지시(구체적으로 설명한 문구)에 따라 케이크 위에 있던 남자 셰프가 깨끗하게 제거된 것을 알 수 있다.

클링AI로 동영상 생성하기: 특수 효과의 활용

클링AI의 특수 효과 기능은 영상에 생동감을 더하고, 현실에서는 구현하기 어려운 불꽃, 폭발, 파도, 번개, 홀로그램와 같은 시각적 효과를 "원클릭" 특수 효과 템플릿을 통해 자연스럽게 합성하여 영화 수준의 장면을 표현할 수 있다.

01 특수 효과를 사용해 보기 위해 사이드바에서 ❶[특수 효과] 도구를 클릭한다. 특수 효과 작업 화면이 열리면 먼저 사용할 ❷[특수 효과]를 선택한다.

02 선택한 특수 효과가 적용되면 이제 특수 효과가 적용될 이미지를 가져온다. 이번에는 장남감 로봇이 봉제 인형으로 변한 후 칼로 잘려지는 장면이다.

03 이미지가 적용되면 특수 효과로 변환하기 창이 열리는데, 여기서 ❶[특수 효과 스타일 이미지 생성] 버튼을 누르면 해당 효과 이미지로 변환된다. 이제 사용하기 위해 ❷[사용 확인] 버튼을 누른다.

04 그러면 다음과 같이 2단계 프롬프트가 자동으로 작성된다. 봉제 인형을 자르는 과정에 대한 세부적인 내용이 담겨있다. 확인 후 [생성] 버튼을 누른다.

☑ 작성된 프롬프트는 사용자가 원하는 내용으로 수정하여 장면을 다른 느낌으로 연출할 수도 있다.

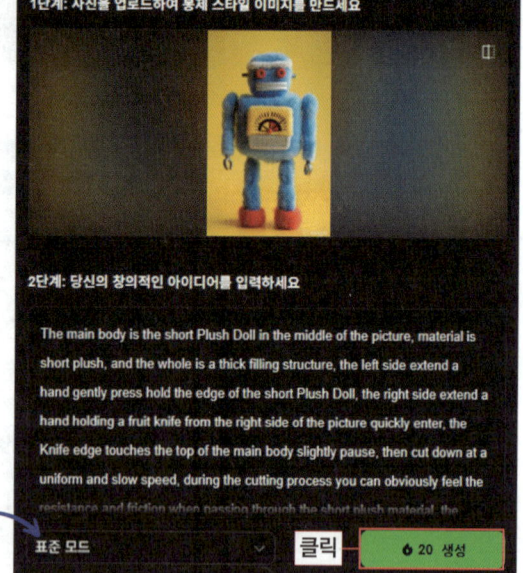

05 생성된 결과를 보면 특수 효과 프롬프트에 따라 부드러운 털 질감의 로봇 봉제 인형이 등장하고, 이후 인형을 잡고 칼로 절단하는 동작이 자연스럽게 구현되었다.

☑ 특수 효과를 위한 프롬프트는 사용자에 의해 새롭게 재구성할 수 있으며, 효과 프롬프트를 분석하여 응용하ic면, 텍스트로 동영상을 생성할 때에도 멋진 특수 효과 장면을 연출할 수 있다.

클링AI로 동영상 생성하기: 립싱크 영상 만들기

클링AI는 얼굴 이미지를 기반으로 나만의 캐릭터를 만들고, 립싱크 기능으로 실제 사람처럼 말하는 영상을 생성할 수 있다. 이는 유튜브, 숏폼, 온라인 강의, 브랜디드 콘텐츠 등에서 크리에이터의 새로운 대안이 되고 있다. 이번 학습에서는 나만의 디지털 캐릭터를 생성하고, 음성(내레이션)을 적용해 자연스러운 립싱크 영상을 만드는 과정을 살펴본다.

◆ 나만의 캐릭터 만들기: 이미지 캐릭터의 활용

01 클링AI는 립싱크 영상을 만들기 위한 캐릭터를 자체적으로 생성할 수 있다. 먼저 캐릭터 생성을 위해 사이드바 아래쪽에 있는 [디지털 캐릭터] 도구를 클릭한다.

06 디지털 캐릭터 화면이 열리면 캐릭터 생성을 위해 ❶[이미지 캐릭터]를 클릭한다. '기존 캐릭터'는 클링AI에서 기본적으로 제공하는 캐릭터를 사용하는 방식으로, 살펴보기 위해 ❷[기존 캐릭터]를 클릭해 본다.

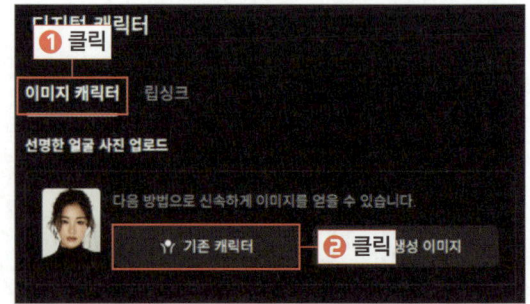

07 그러면 다음과 같이 사전에 준비된 여러 캐릭터 목록이 나타나는데, 사용하고자 하는 캐릭터를 선택하여 사용할 수 있다.

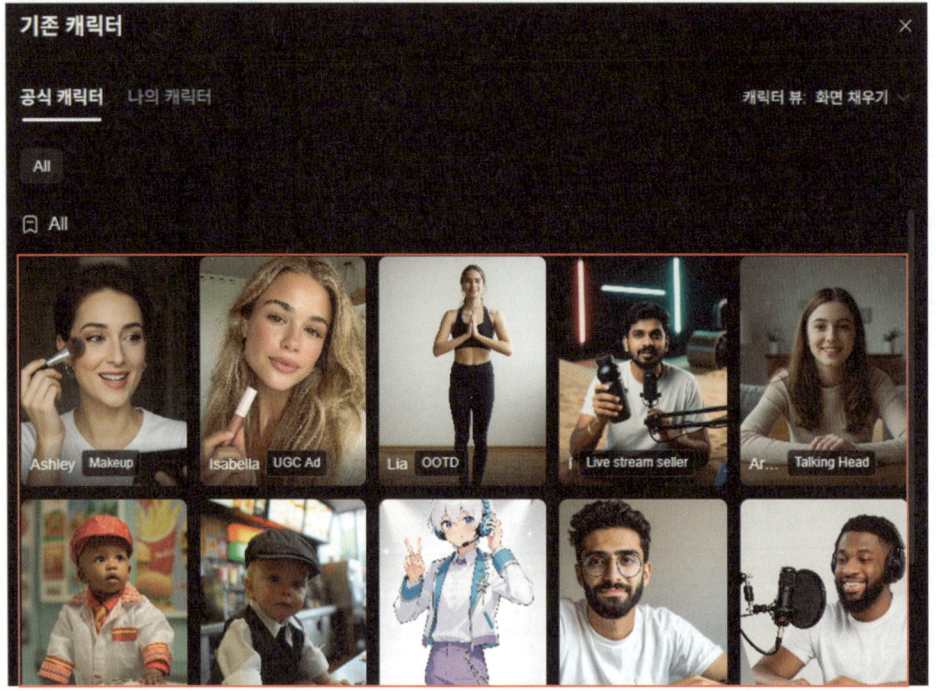

08 이번엔 스타일 설정을 통해 캐릭터를 생성하는 방식인 [AI 생성 이미지]를 클릭해 본다.

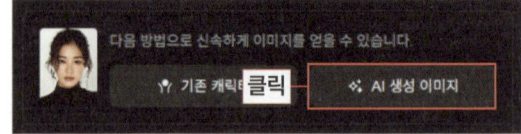

09 그러면 AI 캐릭터 생성을 위한 설정 창이 나타난다. 여기에서 사용자가 원하는 스타일을 직접 설정하여 캐릭터를 생성할 수 있다. 이번에는 "여성 화장품 모델" 콘셉트로 설정을 해보자. 성별은 ❶[여성], 나이는 ❷[청년], 피부 톤은 ❸[밝은 하얀]으로 선택하고, ❹[프롬프트]에는 다음과 같이 생성될 캐릭터의 세부 스타일을 입력하면 된다. 그다음 화면 비율을 ❺[9:16]으로 설정한 후 ❻[생성] 버튼을 누른다.

> 30대 여성 화장품 모델, 자연스러운 메이크업, 긴 웨이브 헤어스타일, 화사한 미소, 흰 셔츠 또는 크림색 블라우스 착용, 스튜디오 조명 아래에서 포즈를 취함, 배경은 밝고 미니멀한 톤, 고급스러운 뷰티 브랜드 광고 느낌

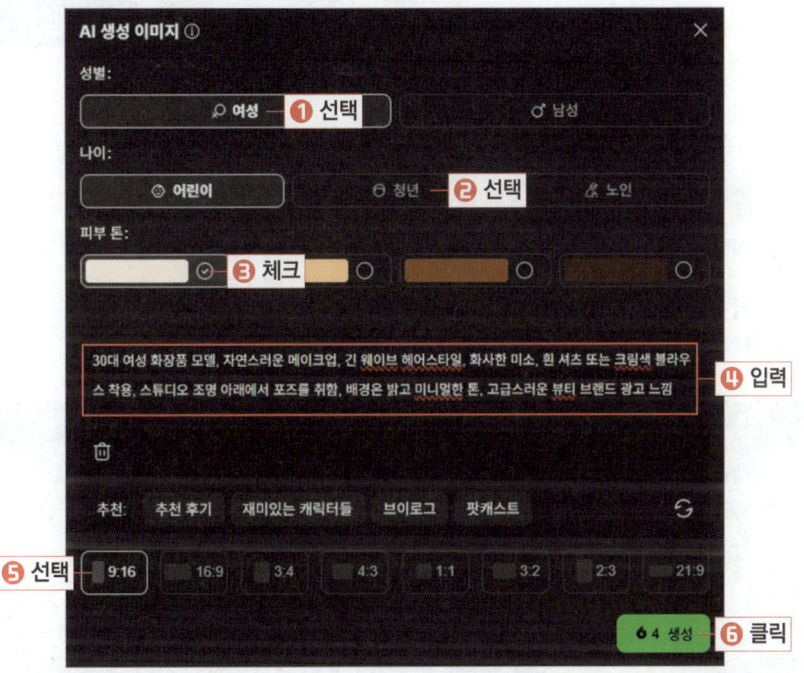

10 캐릭터는 기본적으로 4개가 생성되며, 마음에 드는 것을 선택(체크)한 후 사용하면 된다.

11 이번 학습에서는 앞서 생성했던 "인형 로봇"을 사용하여 립싱크 작업을 해본다. 준비된 [캐릭터 이미지]를 적용한다.

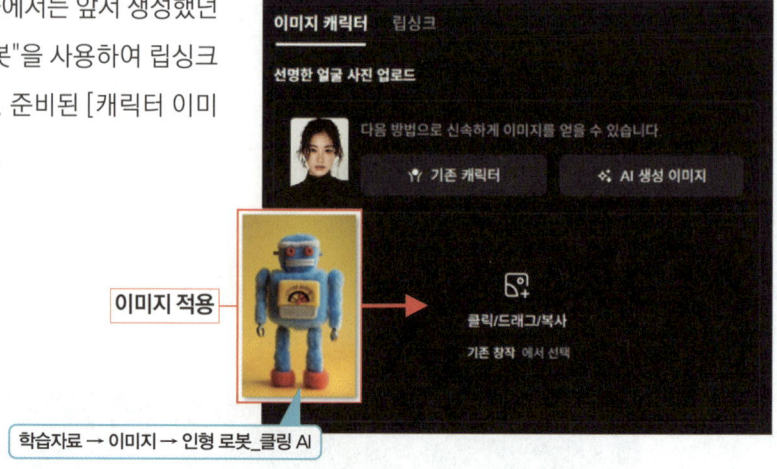

학습자료 → 이미지 → 인형 로봇_클링 AI

12 립싱크용 이미지가 적용되면 더빙에 필요한 사운드(음성) 작업을 해보자. 방법은 더빙 콘텐츠에 "대사"를 입력하거나 녹음된 음성 파일을 적용하는 두 가지를 사용할 수 있다. 더빙 콘텐츠는 다음과 같이 사용할 ❶[대사(이제부터 AI 영상 제작에 관한 모든 것을 배우게 될 것입니다.)]을 입력한 후 ❷[성우: 음성] 목록 보기를 클릭한다. 그러면 우측에 클링AI에서 제공되는 성우 목소리를 들어 본 후 선택하여 사용할 수 있다.

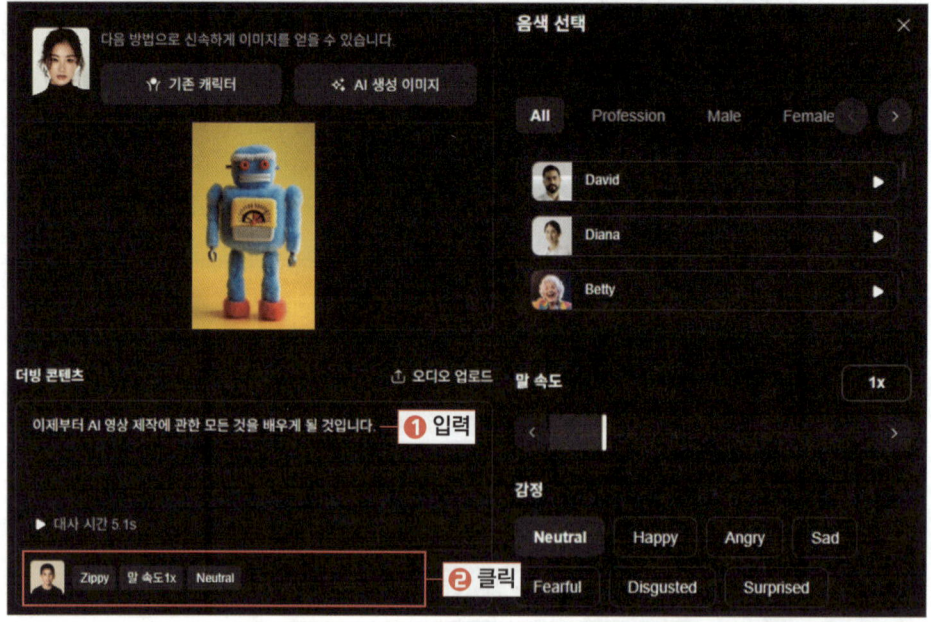

13 이번에는 녹음된 음성 파일을 가져와 립싱크를 하는 방법에 대해 살펴보자. ❶[오디오 업로드]를 클릭하여 준비된 음성 파일을 가져온다. 준비된 음성 파일은 다음과 같이 "AI 로봇 보이스"와 "한석규 보이스" 2개이다. 필자는 한석규 음성이 더 재밌을 것 같아 ❷[한석규 보이스 파일]을 적용하였다. 그러면 음성 파일을 분석하여 내레이션 대사를 텍스트로 작성해 준다.

그다음 프롬프트에 내레이션에 맞춰 동작을 표현하기 위한 ❸[프롬프트(두 손을 위로 올리면서 말하기)]를 입력한 후 ❹[생성] 버튼을 누른다. 그러면 캐릭터의 입모양이 음성(대사)에 맞게 움직이는 동영상이 생성된다.

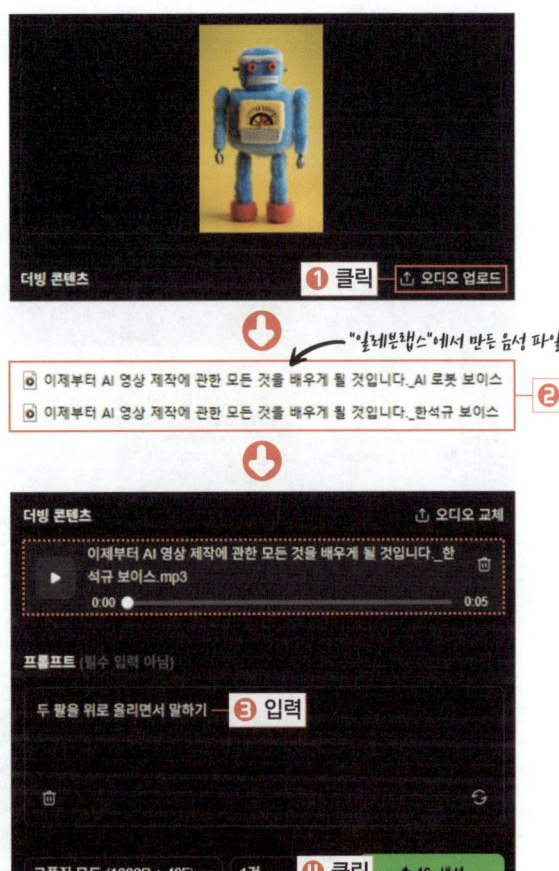

14 립싱크된 영상을 보면 로봇 캐릭터의 입모양이 내레이션에 맞게 움직이는 것을 알 수 있다. 다만, 한쪽 팔만 움직이는 것은 아쉬운 부분이다. 직접 프롬프트 수정하여 해결해 본다.

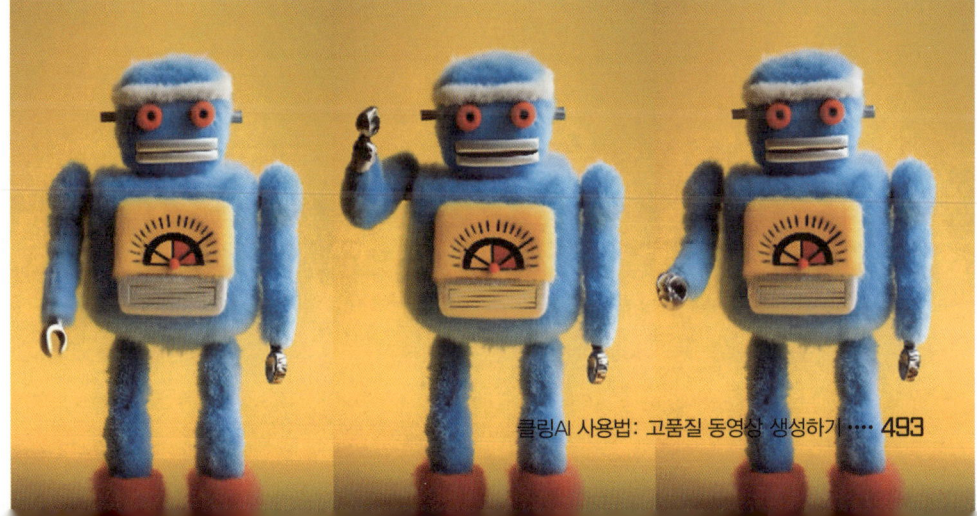

클링AI 사용법: 고품질 동영상 생성하기 ···· 493

8. 클링AI 사용법: 그밖에 유용한 도구 살펴보기

이미지/동영상 생성을 위한 클링AI의 주요 기능에 대해 살펴보았다. 이번 학습부터는 클링AI에서 제공되는 그밖에 이미지 수정, 의상 교체, 비디오 연장, 사운드 효과 등 AI 영상 제작에 유용한 유틸리티 도구들에 대해 알아보기로 한다. 살펴보기 위해 사이드바에서 [모든 툴]을 클릭한다.

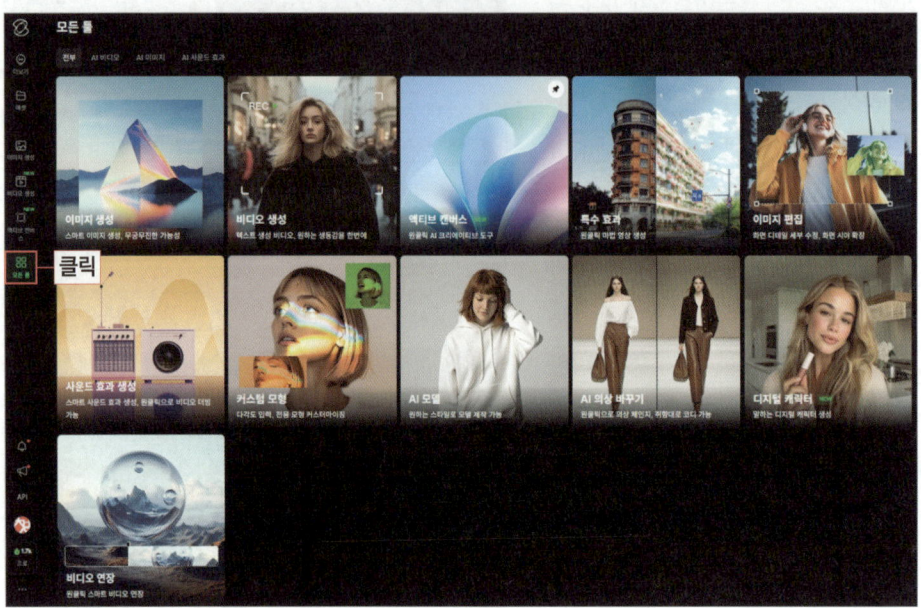

이미지 재생성/확장/지우기: 이미지 편집 기능의 활용

클링AI의 '이미지 편집' 기능은 기존 이미지를 새로운 창작물로 확장하거나 불필요한 요소를 제거할 수 있는 AI 리터칭 도구이다. 별도의 디자인 기술 없이도 이미지의 원하는 영역만 선택해 수정(요소, 색상, 질감 등)하고 확장하여 자연스러운 결과물을 얻을 수 있다.

01 이미지 편집 기능을 선택하면 다음과 같은 작업 화면이 나타난다. 여기에서 '부분 재생성'과 '지우개'는 이전 학습에서 살펴본 적이 있기 때문에 이번에는 영역 확장을 위한 ❶[이미지 확장]에 대해서만 살펴보기로 한다. 이미지 확장을 위한 ❷[이미지]를 적용한다.

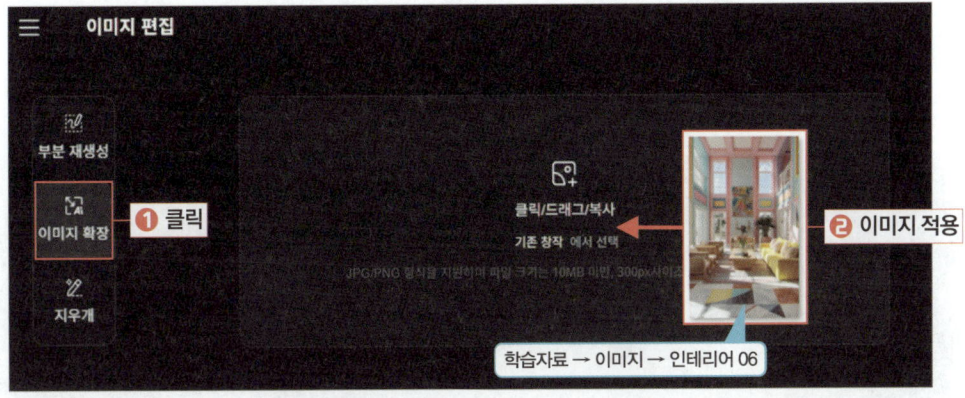

부분 재생성 이미지의 특정 영역만 선택해 다시 그리기(Inpainting) 기능으로, 인물 표정, 오브젝트 색상, 배경 일부 변경 등 세밀한 수정 작업에 적합

이미지 확장 기존 이미지를 주변으로 넓혀 새로운 프레임을 구성하는 기능으로, 예를 들어 인물 사진을 좌우로 확장하거나 풍경을 파노라마처럼 늘릴 수 있음

지우개 배경의 불필요한 오브젝트나 텍스트, 제거 요소를 자동 감지하여 제거하는 기능으로, 원본 질감을 보존하면서 자연스럽게 채워주는 것이 특징

02 이미지 적용 비율을 ❶[16:9] 와이드로 선택한 후 ❷[이미지 확장 시작] 버튼을 누른다. 참고로 프롬프트를 입력하지 않으면 적용된 이미지를 기반으로 확장된다.

03 생성된 이미지를 보면 9:16이었던 이미지가 16:9로 확장되었고, 확장된 영역은 원본 이미지를 기반으로 자연스럽게 확장된 것을 알 수 있다.

사운드 효과 생성 및 적용하기

클링AI의 '사운드 효과'는 텍스트(프롬프트)를 입력하여 효과음(SFX)을 생성하고, 동영상 장면에 맞게 자동으로 배경음악(BGM)을 만들어 준다.

◆ 텍스트로 효과음 생성하기

01 먼저 ❶[텍스트 효과음] 생성을 위해 ❷[천둥 번개, 까마귀]를 입력한 후 ❸[생성]해 보자.

02 4개의 사운드 효과가 생성되었다. 프롬프트에 여러 개의 키워드(천둥 번개, 까마귀)를 입력했을 때, 각각 개별 사운드 효과로 생성되는 것을 알 수 있다. 생성된 사운드 효과는 [다운로드] 메뉴를 통해 저장(MP3, WAV)할 수 있다.

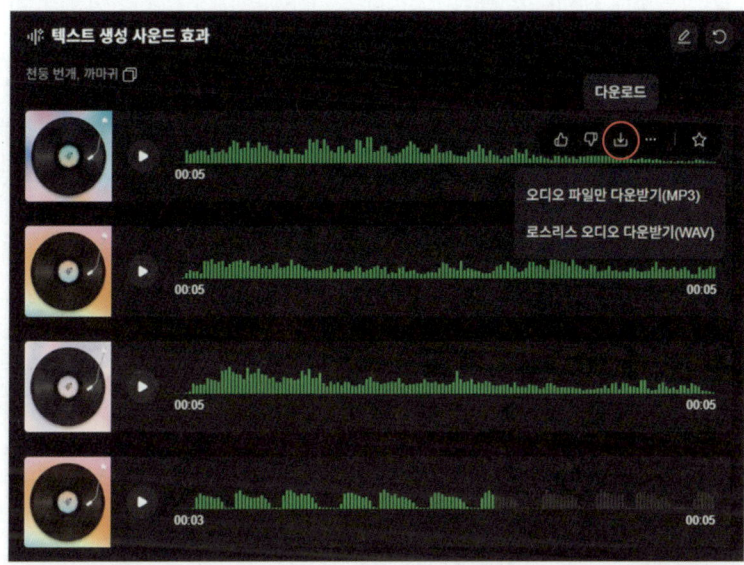

◆ 장면에 맞는 사운드 생성하기

01 이번엔 장면 분석 후 장면에 맞는 사운드를 생성해 보자. ❶[비디오 사운드 효과]에서 ❷[동영상]을 적용한다. 그다음 사운드 효과 묘사 없이 ❸[생성] 버튼을 클릭한다.

02 원본 영상의 장면과 어울리는 4개의 사운드 효과가 자동으로 생성되었다. 이 기능을 활용하면 영상의 분위기/속도감/감정선에 맞는 음향을 빠르게 적용할 수 있어, 별도의 음향 편집 프로그램 없이도 장면과 어울리는 최적의 사운드 효과를 간단하게 적용할 수 있다. 완성된 영상은 [다운로드]를 통해 저장(MP4, MP3, WAV)할 수 있다.

커스텀 모형으로 사용자 모델 만들기

클링AI의 '커스텀 모형' 기능은 업로드(최소 10개의 영상 파일)한 여러 각도의 영상을 기반으로 사용자 맞춤형 모델(캐릭터)을 생성해 준다. 예를 들어, 한 인물의 얼굴을 정면/측면/후면 등 다양한 각도에서 촬영된 이미지를 적용하면 이를 분석해 일관된 외형과 표정을 가진 전용 모델을 만들어 준다. 이렇게 생성된 커스텀 모형은 영상 제작, 가상 캐릭터, 광고 콘텐츠 등에서 자신만의 모델로 활용할 수 있다. 참고로 커스텀 모형에 사용되는 영상의 기준은 생각보다 까다로운데 그 이유는 얼굴 각도/조명/표정 등이 불균형하면 모델 학습에 실패하기 때문이다. 그러므로 영상 속 인물의 얼굴이 명확하게 촬영된 영상을 준비해야 한다.

모델 의상 교체하기

클링AI의 'AI 의상 바꾸기'는 인물의 체형과 포즈를 인식한 뒤, 의상만 자연스럽게 교체하거나 스타일을 재구성해 주는 기능이다. 패션 화보의 다양한 스타일 시뮬레이션이나 쇼핑몰 모델 의상 변경에 특히 유용하다.

01 살펴보기 위해 ❶[AI 의상 바꾸기]를 선택한다. 여기에서는 앞서 "AI 모델"처럼 디지털 캐릭터를 생성할 수 있으며, 사용되는 모델(캐릭터)에 의상을 교체할 수 있다. 기본적으로 AI 모델과 클링AI에서 제공하는 기본 모델을 선택할 수 있지만 이번에는 사용자(필자)가 만들어 놓은 모델을 사용해 본다. 상단의 "모델 추가"에 ❷[커스터마이즈]를 선택한 후 준비된 ❸[모델 이미지]를 가져온다.

그다음 이번엔 하단의 ❹[의상 업로드]에서 준비된 의상을 적용한다. 여기에서는 상의 한 벌, 결과는 2장만 ❺[생성]해 본다.

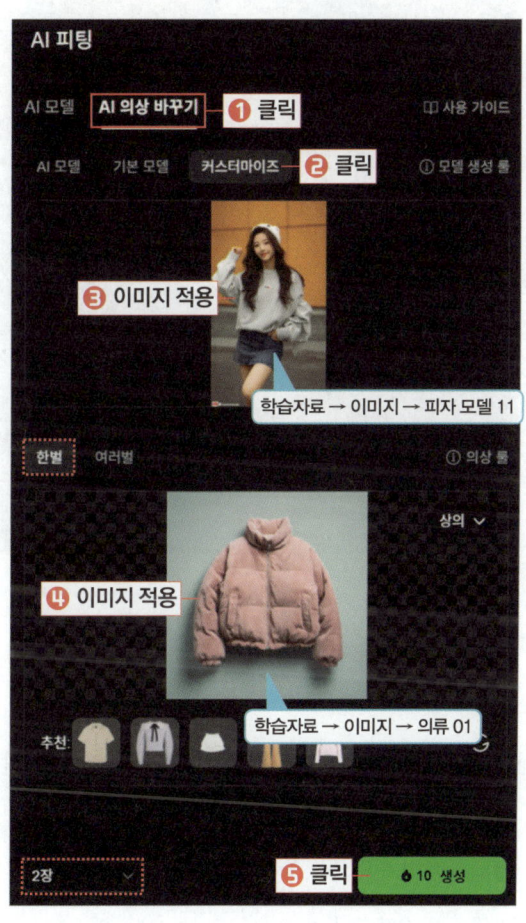

02 결과를 보면 모델이 입고 있던 의상이 새로운 의상으로 바뀐 것을 알 수 있다. 여기서 중요한 것은 원본 모델의 포즈, 표정, 배경이 그대로 유지된 상태에서 의상만 교체되었다는 점이다. 이처럼 AI 의상 바꾸기 기능은 인물의 자연스러운 비율과 원근감을 보존하면서도 스타일만 새롭게 바꿔줄 수 있다.

액티브 캔버스로 이미지(동영상) 생성하기

클링AI의 '액티브 캔버스'는 다음 학습에서 배울 '컴피UI'처럼 노드 기반의 시각적 워크플로우로 이미지를 생성해 주는 새로운 인터페이스이다. 텍스트, 이미지(동영상), 스타일 등을 자유롭게 연결하여 창의적인 아이디어를 시각적으로 설계하고, 노드 간 관계를 조합해 한눈에 이해되는 AI 크리에이티브 작업이 가능하다. 클링AI에서의 노드 설정은 간단한 예시를 통해 살펴볼 것이며, 이후 더 깊이 있는 학습은 노드 기반의 대명사 컴피UI를 통해 살펴볼 것이다.

01 액티브 캔버스가 실행되면 기존 클링AI와 차별화된 인터페이스가 열린다. 여기에서 이미지(동영상)을 추가하고, 프롬프트를 작성하여 이미지를 생성할 수 있다. 살펴보기 위해 ❶[+추가하기] 버튼을 클릭한 후 ❷[Add Image]를 선택한다.

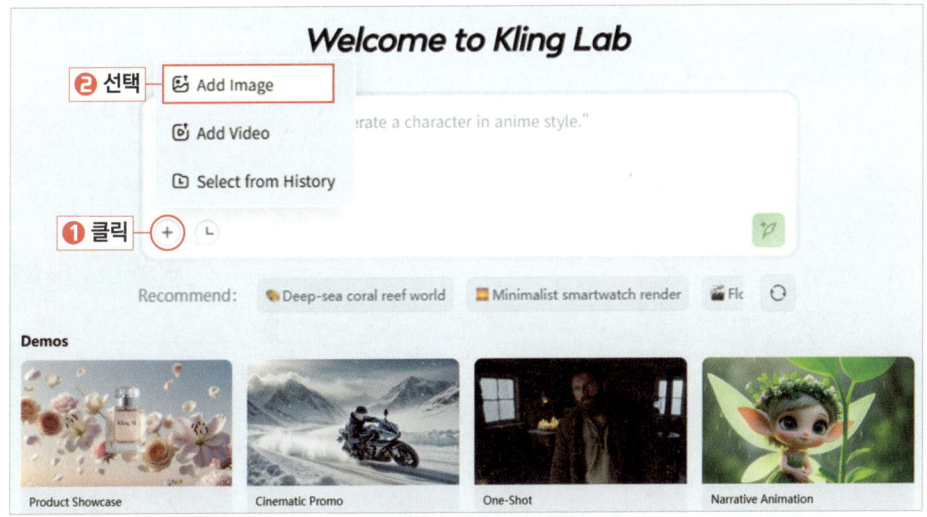

02 다음과 같이 ❶[4개의 이미지]를 적용한 후 ❷[남녀 셰프 캐릭터가 생일 케이크를 만드는 3D 스타일]이라고 입력한다. 그다음 ❸[보내기] 버튼을 클릭한다.

03 그러면 클링AI는 노드 기반 구조 또는 보다 구체적이고, 창의적인 아이디어를 제시하는데, 사용자는 이 프롬프트를 수정할 수도 있다. 이번에는 클링AI가 제시한 프롬프트를 그대로 사용해 보자. 생성 방식은 ❶[[Image Reference]로 해주고, ❷[생성: Generate] 버튼을 누른다.

> 💡 **비디오 장면 연장하기**
>
> 클링AI의 '비디오 연장' 기능은 원본 영상(16:9, 9:16, 1:1 세 가지 비율의 동영상)의 흐름(배경/ 움직임)을 분석해 자연스럽게 이어지는 추가 장면을 생성해 준다. 예를 들어, 5초짜리 '눈 내리는' 짧은 영상을 10초 이상으로 더 길게 확장하고 싶을 때, 원본 장면과 어색하지 않게 부드럽게 이어준다.

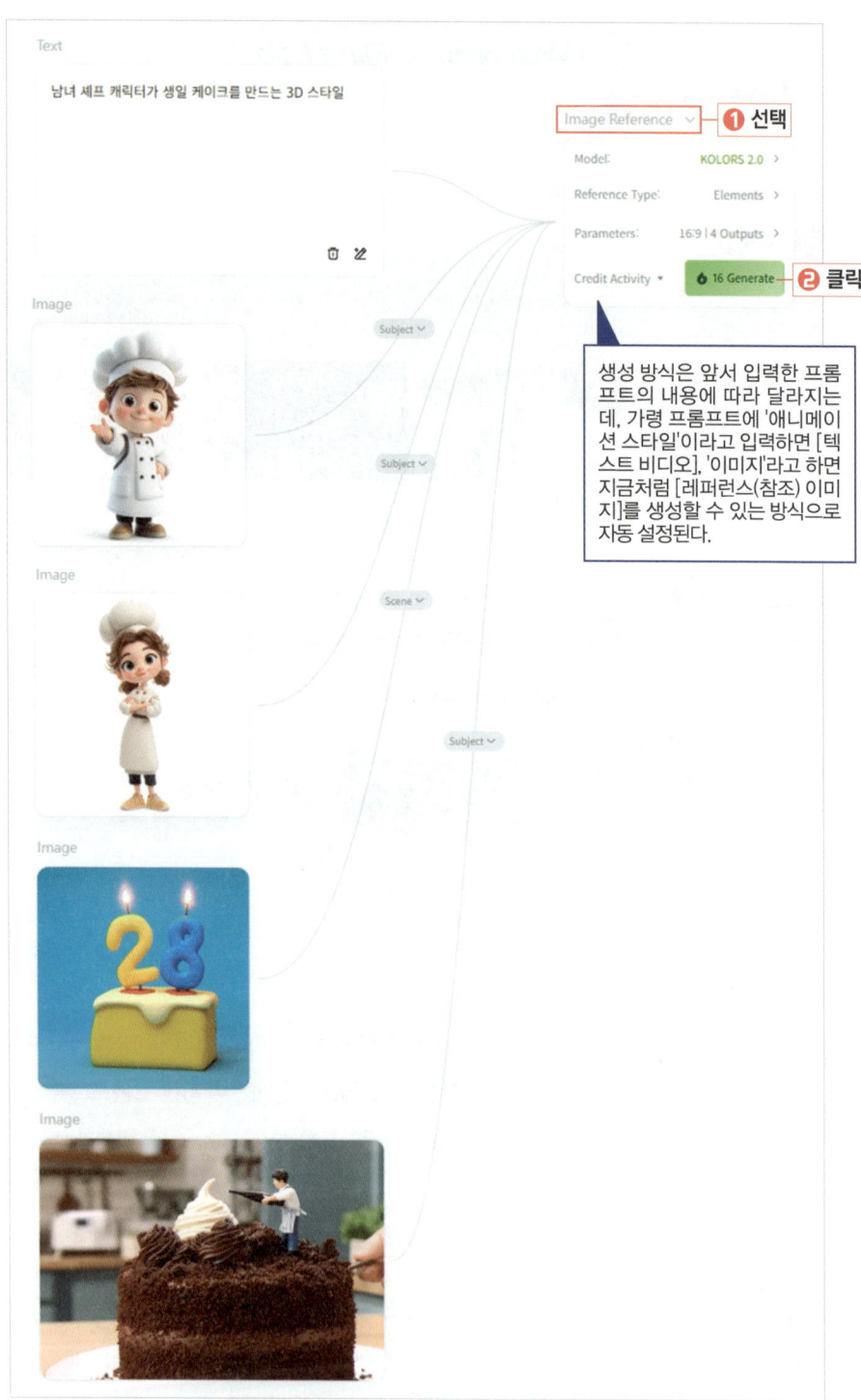

04 생성된 모습을 보면 인/아웃풋 노드를 거쳐 이미지가 생성된 것을 알 수 있다. 생성된 이미지들은 새로운 스타일로 재생성할 수 있으며, 참조 이미지로 사용된 4개의 이미지는 각각 "주제: Subject", "장면: Scene", "스타일" 중 하나를 선택하여 해당 이미지를 어떤 목적으로 사용할 것인지 결정할 수 있다. 여기에서 생성된 이미지(동영상)은 클링AI의 참조 이미지로 적용된다.

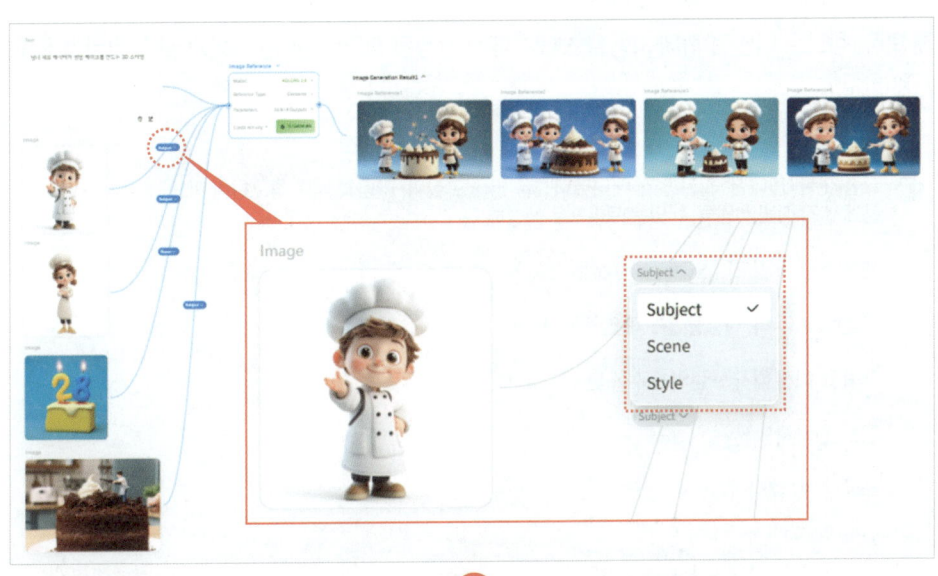

지금까지 클링AI를 통해 단순한 영상 생성부터 멀티모달 편집, 액티브 캔버스 같은 고급 기능까지 살펴보았다. 특히 액티브 캔버스는 창의적 상상력을 시각적으로 구조화하고, 복잡한 편집 과정을 단순화해 준다. 이어지는 "컴피UI(ComfyUI) 설치와 활용: PDF 부록 파일로 제공" 편에는 노드 기반의 이미지(동영상) 생성 AI에 대한 활용법을 제대로 배우는 시간이 될 것이다.

※ 예제: 나만의 "케데헌" 애니메이션 만들기

클링AI의 "이미지로 비디오 생성하기"를 활용하면 단편(중/장편) 애니메이션도 가능하다. 이번에는 챗GPT를 활용하여 완성한 "하늘의 심포니"란 작품의 대본(스토리, 장면)을 가지고, 1분 정도 길이의 애니메이션을 만들어 본다. 이번 학습 후 "케이팝 데몬 헌터스"와 같은 'OTT' 작품에 도전해 보자. 참고로 이번 학습에 사용될 챗GPT에서 작성된 장면(대본)은 다음과 같은 질문을 통해 작성되었다.

> **Q** 요즘 핫한 "케데헌" 같은 멋진 애니메이션을 만들고 싶어. 다음의 내용 참고하여 미드저니나, 런웨이 등에서 각 장면을 만들 수 있는 **프롬프트 생성해 줘.**
>
> 제목: 하늘의 심포니(Symphony of the Sky)
>
> 콘셉트: 바다 속, 하늘을 날으며 꿈꾸는 소년
>
> 캐릭터: 어린 왕자 느낌의 순수 소년
>
> 장르: 판타지
>
> 스타일: 3D 애니메이션
>
> 시간: 1분
>
> 장면: 11개
>
> 시놉시스: 친구들에게 항상 괴롭힘을 당하던 소년, 혼자 숲속에서 위안을 받는다. 그러던 어느날 우연히 발견한 바이올린을 연주하기 시작한다. 연주가 시작하면서 마법과 같은 일들이 일어나며, 어느새 최고의 바이올리니스트가 되어 세상 사람들에게 사랑을 받는다.
>
> 전개: 소년의 내면 여정 → 꿈 → 현실과 융합

> "케데헌" 애니메이션 아이디어에 맞춰 미드저니에서 활용할 수 있는 11가지 장면별 프롬프트를 아래와 같이 생성해 드립니다. 각 프롬프트는 3D 애니메이션 스타일과 판타지적인 요소를 담았으며, 시놉시스의 감정적 변화를 시간 순서대로 담았습니다.
>
> **장면 1: 소년의 아픔**
> 괴롭힘을 당하는 순수한 소년의 모습. 그의 외로움과 슬픔을 3D 애니메이션 스타일로 표현
> Prompt: a 3d animated scene of a pure, lonely boy, reminiscent of the little prince, sitting alone on a school playground swing, his head bowed. the background is slightly out of focus, showing blurred figures of other children laughing. the mood is melancholic and cinematic
>
> **장면 2: 숲속으로의 도피**
> 소년이 울면서 괴롭힘을 피해 숲속으로 뛰어 들어가는 모습
> Prompt: a 3d animation shot of a tearful, little prince-like boy running into a dense, sun-dappled fantasy forest. the camera follows him from behind as he escapes into the deep woods. the

forest has a magical, slightly overgrown feel

장면 3: 숲속의 위안
소년이 자신을 둘러싼 숲속에서 위안을 찾는 장면

********************** 이 하 생 략 **********************

01 **영상(장면) 만들기** 지금까지 학습한 내용을 참고하여 '하늘의 심포니' 애니메이션을 간단하게 만들어 보자. 이번 학습에 사용할 참조 이미지(학습자료 → 이미지 폴더)들은 앞서 '프리픽의 시드림'에서 생성한 장면이다.

02 또한, 장면에 사용할 프롬프트는 미리 'JSON' 형식으로 만들어 놓은 파일을 사용하면 된다. 참고로 JSON 파일(학습자료 → JSON 폴더)은 '메모장'을 통해 열어줄 수 있으며, 프롬프트를 복사한 후 클링AI 프롬프트에 붙여 넣기를 해서 사용하면 된다.

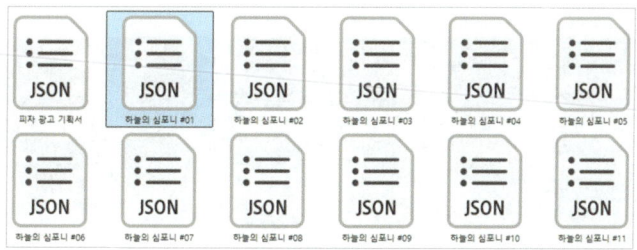

03 준비가 끝나면 이제 비디오 생성의 프레임에서 ❷[스타트/엔드 이미지]를 적용한 후 준비된 ❸[JSON 프롬프트]를 붙여 넣는다. 그다음 적당한 ❹[시간]을 설정한 후 장면을 ❺[생성]한다. 이때 엔드 이미지를 사용하기 위해서는 ❶[모델을 2.1]로 사용해야 한다.

> 클링AI 프롬프트에 입력 가능한 텍스트는 1,000개이기 때문에 이 범위 내에서 프롬프트를 사용해야 한다.

04 결과는 다음과 같이 서로 다른 앵글의 참조 이미지를 스타트/엔드로 사용했기 때문에 장면의 방향과 구도가 부드럽게 이어지면서도, 소년의 감정 변화가 자연스럽게 표현되었다.

05 **립싱크 하기** 같은 방법으로 나머지 02~11까지의 장면을 다음과 같이 한 후 립싱크 작업을 해보자. 디지털 캐릭터의 립싱크 창에서 완성된 영상 중 가장 캐릭터 얼굴(입 모양)이 명확한 [하늘의 심포니_장면 03]를 예시로 사용하기 위해 적용(끌어다 적용)한다.

06 립싱크 창이 열리면 ❶[분장 낭독]에 대사를 입력한 후 ❷[음색]과 ❸[성우] 그리고 ❹[감정]을 장면(캐릭터)에 맞게 설정한다. 그다음 ❺[더빙 추가]를 클릭하여 타임라인에 추가한다. 추가된 ❻[더빙 트랙과 영상(장면)]의 위치를 적절하게 조정한 후 ❼[생성] 버튼을 클릭한다.

클링AI 사용법: 그밖에 유용한 도구 살펴보기 •••• **507**

07 결과를 보면 캐릭터의 입 모양이 한국어 대사에 맞게 정확하게 립싱크 된 것을 알 수 있다.

☑ 클링AI에서 립싱크를 잘 구현하려면 다음 조건을 충족하는 것이 좋다.

- 인물의 얼굴과 입모양이 명확하게 보이는 영상을 권장
- 인물이 정면을 향하거나 카메라와 일정한 각도를 유지할수록 정확함
- 조명과 해상도가 선명할수록 입 모양 인식이 잘 됨
- 인물이 말하는 구간이 명확히 구분된 클립을 선택하면 립싱크 오류 줄어듦

08 립싱크가 완료됐다면 이제 '립싱크' 창 하단의 [생성] 버튼을 눌러 동영상 파일로 만들어 준다. 이와 같은 방법으로 나머지 장면도 립싱크 작업을 완료한다. 이렇게 완성된 장면들은 "캡컷 AI"와 같은 동영상 편집 툴에서 후반 작업을 통한 완성할 수 있다. 참고로 본 도서에서는 '캡컷 AI' 사용법에 대한 내용을 'PDF' 부록 파일로 제공한다.

※ 예제: "K-POP" 뮤직비디오 만들기

클링AI의 '이미지로 비디오 생성하기'와 '립싱크' 기능을 활용하면 애니메이션뿐 아니라 뮤직비디오 영상도 만들 수 있다. 이번 학습을 위해 준비된 [학습자료] - [오디오] 폴더에 있는 "Light Up My Sky (너의 하늘에 빛을)_JIO 01, 02" 음악 파일과 [학습자료] - [이미지] 폴더에 있는 "뮤직비디오_Light Up My Sky" 참조 이미지들을 활용하여 멋진 뮤직비디오를 직접 만들어 본다. 이번 학습을 통해 사용자는 AI가 만들어내는 영상이 단순한 이미지 변환을 넘어, 음악과 시각이 어우러진 감각적인 영상 콘텐츠로 발전할 수 있음을 경험할 수 있을 것이다.

부록 AI 영상 제작 확장판

12 | 컴피UI 설치와 활용(512~617 페이지)

13 | 캡컷 AI 영상 편집(618~700 페이지)

본 도서를 구입한 독자분께는 본 도서의 내용을 더욱 발전시키기 위한 "AI 영상 제작 확장판" 내용이 담긴 전자책(PDF) 세 권을 특별 부록으로 제공한다.

부록 "확장판" 전자책 요청하기

본 도서에 포함된 세 가지의 전자책(PDF)이 필요한 독자는 스마트폰 카메라를 이용해 QR 코드를 스캔한 후 "책바세 톡톡" 카카오톡 채널로 접속하여, 해당 부록 도서와 비밀번호를 요청하면 된다. 자세한 내용은 아래 내용을 참고한다.

좌측 공간에 **지워지지 않는** 펜으로 **이름**과 **직업**을 쓰고, 촬영하여 QR 코드를 통해 **"책바세★톡톡"** 카카오 톡톡에 접속한 후, 촬영한 **이미지**와 함께 요청하면 된다. *부록은 본 도서를 구입한 독자에게만 제공된다.